U0576578

全国高校古籍整理工作委员会规划项目

中国近代人物文集丛书

吴 棠 集

（一）

杜宏春　杜　寅 辑校

中 华 书 局

图书在版编目(CIP)数据

吴棠集/杜宏春,杜寅辑校. —北京:中华书局,2023.11
(中国近代人物文集丛书)
ISBN 978-7-101-16379-7

Ⅰ.吴… Ⅱ.①杜…②杜… Ⅲ.吴棠-文集 Ⅳ.Z425.2

中国国家版本馆 CIP 数据核字(2023)第 198530 号

书　　名　吴棠集(全八册)
辑　　校　杜宏春　杜　寅
丛 书 名　中国近代人物文集丛书
责任编辑　张荣国
责任印制　陈丽娜
出版发行　中华书局
　　　　　(北京市丰台区太平桥西里 38 号　100073)
　　　　　http://www.zhbc.com.cn
　　　　　E-mail:zhbc@zhbc.com.cn
印　　刷　三河市宏盛印务有限公司
版　　次　2023 年 11 月第 1 版
　　　　　2023 年 11 月第 1 次印刷
规　　格　开本/850×1168 毫米　1/32
　　　　　印张 153⅛　插页 16　字数 3400 千字
印　　数　1-500 册
国际书号　ISBN 978-7-101-16379-7
定　　价　690.00 元

目　　录

前言

凡例

第一册

第二册

第三册

第四册

吴棠集

第五册

吴棠集

吴棠集

第六册

第七册

第八册

吴棠集

吴棠集

前　　言

　　本书是将保存于中国第一历史档案馆和台北故宫博物院等处有关吴棠的档案以及《望三益斋诗文钞》等文献汇辑成集，并进行整理而成。

　　吴棠（1813—1876），字仲宣，号棣华，安徽盱眙（今明光市）人。道光十五年（1835），中式举人，后屡赴会试，均不售。二十四年（1844），大挑一等，以知县用，分南河。二十九年（1849），补江苏桃源县知县。咸丰元年（1851），调补清河县知县。二年（1852），署邳州知州。四年（1854），丁内艰，回籍守制。同年，署清河县知县，保直隶州同知，并赏戴花翎。六年（1856），丁外艰。七年（1857），保知府留江苏补用。同年，再保道员。十年（1860），署徐州道。同年，升补江南淮徐道，帮办军务。十一年（1861），加按察使衔。同年，迁江宁布政使，署理漕运总督。同治二年（1863），擢漕运总督。三年（1864），兼署江苏巡抚。四年（1865），兼署两江总督。同年，简授两广总督，未赴任。五年（1866），补授闽浙总督。六年（1867），调补四川总督。十年（1871），兼署成都将军。光绪二年（1876），以病疏请开缺回籍。同年，卒于籍。谥勤惠。著有《望三益斋存稿》、《望三益斋诗文钞》，修《福建通志》。

　　吴棠生于一个贫穷的知识分子家庭，从大挑知县到封疆大吏，在宦海中沉浮了三十多年。作为地主阶级中的一名官员,其业绩主要表现在努力发展生产和关心民生上。无论在整顿河工、兴修水利、救灾放赈、恢复和发展当地经济,还是在兴办教育、捐资助学、弘扬文化等方面,都作出了很大的贡献。纵观其一生,他不仅是晚清时期的一位很有作为的官吏,也是中国近代史上与同时代的曾国藩、李鸿章、左宗棠、张之洞齐名的风云人物。当然,他在维护封建统治、镇压人民反抗等方面的活动,仍表现出其历史局限性。

作为晚清时期的显宦,其真实的生平事迹鲜为人知。《清史稿·吴棠传》《清代七百名人传》及《望三益斋诗文钞》等很少有人关注,而所谓误致慈禧奠仪而屡得升迁的传说,则由野史稗乘的反复转载及演义小说的大力渲染,反倒大为流行,在苏北、皖东一带几乎是家喻户晓。这些传说以恽毓鼎的《崇陵传信录》、陈灢一的《睇向斋秘录·吴棠之奇遇》及沃丘仲子的《近代名人小传·吴棠》最具代表性,所述各情节都经不起检验。目前有关吴棠的研究,大都停留在对上述著作的重复叙述,对其为官的真实历程缺乏仔细挖掘、梳理与宏观评述。本书的初衷,就是通过对其奏议的整理,为研究者提供一套较为完整的吴棠史料,从而再现道、咸、同、光时代风云变幻的历史画面,为中国近代史研究作出些许贡献。

全书分为编首、上编、中编、下编、附录五个部分。编首辑录吴棠临终遗折、赐恤上谕、祭文、碑文、列传等。上编为奏议,以中国第一历史档案馆所藏朱批奏折、朱批奏片、军机处录副奏折、录副奏片,台北故宫博物院所藏宫中档光绪朝奏折、军机处折件、清单、咨文,台北中研院近代史研究所档案馆馆藏档案为底本,以军机处随手登记档、《游蜀疏稿》等为校本,并查照上谕档和《清实录》,采用对校、理校及考辨之法,对其两千多件奏折、奏片、清单进行抄录、标点、校勘、注释、补证。中编为公牍，来自台北中研院近代史所档案馆所藏总理衙门档案。下编是诗文集，以《望三益斋诗文钞》（国家清史编纂委员会文献丛刊本）为底本，以厦门大学图书馆馆藏《望三益斋存稿》为校本，一一比勘，择善而从。附录部分主要辑录有关吴棠之保案、参案等。

　　本书自收集材料至基本完成，时阅十五载。在此期间，山东大学杜泽逊先生，中国人民大学黄爱平先生，时加鞭策，鼎力赞襄；中国第一历史档案馆和台北故宫博物院的诸位同仁，文献需索，有求必应；石河子大学文学院孙秀珍老师，文山学院钱思辰学妹，文献采录，劳瘁不辞，谨此一并致谢！

　　惟以才识浅陋，智虑庸愚，纰缪舛讹实所难免，请方家君子不吝赐正。

杜宏春

2023 年 6 月

凡　　例

一、本书采用新式标点。

二、以校本校底本，逐字校勘，并于页脚出校。原刊不清晰处，以□标识；错字随文更正，更正字置于〔　〕内；增补的脱字，置于〈　〉内；衍文置于［　］内；疑有讹误者，以［?］标识。

三、各折件按时间先后排序，并附年号纪年及公元纪年。相关材料附录于折件之后，以资参考。廷寄以"●"冠之，其他材料以"【案】"冠之，与【案】相关的材料，则以【附】排列于后。

四、凡会衔之作，非主稿者亦一并录入，俾期全面而资参观。必要时，对文献所涉人物加以简介。

五、为方便查考，各文献注明馆藏档案编号。

六、中国第一历史档案馆所藏军机处录副奏折、录副奏片简称"军机录副"，台北故宫博物院所藏宫中档光绪朝奏折、军机处折件、清单、咨文等简称"军机及宫中档"，台北中研院近代史研究所档案馆所藏总理各国事务衙门档案、外务部档案简称"外交档案"，以资便捷。

编首:遗折、谕旨、列传等

○○一　遗折

光绪二年闰五月二十九日(1876 年 7 月 20 日)

头品顶戴前任四川总督臣吴棠跪奏，为微臣蒙恩开缺，甫抵里门，病势增剧，自揣难以复起，伏枕哀鸣，仰祈圣鉴事。

窃臣由附生中式道光十六年①举人，甲辰会试后大挑一等，以知县签掣南河，补桃源县知县，调清河县知县，署邳州知州。咸丰三年春，江南告警，奉饬回任清河。时大河以北土匪横行，扬郡复为贼踞。奉文宗显皇帝特旨，有"知县吴棠团练乡勇，甚得民心，若令其带勇击贼，必当得力"之谕。四年，丁母忧，奉旨：着开缺治丧，于百日后仍署理清河县事。年余，寇患渐平，呈请终制。六年，丁父忧，在籍督办团练，保升道员。八年，服阕回任。十年，渥承简命，补授淮徐道员缺，并奉旨帮办徐宿剿匪事宜。徐宿为捻匪出没之区，兵单饷绌，臣五中焦灼，竭力支撑，火炽血亏，即患有癣疮等症。维时年力正强，尚不措意。十一年冬，奉上谕补授江宁布政使，署理漕运总督，移驻清江。受篆五日，而捻逆纷乘，且战且守，屡濒于危。逾年，即拜真除漕督之命。

同治三年，以剿办清淮一带窜匪，扫除徐宿捻逆，奉上谕赏给头品顶戴，仍交部从优议叙。嗣奉上谕署理江苏巡抚、两广总督，均以清淮防剿吃紧，遂不果行。五年，奉上谕补授闽浙总督，履任未及半载，即有驰赴广东查办事件之命。

七年，奉上谕调补四川总督，九月到任。查蜀中祸乱初平，疮

---

① 《清史稿》、《清史列传》作"道光十五年"。

痍未复,而征兵转饷,援滇、援黔、援陕甘,殆无虚日。幸赖朝廷威福,次第廓清,迭奉上谕交部从优议叙,感悚弥深!十三年秋间,癣疾未痊,复增头眩足软等病,委顿异常,曾经具折乞休,未邀俞允。交春后,旧疾稍减,照常办公。

迨光绪元年冬令,诸病举发,更甚于前,精力就衰,深恐边疆重寄,贻误堪虞,不得已据实沥陈,仰沐生成,俯准开缺回籍。臣于本年正月二十六日交卸督篆,料理起程,力疾徐行,取道秦、豫一带,闰五月二十一日甫抵里门,病势增剧。至二十八日,气促痰涌。二十九日午刻,神智转清,而精血已竭。据医者云,症属垂危。

臣自揣难以复起。伏念臣以书生,粗习军符,由牧令洊升府道,上邀四朝特达之知,超擢封圻十有五稔,历任地方,均值时事艰难之际,务在保全完善,培养本根。而任重才轻,刻刻以旷官为惧,渥荷圣明怜其愚戆,予以优容。方期调治得宜,涓埃重效,乃桑梓之邦甫至,而蒲柳之质先零,私愿难偿,余生待尽!

臣长子早亡。次子炳祥,庚午科举人,分部行走郎中。三子炳和,附贡生,光绪元年从一品荫生。臣惟有勖臣子等益勤学业,恪守官箴,上以酬君父再造之恩,下以辅微臣未竟之志。谨口授遗折,即命臣子赍交安徽抚臣裕禄,恭折代递。瞻望阙廷,神魂飞越,不胜感激屏营之至!伏乞皇太后、皇上圣鉴。谨奏。光绪二年闰五月二十九日。①

---

① 中国第一历史档案馆藏:军机录副,档案编号:03-5776-128。

○○二 前任川督吴棠在籍
病故循例代递遗折

光绪二年七月初五日（1876年8月23日）

安徽巡抚臣裕禄①跪奏，为前任四川督臣在籍病故，循例代递遗折，恭折仰祈圣鉴事。

窃照头品顶戴前任四川督臣吴棠于上年冬间因病陈请开缺，奉旨允准。本年正月，交卸督篆，力疾回皖，闰五月二十一日，甫抵盱眙原籍，病势增剧。二十九日，口授遗折，即于是日病故。遗命其子将遗折赍送，呈请代递前来。

奴才覆查吴棠由牧令起家，洊升司道，超擢封圻，受朝廷特达之知，膺时事艰难之任。其忠勤之恳挚，识力之坚卓，迈绝等伦。当其在江苏署邳州时，丰工漫口，猝遭水患，救灾散赈，恒奔驰于烈日，积潦中流民，赖以绥辑。嗣任清河，时势益蹙，金陵、扬州方为贼踞，清河东、南、北之冲，五方杂处，不逞之徒乘机窃发。吴棠招募壮勇，举行团练，屡以轻骑擒治犷悍之众，外匪内患，迄不敢动，

① 裕禄（？—1900），字寿山，喜塔腊氏，满洲正白旗人，监生。咸丰七年（1857），充刑部笔帖式。同治元年（1862），补刑部主事，转清档房堂主事。二年（1863），升刑部员外郎。三年（1864），授刑部郎中。六年（1867），放直隶热河兵备道。七年（1868），升补安徽按察使，署安徽布政使。十一年（1872），迁安徽布政使，署安徽巡抚。十三年（1874），擢安徽巡抚。光绪十年（1884），署两江总督。次年，署湖广总督、湖北巡抚。十三年（1887），调补湖广总督。同年，兼署两江总督、办理通商事务大臣。十五年（1889），调盛京将军。二十一年（1895），授福州将军。二十二年（1896），任船政大臣。二十三年（1897），授四川总督。二十四年（1898），充军机大臣上行走，署镶蓝旗汉军都统。同年，授礼部尚书，在总理各国事务衙门上行走。是年，调补直隶总督、办理通商事务北洋大臣。二十六年（1900），卒于官。

一时声誉噪起。上荷文宗显皇帝知遇,有"知县吴棠团练乡勇,甚得民心,若令其带勇击贼,必当得力"之谕。

咸丰十年,奉旨补授淮徐道员缺,并奉旨帮办徐宿剿匪事宜,加按察使衔。嗣后益加感奋,凡所以抚饥军、御强寇,出奇制胜,不遗余力。旋升任江宁布政使,署理漕运总督。维时捻匪正炽,兵饷奇绌,苦剿死守,屡濒于危。

同治二年,拜真除漕督之命。时流亡渐复,因于清河创建石城,以图保聚。三年,奉旨赏给头品顶戴。五年,简授闽浙总督,又出使粤东。七年,奉旨调补四川总督。川省当秦、陇、滇、黔用兵之际,邻患方殷,协饷、协防,摒挡不易。

十年,蜀中大旱,鸿嗷遍野,当经奏拨帑银二十万两,办理平粜,全活者以亿万计。事定之后,即添置丰裕仓以备荒。又于署成都将军任内捐建少城书院,以课八旗子弟。又创建尊经书院,以励实学。综计服官三十年,励己之清勤,爱民之肫切,有如一日。至于临大事、决大计,毅然任之,不为众挠。尝闻其大书明臣王守仁"愿闻己过,求通民情"之语为座右铭。暇则手不释卷,校刊经史书本,以嘉惠后进。是其学有根柢、能治行之纯如此也。去蜀之日,蜀民走送者不绝于道。归路过淮徐,士民不忘旧德,夹道焚香,攀辕慰问。甫抵里门,即谋所以睦族恤邻之义。惜归未旬日,竟积劳不起。闻其弥留之际,惓惓阙廷,深以未尽图报为憾。

该督臣忠勤政绩,久为历官各省官绅士庶所传颂。今其在籍病故,闻之者无不悼惜不绝。兹因代递遗折,谨就所闻,略称梗概,应如何施恩之处,恭候圣裁。

该故督臣长子早亡。次子炳祥,庚午科举人,分部行走郎中。

三子炳和,附贡生,光绪元年从一品荫生。合并声明。伏乞皇太后、皇上圣鉴。谨奏。七月初五日。

光绪二年七月二十一日,军机大臣奉旨:钦此。[①]

○○三 赐恤谕旨

光绪二年七月二十一日(1876年9月8日)

光绪二年七月二十一日,内阁奉上谕:前任四川总督吴棠老成练达,办事勤能,由大挑知县洊擢监司,循声卓著。嗣在漕运总督任内,带兵剿贼,保卫地方,历任闽浙、四川总督,克尽厥职。上年冬间,因患病准予开缺,俾得安心调理。兹闻溘逝,轸惜良深! 吴棠着加恩照总督例赐恤,任内一切处分悉予开复;应得恤典,该衙门查例具奏。伊子荫生吴炳和,着赏给举人,准其一体会试,用示笃念荩臣至意。钦此。[②]

○○四 御赐祭文

光绪二年七月二十一日(1876年9月8日)

朕惟身膺重寄,筹谋悉本乎衷忱;礼尚殊施,崇报难忘夫伟绩。盖论功以经邦为大,而眷旧以锡奠为隆。尔原任四川总督吴棠,柱石勋高,栋梁望重。遗艰投大,慰深宫宵旰之勤;勠力同心,定全域安危之策。历始终而勤事,为中外所交推。兹当归政

---

①　中国第一历史档案馆藏:军机录副,档案编号:03-5111-044。
②　中国第一历史档案馆藏:谕旨,档案编号:03-5232-029;又 03-5301-100。

之期,特重酬庸之典。沛鸿施于此日,溯骏烈于当年。温素优贫,嘉筵式锡。食俎豆升香之极,焕旗常戴绩之光。聚米量沙,歔意长操胜算;陈馐设礼,允宜籍富殊勋! 灵而有知,尔其来格。①

○○五　御赐碑文

光绪二年七月二十一日(1876 年 9 月 8 日)

朕惟拥节钺以宣猷,屏垣攸寄。历边陬而殚力,眷旧兴怀。既隆委任于生前,复备哀荣于后。载颁紫綍,用勒青珉尔。头品顶带原任四川总督吴棠,正直砥躬,忠诚励志,举乡而早储伟略,为宰而丕著循声。当夫粤匪猖狂,皖疆骚动,练勇则咸成劲旅,翠羽锡荣;运筹则迅扫妖氛,丹毫纪绩。命襄戎幕,固徐宿之民心;力济军需,壮江淮之兵气。

迨受旬宣之任,旋膺总制之权,握成算以转输,展壮犹而戡定。专枢南纪,崇牙阅闽海之师;移节西陲,严翼整蜀江之俗。乃以沉痾莫愈,予假遄归。何图遗疏驰闻,沦俎遽告,沛饰终之优渥,举考行之彝章。表厥生平,谥曰勤惠。

於戏,松楸长护,辉增马鬣之封;金石同铭,彩焕龙章之锡! 绥兹吉兆,贻尔后昆。②

---

① 吴棠:《望三益斋存稿·祭文》。
② 吴棠:《望三益斋存稿·碑文》。

○○六　查盱眙绅民举报吴棠等
入乡贤祠片(皖抚裕禄)

光绪四年十月二十一日(1878年11月15日)

再,安徽盱眙县故绅原任四川总督吴棠、现任河南洛阳县知县秦茂林,均据该县绅耆、士民浙江候补道王荫樾等请入乡贤祠,呈由该县儒学造具事实册结,牒县详州,递加府转,由司转详到臣。经臣于本年九月内循例会同两江总督臣沈葆桢、^①安徽学臣龚自闳,^②恭疏具题在案。兹于十月十二日接据王荫樾由浙江递到禀

---

　①　沈葆桢(1820—1879),初名振宗,字翰宇,号幼丹,福建侯官人。道光十九年(1839),中式举人。二十七年(1847),中式进士,改庶吉士。三十年(1850),授翰林院编修。咸丰元年(1851),充武英殿纂修官。二年(1852),任顺天乡试同考官。四年(1854),补江南道监察御史。五年(1855),升掌贵州道监察御史。同年,放江西九江府知府。翌年,署江西广信府知府。七年(1857),迁江西广饶九南道。次年,兼管粮台。九年(1859),加按察使衔。十年(1860),补江西吉南赣宁道。十一年(1861),擢江西巡抚。同治元年(1862),兼管办广信粮台。三年(1864),封一等轻车都尉,晋头品顶戴。次年,丁母忧,回籍终制。六年(1867),授福建船政大臣。九年(1870),丁父忧。十一年(1872),回福建船政大臣本任。十三年(1874),兼办各国通商事务。是年,巡视台湾。光绪元年(1875),调补两江总督,兼理通商事务大臣。五年(1879),卒于任。赠太子太保,谥文肃。

　②　龚自闳(1819—1879),字应皋,号雨叔,浙江仁和人。道光二十三年(1843),中式举人。二十四年(1844),中式进士,选庶吉士。二十五年(1845),授翰林院编修。次年,充功臣馆纂修、国史馆纂修。二十八年(1848),任武英殿协修、国史馆协修。次年,充四川乡试副考官。三十年(1850),补国史馆纂修。咸丰四年(1854),升武英殿纂修、功臣馆纂修。同年,补江南道监察御史。五年(1855),调贵州道监察御史。六年(1856),授兵科给事中。是年,充会试同考官。七年(1857),放贵州贵西道。十年(1860),升贵州按察使。同治元年(1862),加布政使衔。二年(1863),迁贵州布政使。三年(1864),调补顺天府丞。九年(1870),授大理寺少卿,兼署顺天府丞。同年,充任磨勘乡试试卷大臣。十年(1871),擢光禄寺正卿,调太常寺正卿,兼署光禄寺正

函,内称:闻本籍公举乡贤一案,首列该员之名。此事有关崇祀大典,必乡评允洽,悦服人心,方克举办。无论该员远官他省,此事未尝与知,即使近在本籍,亦不敢与闻,且族中与秦、吴两姓均属姻亲,尤当引嫌回避。查《学政全书》载:乡贤名宦,须有庸德卓行、名实相副、众议佥符者,方足以膺斯举。若使所举不实,地方官与禀报绅衿均有处分,自行检举者免议。闻得本籍士庶早已啧有烦言,可见乡评未洽。未知该县究据何人捏禀,冒昧上详,应请察核,将该员之名先行摘释等语。臣伏查吴棠历任封疆,实为年久,其人品、学术早在圣明洞鉴之中。秦茂林居家孝友,为政清廉,曾经河南洛阳县绅民呈请入祀名宦祠,奉部覆准。此次盱眙县绅民联名在县学呈请将吴棠、秦茂林入祀乡贤祠,详列该故绅等事实册结,经臣考核其事迹,尚属相符。既据绅民公请,不敢壅于上闻,业经循例题具,听候部议。惟崇祀大典,不宜有所訾议,今据王荫樾所禀,既称士庶啧有烦言,乡评未洽,而乡评如何未协之处,未据明晰指陈,自应确切查覆。

至此两案该县绅民四十名公同具结,王荫樾之名书列在前,兹该员禀以并未与闻其事,其在县学公呈之时,究系何人冒列该员之名举报,该学、县有无扶同捏饰,尤应彻底根究。除饬司道遴员前往该县严查捏名举报之人并学、县有无扶同欺饰情弊,据实禀办,一面由臣批饬王荫樾再将所禀乡评未洽,切实指名,以凭查核,并再饬传集该县阖邑绅士覆询,吴棠、秦茂林入祀乡贤祠是否实有乡

卿。十三年(1874),迁内阁学士,兼礼部侍郎衔。光绪元年(1875),任文渊阁直阁事。次年,充朝考阅卷大臣、江南乡试正考官、安徽学政。四年(1878),补礼部右侍郎。五年(1879),授工部右侍郎,兼管钱法堂事务。同年,卒于任。有《行役日记》《馆课诗赋》《盟鸥舫文存》等行世。

评未协之处，抑系王荫槲一人私议，并非出于公论，确切查明取结，奏明报部，覆核办理，以昭核实外，臣因事关祀典，未敢稍事瞻徇，理合据实附片具陈，伏乞圣鉴训示。谨奏。十月二十一日。

光绪四年十一月初六日，军机大臣奉旨：知道了。钦此。①

〇〇七　故督功德在民请于原籍建专祠折

光绪七年二月十六日（1881 年 3 月 15 日）

头品顶戴安徽巡抚臣裕禄跪奏，为已故督臣保障桑梓，功德在民，谨据情仰恳天恩，俯准捐建专祠，以顺舆情，恭折仰祈圣鉴事。

窃臣接据盱眙县绅士、江苏候补道郜云鹄联名禀称：查原任四川总督吴棠，服官江北，懋著勋劳，前因在籍病故，荷蒙圣恩赐恤予谥，并于清淮、叙州各建专祠。仰见朝廷优恤荩臣有加无已，江皖士民无不同声感戴！惟念该故督臣服官省份，固已仰遂报飨之忱，而其有功桑梓，遗泽在民，有不能不为缕陈者。

查该故督臣籍隶安徽盱眙县，所居三界镇，系盱、定、滁接壤之区，自粤捻倡乱以来，地方残破，人无固志。咸丰四年，该故督臣于江苏清河县任内丁忧回籍，经前抚臣饬令集团御贼。维时大兵之后，贼踪遍地，继以荒年，筹画之艰，较之江北尤为棘手。该故督臣一以清河办团成法，挹诸乡里，既筹饷以兴兵，复倡款以济赈。是年秋，来安棚匪作乱，结连发逆，窥及盱境，势甚炎炎。该故督臣率团痛剿，数日即定，盱、来境上得以无患者，实该故督臣之力。

---

① 中国第一历史档案馆藏：军机录副，档案编号：03-5132-021。

迨捻匪窜陷五河，骎骎内犯，该故督臣于急迫之际，率练收复县城。嗣发逆麇聚，连陷滁、全等处，四出焚掠。三界镇距滁尤近，该故督臣虑无圩寨可守，乃集团修寨，晓以大义，裹粮而助战者万余人。屡薄滁城，使贼不得逞志，俾淮、浦诸军得以扼堵三河，并力扫荡。其后该故督臣奉调赴江，历由监司洊擢封圻。江北辖境与滁、来、天、盱等处在在接壤，该故督臣择要扼守，不分畛域，苦战连年，使贼踪不敢窜越为害，屹然为两境保障，卒收底定全功。推其苦心经画，实合江皖以并筹，而有功于桑梓者为尤巨。

其余惠及乡里之事，如捐廉俸以赈流难，散牛种以裨耕作，建文庙、考栅以兴学校，筹应试资斧以惠士林，凡有善举，无不具备。因系地方应为之事，未及缕陈，兹谨就该故督臣御灾捍患之大者而论。盱眙至今得以生聚安堵，虽在妇孺，咸知感念。现在江省已蒙奏准建立专祠，而盱眙亦该故督臣立功之地，被惠尤多，情愿集资，于盱眙县城及三界镇两处地方捐建专祠，以伸报飨之忱，合词吁请，据情代奏等情到臣。

覆查已故四川督臣吴棠，前在江北治事御寇，保全江皖两境地方，勋绩久著。其在原籍带练剿贼，正值兵单饷缺、事机万难之际，该故督臣集练屡挫凶锋，捍卫桑梓，厥功尤伟，至今该处士民追念不忘。所请捐建专祠以伸报飨，实出于爱戴之忱，既据合词陈请，不敢壅于上闻。

查江省清淮、徐州等处业经仰邀恩准建立专祠，其原籍盱眙县城及三界镇两处，亦系该故督臣立功地方，合无仰恳天恩，俯如该绅民所请，一并准其捐建专祠，由地方官春秋致祭，以顺舆情，出自逾格鸿慈。谨会同两江督臣刘坤一，恭折具陈，伏乞皇太后、皇上圣鉴训示。谨奏。二月十六日。

光绪七年二月三十日，军机大臣奉旨：着照所请，该部知道。
钦此。①

〇〇八　故镇陈国瑞附祀吴
棠专祠片（漕督松春）

光绪二十五年十月二十九日（1899 年 12 月 1 日）

再，据署清河县知县陈崇煌详称：据清河县附贡生方鸿宾等禀
称，已故记名提督前浙江处州镇总兵陈国瑞，于咸丰年间从征皖北，
克府州县城池多处，屡著战功。同治初年，清淮发、捻势极猖獗，经
前漕督吴棠奏调来浦，带兵迎剿。其时清江无城，筑圩未就，捻匪大
至，情形岌岌可危。该故镇亲率壮士数百人，驰入贼阵，往来突击，
贼众披靡，夜半遁去，仍踞桃源县之众兴集，日出肆扰，越境四掠。
该故镇复整队前往，兼带炮船数十艘，昼夜攻击，水陆叠进。捻贼被
创，气摄而走，是清淮赖以安堵。嗣随忠亲王僧格林沁转战山东、安
徽、湖北、直隶、河南等省，所向克捷，凌厉无前。如破白莲教，平苗
沛霖，剿张总愚等寇，尤其战功最著、昭昭在人耳目者也。光绪初
年，缘案发黑龙江，殁于戍所。荷蒙恩旨褒恤，开复原官，并准于山
东立功地方、湖北应城县本籍建立专祠。清淮受其保障，功德在民，
拟请奏恳附祀前漕臣吴棠专祠，以遂报飨之忱等情前来。

奴才伏查总兵陈国瑞，勇敢性成，战绩昭著。当前漕臣吴棠奏
调来浦，正在匪势鸱张、人心惶惶之际，用能以少击众，转危为安，

---

①　中国第一历史档案馆藏：军机录副，档案编号：03-5535-021。

清淮士民到今讴思弗辍。查上年四月间,曾将已故记名提督前南赣镇总兵姚广武、已故补用副将唐高斗奏请附祀前漕臣吴棠专祠,钦奉俞允,转行遵照在案。该故镇劳绩昭著,实有保障清淮之功。今据士民沥诚具禀,未便壅于上闻。合无仰恳天恩,俯准将已故记名提督前浙江处州镇总兵陈国瑞附祀前漕臣吴棠专祠,以顺舆情,出自逾格鸿慈。谨附片具陈,伏乞圣鉴训示。谨奏。

光绪二十五年十一月十三日,奉朱批:着照所请,该部知道。钦此。①

○○九 《清史稿·吴棠传》

吴棠,字仲宣,安徽盱眙人。道光十五年举人,大挑知县,分南河,补桃源。调清河,署邳州。山东捻匪入境,率团勇击走之,还清河。咸丰三年,粤匪陷扬州,时图北窜,棠招集乡勇,分设七十二局,合数万人,联络邻近十余县,合力防御,有声江淮间。丁母忧,士民攀留,河道总督杨以增疏请令治丧百日后,仍署清河。太常寺少卿王茂荫疏荐,诏询以增,亦以治绩上,特命以同知直隶州即补,赐花翎。

六年,丁父忧,仍留江苏,以剿匪功,累擢以道员即补。十年,补淮徐道,命帮办江北团练。皖北捻匪出入,以徐宿为孔道,山东土匪时相勾结,一岁数扰,棠督军屡击走之。

十一年,擢江宁布政使,署漕运总督,督办江北粮台,辖江北

① 中国第一历史档案馆藏:军机录副,档案编号:03-5564-114。此奏片具奏日期未确,兹据军机处随手登记档(档案编号:03-0301-2-1225-304)校正。

镇、道以下，令总兵龚耀伦等破贼于阜宁、山阳，解安东围。漕督旧驻淮安府城，棠以清江浦地当冲要，筑土城驻之。捻匪大举来扑，督军力战击退，贼踞众兴集相持，令骁将陈国瑞进攻，战十日，大破之，贼遁泗州。督属县筑圩寨，坚壁清野，收抚海州、赣榆土匪，先后遣将击捻匪，擒李麻子于曹八集，斩何申元于洞里庄，歼卜里于半截楼，又破山东幅匪于郯城徐家圩、镒阳集、长城等处。

同治二年，实授漕运总督。令陈国瑞进剿沂州，迭歼渠魁，国瑞遂隶僧格林沁军。苗沛霖叛陷寿州，棠令总兵姚庆武、黄开榜水陆赴援。疏言："欲拯临淮之急，必须一军由宿、蒙直捣怀远，使苗逆急于回顾，临淮始可保全。削平之策，尤须数道进兵，方能制其死命。"又密陈："皖北隐患，淮北盐务疲敝，悉由李世忠盘剥把持，其勇队在怀、寿一方盘踞六年，焚掠甚于盗贼。苗平而淮北粗安，李存而淮南仍困，请早为之计。"诏下僧格林沁等筹办。

三年，加头品顶戴，署江苏巡抚。四年，调署两广总督。棠疏陈："江境尚未全平，请收回成命，专办清淮防剿。"诏嘉其不避难就易，仍留漕督任。军事初定，即筹复河运。署两江总督，未几，回任。五年，调闽浙总督。

六年，调四川总督。时蜀中军事久定，养兵尚多，而协济秦、陇、滇、黔，岁饷不赀。棠令道员唐炯剿贵州龙井苗匪，复麻哈州。道员张文玉等克黄平州，疏请遣周达武一军入黔助剿，即调达武贵州提督，饷仍由四川任之。平苗之役，赖其力焉。

八年，云贵总督刘岳昭劾棠赴川时仆从需索属员馈送，言官亦劾道员钟峻等包揽招摇，命湖广总督李鸿章往按。鸿章覆奏："川省习尚钻营，棠遇事整顿，猾吏造言腾谤。"诏责棠力加整饬，勿稍瞻顾，斥岳昭率奏失实，惟坐失察钟峻等薄谴。十年，署成都将军，奏拨捐输银二十万两赈饥民。十三年，云南、贵州军事先后肃清，以协饷功被优叙。灌县山匪作乱，令提督李有恒剿平之，斩其渠余其隆。疏言："部章新班遇缺先人员补官较易，服官川省者，报捐不惜重利借贷，其中即有可用之才，夙累既重，心有所分，官债虽清，民生必困。请敕部另议变通，俾试用甄别年满、历练较久诸员，得有叙补之期，实于吏治有益。"

　　光绪元年，剿叙永厅匪及雷波叛蛮，平之。以病乞罢。二年，卒，诏优恤，谥勤惠。①

○一○　《清史列传·吴棠》

　　吴棠，安徽盱眙人。道光十五年举人。二十四年，大挑一等，以知县用，分南河。二十九年，补江苏桃源县知县。咸丰元年，调清河县知县。二年，山东捻匪窜邳州。棠时署知州，带勇击破之高唐沟。三年三月，以丰工出力，经江南河道总督杨以增奏保，以同知、直隶州知州升用。六月，丁母忧。

　　时粤逆陷扬州，将由高、宝北窜，命开缺治丧，百日后仍留署清河知县。四年，太常寺少卿王茂荫疏荐人材，称棠捕盗认真，士民称颂，上命杨以增察看。以增称棠实心任事，始终不懈，得旨免补知县，以同知、直隶州即补，并赏戴花翎。六年，丁父忧，仍留江苏省办事。七年，叙剿办棚匪功，以知府留江苏补用。又以剿捕徐宿捻匪出力，命俟补缺后以道员升用。八年，击退临淮捻匪，复六安、来安等城，特旨免补知府，以道员遇缺即补。十年，捻逆东扰邳、铜、宿迁，棠会合太原镇总兵田在田等军，攻毁贼垒。寻补淮徐道，命帮办江北团练事宜。棠与田在田督各军迭破贼。十一年，以筹饷劝捐，赏加按察使衔。时沂州兰山贼由台庄回窜徐州，东路之贼亦回窜栏杆山等处，棠饬副将胡元昌等夹击，败之；另股由奶奶山溃窜，棠派兵堵剿，连获大捷。复派兵追击匪首刘平于侯孟山，破其寨。皖匪赵克元等扰濉口一带民圩，复结蒙、亳捻匪数万围宿州。总兵张得胜等赴援，为贼所困，棠督军驰援，解其围。

寻擢江宁布政使，兼署漕运总督，督办江北粮台，并命统辖江北镇、道以下文武各官。同治元年，徐州捻逆窜沭阳，趋阜宁、山阳，棠派总兵龚耀伦等会乡团迭胜之，余匪溃扰淮关，复击却之。逆首李成等围安东，棠檄军进击，围乃解。二月，提督李世忠等军攻克浦、六，进军九洑洲，请拨炮船驻守。上命吴棠会同江宁将军都兴阿酌拨兵船驻浦口，以资堵剿。旋渔沟捻匪窜踞众兴集，睢宁捻首魏坤等扰高资，意图纠合东窜，棠分军迎剿，皆败之。复饬军夹击盐河贼，阵斩无算。时淮扬海道缺裁撤，棠遵议将淮扬道所辖扬属地方事务，归两淮运使管理；其河务及淮、海两属公事统归徐州道兼辖，下部议行。寻众兴败匪遁泗州，棠虑其回窜，督饬淮安县属筑圩扼之，击捻酋李加英等于宿迁，斩发匪王凤等。并奏言："窜捻不下数万，清、淮防兵及所调各军无多，众寡已属不敌。且炮船利于水，而不利于陆；步队宜于扼守，而不宜于野战。请调拨科尔沁亲王僧格林沁所统马队赴淮援应。"允之。四月，捻酋韩老万纠党至桃源，棠派副将黄国瑞等败之于新河堤，复檄总兵黄开榜、龚耀伦水陆截剿，贼溃遁。时田在田被劾，上命偕僧格林沁按款详查。寻得实覆奏，褫田在田职。六月，清江南北两岸圩工竣，棠绘图以进,谕曰:"清江扼南北之冲,其地向无城郭,实不足以资战守。经吴棠相度地势,筑建圩墙,挑成濠堑,仅四阅月,巨工告成。足见该署督办事认真,甚属可嘉!"七月,棠复署漕运总督,派兵进剿曹八集,擒捻首李麻子,诛之;复派游击张祖云等剿洞里庄等处踞贼,斩匪首何中元、贼目王春玉等,击走邳州窜捻。并饬总兵黄开榜等进剿猫儿窝以南股匪,焚贼栅,副将姚广武等又追败之宿迁,运河以南肃清。闰八月,江阴等处贼图北窜,江防戒严。棠檄水陆各军严江防以遏之。

时江苏、安徽、山东、河南四省边界捻匪蔓延,此剿彼窜。徐州府为四省交冲,光禄寺卿潘祖荫请设四界镇道以专责成。棠遵旨议覆,略言:"捻匪起于蒙、亳,扰及江、皖、东、豫,出没之区,四通八达。即使四界添设镇道,仍不过兼顾一隅,徒更旧章,无裨全局。须俟大兵剿办,地方肃清,再议随地制宜。"上从之。九月,棠派参将吴凤柱等赴邳州,击退山东幅匪,又派都司赵元宗等歼捻首卜黑①小股匪于半截楼。十二月,兰山幅匪麇聚郯城县之徐家圩,棠檄黄国瑞督兵兜击,擒匪首刘曾、孙良,并捻逆李友辉、田虎等;又密饬黄开榜等夜袭钟阳集,克之,捻首夏广兴等悉就擒。先是,御史丁绍周奏陈江北厘捐积弊,谕吴棠照部定章程,严禁扰累。二年正月,复经将军富明阿疏劾,上以吴棠办理迟延,严饬之。棠寻奏参委员严邈等,请摘去顶戴,并奏言:"军兴以来,费用繁巨,抽厘助饷,实万不得已之举。惟查各厘卡均设于水陆要隘,商贾往来之区,离县治远近不一,地方官公事殷繁,断不能躬亲驻局,势必委之胥吏、家丁,蠹蚀侵渔,流弊滋甚。其厘捐设立处所,陆路固有绕越

---

① 《清史稿》作"卜里"。

之处，水路亦多港汊，必须择要分卡，以杜旁趋。均系明定章程，一处收捐，一处验放，并无一局一卡而征至数次者。捐项既难多裁，惟严饬各局抽厘委员廉谨者留，贪冒者去，务期厘剔锢习，以资实用。"均如所请行。

时幅匪盘踞长城，棠令黄国瑞督军进攻，败援贼赵开元、苏克功等，乘夜火攻贼垒，贼惊溃，斩贼目数十名，擒匪首刘兆清等，戮之，遂克长城。捷入，得旨嘉奖。棠复饬黄开榜、潘顺等水陆并进，连克孙疃一带贼垒。三月，实授漕运总督。檄黄国瑞等进剿山东幅匪孙化青，阵斩之，旋擒斩逆酋孙化祥，击退大股援贼，遂克中村及费县境之转个山、兰山之黄牛山各贼寨，阵斩匪首邱兆林于洛水等，沂州肃清。寻疏陈淮扬镇营制事宜十条，下部议行。四月，遵旨覆陈沿江亩捐并办理圩工，疏言："亩捐一项，即在粮台收款之列。局外未悉底蕴，以为到处有捐，捐名不一。但见进款之巨，而不知出款之多；但见征收之繁，似觉漫无稽考，而不知各分各款，均已随时达部。以致视为利薮，上达宸聪。第待哺方殷，未能因噎废食。现饬随时接续造报，以备稽核而释群疑。至市河、十字河系山阳、盐城两县所辖，淤垫日甚。该县官绅禀请挑土筑圩，公议按亩捐资出夫，其中受灾之区，贫乏各户，均免派夫，并无派捐逼胁情事。"疏入，报闻。

时发逆围天长，棠檄黄开榜击退之。五月，檄黄国瑞等攻山东教匪于白莲池，斩逆首刘双印、刘锦春，毁其巢；而练总苗沛霖复纠众叛，棠檄总兵姚广武击退之。六月，苗逆陷寿州，窥蒙城，棠复饬姚广武、黄开榜水陆等军攻怀远，以掣贼势。八月，逆匪筑垒于宋家滩，官军炮船为所困。棠以苗逆猖獗，由未能四面制贼，疏言："欲拯临淮之急，必须一军由宿、蒙直捣怀远北路，则苗逆急于回顾，临淮要地或可保全。且将来削平苗逆之策，尤必数道进兵，方可制贼死命。"十月,苗逆攻蒙城,棠派兵进剿,斩逆首刘报柜等五人,蒙城围解。十一月,密陈皖北隐患,略言:"淮北盐务疲敝,悉由李世忠把持盘剥所致。其勇队在怀、寿一带,盘踞六年之久,焚掠之惨,甚于盗贼。苗平而淮北粗安,李存而淮南仍困。请早为办理。"上是之,命僧格林沁等会商筹办。三年,以剿办清淮、徐宿各匪功,赏头品顶戴,仍交部议叙。

寻署江苏巡抚。偕两江总督曾国藩等疏言:"现在江省乂安,一切应规复旧制,请仍设淮扬道员缺。"下部议行。四年二月,调署两广总督。棠奏贼股窜扰江境、盐、阜、沭阳一带防务最要,请收回署两粤总督成命,专办清淮防剿。上嘉其体国公忠,不避难就易,仍暂留漕运总督任。五月,捻匪北窜,河南巡抚吴昌寿奏请添兵渡河,严防北岸,命棠檄催水师迅赴济宁策应。棠奏:"江湖水师不便入黄,请就黄河船只添置炮位,配以滨黄兵弁熟悉地形者,入黄驾驶,庶于军事有济。"如所请行。初,棠议采办米石,试行河运。八月,米船全数抵通,下部议叙。

旋署两江总督。时逆首张总愚窜扰河南许、汝、南阳,图陈州。上以贼匪裹胁数万,非数省兵力四面兜剿不可。命棠饬清、淮防兵会合兜剿。寻奏:"清河存留兵勇七千余人,先因捻逆窜扰徐州,睢、宿、桃源相距甚近,路路需防,倘步队调出击贼,一时有警,即难回顾。今于无可抽拨之中,派出参将吴凤柱等马队赴徐,随同曾国藩所部会剿;游击唐高凭等各带步勇,分扎宿、邳,扼守运河两岸。又檄漕、河标兵防守清、桃,以顾东路。"嗣官军击贼获胜,贼西趋归德,遂檄吴凤柱马队回驻宿迁,并饬水路各军随时豫防。谕曰:"吴棠于清、淮情形最熟,着严饬防军视贼所向,迎头截击。"时黄国瑞归宗,复姓陈氏。十二月,棠奏国瑞患病疯狂,请褫职,押送回籍,饬令地方官管束，从之；仍以国瑞战功迭著，命该管官随时派员妥视。五年七月，江北湖河盛涨，清水潭迤南堤决，下部议处。八月，调补闽浙总督。六年十一月，以两广总督瑞麟疏劾广东巡抚蒋益澧、署藩司郭祥瑞等朋比各款，棠奉命赴广东会同将军庆春覆查得实，益澧等下部严议。

十二月，调四川总督。七年十一月，檄道员唐炯率川兵剿贵州龙井苗匪，复麻哈州城，攻白沙关、打铁坡贼寨，皆破之。并饬道员张文玉等军克黄平州城。十二月，派提督周达武等败贼于娄落赤碧玑等处，大小夷部诣营求抚，遂克西昌。八年正月，周达武等屡胜于吽牛坝，夷匪次第投诚，建南肃清。捷闻，得旨嘉奖。四月，唐炯等攻拔观音山、玉麟山苗寨，复清平县城。六月，饬道员刘岳曙等攻七星桥贼垒，克之，斩逆首马天启，回酋马天顺等乞降，古城、羊街等百余村寨均就抚。寻甸全境肃清。先是，云贵总督刘岳昭疏劾棠眷属抵川时，役夫三千余名，仆从需索门包，属员致送规礼，荒谬贪污，物议沸腾等款，谕令两江总督①李鸿章驰往确查。十月，李鸿章覆奏，以上各款均无其事，并言："川省官场习气，颇尚钻营。吴棠履任后，遇事整顿，以致贪官猾吏造言腾谤，应毋庸议。"谕曰："川省吏治、防务，均关紧要。吴棠务当振刷精神，力筹整顿，勿稍瞻顾。至刘岳昭所参各节并未详查虚实，辄以传闻无据之词，率行入奏，实属不合，着严行申饬。"复以御史张沄等奏参道员钟峻等包揽招摇，棠任用之幕友彭汝琮系奉旨饬令回籍之员，经李鸿章查实奏入，棠坐失察，下部议处。

九年十月，棠饬总兵刘宝国等会滇军攻回匪，斩逆首刘应贵

---

① 应为"湖广总督"。

于阵,擒伪大将军李亭宾等,诛之,克永北厅城。十年,署成都将军。捐建书院,令八旗子弟学习清文。十一年二月,奏川省地方辽阔,户口繁多,上年夏旱秋潦,收成歉薄,粮价骤昂,饥民嗷嗷待哺,请于厘金捐输项下拨银二十万两以资赈济,从之。七月,贵州下游肃清。逆首李宰腐及其党欧保降等皆伏诛,得旨嘉奖。十二年,云南肃清。十三年三月,贵州军务事竣,棠以协济饷需,先后下部优叙。六月,灌县山匪作乱,棠檄提督李有恒等驰往督剿,斩匪首余其隆等,川西平。八月,奏言:"民生之休戚,视吏治为转移。欲收其效于临民之后,尤宜正其身于筮仕之初。现因部章新班、遇缺两项人员,遇有缺出即可超补。是以川省需次人员,多方设措,相率报捐,纷至沓来,为他省所未见。该员等家非素封,捐项均由重利借贷而来,其中即有可用之才,私债累累,索逋者日向追呼,欲望其履洁怀清,岂易得乎?一经到任,夙累既重,心有所分,官债虽清,民生必困。举劾之权,虽操之疆吏,第此等骤膺民社之员,鲜谙治体,即随时撤换,另委贤员,而地方受累已深,故考察人才,必视其进身之始,而讲求吏治,尤当慎于序补之先。请敕部另议变通章程,将报捐发川之新班遇缺先,及新班遇缺两项州县人员,暂行停止,俾试用甄别年满,历练较久人员,得有序补之期,实于地方吏治有益。"疏下部议。十一月,以病奏请开缺,得旨赏假两月。光绪元年七月,饬提督李有恒等剿叙永厅股匪,克其巢;复以雷波厅蛮匪作乱,派提督胡国珍等剿平之。十二月,复疏请开缺,允之。

二年,卒。遗疏入,谕曰:"前任四川总督吴棠,老成练达,办事勤能。由大挑知县洊擢监司,循声卓著。嗣在漕运总督任内,带兵剿贼,保卫地方。历任闽浙、四川总督,克尽厥职。上年冬间,因患病准予开缺，俾得安心调理。兹闻溘逝，轸惜良深！吴棠着加恩照总督例赐恤。任内一切处分，悉予开复。应得恤典，该衙门察例具奏。伊子荫生吴炳和，着赏给举人，准其一体会试，用示笃念荩臣至意。"寻赐祭葬，予谥勤惠。

三年，漕运总督文彬奏言："棠以大挑知县，分发南河，历任清河、桃源、邳州等处，咨访利病，训诲愚蒙，循循然如父兄之诏子弟，不事操切而民自化。及其诛锄强暴，则又执法极严，不稍姑息。一时治行称最，舆论翕然。咸丰三年，粤寇陷金陵，窜扬州，淮、浦震惊，土匪蠢动。棠时在清河县任，地无城郭，手无兵柄。徒以忠义号召士民，创设团练，不数月间，会者数万人，声威大振，伏莽潜消。乃腾檄远近，相为固守，声言大兵百余万，指日即到，以安人心。贼遂徘徊瓜、扬，不敢前进。文宗显皇帝降旨垂询，有'知县吴棠团练乡勇，深得民心'之谕。寻丁母忧去职，百姓流涕相送，途为之塞。起复后，历任徐州府、道，捻匪以蒙、亳为老巢，出入必经徐宿，一岁数至，所过成墟。棠约各属士民坚壁清野，随地筑圩，迁人民、辎重于内，遴壮丁守之。田禾垂熟，则以队伍游徼于外，俾农民收获入圩，不为贼有。徐民始知生聚之乐。棠以道员兼司兵饷，精心擘画，一钱一粟，分散必均。士卒感其至诚，虽不获饱而战则必力，故所向有功。尝剿贼汴塘，与卒伍同卧起者数月，致患湿疾，终身不瘳。咸丰十一年，奉命署漕运总督，衙署向在淮城，清江又甫经兵燹，民物凋残，人皆视为危地。棠以该处为南北咽喉，关系甚重，受篆次日，即率师驻之。捻匪屡次骤攻，均经击败。棠于运河两岸建城，以为县治。人有所恃，流亡渐复。其时粤寇未平，捻氛尤炽，深虑合并为患。棠扼守要冲，频年苦战，内保里下河完善之区，外靖余、淮、海三府州之地，前督臣曾国藩得以专力图南，不为捻匪牵制,棠实有赞助之功。同治四年,购米雇船,创行试运,江北河运漕粮,遂从此始。清江旧有书院,为贼所毁,棠于军旅之暇,筹款兴复,俾诸生讲学其中,资以膏火,人知向学,文教日兴。综计棠筮仕以来,自州县以至漕督,未离江北地方,与淮、徐士民患难相共十有余载。众情依恋,宜申报飨,仰恳将棠事迹宣付史馆,并于清、淮、徐州各建专祠,以彰忠荩而慰舆情。"允之。

子炳和,恩赏举人,直隶候补道。[①]

① 王钟翰点校:《清史列传》,第53卷,第4202—4209页,中华书局,1987。

上编：奏议

咸丰十一年（1861）

○○一　宿城被困请拨重兵援应折

咸丰十一年五月初五日（1861 年 6 月 12 日）

　　帮办军务按察使衔淮徐道臣吴棠跪奏，为宿城被困，捻迹遍野取麦，饷道隔绝，徐宿危急万分，恳恩添拨重兵，飞速救援，恭折奏祈圣鉴事。

　　窃因捻股交乘，宿州四面皆贼，饷道断绝，人心摇动，实在危迫情形，经臣田在田[①]会同臣于四月二十四日驰奏，请旨速饬重兵援剿在案。拜折时，各路已蜂屯蚁聚，无道可绕，幸专派四骑，乘夜突行，得达徐郡，发驿飞递。日后军情莫通，节经臣分投遣探，知捻逆后股又复倾巢悉至宿境，合之不下六七万人，分扑东、西、北三面，

---

　　① 田在田（1830—1912），字象乾，山东巨野人。咸丰元年（1851），中武举人。二年（1852），中式一甲第一名武进士（武状元），加头等侍卫。旋获胜保举荐，加副将衔。六年（1856），补授直隶大名镇开州协副将。八年（1858），升山西太原镇总兵。十一年（1861），加提督衔。同治元年（1862），被劾落职。九年（1870），调赴金陵办理营务。光绪二年（1876），署四川重庆镇总兵。五年（1879），补四川重庆镇总兵。二十年（1894），调补甘肃肃州镇总兵。二十三年（1897），交卸回籍修墓。三十四年（1908），加太子少保。宣统元年（1909），赏都统。民国元年（1912），卒于田家公馆。

奶奶山寨派驻参将吕道宣兵勇四百余名,因多日不得口粮,又被大股捻匪围拢,枵腹荷戈,退守符离就食,该山寨遂为捻有。符离之北黄花洞、褚庄、尖沟,东北之灰古堆、时村,遍地皆贼,插铺收麦,逼喝圩寨,率多附从,贼党日盛,不可名状,叠次派游击刘凤来、守备张宝云,各带马步,携饷送宿,均被截回。

查宿营本无存储,各营及存城兵勇三千余人,嗷嗷待哺。今饷道阻塞已将一月,文报不通亦已旬余,督办臣田在田何能久支?徐营兵勇亦仅二千余人,四面策应,守尚不足,实无队可往冲击。两城坐困,宿州尤急,忧心如焚,莫知为计。先是山东峄县土匪刘平占据奶奶山寨,经署徐州镇李恒清、参将王致祥、铜山县知县高丙谋督带兵练,屡攻未下。臣以肘腋之患急须扫除,于四月二十六日亲往督剿,周历相度,计难力攻,又以南路警报日至,郡西郝、杜两寨被捻围困,随晓谕铜、峄各练董,招抚被胁良民,下山收获,冀孤贼势,稍迟数日,再图进攻。即于二十八日连夜回郡,布置应援,派游击杨文全、都司张从龙、州同萧诚,领带亲军小队,各救各圩,借固民心,幸能用命,郝家寨暂时解围。贼复旁趋刘家店等处,其围攻杜集寨之贼忽远忽近。参将龚耀伦孤守蒙村,其西南附近各圩多为贼踞。游击艾宪银在烈山被围,五次飞禀告急,无队可援,蒙、烈两营已数日不见文报。

二十九日及五月初一、二日,大股扰至,郡城西南马杨村一带烽火烛天,边马直至三二铺。郡城所留马步小队尽数派出,密令绕路突击,或入夜潜扰,一面激励民练,登埤守御,虽略有擒斩,均不过贼之游骑。以数百兵勇,断不能敌数千累万之寇。已熟之麦不获,决裂之形益见,民心仓猝莫知所措。昔之捻股在徐宿边地,今之捻股在徐宿腹地,局势日非,岂惟宿城危如一线,而徐郡亦将四面受困。北路刘平负固,西路砀山各寨被捻攻扰,由豫至徐,道路梗塞，是四肢心腹同时病剧，危险岌岌，无过此时。漕督臣袁甲三①奉旨仍驻临淮，不能分兵兼顾，北路绝望力疲，彷徨堕泪！

臣等受恩深重，处此艰危之际，正应图效之时，无如饷缺兵微，智勇俱困，倘有疏虞，即粉身碎骨亦靡足以塞万一之责。且徐宿为临淮、淮扬后路，西来军饷必由徐境一线饷道，实为东南各大营万紧关键。近得密探，捻逆暗约收麦后，纠全股来围徐郡，然后长驱北犯。审势度时，殊在意中。臣惟有竭尽驽力，拊循兵练，布置御守，一面多发侦探，改装绕道，以与臣田在田通信，设法济饷，勉持危局。仰恳圣恩，俯念万分迫急，简拨大兵，飞速来援，赶救危城，并力击贼，则徐郡幸甚，大局幸甚！不任延颈悚惶待命之至，合将宿州被困，捻股肆扰，饷道久隔，宿徐危急情形，恭折由驿六百里驰奏。再，臣田在田隔绝南路，未敢拘泥贻误，是以单衔具奏，合并陈明，伏乞皇上圣鉴训示。谨奏。五月初五日。

咸丰十一年五月十二日，奉朱批：钦此。②

【案】此折于是年五月十二日获清廷批覆，饬令僧格林沁等调兵赴援。《清实录》：

谕军机大臣等：前据田在田奏，苗练勾结捻逆，窜扰宿州，

---

① 袁甲三（1806—1863），字新斋，号午桥、午樵，保恒伊勒图巴图鲁。道光十五年（1835），中式进士。二十年（1840），充精膳司主事。二十三年（1843），授军机章京。二十七年（1847），补员外郎。二十九年（1849），升郎中。三十年（1850），任江南道监察御史、兵科掌印给事中。咸丰三年（1853），赴皖帮办防剿事宜，并署庐凤道。是年，署安徽布政使。四年（1854），迁都察院左副都御史。七年（1857），调太仆寺卿，加副督统衔。九年（1859），授钦差大臣，兼署漕运总督，旋实授漕督。十年（1860），调补江南提督。同治二年（1863），卒，谥端敏。有《端敏公遗著》行世。

② 中国第一历史档案馆藏：军机录副，档案编号：03-166-8334-48。

图扑徐州,当经谕令僧格林沁等酌量派拨马步官兵三四千名,速往援应。本日据吴棠奏称,后股捻逆倾巢悉至宿境,不下六七万人,奶奶山等处均为匪踞。宿营本无存储,饷道复行阻塞,且与徐州文报不通业已旬余,徐城兵勇仅二千余人,蒙村、烈山两营被围以后,大股捻逆扰及郡城西路,砀山各寨复被捻扰,徐州亦将四面受困,请速拨大兵救援等语。徐宿捻势鸱张,且有收麦以后攻围徐州、即行长驱北犯之谣,亟应速筹援救。现在山东情形较松,兵力谅可分拨,徐宿为南北要冲,断不可令捻匪窜踞。着僧格林沁、西凌阿、国瑞即酌拨马步官兵,派委得力大员统带前进,克日驰赴徐宿,分投援应,以杜该匪北窜之路。将此由六百里谕令知之。①

○○二 奏请饬催各省解交兵饷片

咸丰十一年五月初五日(1861年6月12日)

再,徐州粮台万分支绌情形,叠经督办臣田在田沥陈圣鉴,仰蒙天恩,屡饬各省抚、藩赶紧筹拨。东省当多事之秋,奏明暂行停解;豫省半载有余,仅解六千两。惟山西、陕西每月各拨一万两,纵能按月起解,而道路多阻,不能如期到台,情同杯水车薪。计本年至今,山西共来饷二万两,陕西来饷一万两,河南来饷六千两。此外,山西报解一万两未到。以四个月到饷三万六千两,仅可敷衍一月之用。艰窘之极,已不待言。

---

① 《文宗显皇帝实录(五)》,卷三百五十二,咸丰十一年五月中,第1197页,中华书局,1986。

徐属叠被蹂躏，钱粮大半停征，捐输萧条，亦难设法。每遇吃紧，辄向铺户挪借，拨放麦面，借赡饥军，权以应急，积欠累累，无项偿还，通融告绝。自春夏之交，贼势日甚，逼近纷扰。各营陆续增募马步勇一千五百余名，分布肆应。臣等誓同苦，多方策应，每能以少击众，叠获胜仗。各兵勇略得饱腾，莫不奋发效命。奈饷银常缺，无食则去兵，兵愈少而贼愈炽。从前徐台每月可来银五六万两，今则月到银一万两，尚不可必。多寡悬殊，饥饱自异。防剿既无虚日，哗溃时切隐忧。

臣田在田因此急灼吐血，臣亦中夜绕床，目不交睫，军情之难，未有甚于此时者。万不得已，再吁圣主之前，除山、陕两省仍恳敕催按期即解，其陕西省尚欠正、二两月协饷作速补拨外，并请饬下山东、河南抚臣，无论如何为难，先其所急，从减少之数，自五月起每月各拨一万两，就近解徐，以扶危局而免哗溃。兼可添募劲旅，用资调遣，则疆圉幸甚。

臣由牧令晋秩监司，复荷恩命，帮办军务，兼理粮台，庶应致身竭力，稍效涓埃。但使力可支持，必不敢以险危苦剧之词，烦渎君父。臣无任激切屏营望恩之至，谨附片具奏。

咸丰十一年五月十二日，奉朱批：钦此。①

【案】此片于是年五月十二日得允行，清廷饬令各该省按数拨解，不得延宕。《清实录》：

又谕：吴棠奏，军饷支绌，请饬催各省协饷等语。徐州粮台军饷告乏，哗溃时虞，着常绩、瑛棨各将应解月饷一万两，按

① 中国第一历史档案馆藏：军机录副，档案编号：03-4324-022。

期拨解。其陕西尚欠正、二两月协饷，并着瑛棨迅速补拨。其山东、河南应解饷糈，亦应设法接济，着谭廷襄、严树森妥为筹画，自五月起每月各拨一万两，分解徐州粮台，以赡饥军，不得任意延缓，致误要需。将此由六百里各谕令知之。①

【案】田在田……屡饬各省抚、藩赶紧筹拨：咸丰十年十二月初二日，山西太原镇总兵田在田附片奏请饬下鲁、豫等省如数解足徐宿军饷，曰：

再，徐宿军饷竭蹶，久在圣明洞鉴之中，奴才等稍可敷衍，何敢烦渎天聪。奈各该省自奉特旨严催，各以一折塞责。除东省尚能照解外，河南、山、陕三省均只解到一万，并又杳无消息。傅振邦前因饷绌、裁兵诸事棘手，忧劳成疾。请假后，幸值各省解款陆续到徐，兵勇稍资拂拭，即分兵四出征剿，亦得借以成行，不然一筹莫展，难保不全局决裂矣。现在前派入卫之副管恒龄所带马队、参将玉祥所带直隶官兵，虽已奉撤归任，该队行至山东，又经科尔沁郡王僧格林沁饬令回宿，谅已奏明在案。此间添此两军，固属得力，而月需饷项万金，即又添一巨款，况僧格林沁大军南下，已派前副都统伊兴额带马队五百来徐，与奴才等会商剿办。其饷仍由徐酌给。此间前裁之勇亦正须趁此募补，以期厚集兵力，一气扫荡。种种出增入减，均于力求撙节之余，损所万不能已者也。且僧格林沁之军现归山东筹饷，该省支应更繁，嗣后徐宿协饷能否不借词延宕，尚未可知。当此天气严寒，兵勇形同乞丐，一遇风雪，则纷纷呈报病故。倘年内未有饷到，诸事均不堪设想。再，八、九、

---

① 《文宗显皇帝实录(五)》，卷三百五十二，咸丰十一年五月中，第1197—1198页。

十三月以来，因无饷到，商借苗练粮石，权资散放，允俟饷到购还。该练早晚进兵，需用更不可缓，计惟有东、豫两省前欠解苗粮专款，尚可抵补。合无一并仰恳天恩，饬下山东、河南、山西、陕西四省，务于本年十二月内将徐宿协饷照部议定数，俟款解到以后，源源接济，无稍迟误；并将山东、河南两省指拨苗粮专款四五万两内欠解之数，亦务于年内无论如何为难，须各解一二万两，以资补苴而维大局。奴才等因军饷实在支绌、不敢缄默起见，冒昧直陈。是否有当，伏乞圣鉴训示。谨附片具奏。咸丰十年十二月初七日，奉朱批：另有旨。钦此。①

田在田之奏于十年十二月初七日获允行，《清实录》：

又谕：田在田奏，徐宿军饷竭蹶，请饬山东等省速解协饷，并将山东、河南欠解苗粮拨解等语。捻匪大股麇聚徐宿一带，屡次窥伺东境，图谋北犯，全赖徐宿官军饷糈充足，防剿始能得力。兹据该总兵奏称，该营协饷除山东尚能照解外，河南、山西、陕西三省均只解到一万两。现值天气严寒，兵勇一遇风雪，辄即纷报病故。似此情形艰窘，势将立时溃散。着文煜、黄赞汤、英桂、谭廷襄速将该营协饷按照部议定数，于十二月内迅行拨解，以后并着源源接济，毋再迟误。将此由六百里各谕令知之。②

又，咸丰十一年四月初八日，田在田复奏请饬拨徐宿军营银两曰：

再，自古制贼以练兵为先，今日强兵以筹饷为急。徐宿军需竭蹶，荷蒙天恩高厚，屡次严催，臣稍可支持，何敢再四哓

---

① 中国第一历史档案馆藏：军机录副，档案编号：03-4319-046。
② 《文宗显皇帝实录（五）》，卷三百三十七，咸丰十年十二月上，第1020页。

渎！无如饷项艰难，至今日为已极；军务疲敝，亦无甚于今日。若再敷衍因循，恐全局决裂，臣粉骨碎身，亦不足以塞责。谨再据实沥情直陈于圣主之前。伏查徐宿一军，从前本有万人，月需饷十万金，除四省协饷八万两外，前徐州道王梦龄善于理财，就地筹补，是以措置裕如。自去秋协饷不至，粮台一筹莫展，不得已而议裁兵。兵力弱则贼势强，傅振邦目击心焦，所以焦劳成疾也。臣勉强接办，深知事多掣肘，然受恩深重，何敢畏难苟安！乃自督办以后，仅正月间陕西解到银一万两，东省从无批解，豫省经委员坐提数月，始以六千银塞责。山西于年内外先后起解两批，各银一万两，因道梗，专马迎驮，日内始陆续提到，约发十日军饷，其余留办干面，或可支持全月。而外间积欠累累，尚须抽还一二，一暴十寒，依然涸可立待。查四省协饷向以东、豫为可靠，近而易求。山、陕两省从奏定每月各二万两减至一万五千两以来，总未能如数如期，源源而至，良以道途遥远，呼吸难通，又非若东、豫接壤，唇齿相依、休戚与共之势也。现在陕西报解一批，道阻且长，即能辗转绕到，亦属杯水车薪，而以后遥遥无期。余省更杳无消息。统计三月有余，到银四万六千两，不及从前十分之一。况以东、豫可靠之款，直屡呼不能一应，是有虚名而无实济，并不能以望梅画饼为止渴充饥之想矣。当此西捻纷乘，南苗狡逞，北则夏镇未复，丰沛之民志动摇；东则窜匪方扬，邳睢又伏莽四起，徐宿危如累卵，妇孺皆知。计非厚集兵力，不足剿贼死命。而添一兵，即增一饷，无米何以为炊！现仅此数千兵勇，分布江、皖、东、豫四省边围，顾此失彼，前去后空，无一处可得接济之法，无一日不闻哗噪之声。臣昼夜焦愁，左支右绌，加以督防督剿，风雨奔驰，目不交睫，精劳神敝。日前出队时，兵勇中途索饷，臣急火上冲，呕血数口，致连日饮食不下，头晕目昏。自分年力尚强，正当致身报国，是以竭力支柱，不能言疾痛而摇士心。幸此次奶奶山之捷，大挫凶锋，军民同为鼓舞，若不趁此维持，将来补救无及，谁职其罪！臣一介武夫，一身原不足惜，如大局何？合无仰恳天恩，敕下东、豫、山、陕四省抚臣，无论如何，各赶紧先筹二三万两，飞解来营，权救危局，并即各就该省情形，以后能实解徐宿银两若干两，明白回奏，请旨裁度训示，俾臣得实有指望，尽数增兵。如再搪塞延宕，即将该藩司等照贻误军需例，从重治罪，庶期士饱马腾，迅殄狂寇，以仰慰宵旰于万一。臣为时势万难起见，谨冒昧附片沥陈。是否有当，伏乞圣鉴训示。谨奏。咸丰十一年四月十六日，奉朱批：另有旨。钦此。①

田在田之奏于十一年四月十六日得允行。《清实录》：

又谕：本日，田在田奏，军饷万难支持，请饬催山东等省协饷等语。据称自督办军务后，仅正月间陕西解到银一万两，东省从无批解，豫省经委员坐提数月，始以银六千两塞责。山西于年内外先后起解两批，各银一万两，日内始陆续提到。现在陕西报解一批，即能辗转绕到，亦属杯水舆薪。此外三省杳无消息。请饬山东等省赶紧筹解等语。徐宿军营，前因协饷不至，田在田议及裁兵，乃既经裁减之后，欠发饷项，仍复累累。现在防剿万分吃紧，若令饷匮兵哗，深恐有误大局。着谭廷襄、常绩、严树森、瑛棨，无论动拨何款，

---

① 中国第一历史档案馆藏：军机录副，档案编号：03-4323-047。

各赶紧先筹银二三万两,迅速解赴田在田军营,毋许延误。
至各该省从前奏定协饷数目,均不能如数如期报解,未免有
名无实。此后各该省每月能实解徐宿军饷银若干两,并着
该抚等酌定数目,据实具奏,以杜临时推诿。将此由六百里
各谕令知之。①

○○三　简授江宁藩司兼署漕督谢恩折

咸丰十一年十二月初七日(1862年1月6日)

简授江宁布政使兼署漕运总督②吴棠跪奏,为恭谢天恩,仰祈
圣鉴事。

窃臣于咸丰十一年十二月初四日在铜山县汴塘军营,接准兵
部火票,递到咸丰十一年十一月二十六日内阁奉上谕:署漕运总督
江宁布政使王梦龄,③着来京以五品京堂候补。所遗江宁布政使
着吴棠补授,并着兼署漕运总督,督办江北粮台。其江北镇道以下
各员弁,均着归吴棠暂行节制。钦此。闻命之下,惶悚难名! 当即

---

① 《文宗显皇帝实录(五)》,卷三百四十九,咸丰十一年四月中,第1156页。

② 此件录自《望三益斋诗文钞·谢恩折子》,原刻本无此前衔,兹据推补。

③ 王梦龄(? —1866),直隶大兴人,监生。道光元年(1821),捐纳盐运司运判签
掣两淮。旋捐知县,分发江苏。道光十年(1830),署江苏沭阳县知县,旋授斯缺。同
年,署海州直隶州知州。十四年(1834),加同知衔。十八年(1838),补扬州府总捕同
知。次年,署江宁府江防同知。二十四年(1844),补江宁府江防同知。二十八年
(1848),调江苏淮安府知府。次年,署苏州府知府。二十九年(1849),回江苏苏州府知
府本任。三十年(1850),署苏松督粮道。咸丰元年(1851),署淮徐道。三年(1853),赏
戴花翎。六年(1856),补淮徐道缺,晋按察使衔。十年(1860),升江苏按察使,旋迁江
宁布政使,兼署漕运总督、江南河道总督。十一年(1861),以五品京堂候补。同治二年
(1863),休致。五年(1866),卒。

恭设香案，望阙叩头。

伏念臣一介寒微，毫无知识，由州县洊保府道。蒙文宗显皇帝简放徐淮道员缺，旋又奉恩命，帮办徐宿剿匪事宜，并奉旨赏加按察使衔。渥荷殊恩，深惭非分。时值捻匪窜扰徐宿一带，军情日紧，臣会同督办军务臣田在田，妥筹防剿，竭力维持。只以饷绌兵单，尚未蒇事。本年十月中旬，东省土匪刘平占据汴塘民圩。臣以该处为徐属边地，紧接东境，必须赶紧歼除，以清肘腋。其时臣田在田正在宿境剿抚各圩。臣遂驰赴汴塘，会同副都统德楞额①亲督攻击。讵该逆屡挫之后，坚伏不出。兼旬以来，调集兵练进扎，已成营盘十座。先仍须滚营前进，合围夹击，所冀迅清丑类，勉效驰驱。乃复邀荷恩纶，不次拔擢，畀屏藩之重任，赐节钺之殊荣；赐臣择要以设防，准臣拣员以自代。兼以校阅行伍，综核军储，凡提纲挈领之大经，皆正本清源之要务。

臣惟有勉竭驽骀，上报恩遇，与士卒誓同甘苦，率僚属共励洁清，以期仰答殊施，稍酬高厚生成于万一。所有微臣感激下忱，谨缮折恭谢天恩，伏乞圣鉴。谨奏。咸丰十一年十二月初七日。②

咸丰十一年十二月十二日，议政王军机大臣奉旨：知道了。③

---

① 德楞额，生卒年不详，汉军正红旗人。咸丰五年（1855），任黑龙江总管，随西凌阿入楚，以军功加杰恩巴图鲁名号，并赏戴花翎。六年（1856），率马队助剿皖捻，加副都统衔。次年，晋头品顶戴。八年（1858），赏穿黄马褂，以劳疾假归。九年（1859），补协领，迁吉林宁古塔副都统。十年（1860），督办山东剿匪事宜，旋革职暂停开缺，留于军营效力。十一年（1861），调阿勒楚喀副都统。同治元年（1862），署伯都讷副都统，同年，革职查办。

② 此具奏日期刻本未署，兹据军机处随手登记档（档案编号：03-0206-2-1011-330）校补。

③ 此奉旨日期与内容，据军机处随手登记档校补。

○○四 　奏报督队驻剿并回徐料理赴任片

咸丰十一年十二月十三日（1862 年 1 月 12 日）

再，臣等选据探报：西南捻股由灵璧县境窜至睢宁县东南之林成庙等处，声言有东窜之谣。现今清淮一带情形吃紧，臣等已商派游击杨文全、州同萧诚，带马队三百名，驰赴宿迁、睢宁一带邀截，并飞饬东路各州县团寨，严察防守。臣等查汴塘匪股外援已绝，拟俟商定军情后，即由臣田在田督队驻剿，臣吴棠即回徐料理交卸事件，期于年内赶赴新任，以便筹备战守，防扼逆氛。所有臣等派队邀截东窜捻股并吴棠回徐料理赴任各缘由，谨附片奏明，伏乞皇上圣鉴。谨奏。

咸丰十一年十二月十八日，议政王军机大臣奉旨：知道了。钦此。①

○○五 　奏请饬下豫、陕两省迅解协饷接济片

咸丰十一年十二月二十二日（1862 年 1 月 21 日）

再，臣查徐州粮台，各省协饷不能接济，以至积欠兵食至半年之久。臣交卸时，各营欠饷及铺户借款虽百计张罗，究难遍给。各兵勇、铺户亦咸谅臣艰窘，期以饷到后补发，皆无异说。臣谨应迅遵前奉谕旨，在江北粮台钱粮厘捐各款酌量抽借，接济

---

① 　中国第一历史档案馆藏：军机录副，档案编号：03-4333-098。此片具奏日期未确，兹据军机处随手登记档校正，档案编号：03-0206-2-1011-336。

徐宿军营。惟甫行履任，总核经理，尚需时日。即有提拨之款，一时恐无成数。新署淮徐道张富年①接管徐台，毫无存项，各营兵食更属万难措备。且田在田现会德楞额马步攻剿汴塘，口粮尤关紧要。臣俟到任后，即在江北粮台，无论何款，暂行借济徐台。但多寡之数、迟早之期，难以预定。伏念河南、陕西二省，前奉恩旨严饬严树森、②瑛棨③按月拨饷一万两，并于岁内务必多拨银二三

---

① 张富年(1842—1888)，浙江仁和人，附贡生。咸丰二年(1852)，报捐州同，分发南河。七年(1857)，涪保知县。八年(1858)，赏蓝翎，旋换花翎。九年(1859)，委署邳州知州。十年(1860)，调署通州直隶州知州。翌年，加知府衔，旋保知府。同年，署江南淮徐扬海道。同治元年(1862)，因病请假开缺。二年(1863)，以捐输军饷，保道员。三年(1864)，赴部引见，旋丁父忧。四年(1865)，加按察使衔。八年(1869)，因筹饷出力，以道员试用，晋布政使衔。光绪元年(1875)，署江安督粮道。五年(1879)，署徐州道。同年，实授斯缺。十年(1884)，任江安督粮道。翌年，补两淮盐运使。十二年(1886)，迁江苏按察使。次年，督办河工。十四年(1888)，因病出缺。

② 严树森(1814—1876)，初名澍森，字渭春，四川綦江人。道光二十年(1840)，中式举人，后捐纳内阁中书，改知县。咸丰元年(1851)，补湖北东湖县知县。五年(1855)，捐升同知，以功晋秩知府。六年(1856)，署武昌府知府。八年(1858)，擢湖北荆宜施道。次年，升授湖北按察使。十年(1860)，迁湖北布政使。同年，擢河南巡抚。十一年(1861)，调补湖北巡抚。同治四年(1865)，补广西按察使。次年，调补贵州布政使，因逗留被参。六年(1867)，疏请开缺，诏派襄办，发往云南差遣。十一年(1872)，予四品顶戴，署广西按察使。光绪元年(1875)，补广西布政使，是年，授广西巡抚。二年(1876)，卒于任，赐恤如例。著述有《皇朝中外一统舆图》《大清中外一统舆图》《大清一统舆图》等。

③ 瑛棨(? —1878)，号兰坡居士，原姓郑，名瑛桂，汉军正白旗人，荫生。道光年间，任内府候补笔帖式。二十二年(1842)，转堂委署主事。二十六年(1846)，署河南卫辉府知府。次年，署河南南阳府知府。二十八年(1848)，补河南彰德府知府。三十年(1850)，兼署河南开封府知府。咸丰元年(1851)，授河南开封府知府。同年，护理开归陈许道。四年(1854)，升河南粮储盐法道，迁长芦盐运使。次年，擢河南布政使。九年(1859)，升授河南巡抚。同年，署东河道总督。十年(1860)，改陕西按察使，转陕西布政使。次年，补授陕西巡抚。同治二年(1863)，褫职。九年(1870)，补科布多参赞大臣。光绪二年(1876)，起山西按察使，旋补山西布政使。四年(1878)，卒于任。

万两。钦此。今已岁暮,该省尚未报解,惟有再恳天恩,敕下该省抚臣迅速遵旨,各赶解银二三万两。此后,河东道课银并一体按月速解,俾资接济而便攻剿。臣无任激切待命之至,谨附片具奏,伏乞皇太后、皇上圣鉴训示。谨奏。

  咸丰十一年十二月二十六日,议政王军机大臣奉旨:钦此。①

---

  ① 中国第一历史档案馆藏:军机录副,档案编号:03-4328-095。

同治元年(1862)

○○一 奏报接印任事日期谢恩折

同治元年正月初三日(1862 年 2 月 1 日)

署漕运总督江宁布政使臣吴棠跪奏,为恭报微臣接印任事日期,叩谢天恩,仰祈圣鉴事。

窃臣渥承恩命,补授江宁布政使,署理漕运总督,于上年十一月二十三日业将交卸淮徐道篆、起程日期奏明在案。臣于二十九日行抵淮安,准署漕臣江宁布政使王梦龄将漕运总督关防一颗、江宁布政使印一颗及文卷等项,委员赍送前来。臣谨恭设香案,望阙叩头谢恩,祇领任事,即于正月初一日驻扎清江,筹办一切。

伏念臣以凡庸,猥邀特简,宠恩汪濊,驽策惭惶。藩司宜表率群僚,漕督复兼筹军务。且清淮为南北冲要,密迩贼氛,水陆均须防遏。迭奉圣谕,总以筹兵筹饷,训诲谆谆。臣具有天良,敢忘报称!惟念清江被扰之后,民气未苏,十室九空,嗷嗷待哺。在凋敝之极,原难骤语振兴;而困顿之深,尚易驱归朴质。臣惟有躬道俭勤,力筹捍卫,履昔日亲兵之地,弥深鸿嗷中泽之情,竭书生报国之忧,敢忘虎尾春冰之惧!

所有微臣接印任事日期及感激下忱,理合恭折叩谢天恩,伏乞皇太后、皇上圣鉴。^① 谨奏。正月初三日。

同治元年正月初十日,议政王军机大臣奉旨:知道了。钦此。^②

○○二 代奏王梦龄赍交折件片

同治元年正月初三日(1862年2月1日)

再,臣准王梦龄赍到折一件、夹片一件,咨臣代奏,谨附片声明,并将原折恭呈御览,伏乞皇太后、皇上圣鉴。谨奏。

同治元年正月初十日,议政王军机大臣奉旨:知道了。钦此。^③

【案】咸丰十一年十二月二十九日,王梦龄奏报交卸漕督日期,曰:

候补五品京堂臣王梦龄跪奏,为恭报微臣交卸漕运总督并江宁藩司印务日期,仰祈圣鉴事。

窃臣钦奉谕旨,着来京以五品京堂候补等因。钦此。当经缮折叩谢天恩在案。兹新授江宁布政使兼署漕臣吴棠于十二月二十九日抵任,谨将钦颁道字六十二号漕运总督关防并文案等件及江宁布政使印信委员赍送接收,臣即于是日交卸。除将经手事宜赶紧清理、起程北上外,所有交卸日期,理合恭折奏报,伏乞皇上圣鉴。谨奏。十一年十二月二十九日。

---

① 《谢恩折子》仅作"伏乞圣鉴"。
② 中国第一历史档案馆藏:军机录副,档案编号:03-4596-020。
③ 中国第一历史档案馆藏:军机录副,档案编号:03-4596-022。此片具奏日期未确,兹据同批折件校正。

上编：奏议

同治元年正月初十日，议政王军机大臣奉旨：知道了。钦此。①

同日，王梦龄奏报解送皖营军饷起程日期，曰：

再，两淮运库及江北筹饷局协拨袁甲三军营饷银，前经拨银一万两、票盐一万包，抵银一万五千两，并由臣淮防军需内提银五千两，节经附片具奏在案。兹又饬两淮运使乔松年筹拨银五千两，于十二月初六日自泰州起程，解赴皖营济用。理合附片陈明，伏乞圣鉴。谨奏。

同治元年正月初十日，议政王军机大臣奉旨：知道了。钦此。②

○○三　奏报遵旨查办金安清等片

同治元年正月初三日(1862年2月1日)

再，臣奉准议政王军机大臣字寄：咸丰十一年十二月初十日，钦奉上谕一道：饬臣派员接办南北两台粮饷等因。钦此。当因臣未莅任，敬谨密存。迄臣抵淮接篆后，伏查江南、江北两台皆有总办之员，今又添设南北筹饷局，是于两台之外复添委员，盐折、局用各款需用甚巨，本为增饷起见，转多耗费。承办各员一滋弊窦，民生不聊，于军饷更无实济。臣拟江南筹饷仍由江南粮台记名道江清骥③

---

① 中国第一历史档案馆藏：军机录副，档案编号：03-4596-023。
② 中国第一历史档案馆藏：军机录副，档案编号：03-4785-008。
③ 江清骥，生卒年不详，字小云，号颐园，浙江钱塘人。道光二十年(1840)，中式举人。咸丰七年(1857)，以候补知府留营当差。十年(1860)，接办江南粮台。十一年(1861)，办理江北粮台，保记名道员。同年，署江苏常镇道，旋兼署臬司篆务，加二品顶戴。

· 43 ·

吴棠集

筹办,江北筹饷仍由江北粮台候补道姚仰云①筹办。该两台自行筹饷,于经费既可节省,于利弊亦易纠察。所有南北筹饷总局应请撤去,仍归两台,以专责成而节靡费。是否有当,伏乞训示。

臣现派游击焦其洲往押金安清,②即日起程,迅赴袁甲三军营,不许借故逗留。又派江安粮道王朝纶、知府顾思尧③往查金安清经手江北捐款,严饬道府等认真核究,并饬该道府责成金安清所派用事之委员知府马濬、金成、杜文澜、贡文涵等,交出收支实数底账。如有与金安清通同浮冒等情,即由臣严参惩办。统俟查明后,再谨奏陈。臣又密派王朝纶、顾思尧驰赴泰州,督同该州查抄金安清寓所资财。又密派大河卫守备李茂棠驰赴上海,会同该县查抄金安清寄顿资财。至金安清本籍嘉善及杭州、湖州等处,远在江南,海道遥隔,派员恐有稽迟,臣已飞札该管府等一体查抄金安清家产资财备抵。

臣与金安清向无同寅,并未共事。伏读谕示,该劣员营私规避、贪黩殃民各情形,臣实不胜发指。惟有认真查办,以副天恩委

---

① 姚仰云(? —1870),初名湘,字芷芳,楚青、楚臣,号佛恩、秋墅,别署赋秋生,浙江山阴人。咸丰十一年(1861),以道员总司江北粮台。同治三年(1864),办理皖省捐局及善后事务。同治六年(1867),于扬州建造"师石山房",收藏大量古籍,藏书逾六万卷。同治九年(1870),病逝。

② 金安清(1817—1880),原名国琛,字眉生,号倪斋,晚号六幸翁,浙江嘉善人,国子监生。道光二十二年(1842),赴豫治水,得林则徐举荐。咸丰年间,任江苏泰州府同知、海安府通判,迁两淮盐运使。咸丰十年(1860),被劾免职,抄没家产。同治十年(1871),因劝捐有功,赏复原官阶。著有《宫同苏馆全集》《偶园诗稿》等。

③ 顾思尧(? —1864),江苏举人,由大挑知县签掣南河,道光三十年(1850),补阜宁县知县。咸丰三年(1853),经前兵部侍郎周天爵奏调,前赴安徽军营差遣。四年(1854),请咨回省,嗣署宿迁县知县。六年(1856),署山阳县知县。同治元年(1862),因军功经吴棠奏准,升补淮安府知府。三年(1864),因病出缺。

任,何敢存官官相护之心,自取咎戾!惟臣探访舆论,佥云金安清以三品大员勒派病民,恣睢狡狯,属吏莫撄其气焰,末僚更惧其中伤,众口一词,无不切齿。诚恐臣派查金安清案件各员因金安清官职较大,徇畏不敢深究,即查核难期认真。设被该员狡脱,何以儆官邪而护民命!相应请旨将运司金安清先行革职,庶臣所派各员得以破除情面,实力逐查,无所瞻徇。谨附片具奏,伏乞皇太后、皇上圣鉴训示。谨奏。

同治元年正月初十日,议政王军机大臣奉旨:钦此。①

【案】此片于同治元年正月初十日获允行。《清实录》:

又谕:前因叠次有人奏参金安清滥捐婪贿各节,当经谕令曾国藩查明严参。嗣因曾国藩覆奏金安清各款皆实,复经降旨将该员先行革职,并令吴棠将该革员解赴袁甲三军营,核算款项。兹据吴棠奏,金安清勒派病民,恣睢狡狯,众口一词,无不切齿。该署漕督已派员将金安清押赴袁甲三军营,着袁甲三督饬委员,认真核算,以重帑项。其江北捐款均着吴棠督同王朝纶等,将金安清用事之委员知府马溶、金咸、杜文澜、黄文涵等所交收支帐底,认真核究,如查有通同浮冒等情,一并严参惩办。所有金安清原籍寓所及上海等处财产,均着查抄备抵,毋任隐匿寄顿。嗣后江南筹饷即由江南粮台道员江清骥筹办,江北筹饷即由江北粮台道员姚仰云筹办。金安清添设之南北筹饷局并所派各处劝捐委

---

① 中国第一历史档案馆藏:军机录副,档案编号:03-4596-025。此片具奏日期未确,兹据同批折件校正。

员,并着即行裁撤。其有著名贪劣、为害间阎者,并着吴棠访拿究办。①

【案】关于金安清被参之案,以下材料可资参考:

1. 同治十一年,光禄寺卿潘祖荫奏参金安清,曰:

再,臣风闻江北办理厘捐之金安清等声名狼藉,大为民害,江淮百姓切齿痛心。该员等素工夤缘钻刺,难保无隐匿掩饰之方。应请旨饬下两江总督曾国藩,严密访查。如果实有劣迹,据实纠参惩办,以儆官邪而消民怨。谨奏。②

2. 咸丰十年十一月十六日,钦差大臣袁甲三奏请将金安清等交部议处,曰:

再,候补运司金安清前经胜保会同翁同书奏委,前赴江浙劝捐。除胜保并翁同书收解银两应由各该粮台分析造报外,臣于上年十一月到皖,仅据该员先后批解银二万八千两。旋因江浙被扰,捐务停止。而自设局以来,究竟输捐若干、已缴若干,叠据开折呈报,前后诸多不符;所领空白部照,实收、已经填用若干、尚未填用若干,亦未据逐一清厘。臣节次札调,该员总未来营,恐有不实不尽情事。又,分发浙江补用道汪曜奎,亦系胜保营内劝捐委员,上年胜保回京,饬令停止。

本年四月,该员来皖,适臣先准胜保咨函,令其赴豫,由胜保一手督办。臣当即饬令该员携带卷宗,赴豫清结。当胜保复奉旨回京,咨令臣发归颍州捐局汇办,并饬该员将经手饷

---

① 《穆宗毅皇帝实录(一)》,卷十五,同治元年正月上,第423页,中华书局,1987。
② 中国第一历史档案馆藏:军机录副,档案编号:03-4232-005。

票、部照径赴颍局交收。经臣札调，至今数月，亦未来营。并据颍局委员呈报：所解饷票数目不符，缴还部照亦有短缺，恐有隐匿未报情事。若不及早清查，日久愈增缪轕。相应据实奏参，请旨将遇缺题奏按察使候补运司金安清、分发浙江补用道汪曜奎，均先行交部议处，饬调来皖，勒限清厘，以重饷项。傥查有收多报少、隐匿侵挪情弊，再行从严参办。是否有当，伏乞圣鉴训示。谨附片具奏。

（朱批）：另有旨。①

袁甲三之奏片于是年十二月得允行，饬令吴棠将金安清押解袁营核查。《清实录》：

谕议政王军机大臣等：前因有人叠次参奏候补运司金安清种种贪黩、借捐殃民各款，当经谕令曾国藩查明严参。兹又有人奏，金安清自选授湖北粮道后，规避延不赴任，遂于皖北军营倡为捐饷减成之说，赴浙江各处指捐皖省绅富之在浙者，以数十万计，解营不过十之一二，请饬赴袁甲三军营清算捐款等语。金安清借捐肥己，扰累闾阎，本系贪劣之员。薛焕等徇情奏请，遂充总办南北两台筹饷委员。该员借作威福，以致民怨沸腾。当此小民荡析离居，方冀地方大吏抚辑招徕，岂容此等贪吏肆其剥削。着吴棠拣派妥员，接办南北两台粮饷，并勒令该员迅赴袁甲三军营，将前次捐款核算清楚。倘再有意迁延，不肯赴皖，即着吴棠派员押解前往，以重军饷。该员经手江北捐款，着吴棠查明，如有亏短、侵那、不符等弊，即一面严参，从重治罪，一面将该员本

---

① 中国第一历史档案馆藏：朱批奏片，档案编号：04-01-35-0690-024。

籍及寓所杭、湖、上海寄顿资财先行严密查抄备抵，庶贪墨巧诈之员知所畏惧，无所施其伎俩。该署督受朕特达之知，谅不敢存官官相护之心，稍为徇隐，致为人受累也。金安清赴临淮军营，袁甲三即督饬核实销算，不准稍有瞻徇。将此由六百里各谕令知之。①

3. 同治元年正月，钦差大臣袁甲三奏请饬下漕督吴棠勒令金安清呈缴捐项，曰：

再，臣前奉寄信谕旨，以候补运司金安清借捐肥己，扰累闾阎，饬令署漕督吴棠，勒令该员迅赴臣营，将前次捐款核算清楚。倘再有意迁延，并饬令吴棠派员押解等因。当经密致该署漕督，钦遵办理。旋据吴棠函称，该署漕督尚未到任，其接办南北两台粮饷，亦须慎选得人，是以此旨尚密而未宣。兹臣恭阅邸抄，内阁奉上谕：曾国藩奏，遵查监司大员劣迹，先行覆奏等语。丁忧候补盐运使金安清借捐肥己，声名甚劣，着先行革职，仍着吴棠派员押赴袁甲三军营，核算款项，毋任延宕。钦此。谅吴棠奉到明文，自必赶提押解，断不至再任狡展。

查金安清本经胜保委办江浙劝捐，臣到皖后，查其收解款目，禀报诸多不符，是以先行奏参，请旨勒限来营核算。迨奉旨饬催后，胜保复奏请该员赴营差遣，当经臣以胜保军营既需人甚急，即奏明令金安清遵调前往，并由臣将劝捐案卷一并送交胜保，就近清算。乃金安清又不赴胜保军营，怂恿于江苏设立筹饷局，而以劝捐自任。其夤缘趋避，已属人所共见，此次

① 《穆宗毅皇帝实录（一）》，卷十二，咸丰十一年十二月上，第335页。

来营清结，自可水落石出，无所施其伎俩。惟查该员前次禀送清折，于捐输正饷内开销局用、薪水钱二万三千九百十三千八百文，无论局〈用〉断无如此之多，且查各处捐输局用，向有随收公费银两。此案金安清承办之初，曾经会同前任安徽藩司张光第等，议定章程，并声明江浙两省捐局局用，即于公费项下留支，核实造报详明有案，何得开支正项？其为有意冒销，已无疑义。况查江浙两处共收公费若干，从无一字禀及，尤属蒙混。其禀报捐、解不符之处，必须俟该革员到营清算后，方可定议。惟此项显然冒销之款，若俟定案后再行饬追，诚恐有需时日。

该革员巧诈异常，并恐有将资财预行寄顿情事。闻该革员于承办南北两台军饷后，在泰州开设银号数〈处〉，相应请旨饬下吴棠，勒令该革员将侵挪捐项钱二万三千九百十三千八百文，即日呈缴臣营，以重军饷。其余亏挪正项共有若干，俟结算再行办理。

再，查浙江补用道汪曜奎，亦系胜保〈委〉任劝捐委员，前以所解饷票不符，缴还部照亦有短缺，经臣与金安清一并奏参，勒令来皖。至今年余，仍未到营。该员籍隶苏州，与金安清向系至好，捐务诸多牵涉。若该员延不来皖，则金安清之案万难了结。并请饬令吴棠，查明该员现在何处，或饬金安清指出住址，一并提解来皖，眼同结算，以免推诿而昭核实。是否有当，伏乞圣鉴训示。谨附片具奏。同治元年正月十五日，议政王军机大臣奉旨：钦此。①

---

① 中国第一历史档案馆藏：军机录副，档案编号：03-4704-027。

○○四　奏报捻匪窜扰沭阳官军迎剿获胜折

同治元年正月初九日（1862年2月7日）

署漕运总督江宁布政使臣吴棠跪奏，为西捻大股自徐境绕由东境，窜至沭阳地方，经臣派队迎剿获胜，现仍调队悉力堵截各缘由，恭折奏祈圣鉴事。

窃臣于正月初六日准田在田来函云：上年十二月二十五日，黑旗捻首李城、赵克元、任得秀、任得幅等，红旗捻首李广化、孙亮、蓝旗捻首刘添轮、刘添祥等大股匪徒三万有余，窜扑汴塘各营，意图接应棍匪刘平等逆。经德楞额、田在田督队，一面迎剿援贼，一面急攻汴塘，于上年十二月二十七日，力将汴塘贼圩攻克。该逆因〈官〉军已克汴塘，遂自汴塘以东并股北窜各等语。臣当饬西路各州县确将贼情随时飞报，以备堵剿。旋迭据邳州、宿迁、沭阳报称：该逆自峄县顿庄闸开窜，抢渡运河，由郯城县境于正月初四日窜至邳宿交界之红花埠、刘马庄等处。初五、六日窜至沭阳之马蹄庄、窑墩等处。又据清河练总丁德五探称：初七日，捻股窜至宿境东南官田、汤百涧等处。臣得报后，焦急莫名。伏查臣由徐起程，奏明随带各队共二千余名，当因汴塘未下，难遽撤防。所有龚耀伦、张祖云、①姚

---

①　张祖云（1834—1898），湖南麻阳人。由湖南镇标兵丁出师江南、安徽等省，在雨花台、歇马厅等处打仗获胜，左脚、左胯等处迭受枪伤，积功保以守备，尽先补用，并戴花翎，拔补宿州营把总，旋保以都司尽先补用。嗣因剿办捻军暨解宿州城围出力，复保以游击，尽先补用，并加达勇巴图鲁名号。同治元年（1862），擒获捻首何中元，保以参将补用。旋于肃清海州等处案内，保以副将补用，加总兵衔。六年（1867），经吴棠奏调四川，因防剿滇回出力汇保，经部议覆，嗣补副将后，以总兵记名，请旨简放。十二年

广武，①张从龙、滕国栋、王靖保等各队，均留汴塘剿匪。臣只带游击吴凤柱、教习邱尊谦等马步共七百余名赴任。旋因桃境捻股击退，又派杨文全带马队一百七十余名赴田在田军营，随同剿匪。所有清淮防兵统共数千，分布各路，尤形单弱。惟念该捻绕道东趋，披猖无忌，设意东窜阜宁、盐城完善之区，大局亟难复振。乘其远来疲乏，疾行进剿，或可得手。臣当飞派署副将袁世功带马队百名、吴凤柱带马队百名，由镇江赴宿。又派祥河游击张振西、知县吴炳辉带马队二百名，由宿迁赴沭迎剿。

初八日辰刻，袁世功、吴凤柱带队驰抵钱家集北五六里地方，突遇马贼五六百名向东窜扰，即经袁世功自东北面迎击，吴凤柱自西北面抄击，鏖战两时，阵毙悍贼二十余名。该逆败退，又追杀十余里，沿途毙贼二百余名，夺获贼马五十余匹，器械、旗帜百余件，生擒长发逆贼任芮、梁□、伊臭三名，解递到臣。讯据供称：系黑旗捻首李城、任得秀伙匪，此次出窜，黑旗捻逆共二万有余，红旗捻逆七八千余，蓝旗捻逆一万有余，现欲东窜阜宁、盐城打粮等语。臣以该逆任芮等为匪日久，罪无可逭，立即讯明正法。袁世功等因贼众兵单，未遽穷追，晚间

<hr>

(1873)，借补永宁营参将。光绪元年(1875)，攻克兴文县九丝寨，保以免补副将，遇有总兵缺出，开列在先，请旨简放，随补马边协副将，历署川北、重庆等镇总兵，并护理提督篆务。二十二年(1896)，经川督鹿传霖奏请，开去马边协副将底缺，仍以提、镇交军机处记存，留川升用。二十四年(1898)，在任病故。

　　① 姚广武(1834—1893)，字芷斋，懋勇巴图鲁，山东滋阳人。道光三十年(1850)，应征入伍，初充士卒。咸丰初年，先后充兖州镇标战兵、马兵。七年(1857)，保以外委补用，委带奋勇营。八年(1858)，保补千总、尽先守备。九年(1859)，保补用都司。十年(1860)，保补游击，并加参将衔。同治元年(1862)，保参将、山东尽先副将。二年(1863)，保陆路记名总兵。是年，署徐州镇总兵。五年(1866)，授总统清淮水陆各军，晋提督衔。次年，保记名提督。八年(1869)，办理清淮营务处事务。十一年(1872)，擢江西南赣镇总兵。光绪十九年(1893)，卒。

收队，仍扼扎钱家集地方。现今大股捻踪仍在沭境盘踞，臣又飞调参将朱光庭步队千名，并派游击吉茇步队三百名、都司邱尊谦、县丞吴炳麒、吴炳庭马步共六百名，并饬张振西星夜驰赴钱家集，与袁世功等合队堵截；一面飞咨田在田迅饬龚耀伦，立即赴任，并飞檄张祖云、姚广武、张从龙、滕国栋、王靖保等，克日带队前来会剿。

至钱家集地方去清江仅九十余里，清江圩工周围十余里尚未筑成，防守刻难稍懈。臣逐日查勘，暂就河南北旧有圩基，连夜用砖石补砌，挑筑墙垛，可以蔽人，即资防守。惟各队皆已出剿，守圩需队甚多，臣又飞调总兵安勇步队五百名、漕标游击庆连马队二百名，驰赴清江，并饬随办团练之直隶州李汝均、清河县知县万青选，齐集练丁，扼守长圩。后续情形，再谨奏陈。

所有大股捻匪绕窜沭阳，经臣派队迎剿获胜，现仍调队悉力堵剿各缘由，恭折具奏，伏乞皇太后、皇上圣鉴。谨奏。正月初九日。

同治元年正月十五日，议政王军机大臣奉旨：钦此。[①]

○○五　请饬僧格林沁迅拨马队驰赴沭阳片

同治元年正月初九日（1862 年 2 月 7 日）

再，臣查捻逆出窜东境，屡经亲王僧格林沁痛剿败回。昨准该亲王来函云，已督师追贼至单县地方。此时捻逆慑于该亲王军威，不敢北犯。惟清淮防兵单薄，故屡图乘间东趋。臣现虽竭力截剿，但贼众兵单，深恐此堵彼窜，且该亲王大兵已至单境，去徐属砀山

---

①　中国第一历史档案馆藏：军机录副，档案编号：03-166-8374-33。

不过百余里，将来乘胜南征，即可直捣宿永，贼巢荡平在即；设捻股乘虚由沭阳北窜山东，该亲王势必回剿，恐转为贼牵制，一时不能南下，该逆得以负嵎自固。为此沥恳天恩，饬下亲王僧格林沁，迅拨马队二三千名，兼程驰赴沭阳追剿，庶该捻急于回顾，不敢东窜，并不敢乘隙北犯东境，实于南北大局均有裨益。谨附片具奏，伏乞皇太后、皇上圣鉴。谨奏。

同治元年正月十五日，议政王军机大臣奉旨：钦此。①

【案】以上折片于是年正月十五日获批覆。《清实录》：

又谕：吴棠奏，捻匪自徐境东窜沭阳县境，请饬僧格林沁迅拨马队追剿等语。捻首李城等纠合各股匪徒，由汴塘迤东并股北窜，自峄县顿庄闸抢渡运河，旋由红花埠刘马庄窜至沭阳之马蹄庄、汤家涧等处，经吴棠调派副将袁世功等督带马队，前往沭阳迎剿获胜。获贼讯供，此次捻逆出窜，约三万余人，欲东窜阜宁、盐城打粮，现在大股捻踪仍在沭阳盘踞。盐城、阜宁一带尚属完善，亟须厚集兵力，痛加剿洗，以裕江北饷源。僧格林沁所部各军声威素著，该匪闻风震慑，现已督师追贼至单县地方，距徐属砀山仅百余里，着即酌量迅派马队二三千名，兼程前赴沭阳，会同吴棠派出之袁世功等兵勇，合力兜剿，俾该匪急于回顾，不敢东窜，并不至乘隙北犯，则剿办自易得手。僧格林沁务须统筹全局，南北兼顾，是为至要。清淮兵力较单，现据吴棠咨催龚耀伦赴任，并檄调张祖云等带队来援。着田在田即饬各该员克日起程，迅赴沭阳会剿，毋稍迟

---

① 中国第一历史档案馆藏：军机录副，档案编号：03-166-8374-34。

误。清江防守事宜,吴棠业经赶筑圩墙,并添调步队,齐集练丁,协同扼守,布置尚属周妥。仍着严密防范,不可稍涉大意……将此由六百里加紧各谕令知之。①

○○六　奏报借拨各款接济徐台军需片

同治元年正月初九日(1862年2月7日)

再,臣前自徐起程时,因徐台万分支绌,当在各铺户借款万串,以济兵食。又饬台员截留守备孙耀自河南提回清淮军需款银一千八百两,借留徐台。臣现于正月初七日又自藩库提拨银三千两,派员解赴徐郡,接济徐宿军饷。近闻山西、陕西现均报解徐台饷银各万两,此后当可支持,不致十分窘急。所有臣借拨各款接济徐台缘由,谨附片具奏,伏乞皇太后、皇上圣鉴。谨奏。

同治元年正月十五日,议政王军机大臣奉旨:钦此。②

【案】此奏片于是年正月十五日获批覆。《清实录》:

又,吴棠片奏,徐台万分支绌,截留清淮军需银一千八百两,又提拨藩库银三千两,解赴徐郡,以资接济。徐州军饷已可支持。田在田惟当激励将士,将徐宿一带贼圩次第攻克,毋稍稽延。将此由六百里加紧各谕令知之。③

---

① 《穆宗毅皇帝实录(一)》,卷十六,同治元年正月中,第442—443页。
② 中国第一历史档案馆藏:军机录副,档案编号:03-4785-018。
③ 《穆宗毅皇帝实录(一)》,卷十六,同治元年正月中,第443页。

○○七　奏留胞侄吴炳麒等随任差委片

同治元年正月十九日(1862 年 2 月 17 日)

再，臣之胞侄山东候补县丞吴炳麒、从堂侄江苏候补县丞吴炳耀、候选县丞吴炳庭、再从堂侄江苏候补知县吴炳辉、候补从九品吴炳宣、族侄升用知县候选县丞吴炳经等，向随臣在州县任内办理缉捕事件，并随臣在籍办理团练。臣前在淮徐道任内，因军务紧要，选练马步亲军五百余名，饬臣侄带领，随同各员修守圩寨，并令会同各将弁迭次剿匪，尚无贻误。至臣衙门一切公务，从不容臣侄等干预。臣并随时严加管束，不敢稍有徇纵。

兹蒙恩命简署漕督，伏查清淮防剿，练务、圩务，在在吃紧，徐宿军务更需兼顾，可否将吴炳麒、吴炳耀、吴炳庭、吴炳辉、吴炳宣、吴炳经等留臣营差委之处，伏候皇太后、皇上圣鉴训示。谨附片具奏。

同治元年正月十九日，议政王军机大臣奉旨：吴炳麒等均着留营差委。钦此。[①]

---

① 　中国第一历史档案馆藏：军机录副，档案编号：03-4596-058。

○○八　藩司徐宗幹请准来年起行片

同治元年正月十九日（1862 年 2 月 17 日）

再，前奉寄谕，饬传降调浙江布政使徐宗幹①来京，听候简用各等因。钦此。臣谨于上年十二月十二日恭录，传知徐宗幹在案。正月十三日，据徐宗幹报称：钦奉廷召，感悚弥深。惟因办理通州团练局务，现届腊杪，又值新旧州牧更代之际，练局一切事宜次第交割，稍需时日，俟来年新正定期起行等语。谨附片声明，伏乞皇太后、皇上圣鉴。谨奏。

同治元年正月十九日，议政王军机大臣奉旨：已有旨。钦此。②

---

①　徐宗幹（1796—1866），字树人、伯桢。江苏通州人。嘉庆十七年（1812），州试取生员。二十四年（1819），中式举人。二十五年（1820），中式进士。道光元年（1821），署山东曲阜县知县，旋补山东武城县知县。四年（1824），调山东泰安县知县。次年，兼署山东泰安府通判。八年（1828），充山东乡试同考官。十三年（1833），升山东高唐州知州。次年，任乡试同考官。十七年（1837），署山东临清直隶州知州。次年，补山东济宁直隶州知州。二十年（1840），署山东兖州府知府，兼理兖粮通判。次年，加知府衔。二十三年（1843），补授四川保宁府知府，护理四川川北道。同年，调补福建汀漳龙道道员。二十五年（1845），兼署福建漳州府知府。二十七年（1847），调福建台湾道。次年，升按察使衔。咸丰四年（1854），迁福建按察使。七年（1857），调浙江按察使，晋布政使衔。同年，署浙江布政使。九年（1849），实授浙江藩司。同治元年（1862），擢福建巡抚，代办总督事。次年，兼署福州将军。三年（1864），再兼福建学政。五年（1866），卒于任。谥清惠。有《斯未信斋文编》《泰山志》《高唐州志》《济宁州志》《济州金石志》《齐鲁课士录》《东瀛试牍》《瀛洲校士录》《兵鉴》《测海录》等行世。

②　中国第一历史档案馆藏：军机录副，档案编号：03-4596-059。此片具奏日期未确，因同治元年至十年军机处随手登记档下落不明，是以无从判断。兹以奉旨日期暂代。以下同。

【案】是月，清廷已谕令徐宗幹补授福建巡抚，毋庸进京陛见。《清实录》：

又谕：本日因京察届期，福建巡抚瑞璸老病昏庸，勒令休致，已降旨将徐宗幹补授福建巡抚，饬令迅赴新任，毋庸来京请训。现在福建逼近贼氛，关系紧要，若由部行文，为日较迟，着寄谕徐宗幹即行迅速起程，驰赴闽省接印任事。傥因道路梗阻，或由海道驰往，更为迅捷，毋得稍涉迟缓。将此由五百里谕令知之。①

【案】饬传……徐宗幹来京，听候简用：咸丰十一年十二月初七日，清廷颁布寄信谕旨曰：

议政王军机大臣字寄：两广总督劳、广东巡抚耆、山西巡抚英、署漕运总督吴：咸丰十一年十二月初七日，奉上谕：前因简用需人，降旨将王庆云补授左都御史，饬令来京供职，并降旨令前任户部侍郎罗惇衍、前任大理寺少卿田雨公、降调浙江布政使徐宗幹，来京听候简用。现在需才孔亟，着劳崇光、耆龄即传知罗惇衍赶紧北上。田雨公籍隶山西，王庆云闻现寓汾州府，距京较近。着英桂令该二员迅即来京，用副委任。徐宗幹籍隶江苏通州，即着吴棠就近传知该员，令其即日遵旨前来，毋稍延缓。将此各谕令知之。钦此。遵旨寄信前来。②

---

① 《穆宗毅皇帝实录(一)》，卷十七，同治元年正月下，第465页。

② 中国第一历史档案馆编：《咸丰同治两朝上谕档》，第11册，第550—551页，广西师范大学出版社，1998；《穆宗毅皇帝实录(一)》，卷十二，咸丰十一年十二月上，第322—323页。

○○九　奏报厘定南北两台饷需折

同治元年正月二十一日(1862年2月19日)

署漕运总督江宁布政使臣吴棠跪奏,为厘定南北两台进款,并沥陈江北饷绌情形,暨请饬下抚臣督饬松太道吴煦,①按月接济南台饷银,以免缺误而维大局,恭折奏祈圣鉴事。

窃臣钦奉谕旨:嗣后江南筹饷即由江南粮台道员江清骥筹办,江北筹饷等因。钦此。又,承准议政王军机大臣字寄:同治元年正月十五日,奉上谕:冯子材②等奏,请饬催镇江军饷等因。钦此。寄信到臣。伏查既撤饷局,归并两台,则一切进款自应分别划清。除两台协拨各款及江北正、杂钱粮、漕折等项向充扬、蒙军饷,毋庸另议外,惟厘捐一项有旧有、新增之别。现定江北内河局厘捐仍为北台经理,新增之口岸盐厘、花布厘捐、荡捐及沿江各卡,现奉谕旨,拨归南台,接济镇饷。又如州县捐借一项,限定四十万,原议南台分提二十万,北台十万,清淮十万,现仍其旧,以免淆混,而便催

---

① 吴煦(1809—1872),字晓帆,号春池,晚号荔影,别号秦望山民、秦望山樵,浙江钱塘人,监生出身。道光年间,于浙江、江苏任幕僚,后补震泽县知县。咸丰八年(1858),护理苏松太道篆务。次年,署理苏松太道。十年(1860),署江苏布政使,加二品顶戴。同治元年(1862),补江海关监督,办理江南粮台。后因案褫职。同治十一年(1872),病逝。

② 冯子材(1819—1903),字南干,号萃亭,色尔固楞巴图鲁,广东钦州人。咸丰元年(1851),充广东高州镇标外委。旋补把总、拔千总,补守备,升广西梧州协中军都司,授广东陆路提标前营游击。七年(1857),迁甘肃西宁镇总兵,加提督衔。同治元年(1862),擢广西提督。三年(1864),封骑都尉。九年(1870),加云骑尉。光绪元年(1875),调补贵州提督。十一年(1885),晋太子少保,加三等轻车都尉。十二年(1886),转云南提督。二十年(1894),升尚书衔。二十九年(1903),卒于南宁行辕,谥勇毅。

提。惟是江北饷章，未设筹饷局以前系以四十五六放十天之饷。其时山、陕协饷尚多，厘捐亦旺，仅止勉强敷衍，并不十分宽裕。

迨金安清设局后，创议三十五六天放三十天之饷，月米在外。如金安清果能为北台增筹巨款，则月清月饷，借以士饱马腾，诚于大局有裨。无如设局以来，于北台进款并无丝毫加增，特以改定饷期，佹言动听为进身之计。其所谓岁需四百万者，系指镇、扬水陆各军每年需用而言，并非金安清力所筹足之数，而以讹传讹，则以为江北军需不知若何充足。其实寅支卯粮，于州县征收各款节节预提。由前而观，胥吏追呼，民不聊生，几于激成变故。由后而观，饷局裁撤，粮台一空如洗，兵勇哗噪，岌岌堪虞。金安清即不奉查办，亦有万难支持之势。现在南路梗阻，厘源顿塞，钱漕只有此数，协饷不能指实。以本年现有进款约略计之，不过八九十万，计空放饷，所短甚巨。当此裁局归台之际，叠奉谕旨，力除积弊，敢不破除情面，力矢愚诚。昨江北粮台道员姚仰云来浦谒见，臣与该道〈员〉反复讲求，严饬剔除浮费，裁汰冗员，力求节省。而所入不敷所出，委属实在情形。现惟督令实力撙节，经收尽放，并与都兴阿①和衷商办，共维大局。容俟收支各款逐细查明后，再行随时奏陈，仰求圣训。

至南台饷款虽有新增各捐及沿江厘卡，而闽粤之饷远隔重洋，难以克期解到。应请饬下抚臣责成署江苏藩司苏松太道吴煦，每月筹解银五万两前赴镇营，以资凑发。一面催提闽、粤各饷，就近扣收

---

① 都兴阿（1818—1875），字直夫，满洲正白旗人，荫生，霍钦巴图鲁。道光九年（1829），袭三等侍卫。十七年（1837），擢二等侍卫。咸丰三年（1853），晋头等侍卫。五年（1855），充乾清门行走，加副都统衔。是年，补京口副都统。八年（1858），迁荆州将军。十一年（1861），调江宁将军。同治三年（1864），调补西安将军。同年，署陕甘总督。次年，调盛京将军。七年（1868），授钦差大臣，管理神机营事务。光绪元年（1875），卒于任，赐恤，赠太子太保，谥清悫。有《都兴阿奏稿》传世。

归款,则一转移间,南台饷需亦可无虞缺乏矣。除查办金安清一案另行覆奏外,所有厘定南北两台进款,并沥陈江北饷项缘由,谨缮折由驿具奏,伏乞皇太后、皇上圣鉴训示。谨奏。正月二十一日。

同治元年正月二十五日,议政王军机大臣奉旨:钦此。①

【案】冯子材等奏,请饬催镇江军饷:同治元年正月,广西提督冯子材等奏请措解江北镇营军饷,曰:

再,奴才等前因镇营军饷不继,奏奉谕旨,交抚臣薛焕、漕臣王梦龄速定饷事在案。所有十一月、十二月口粮各放五成,亦经奏明在案。伏查江北、上海两处军饷,均按月放足全关。镇城孤立江滨,为南北咽喉要隘,贼氛最为逼近。两载以来,兵勇死力拒守,幸保危城。每月所关口粮或二三成,或四五成,从未放足全关,同一兵勇,未免相形见绌。刻下,逆众连番明攻□□,正兵勇效力之秋,若不明定章程,实无以折服其心。奴才等愚昧之见,窃以江北有地漕钱粮,向有之款足敷支放,所有新增、现办一切捐项,自应先尽镇营之用,应请责成漕臣吴棠督饬局员,彻底查明,定期定数,按月分解。其海关饷银,应请责成抚臣,督饬苏松太道尽力抽拨两处,得有六七成现银。其余所少,请旨饬催广东抚臣按月措解三万两,运解镇营,以资凑发,务使南北、沪营兵勇口粮无分高下,庶几共效驰驱,防剿两可得手。谨合词附片具陈,伏乞皇上圣鉴训示。谨奏。同治元年正月十五日,议政王军机大臣奉旨:钦此。②

① 中国第一历史档案馆藏:军机录副,档案编号:03-4785-038。
② 中国第一历史档案馆藏:军机录副,档案编号:03-4785-017。

【案】寄信到臣：此廷寄《清实录》载曰：

戊戌，谕议政王军机大臣等：据冯子材等奏，金陵等处逆贼分扑镇城，连击获胜一折。镇江为南北咽喉，贼众必争之地，该逆自攻陷杭城后，金陵逆匪即于十二月三十日派贼三四千名，并入华村贼营。正月初三日，逆首伪普王纠合苏杭大股，并会合伪兑王力扑镇江，官军枪炮齐施，并力击退。复于三更后携带云梯，衔枚袭攻。次日夜间，复由丹徒奔扑北门，围攻城外营盘，分股直扑东、南两门，均经官军击退。是其凶悍情形，极为可虑。虽经冯子材等设法固守，第贼众兵单，设该逆仍更番来犯，其势恐不能支。曾国藩前奏令道员李鸿章带水师五千名、陆军六七千名前赴镇江，业已叠次催令迅往，若不添此劲旅，分道进攻丹阳等处，以战为守，则贼众闲暇，必将并力镇城，设有疏虞，非独扬防吃紧，即江南亦无驻足之处。着曾国藩迅饬李鸿章驰往镇江，相机攻剿，毋得再有迁延，致误大局。都兴阿前已派副将刁经明等带兵前往援救，现在天、六等城次第克复，扬防兵勇如有可以抽拨者，仍着酌量派往。冯子材等务当督饬将士攻守兼施，不可稍涉松懈，以保名城。再，据吴棠奏，捻窜沭阳，恐其东窜阜宁、盐城等语。里下河为江北完善之区，该捻久已垂涎，吴棠甫经到任，兵勇无多，恐难抵御。着都兴阿察看情形，妥筹兼顾，毋稍大意。将此由六百里加紧各谕令知之。①

---

① 《穆宗毅皇帝实录（一）》，卷十六，同治元年正月中，第441—442页。

○一○　另拨江北大挑知县以资差委片

同治元年正月二十一日（1862年2月19日）

再，臣查上届江苏大挑知县十六名，分留江宁仅六名。现在军务未靖，在在需才，实属乏员委用。相应请旨饬下本年江苏大挑知县，除照常例挑选分发外，另外派拨江北大挑知县二十名，归臣量才差委。如有才具平庸、不胜民社之员，臣并随时甄别，以仰副皇太后、皇上任官惟贤之至意。谨附片具奏。正月二十一日。

同治元年正月二十五日，议政王军机大臣奉旨：着照所请，该部知道。钦此。①

○一一　奏报截留晋饷赶解江北徐宿军营片

同治元年正月二十一日（1862年2月19日）

再，现准督办徐台军务总兵田在田来咨会到臣衙，奏请截留山西省批解江北粮台饷银一万两等情。查徐台支绌，臣所深知，且叠奉谕旨饬臣兼顾，何敢稍分畛域？臣于到任后，即由江宁藩库筹拨银三千两，续又将豫省提回之清淮军饷银一千八百两留济徐饷，均经奏明在案。江北待饷正殷，且值台局接替之际，更与平时不同。况前次解到晋饷，已经臣于在徐时奏准，留徐济用。今又将续到之饷截留，无论江北正虞缺乏，即揆之情形，无以对扬营。

除由臣咨明臣田在田，即将截留之晋饷一万两，仍饬委员赶解

---

① 中国第一历史档案馆藏：军机录副，档案编号：03-4596-087。

江北粮台，以资接济，并请以后不得再行截留外，相应奏恳天恩，饬下该总兵遵照。臣既有兼顾之责，如果以后徐饷万分为难，仍当随时设法解济，以维大局。谨附片具奏，伏乞皇太后、皇上圣鉴训示。谨奏。

同治元年正月二十五日，议政王军机大臣奉旨：钦此。[①]

○一二　知县徐锟任用伊子 经手经费撤任查办片

同治元年正月二十一日（1862年2月19日）

再，署如皋县知县徐锟任用伊子同知徐敦大并劣董张乃轩等，经手该县筹饷局经费，出入收支，漫无稽考。若不核实查办，何以肃官箴而重饷需！相应请旨将署如皋县知县徐锟先行撤任，并将其子徐敦大及劣董张乃轩等解准，由臣勒令交出收支清册。如查有侵吞浮冒情弊，再由臣严参请旨治罪。谨附片具奏，伏乞皇太后、皇上圣鉴训示。谨奏。

同治元年正月二十五日，议政王军机大臣奉旨：钦此。[②]

【案】此奏片于是月二十五日得允行。《清实录》：

　　戊申，谕内阁：吴棠奏，知县筹防经费，漫无稽考，请撤任查办等语。江苏署如皋县知县徐锟任用伊子同知徐敦大并劣董张乃轩等，经理该县筹防局务，经费出入收支毫无稽核，难

---

　　① 中国第一历史档案馆藏：军机录副，档案编号：03-4785-039。此片具奏日期未确，兹据同批折件校正。
　　② 中国第一历史档案馆藏：军机录副，档案编号：03-4596-088。此片具奏日期未确，兹据同批折件校正。

保无侵吞浮冒等弊。徐锟着先行撤任,并伊子徐敦大、劣董张乃轩等一并交吴棠提集研讯,并勒令交出收支清册,核实查办。如有情弊,即严参治罪,以肃官箴而重饷项。①

○一三　奏请将江北粮台移设宝应县片

同治元年正月二十一日(1862 年 2 月 19 日)

再,前奉寄谕:饬将北台收入如数核实经理,痛除积弊等因。钦此。遵经严饬江北粮台候补道姚仰云钦遵谕旨,核实经理。惟该员方以两淮运司总办安设泰州,现既由臣督办,计泰州至浦三百余里,稽核难周,必须移设就近,庶臣得以随时查办。伏查宝应县地方,距浦仅一百余里,为耳目之所能及,而相距扬州军营仅比泰州略远,且向有委员随营支发,可期无误。俟都兴阿移营进剿,即将粮台移向东路。可否即将江北粮台移设宝应之处,臣未敢擅便,伏乞皇太后、皇上圣鉴训示。谨附片具奏。

同治元年正月二十五日,议政王军机大臣奉旨:着照所请。钦此。②

【案】前奉寄谕……痛陈积弊:此廷寄《清实录》载曰:

谕议政王军机大臣等:现在楚军沿江扫荡,攻克无为等州县,袁甲三亦奏报克复来安,似贼匪畏惧楚军,有思图他窜之意。都兴阿一军兵力无多,万一贼势北窜,则清淮最关紧要,

---

① 《穆宗毅皇帝实录(一)》,卷十七,同治元年正月下,第 469—470 页。

② 中国第一历史档案馆藏:军机录副,档案编号:03-4785-041。此片具奏日期未确,兹据同批折件校正。

所有漕、河两标兵丁本为押运、防河而设，现在运漕既经暂停，河工亦无防可办，则两标兵丁正堪为剿贼之用，着吴棠督饬各营，挑补足额，实力操演，以资堵剿。漕运总督向驻淮安府城，惟捻踪如由徐州窜往山东，必须经由邳、宿，则淮安地势较偏，自应驻扎清江，庶可北顾徐宿，南顾淮扬。着吴棠察看情形，酌量驻扎，以期居中扼要。至淮徐道员缺关系紧要，必得熟悉地方情形、足以剿办捻逆者，方可胜任。着吴棠于属员中拣择妥员，无论道府州县，出具切实考语，奏请补放，不必拘定资格，总以民情爱戴、才能胜任为要，亦不必循例会同江苏督抚题请，以期迅速。倘所保之员不能得力，朕惟吴棠是问。该署督本系帮办田在田军务，现虽超擢藩司，兼秉节钺，官职较田在田为大，惟乏阅历，仍着该署督帮办，其该处剿办机宜，务当妥为兼顾。该署督受朕特达之知，开诚委任，自能力矢公忠，以图报称，断不至以官阶大小，稍存意见。江北粮台本系王梦龄督办，并着吴棠于接印后，将江北收支各数核实经理，痛除积弊。抽厘之举，不得已而借资民力，然仍以保养民间元气为主，倘有借劝捐为名克剥小民、借肥私囊之员，即着吴棠秉公据实指名严参。再，有人奏，江苏兴化县知县张鹏展年力就衰，信任官亲、家人，扰害地方，控案甚多；署甘泉县知县施培孔，任令伊叔候补道施燕辰盘踞公署，包揽词讼，遇事贪娄各等语。着吴棠逐款严查，据实具奏。原片着钞给阅看。将此由六百里谕令知之。[①]

---

① 《穆宗毅皇帝实录(一)》，卷十一，咸丰十一年十一月下，第293—294页。

○一四　遴员接办南台并筹画饷需缘由片

同治元年二月初三日(1862年3月3日)

再,臣承准议政王军机大臣字寄:同治元年正月十八日,奉上谕:江清骥奏,南台侨寄江北,势难兼顾筹饷,请饬派江苏现任司道大员接办南北两台筹饷事宜等因。钦此。伏查筹饷局之设,徒增浩费,经臣遵旨查办,奏明裁撤,仍归两台办理。江清骥率请饬派大员接办,实为避难卸责地步,遵即传旨申斥,撤去该员粮台差使。惟该员支应镇营及水师军饷,不可一日乏员经理。查有江苏候补道许如骏,老成谙练,心地朴诚,历在江北粮台当差,几及十年之久,于军情缓急、饷项钩稽,均能料理裕如,现已由臣先行檄委接办。一面仍咨商曾国藩、都兴阿、薛焕①等,再行公同商酌。如有才具操守胜于许如骏之员,另行会奏遴委,以仰副皇上慎选人才、核实军饷之至意。

至南北两台分饷款目并江北饷绌情形,昨经臣沥情奏明在案。

---

① 薛焕(1815—1880),字觐唐、觐堂,号鹤侪,四川兴文人。道光二十四年(1844),中式举人,报捐知县。二十九年(1849),补江苏金山县知县。咸丰三年(1853),遵例报捐知府。次年,补松江府知府。五年(1855),调苏州府知府。次年,捐盐运使衔,赏戴花翎。七年(1857),授苏松粮储道。同年,转苏松太道。次年,升江苏按察使。九年(1859),迁江宁布政使。十年(1860),补江苏布政使,加巡抚衔,署两江总督。是年,擢江苏巡抚,晋头品顶戴。同治元年(1862),充办理通商事务大臣。次年,以江苏巡抚署理礼部左侍郎,任总理各国事务衙门行走。同年,任工部右侍郎,兼管钱法堂事务。三年(1864),任通政使司通政使,署都察院左副都御史,迁内阁侍读学士。四年(1865),回籍终养。七年(1868),丁外艰。九年(1870),丁内艰。在籍期间,办尊经书院,并任首任山长。光绪元年(1875),赴云南办理马嘉理案。六年(1880),卒于籍。

兹奉谕旨，饬将南台正月份之饷于北台先行筹放，由薛焕解还归
款，不过一转移间，臣何敢稍分畛域？惟查二月初间即届扬营放饷
之期，叠准都兴阿咨函催筹。现因厘源顿塞，协饷愆期，迄今尚无
成数，饷期日近，焦灼正深。若再由北台筹济南台，转恐两误。查
臣前奏，除分拨南台厘捐各款外，议由抚臣责成苏松太道吴煦，每
月筹解镇营水陆军饷五万两，现已查照在案，咨行催解。仍恳天恩
饬下抚臣再行严饬遵照，俾资凑放而免缺误。

所有遴员接办南台并筹画饷需缘由，谨附片覆陈，伏乞皇太
后、皇上圣鉴训示。谨奏。

同治元年二月初三日，议政王军机大臣奉旨：钦此。①

【案】江清骥奏……筹饷事宜：同治元年正月初十日，办理
江南粮台江清骥奏派大员接办筹饷局事宜，曰：

办理江南粮台盐运使衔江苏记名道江清骥跪奏，为江南
粮台侨寄江北，主客判然，势难兼办筹饷，吁恳饬派大员接办
筹饷事宜，并现在饷需无着，臣已飞禀江苏抚臣饬司将镇、扬
水陆各营正月份饷需设法筹拨以资接济缘由，恭折驰陈，仰乞
圣鉴事。窃臣于同治元年正月初九日接奉署漕臣吴棠札开：
现奉寄谕，拣派妥员接办南北两台粮饷等因。钦此。刻已奏
请撤去筹饷局，所有南台筹饷事件，皆归该道接办，以专责成
而节糜费等因。伏查江南粮台水陆军饷，其始由江苏藩库按
月拨解，嗣前升任江苏布政使王有龄设局筹饷，所有月饷悉由
筹饷局拨解。自苏、常失陷后，江南地方蹂躏殆遍，所存完善

---

① 中国第一历史档案馆藏：军机录副，档案编号：03-4704-107。

数州县又逼近贼氛,筹饷局未能复设。而南台移驻江北,饷源日竭犹常。抚臣薛焕饬令署江苏布政使吴煦,于无可设法之中,按月酌拨解济,而各省协饷亦尚能陆续解到。虽摊放兵勇每名每月仅止领银数钱及一两数钱不等,而逐月敷衍支应,借以安定军心。至上年五月以后困海,筹解维艰,各省协饷又未按时解到,大局几至决裂,是以抚臣会同漕臣,奏派金安清在于江北地方,设立江南、江北筹饷总局,半年以来,未凑足全饷,而每月所放银数转增于前,不致以饷需缺乏上渎宸聪者,皆由于筹饷之责有专归也。今因金安清获咎,将南台筹饷事宜归并南台办理,臣辗转筹思,其难有五,敬为我皇上陈之。溯查苏、常未失以前,江南各属素称财赋之区,筹饷尚易为力,而历办南台之员从未兼顾筹饷。推原其故,皆因支应水陆各营头绪繁多,勾稽匪易,求免贻误,必得职有专司。若既办粮台,又兼筹饷,则一人之心思才力,断不能周,况以今较昔,情形更迥不相同。其难一也。且在江北地方筹江南之饷,揆之民情,必以北台输捐为分所应有、南台助饷为格外加增,势不能无所借口。其难二也。况筹饷事宜,更得事权归一,各州县方有秉承。若南北分办,每遇催提款项,同属饷需,皆关〈紧〉要,顾此即难顾彼,断不能先客而后主。其难三也。粮台支应,其事之繁简不在饷数之多寡,而在饷项之盈绌,当有饷之际,按月一放,如数如期,毫无铇辖,其事宜直截而易办;当不足之时,催提则多劳文移,挪挡则动烦唇舌,零星支放,转折滋多,甚至催索频仍,将弁兵勇,纷至沓来,方且调停排解之不暇,更不能行有余力,兼顾筹饷。其难四也。筹饷之有无起色,全视其人之有权无权。从前王有龄在江苏藩司任内办理筹饷，遇有征解不前之处，随时撤调，惩一即可儆百，所以每月饷需至四十余万之多而不致缺误者，皆由于此。即臣前在署臬司任内劝办米捐，各州县因归统辖，争先认解。嗣臣交卸臬篆，即不免有所观望，认解之数迄今尚有未解足者。此呼应不灵，乃其明证。其难五也。有此五难，与其竭蹶从事，贻误与将来，莫若及早图维，预防于先事。镇、扬水陆各军为江南北安危所系，事关大局，不敢不直陈于君父之前。现抚臣驻扎上海，远隔重洋，若禀由抚臣会商，臣再行具奏，诚恐有稽时日。再四思维，惟有吁恳天恩，垂念南台侨寄江北，主客判然，势难兼顾筹饷，俯赐于江苏现任司道大员中，择其名望素著者，饬派接办南北两台筹饷事宜，以一事权而图大局，曷胜惶惧待命之至。再，正月份水陆军饷立待支放，各兵勇见饷局已撤，顿失所望，若竟无以接济，饥军数万，哗溃堪虞。除飞禀抚臣饬司将镇扬水陆各营正月份饷需设法筹拨以资接济外，理合恭折由驿驰陈，伏乞皇上圣鉴训示。臣现因至北台会商事件，暂赴泰州，此折即由泰州拜发。合并陈明。谨奏。正月初十日。同治元年正月十八日，议政王军机大臣奉旨：钦此。①

【案】正月十八日，奉上谕：此上谕《清实录》载曰：

又谕：前因吴棠奏，南北筹饷局徒增耗费，于军饷毫无实济，当经明降谕旨，即行裁撤，嗣后江南筹饷即由江清骥筹办，江北筹饷即由姚仰云筹办。兹据江清骥奏，南台侨寄江北，势难兼顾筹饷，请饬派江苏现任司道大员接办南北两台筹饷事宜等语。江南、江北两台专司支应，即应自行筹饷，于利弊既

---

① 中国第一历史档案馆藏：军机录副，档案编号：03-4704-033。

易纠察,于经费亦可节省。今江清骥以筹饷局既撤,江南粮台侨寄江北,深以事权不一、呼应不灵、力难兼顾为虑,力请另派大员,是于南北两台之外仍欲另立筹饷局,以为避难卸责地步,实属不成事体。江清骥既称不能兼顾,亦谅无干济之才,着即撤去粮台,传旨申饬,以后不准再行奏派差使。所有办理江南粮台事宜,着曾国藩、都兴阿、薛焕、吴棠公同商酌,遴员办理。惟粮台专司支放口粮,若必待往返函商,深恐有误军糈,着吴棠就近派委妥员,先行接办,以专责成。其南台正月份应放之水陆军饷,并着于江北粮台先行筹款支放,迅由薛焕解还归款,一俟议有定章,即须源源接济,毋致缺乏。嗣后办理粮台各员遇有应行陈奏事件,仍着禀请本省督抚,或就近统兵大臣代奏,毋庸自行奏事,以资统率。将此由六百里各谕令知之。①

【案】叠准都兴阿咨函催筹:同治元年正月,江宁将军都兴阿以饷需支绌奏请饬下署漕臣吴棠严查饷局事务,按月支放兵饷,曰:

再,奴才前折备陈江防水师及镇城军饷,自设立饷局以后,上海未能接济。金安清总办饷局,现当交卸,其应放水师饷项,按照议定成数,拖欠甚多。各帮师船以兵勇枵腹从戎,嗷嗷待哺。当此江防万紧,饷局既撤,月饷无着,禀请严催应找欠款,并筹议以后月饷章程等因。复据台员以金安清将江北州县应解北台之款倾提预支,搜括殆尽,寅支卯粮,前掘后空。当此青黄不接之时,难乎为继等语。查刻下军情正紧,因

---

① 《穆宗毅皇帝实录(一)》,卷十六,同治元年正月中,第451—452页。

台属纷更,饷款无着,致南北两岸人心惶惑,关系匪轻。金安清因案被参,虽应撤委,然其经手应找欠款未清,北台饷务又致台员纷纷借口,是否办理未善之处,均应彻底清查,应请敕下吴棠将饷局事务从严查办。江北官兵月饷,按关照章支放,台员不得借词推诿,令金安清找清水师欠款,妥议南台款项,俾稳南岸及江属水师军心,于刻下情形深有裨益。所有情形谨会同帮办军务黄彬,附片具奏,伏乞圣鉴训示。谨奏。同治元年正月二十七日,军机大臣奉旨:钦此。①

○一五 奏报筹解皖营李世忠军饷片

同治元年二月初三日(1862年3月3日)

再,臣前奉旨:袁甲三奏,李世忠②一军现已攻克六合县城等因。钦此。正在筹解间,钦奉正月初九日寄谕:袁甲三奏,饷需支绌,请旨饬催各省筹解等语等因。钦此。仰见我皇上有功必赏,激励戎行。跪聆之余,实深钦佩。惟悉袁甲三前次奏请筹饷局月协银二万两,系因前江南筹饷局有此一款。嗣因江北复设饷局,故复请仍循其旧。今该局既已裁撤,归并两台,除北台仅只旧有各款外,南台则进款甚少。而此项奉旨饬拨赏需,未便稍缓。现饬两淮

---

① 中国第一历史档案馆藏:军机录副,档案编号:03-4785-042。

② 李世忠(? —1881),原名昭寿,河南固始人,少为不法。咸丰三年(1853),在籍结捻。次年,投清。六年(1856),投太平军,任检点。九年(1859),再度降清,以献天长、来安、滁州三城功,赐名李世忠。迁至江南提督,后因案褫职。光绪七年(1881),被诛。

运司乔松年^①于应解皖饷内,先提银五千两,一面咨会抚臣饬令苏松太道,仍照江南协拨皖饷原案,于江海关库拨银五千两,解赴李世忠军营。共凑成一万两,以资犒赏。前奉饬措李世忠一军赏银一万两、米四千石,因一时难以集此巨款,已饬江北粮台赶办米二千石,先行解往。

至以后月协皖营军饷,除由臣随时督饬两淮运司乔松年筹解外,所有筹饷局应协之款,并请饬下抚臣查照原案,督饬署苏藩司苏松太道吴煦,由江南设法筹解,以济皖军而免透误。谨附片具奏,伏乞皇太后、皇上圣鉴。谨奏。

同治元年二月初三日,议政王军机大臣奉旨:钦此。^②

【案】此奏片于二月初三日得清廷允行。《清实录》:

又谕:吴棠奏,遴员接办粮台,并遵筹应解军饷各折。江南粮台既据吴棠奏称,候补道许如骏于饷项钩稽办理裕如,着即饬令接办。其才具、操守是否实堪胜任,抑别有员可委,仍着曾国藩、都兴阿、薛焕会同吴棠,秉公覆奏。镇江军饷曾谕薛焕按月拨解银五万两,其正月份应放水陆各军饷银,既据吴

---

① 乔松年(1815—1875),字鹤侪、健侯,山西徐沟人。道光十五年(1835),中式进士。二十九年(1849),补工部主事。咸丰元年(1851),升工部员外郎,充湖南乡试副考官。次年,任琉璃窑监督,迁工部郎中。三年(1853),放松江府知府。次年,转苏州府知府。五年(1855),加盐运使衔。六年(1856),迁常镇通海兵备道。八年(1858),丁外艰。次年,升补江苏两淮盐运使,办理江南北粮台事务,晋按察使衔。十年(1860),赏二品顶戴。同治二年(1863),迁江宁布政使。是年,擢安徽巡抚。五年(1866),调补陕西巡抚。九年(1870),授仓场侍郎。次年,授河东河道总督。光绪元年(1875),卒于任,赠太子少保,谥勤恪。著有《萝藦亭传记》、《萝藦亭遗诗》、《新建金河书院记》、《盐宗庙碑记》等。

② 中国第一历史档案馆藏:军机录副,档案编号:03-4786-008。

棠奏称北台无可垫放，即着薛焕督饬吴煦如数拨解，以应要需。至江北粮台应行拨给李世忠赏银一万两、米四千石，据吴棠奏已解过米二千石，仍着将下余银米速行筹解。其淮南盐课每月应协袁甲三饷银一万两，着吴棠督饬乔松年按月筹拨，筹饷局每月应协袁甲三饷银二万两，即照吴棠所请，着薛焕查照成案，督饬吴煦由江南设法筹解。将此由六百里各谕令知之。①

【案】钦奉正月初九日寄谕；此上谕《清实录》载曰：

又谕：袁甲三奏，饷需支绌等语。据称上年十月以后，山西协饷仅拨解银一万两，陕西报解五千两，尚无到营信息；山东奉拨临清关之款，有凑解一万两之说，并无起解日期；河南除饷票外，并未有现银解往。着英桂、瑛棨、郑元善、谭廷襄督饬各该藩司悉心筹议，每月实可批解该营饷银若干两，自本年正月为始，按月委解，不得再行延欠，致滋贻误。其江北筹饷局月协二万两，淮南盐课月协一万两，着薛焕、吴棠转饬该司局一月一解，毋许迟延，并着薛焕、吴棠于所筹皖饷内先行提银一万两，就近拨解李世忠军营，以为收复天长犒赏，仍作为袁甲三军营收放之款。至江西拨款，据奏两年以来并未解过，着李桓迅即筹解。闽海关月饷经文清拨交藩库银十万两，复为该藩司那用，着文清严饬该司将所拨之款迅速筹补，勒限委员解赴袁甲三军营，如有贻误，即着严行参奏。将此由六百里各谕令知之。②

---

① 《穆宗毅皇帝实录（一）》，卷十八，同治元年二月上，第495页。
② 《穆宗毅皇帝实录（一）》，卷十五，同治元年正月上，第421—422页。

○一六　请饬晋、陕拨解李世忠军饷折

同治元年二月初九日(1862年3月9日)

署漕运总督江宁布政使臣吴棠跪奏,为恭折覆陈,仰祈圣
鉴事。

窃臣承准议政王军机大臣字寄:光绪元年正月二十七日,奉上
谕:江浦等城甫经收复,自应派兵驻守等因。钦此。伏查江北饷绌
情形,前于厘定南北两台饷款折内沥情奏明在案。现在钦奉谕旨,
饬令李世忠于皖营旧部内,酌拨兵勇,防守江浦等处。军行以粮饷
为先,且地隶为先。地隶江北,自应江北筹济。惟北岸支应扬营诸
军,竭蹶万状,正月应放之饷,若按照三十五天放饷一月计算,本月
初五日即届期。昨据粮台禀报,尚短银四五万两,万不能如期散
放。推原其故,因由金安清节节预提,实因协饷厘金处处短少,以
致日形其绌。

卷查上年三月间,支办粮台乔松年具奏,军需不敷按月支放,
请循案变通办理一折,奉准部议:粮台饷不足,总由奉拨各处未能
按月解交之故,请旨严催欠饷,其积饷未到以前,该粮台应将所收
厘捐、钱漕、盐课等项内,将各兵勇口粮随时〈均〉匀搭放等因。是
深知粮台支绌,非协饷应手即难以按期支放也。无如自前案奉旨
饬催以后,晋、陕两省欠饷不但丝毫未解,即月饷亦转较从前更减。
此外,淮安关及山东、河南等省更置不问,有名无实,日积月多,不
得已于上年十一月内,前署漕臣王梦龄分派委员,前赴晋、陕两省
商筹,并奏奉谕旨:晋、陕抚臣于该委员到后及早定议,但能两省共
同解银三万两,按期必到,即可无误供支等因。钦此。圣鉴煌煌,

实深亲〔钦〕佩。乃昨准山西抚臣英桂①来咨：拟请通年共筹江北饷
银十万两等语。核计每月不足一万。陕省尚未咨覆，计亦不能多于
晋省。是月解三万两之说，又成虚望。

当此南路不通、厘捐歇绝之际，协饷又不能如数，则放款更
难以按期。即臣遵奉谕旨，力除粮台积弊，只能督其洁己奉公，
难以责其无中生有。方今江防吃重，正期士饱马腾，何敢以展缓
饷期致令军营借口？更不敢以前有四十五天放饷一月之案，稍
存成见。现惟查照前奏，督饬台员尽收尽放，不任稍有不实不
尽。总之，用兵筹饷，难分两途，而所办系属一事，并当与都兴阿
和衷商榷，仰慰圣怀。

所有李世忠派防江浦等处兵饷，现在北台专顾扬营，尚虞不

---

① 英桂（1798—1879），字香岩，满洲正蓝旗人。道光元年（1821），中满洲翻译举
人。三年（1823），充会典馆覆校官。次年，补军机章京。八年（1828），升内阁中书，任
方略馆收掌官。十一年（1831），迁内阁侍读。翌年，任国史馆提调官。十四年（1834），
放山东青州府知府。十六年（1836），兼护登莱青道。十九年（1839），署莱州府同知。
次年，补莱州府同知，署青州府知府。二十二年（1842），充礼部主事上行走。二十五年
（1845），调补四川叙州府知府。次年，升山东登莱青道。二十九年（1849），署兖沂曹济
道。咸丰二年（1852），授山西按察使，署布政使。同年，调山东按察使。三年（1853），
署山东布政使，总办兖州粮台。同年，擢河南巡抚。八年（1858），转山西巡抚。同治二
年（1863），授福州将军。五年（1866），兼署闽浙总督。七年（1868），补闽浙总督，兼理
福州将军。次年，再兼署福建巡抚。十年（1871），任内大臣。翌年，补镶红旗汉军都统，
擢兵部尚书，兼管新营房、火药局、理藩院、雍和宫事务，稽查七仓，并任捧册宝前引大臣、
经筵讲官。十二年（1873），充巡察坛墙大臣、随沪大臣，署正白旗汉军都统。十三年
（1874），调吏部尚书，兼崇文门正监督、刑部尚书、总管内务府大臣、步军统领。同年，充
覆核朝审大臣，补正红旗满洲都统，兼管咸安宫、宁寿宫、沟渠河道事务大臣，管理本学事
务，兼管造办处。光绪元年（1875），授协办大学士、实录馆总裁、管理三库大臣、随沪捧宝
大臣，管理文渊阁事务。次年，任文渊阁领阁事，署正黄旗满洲都统。三年（1877），署镶
白旗汉军都统，迁体仁阁大学士。同年，充翻译会试正考官，加太子少保。四年（1878），
以病乞休。五年（1879），卒。赠太子太保，谥文勤。

给,实难再行添筹,臣拟请饬下晋、陕两省于月解江北军饷三万两内,按月各拨解李世忠军营五千两,解由袁甲三转给。其协饷未到之前,由袁甲三会同李世忠给发,以资兵食。仍由陕、晋两省每月各解江北粮台饷银两万两,不准再有愆期短少。在该两省完善之区,仅止遵照续奉谕旨,每月共筹解银三万两,核之原拨之数尚少两万,并不苦其所难。而在江北粮台每月又少一万两,实已克己竭筹,顾全大局。惟恐该两省因有拨解江浦之饷,转致北台解款或有迁延,则粮台更有决裂之患。想各该抚臣、藩司断不出此,而臣则不能无虑。惟求圣主逾格鸿慈,剀切严谕,俾免掣肘而安军心。

至水师欠找之款,查系按照筹饷局议定发饷成数,拖欠未清,由于进款不敷之故。金安清经手各帐,现饬委员逐细查明禀覆,一面咨会抚臣,并饬接办南台之道员许如骏将镇营及水师支放章程妥议办理。

所有拟拨李世忠军营饷需并陈北台支绌暨饬南台速定饷章缘由,谨缮折覆陈,伏乞皇太后、皇上圣鉴训示。谨奏。二月初九日。

同治元年二月十五日,议政王军机大臣奉旨:钦此。[①]

【案】同治元年二月十五日,此折得允行。《清实录》:

又谕:前因李世忠收复江浦等城,防兵需饷,谕令吴棠筹解。兹据吴棠奏称,北台专顾扬营,尚虞不给,实难再筹,请饬山、陕两省于月解江北军饷内,按月各拨解李世忠军营五千两,解由袁甲三转给,两省仍每月各解江北粮台银一万两,不

---

① 中国第一历史档案馆藏:军机录副,档案编号:03-4786-029。

得再有短少等语。江北粮台饷项短绌，系属实情，而江浦等城甫经收复，防兵需饷，至关紧要，即照吴棠所请，着英桂、瑛棨于月解江北军饷内，按月各拨解李世忠军营银五千两，解由袁甲三转给。其协饷未到以前，即着袁甲三会同李世忠筹款给发，俟协饷到时归款，仍着英桂、瑛棨每月各解江北粮台银一万两，不准稍涉推诿，致有贻误。将此由六百里各谕令知之。①

【案】光绪元年正月二十七日，奉上谕：此上谕《清实录》载曰：

又谕：袁甲三奏，官军进捣桥林、乌江贼营，连战皆捷，夺回要隘，现约楚军进攻庐郡一折。官军自攻克浦口后，进捣桥林、乌江贼营，夺回要隘，办理尚为妥速。惟江边尚有贼营二座，如再攻剿得手，则与楚军水师驻扎之地仅隔四十里，声息可通。着李世忠赶紧围攻，将贼营二座一律扫荡，以期疏通江路，与楚军水师联络声势。陆路中隔庐郡，狗逆踞守城中，守备甚严，且力梗南北要路，使楚、皖两军无从会合。着官文、曾国藩迅催多隆阿等军滚营前进，袁甲三即将分布定、庐交界之五千余人，另派兵将统带，约期并进，先将梁园店埠攻克，以期会扫贼氛，不可稍有迟误。曾国藩前有正月内必可进攻庐州之说，现在巢县贼势穷蹙，着官文、曾国藩即饬带兵各员，迅速进攻，与李世忠一军前后夹击，巢县一复，即可会合进剿和、含，以期节节扫荡，力拔庐郡坚城，以振全局。桥林即江浦、浦口两城甫经收复，亟应派兵驻守，惟镇江一城贼氛环逼，李鸿章等兵勇未到以前，都兴阿即须派拨重兵，妥筹兼顾，傥兵力

---

① 《穆宗毅皇帝实录（一）》，卷十九，同治元年二月中，第523—524页。

不敷防守,桥林等处仍由李世忠派兵驻扎,以固藩篱。冯子材是否起程,海全接办后,着即将防剿情形随时驰奏,以慰厪怀。再,本日据庞钟璐奏,浦东一带贼氛蔓延数百里,上海腹背受敌。又据探报,贼目黄详庆欲由江阴窜渡靖江,并探闻贼在白茆、浏河等处掳船,欲由常熟、太仓分窜崇明,窥伺通、海,现存州县势皆岌岌可危等语。着曾国藩饬催曾国荃带勇星速赴援上海,并一面催李鸿章督带兵勇,迅赴镇江。其靖、江、通、海等处无重兵驻扎,专恃民团堵御,实形单薄,并着都兴阿酌派兵勇,分路防剿,毋稍疏虞。将此由六百里各谕令知之。①

【案】乔松年具奏……请循案变通办理一折:咸丰十一年三月二十一日,办理江北粮台两淮盐运使乔松年以饷需不敷支放,具折奏请变通办理,曰:

二品顶戴办理江北粮台两淮盐运使臣乔松年跪奏,为江北粮台支绌日甚,不敷按月开支全饷,请仍循案变通办理,仰祈圣鉴事。窃用兵必须足饷,而方今时事艰难,处处皆形匮乏。江北自文煜办理粮台以来,最为结实认真。九年冬间,臣奉恩命管理北台,一循文煜旧章,力疾撙节。惟自文煜管理时,各省协饷即不能解足,兵饷即不能按月清给。文煜尽数匀给,每月发五、六、七成不等。余欠之数,概以官票找给,曾经奏明有案。迨至去年,协饷之数大不如前,苏、常失守,厘捐顿为短少;坝水下注,钱漕亦为减色,北台之进款更少于文煜管理之时。臣与前提臣李若琳悉心筹画,以为只可变通办理,推展饷期,虽不能月清月款,而约计

---

① 《穆宗毅皇帝实录(一)》,卷十七,同治元年正月下,第475—476页。

三个月之中总可有两个月之饷，且于口粮较少之勇酌给食米，以视江南大营、江北大营饷绌兵饥者，实为远胜。搜索挪挡，固已心力交瘁。李若琳亦深知国家当多事之秋，筹饷不易，是以抚慰将士，尚得其力，屡经战胜，并未借口于饷之不足逼索粮台。盖兵勇亦知饷款本不能足，非粮台之咎，且口粮少者得有食米亦较从前为优，并无怨言。去冬，都兴阿接统扬防，即欲月清月款，亦知粮台力有未逮，将扬州旧有兵勇酌量裁减，但都兴阿带来兵勇需饷已及万金，今所裁扬州兵勇其数适与相当，所有饷数较之李若琳之时并未减少。而此数内山、陕协饷更不如前，东、豫协饷丝毫未解，粮台尤为拮据。都兴阿昨经奏催协饷，已奉部覆转催，果能如数应期，自可济用。但各省皆必先顾京饷为重，东、豫两省本境且在用兵，催之虽严，应之终缓，其势显而易见。都兴阿前经会列臣衔具奏，以楚军之营制练淮扬之勇丁，将营制、饷数酌量更改。此折尚未奉到部覆，惟所奏系为营制及口粮数目而言，并非为改章，即须月清月款。今年已放过两个月之饷，兵勇足资糊口。都兴阿之意尚必欲按月得领全饷，催索频仍，持之甚力。如使全饷尚可勉为筹措，臣岂有不竭尽心力之理？ 无如进款只有此数，即奏恳恩施饬部加拨，而各省无不拮据，亦实无有着之款可以指提。当文煜办理之时，已不能月清全饷，况在今日！ 臣屡将支绌情形咨呈都兴阿查核，署漕臣王梦龄亦经函咨具告。臣昨复亲赴扬州大营面陈情形，而都兴阿总未以为然。前月杪，翼长海全传令各营赴粮台索饷，纷纷多日。若始终执按月之议，再来迫索，兵勇百十成群，出营游荡，既误防剿，亦易滋事。当此拮据之时,筹饷之臣固宜力图军食,带兵之臣尤当共体时艰。江北兵勇之饷已视江南、皖北为极优,本无觖望。今乃导令呼噪追索,以为全饷必不可少。其为滋闹粮台,其患犹小;其为借口以懈战心,其患实大。溯查咸丰六年,户部议覆文煜陈奏扬州饷银竭蹶情形一折,部议原奏内称,当此筹画维艰之际,各路军饷均应力求撙节,通融办理。即如福济、和春、向荣各大营,欠发饷糈甚多,均系通融支展。托明阿于欠发款项丝毫不容蒂欠,而瓜洲一隅日久未报克复,劳师糜饷,伊于胡底!应实力攻剿,迅图克复。所有军营一切支放各款,务须剔清浮冒,均予核实,勿得以饷需稍乏借口迟误等因。奉旨依议。部臣此议甚为公允。臣于粮台放款厘剔核实,固已不遗余力,旦夕焦筹,以撙节为敷衍之计,无米之炊,已形竭蹶,若必以按月全清为度,点金之术,决裂当在目前。惟有据实驰陈,伏乞明降谕旨,或照文煜成法,按月核计收数,尽数分成,匀摊放给。不敷之处,找给官票,或仍照臣与李若琳议定成章,照旧推展期限,凑足一月之饷作为一关开放,约在三月之中放给两月之饷,伏乞皇上圣裁,祗遵办理。并请敕下都兴阿谕饬海全,以后仍俟粮台凑足一月之饷咨会到日,再行传知各营赴台领饷,勿令各营先期派拨多人,借称索饷,离营四出,致有旷误,庶于军事、饷需两有裨益。是否有当,伏乞皇上圣鉴训示。谨奏。三月二十一日。咸丰十一年三月三十日,奉朱批:户部迅速议奏。钦此。①

---

① 中国第一历史档案馆藏:军机录副,档案编号:03-4322-059。

○一七　奏报靖江解交咸丰
十年兵恤等米折银片

同治元年二月十五日(1862年3月15日)

再,改隶江北之靖江一县应征咸丰十年兵恤、行月等米,前漕臣王梦龄奏明每石变价二两,改解江宁司库,凑放江北各府等常年官兵俸饷。嗣因苏省甫被蹂躏,兵糈不足,不能不统筹兼顾,又经前漕臣奏蒙俞允,将该县兵恤等米五千二百余石,暂归苏藩司派拨兵粮。其行月等米仍照前奏,变价批解江宁司库,支放各营坐饷在案。旋据该县以县境地瘠民贫,七年以后,每石变价一两五钱,仍请仿照旧粜变,声明苏省派支兵恤米石,系每石照一两折放,余价解司。即经饬据该管通州查明属实,仍照苏属章程每石一两五钱变价,核计兵恤等米五千二百四十余石,以每石折银一两,核银五千二百四十余两,饬令该县解交苏藩司,拨放兵粮。每石余价五钱,同行月等米变价,共银九千四百七十余两,解交江府库,凑放各营坐饷。一俟军务稍定,统由宁属造报,以昭核实而维大局。兹据江藩司衙门具详请奏前来。前漕臣王梦龄未及具奏卸事,臣接准移交。理合附片陈明,伏乞皇太后、皇上圣鉴。谨奏。

同治元年二月十五日,议政王军机大臣奉旨:知道了。钦此。①

---

① 中国第一历史档案馆藏:军机录副,档案编号:03-4786-026。

【案】王梦龄奏明……支放各营坐饷在案：咸丰十一年正月，署漕督王梦龄奏报曰：

再，臣前因江北各标营常年官兵俸饷无款支放，请将改隶通州之靖江县额征兵恤、行月米石，变价解司凑放，奏奉朱批：知道了。钦此。当经恭录分别咨行钦遵在案。惟查靖江县征收南漕兵恤等米，历系指拨靖江及京口左右等营兵糈，计口授食，未能短缺。现在各该处防剿吃重，兵食尤为紧要，且苏藩司所属完善无多，别无可以挹注，不能不兼筹并顾，未便因奏蒙谕旨，稍事拘泥，拟请将该县应征行月等米仍照前奏，听候解司，凑放江北各营坐饷。其兵恤等米五千二百余石，饬令该县征收存储，听候苏藩司派拨兵米，以免缺误而顾大局。据江藩司衙门详请核奏前来。谨附片具陈，伏乞圣鉴。谨奏。咸丰十一年二月初一日，奉朱批：依议。钦此。①

〇一八　奏报查抄金安清寓所片

同治元年二月十五日（1862 年 3 月 15 日）

再，臣现据江安粮道王朝纶详称：查抄金安清泰州、如皋寓所及同裕钱铺寄顿资财，计泰州寓所抄得衣物三十余箱，柜银三千两，又元宝一只，金镯一对，金首饰数件，金一百两。抄出寄顿泰州同裕钱铺元宝两只、金镯一只、钱三百余千。如皋寓所抄得箱奁等三十余件，碎金三十八两，又金叶一两七钱零，金镯大小

---

① 中国第一历史档案馆藏：军机录副，档案编号：03-4321-002。

三副,金五两,碎银三百六十余两,洋钱三百三十元,并各零星器具等件。又据两淮运司乔松年详开,亦奉督臣派查金安清参案,并据与王朝纶同详称:金安清经手收入各款,尚须调齐案卷,逐一细核。现查出局用内有滥支银一万四千八百十三两零,先行详请追赔前来。

臣覆查乔松年等所详金安清滥支各款,实属任意开销,恣情挥霍。非仅滥支滥应,可以全行追赔。刻当清淮防剿吃紧,都兴阿派队北援,德楞额、田在田率队会剿,需饷尤急。而江北粮台及清淮筹防局款项支绌,无可接济。查金安清滥支之款,皆出自江北钱粮、厘捐正项,自应归赔江北粮台。惟现在清淮军饷迫不及待,拟即将所抄金安清泰、如赀财等物估价赔偿;滥支局用之款,即归江北粮台作收,仍即提淮接济德楞额等会剿各队,俾士饱马腾,剿匪方期得力。是否有当,伏候圣训。

至金安清经手收支各款,仍饬催乔松年、王朝纶等认真查明,逐细缮具清折,并候覆核,咨送督臣,统由督臣曾国藩定拟具奏,请旨办理。惟据王朝纶等详内声称:如皋寓所系金安清故父之妾茶氏、李氏居住,内有衣箱三只,系其随身衣件。该氏等久与金安清分爨,平时并无接济,均系典卖度日,情形困苦等情。臣查该氏等既与金安清向来分爨,所有随身衣箱可否仰恳天恩发还之处,臣未敢擅便,恭候训示祗遵。

再,金安清已于正月二十五日由臣委员押令自洪湖径赴袁甲三军营。至查抄金安清上海寄顿赀财,现尚未据委员呈报。除另将查抄金安清泰州等处赀财等物并滥支局用应行追赔之款,缮折咨呈军机处外,伏乞圣鉴训示。谨附片具奏。

同治元年二月十五日,议政王军机大臣奉旨:钦此。①

【案】同治元年十一月二十七日,两江总督曾国藩奏明金安清被参各款并拟结一折,曰:

钦差大臣协办大学士两江总督臣曾国藩跪奏,为查明金安清、汪曜奎二员被参各款,分别拟结,恭折仰祈圣鉴事。

窃已革运使金安清、道员汪曜奎承办皖捐一案及金安清另案参款,经前漕臣袁甲三奏奉谕旨,饬臣提营秉公查办。旋准袁甲三派员带齐卷宗,饬送金安清到省。复准胜保派员调取颖局捐册,檄令汪曜奎来皖,先后均饬发安徽善后局司道,并添派委员,会同研讯。兹据讯取金安清分款供称:原奏所列杭、绍各卡续收七千八百串一款,即在三十万串总数之内作收,如此款须另解,则总帐收数应剔出七千余串。至前后借垫归还之项,咸丰九年十一、十二等月,漕督袁甲三攻克凤阳,安徽巡抚翁同书到寿未久,饬令不拘何项,设法挪解。此两月内收捐仅四万四千串,解至六万六千串,实垫解二万二千之多,系在杭城钱店借银一万两,又向前浙江藩司徐宗幹借银五千两,不得不将次年续收捐项陆续归清。

原奏所列吴丙斋等捐钱五千四百串一款。吴丙斋系苏城第一烧酒业,人所共知。九年十一月,革员开具清折,呈送袁营,即已注明烧酒业捐五千四百串。若有弊混,其时苏城未陷,岂有不惧查究之理?且两项捐数同报五千四百串,并无多寡,自系一项。惟改户为业,因事涉琐屑,未便续禀声明。其

---

① 中国第一历史档案馆藏:军机录副,档案编号:03-4925-017。

程二贤、张聚泰二户前供情节,实无捏饰。札查原办苏捐委员赵秉镕,自明原奏所列南汇县知县邓贤芬捐银二千两一款,实因指项挪解在先,收捐划还在后。当苏、杭失守时,捐户星散,如无此款指垫,安能凑解万金?有前后统收统支数目,尤无丝毫含混。

原奏所列部照实收尽在杭局被毁一款,当经报明浙江巡抚咨部立案,该省司、道、首府文据具在,其在前填用各照七百五十九张,底簿无存,是以号数无从开报。但记系典字、列字等号。至另案所参皖捐数十万,解营不过十之一二,余皆在杭、湖、上海贩运丝茶一款。计先后解营二十七万余串,有翁抚院禀批可验。续经袁大臣饬查,各粮台备文申覆,合之局用,着赔二万余串,所有三十万之数已相符合。如果贩运丝、茶,商伙必有数十人,行栈必有十数处。京中既有所闻,上海咫尺之地,更难掩人耳目。应饬传在沪丝、茶各商,吊查历年交易簿据,革员曾否贩运,无难立办。

又据汪曜奎供称:咸丰九年五月,奉都统胜保委赴江苏收捐饷票,另派道员徐丹桂、知州张伯埙,在行营收捐饷票。三人分办,汇造总册,统归颍州捐局。此原办章程也。十年三月,奉漕督袁甲三札令撤局,曜奎将苏收各捐清册并收捐饷票、用剩部照、实收于四月间赍赴袁帅大营。当奉面谕,此案已归胜大臣办理,饬赴河南核算。适值江南贼氛正炽,曜奎闻苏省原籍失陷,急欲折回,因将所解各项备具文批,交委员由临淮解送胜帅大营。此呈交清册、饷票、部照未经亲赴情形也。五月,胜大臣还京,仍将此案移交袁营。维时徐丹桂已故,曜奎与张伯埙均经先后回籍。该承吏仅将曜奎解到各项移送颍局，未将徐丹桂、张伯埙经手各捐总汇入册，以致饷票、部照均不相符。迨袁大臣续调曜奎赴营核算，又因苏省已失，驿路梗塞，札件并未接到，实非有意迟延。此奉参交部议处缘由也。十一年七月，曜奎由间道至上海，始悉袁帅续调之信。正在起程时，复得胜帅派弁催调之札，乃由海道渡天津，至直隶军营。蒙谕此案于五月间奉旨交办，饬即赶紧清算。无如底册各卷远在颍局，无从核对。直至元年三月，曜奎随队颍州，始于解围后，会同局员孙骏献调齐文卷，督饬原办承吏，详细查核。据检出徐丹桂捐清册一本，用剩空白监照八十八套，筹饷实收五张，常例实收九张；又张伯埙经捐抵拨七卯内钟殿选部拨另奖清册一本。彻底清算，除已缴外，尚应补缴饷票银四万二千五百五十两。此项饷票由徐丹桂寄存亲戚处，现已专人取到，解交颍局，并无短少。其原领各部照、实收亦逐款核对，捐出各数与现缴各数相符，并无舛错。惟监照一项尚短五十七套，询据该承吏面称：张伯埙回籍时，知有用剩监照并曜奎解还截存各照根、掣销、实收，一并携带在身，原防遗失起见。讵原籍吴江县失守，张伯埙陷入贼中，逃出后旋即病故，一时实难查究等语。计短前项监照五十七套，应交饷票银四千五百六十两。曜奎未敢推诿，情愿代赔，即经如数措缴颍局。此曜奎经捐部照、饷票均已清晰之原委也。至已革运使金安清，与曜奎素不相熟，惟九年五月甫行试办颍捐，因请领部照未到，奉文在金安清皖省捐局借用监照三百套。是年八月领到部照后，即行备文移还，彼此清楚，豪〔毫〕无交涉，各等供，详请奏结前来。

臣复检齐案据，逐一详查。该革员金安清承办江、浙、皖捐，解过袁甲三、翁同书、胜保三路军营共钱二十七万七千余串，又开销局用钱二万三千余串，收解相符。另案所参解营十之一二及上海等处贩运丝、茶，并经明查暗访，委无其事。袁甲三原参供词含混，计共六款。除在苏、杭所失印照、实收咨部有案，杭卡续收之捐及邓贤芬缴款均在已解营饷数内无关弊窦外，程恺亭一款，书数较多，缴捐时托故推诿、不能足数者，亦属事所恒有。惟吴丙斋一款，查九年二月原开清折，内列吴丙斋捐钱五千四百串，十年十月原开清单，内列烧酒各店捐钱五千四百串，显系两款，该革员化为一款。张聚泰之捐亦系化两款为一款，均属有意含混。

至江北筹饷局经手各款，经署漕臣吴棠奏派江安粮道王朝纶、知府顾思尧，臣亦饬派两淮运使乔松年，逐款行查。旋据查覆，共收银一百十七万五百余两、钱五十一万九百余串。又，江南团练捐钱三万九千七百余串，均无亏短挪移情弊。其另案婪贿、卖捐、卖差、拜认师生等情，臣已于上年十一月二十五日疏陈大概。维时舆论沸腾，即据所闻覆奏，声明有无侵吞，非吊查簿数不能确知。此次复经逐查簿据，并无侵吞重情。惟该革员经手银钱滥支滥应，物议纷滋，又或意存含混，实属咎无可辞，业经奏参参旨革职，应无庸议。正项即无亏短挪移，原抄家产，例得给还。惟核计应行追缴之款，为数甚巨。江北一案，经吴棠奏赔局用银一万四千八百十二两零，又团练局用钱二千九百五十二串七百二十五文；皖北一案，经袁甲三奏赔局用钱二万三千九百十三串八百文。原参片内谓局用即于公费项下留支，不得开支正项。据金安清供，则谓全案皆未请奖，尚无公费可收，是以禀明胜保，先在正款内动支。其言尚为近理，应酌改为减半着赔。此外又有应赔枪炮价银二千两，吴丙斋、张聚泰两户捐款七千一百串，亦应责令赔出。统计应赔缴银二款一万六千八百十二两零、钱三款二万二千串零，未便任其悬宕。该革员泰州、如皋、上海三处资财，前据委员查封，仅止数千两，应将抄出物件，由江北粮台一并变价备抵。其余所短之数，仍勒令分限措缴，解交吴棠、唐训方两处充饷，以重款项。

至道员汪曜奎与金安清，查无交涉事件。续准袁甲三来咨，并据颍州捐局送到底册，该员前次经办苏捐短解监照等项，业已措齐饷票，如数清缴，应请开复降级留任处分，一律办结。所有遵旨查办拟结缘由，恭折覆陈。伏乞皇上圣鉴训示。谨奏。同治元年十一月二十七日，议政王军机大臣奉旨：另有旨。钦此。①

同治元年十二月初六日，议政王军机大臣奉旨：钦此。②

【附】曾国藩之奏于是年十二月获批覆：

同治元年十二月初六日，内阁奉上谕：前因袁甲三奏参已革运使金安清等承办捐局，诸多含混，当经谕令曾国藩秉公查办。兹据奏称：委员讯取各供，分别拟结等语。此案金安清承办江、浙、皖捐局，收解尚属相符。其在苏、杭所失印照、实收，均经咨部，杭卡续收等捐均在已解数内。其程恺亭书捐一款，捐多缴少，或亦事所恒有。其原参该革员在上海等处贩运丝、茶，据奏访查尚无其事。筹饷局经手各款，逐查簿据，亦无侵

---

① 中国第一历史档案馆藏：朱批奏折，档案编号：04-01-13-0299-007。
② 中国第一历史档案馆藏：军机录副，档案编号：03-4604-022；李翰祥编辑《曾国藩文集（一）》，九州图书出版社，1997，第465—467页。

吞重情。惟吴丙斋等捐款,该革员均化两款为一款,实属有意含混,且于经手银钱,滥支滥应,物议沸腾,咎无可辞,业经革职,着毋庸议。惟应赔缴局用银一万六千八百余两、钱二万二千串零,未便悬宕。该革员泰州等处资财业经查封,除资财备抵外,并将抄出物件交江北粮台变价备抵。其余所短数目,仍勒令分限解缴吴棠、唐训方军营充饷。至汪曜奎经办苏捐监照、饷票等项,如数措缴,与金安清虽无交涉事件,惟现于查办胜保案内有牵涉事件,碍难照请开复,仍着曾国藩迅饬该员前赴多隆阿军营,听候查办。钦此。①

○一九 奏请饬下吴煦督同许
如骏办理江南粮台折

同治元年二月二十一日(1862年3月21日)

署漕运总督江宁布政使臣吴棠跪奏,为江南粮台饷源支绌,虽有分拨厘捐,非由上海筹解大宗难以接济,请旨饬派署苏藩司吴煦督办台务,以免贻误而维大局,恭折奏祈圣鉴事。

窃臣前将派员接办江南粮台缘由附片具奏,钦奉上谕:江南粮台既据吴棠奏称候补道许如骏于饷项钩稽,办理裕如等因。钦此。仰见皇上垂廑军食,慎选人才,跪诵之余,莫名钦服! 除分咨曾国藩等遵旨公同商酌有无别员可委再行覆奏外,伏查镇营现在水陆正饷尚月需银十六七万两。自前年苏、常不守,饷源

---

① 中国第一历史档案馆编:《咸丰同治两朝上谕档》,第12册,第681页;《穆宗毅皇帝实录(一)》,卷五十一,同治元年十二月上,第1398—1399页。

顿绝,惟恃上海随时接济。上年已革运司金安清倡设筹饷总局,
竭江北一隅之脂膏,供南北两台之费用,搜刮实已罄尽,民怨因
之沸腾。究其始意,不过借为上海卸责地步,得以不顾月饷耳。

臣察悉情形,是以前有由沪月拨镇饷五万两之议。仰蒙圣
主悬念兵饥,准臣所请,饬下抚臣督饬吴煦拨解,以固军心。凡
在行间无不同深感激。兹接办粮台道员许如骏来浦,臣与反复
推求,实舍此一线生机,别无大宗指望。此外如划分南台之新增
厘捐各款,以之抵支水营月饷,尚不及半。上月份既淡旺不齐,
南北又道梗可虑,尤难月有定数。其余如闽、粤、东、豫各省月
饷,不过纸上空谈,十无一应。现在正月份之饷,仅只放过水师
五千两、陆营三千两。自许如骏接办后,据称银钱、米石一无移
交,军火、器械亦复空论。所有前由该台暨冯子材、黄彬先后饬
委员弁赴沪提饷,望眼几穿,丝毫未解。似此棘手情状,无论何
员接办,难免缺误之虞。

臣思上海饷源究尚宽裕,署臬司吴煦处可以筹饷之地,有善
于筹饷之才。且镇营水陆诸军若由江南支应,亦属责无旁贷。
即如臣本任江宁藩司奉命督办江北粮台,虽淮徐军饷现在竭蹶
万状,而不能不将钱粮、厘捐等款督同台员催筹济用也。应请旨
严饬署苏藩司苏松太道吴煦,督同许如骏办理江南粮台。其新
增及沿江厘捐并支应事宜,吴煦远在上海,不能兼顾,责成许如
骏核实经理。如厘捐办理不妥,支销或有浮冒,惟许如骏是问。
如上海月饷推诿迁延,以致贻误要需,惟吴煦是问。如此各专责
成,或可供支无误。

臣为南北全局起见,谨缮折具奏。是否有当,伏乞皇太后、皇
上圣鉴训示。再,镇营待饷现已急迫异常,未能与督、抚臣往返咨

商,不及会衔。合并声明。谨奏。二月二十一日。

同治元年二月二十七日,议政王军机大臣奉旨:钦此。①

【案】此折于是月二十七日得允行,清廷饬令吴煦、许如骏
等遵照办理。《清实录》：

又谕:本日据吴棠奏,江南粮台,饷源支绌,请由上海筹
解接济。复据冯子材、魁玉奏,镇军断饷五旬,请饬抚、漕各
臣迅速拨济各一折。镇江军营为南北咽喉,战守均关紧要,
兵勇枵腹荷戈,情形万分危迫,着薛焕督饬苏松太道吴煦,
不论何款,设法赶将正、二两月奉拨银十万,克日如数筹拨,
以后源源接济,不得短少。镇营水陆诸军,本由江南支应,
实属责无旁贷,所有江南粮台事宜,即着该抚饬令吴煦,督
同道员许如骏办理。其新增及沿江厘捐并支应事宜,吴煦
远在上海,不能兼顾,即责成许如骏核实经理。如厘捐办理
不善,支销或有浮冒,惟许如骏是问。如上海月饷推诿迁
延,以致贻误要需,惟吴煦是问。薛焕即传知该员等遵照办
理,毋得玩误干咎,以固危疆而维大局。将此由六百里谕令
知之。②

○二○　湘省缓征漕粮核计错误请予更正折

同治元年二月二十一日(1862 年 3 月 21 日)

署漕运总督江宁布政使臣吴棠跪奏,为湖南省缓征漕粮、漕项

---

① 中国第一历史档案馆藏:军机录副,档案编号:03-4786-065。
② 《穆宗毅皇帝实录(一)》,卷二十,同治元年二月下,第555—556页。

银米,向来奏销计考错误,应请查照定例更正办理,以昭遵守,恭折奏祈圣鉴事。

　　窃查接管卷内,据前署湖南粮道王葆生①详称,处分则例内载:缓征钱粮统归本年额征钱粮分数内合计,如本年额征银一万两,已奉文缓征银二千两,其应征之八千两,经征官能当年完银四千两,即作为完半。能当年完银八千两,即作为全完。至缓征另行起限。催征之年,仍令〈以〉从前已征分数计算。如经征官已完过八千两者,又完银一千两,即以未完一分参处等语。诚以额征米粮考成总归十分计算,如遇灾复之年,则将复征分数扣除,只以应征分数计考。及至起限带征之年,则仍将从前已征分数合算计考,并不将带征之数另作十分议处。定例极为平允。南省水旱频年,近又多遭贼扰,缓征之案层积如云,催科本非易事,缓急宜察民情,若州县之处分过严,则民间之追呼必迫。乃湖南由办漕粮奏销,遇有缓征届限之年,并未合计从前已征分数,系将本年应行带征之数,另作十分计考。历办如此,遂成旧章。其始自何年,无从稽考。历届旧案未奉部拨者,或因参后续完,或因办理蠲免,分别扣除开复,亦即置之不议。然考之于例,实有未符。咸丰八年,经前道谢煌因办咸丰四年带征二、三两年

---

　　① 王葆生(1811—?),安徽凤阳人。道光十七年(1837),报捐通判,指发浙江。十八年(1838),署绍兴府通判,旋改补知县,签掣湖南。历署安福、新宁、浏阳、长沙等县知县。二十四年(1844),补祁阳县知县。二十九年(1849),因办理长沙赈务功,赏加知州衔。三十年(1850),以功加同知衔。咸丰二年(1852),保同知,赏戴花翎,旋保以知府升用。次年,升乾州直隶州知州。五年(1855),保道员。同年,补授湖南岳州府知府。九年(1859),署湖南储粮道。同年,授辰永沅靖道。同治元年(1862),加按察使衔。四年(1865),署湖南储粮道。翌年,补授斯缺。七年(1868),丁内艰,回籍守制。九年(1870),服满起复,捐输银两,以道员于湘候补。十二年(1873),赏二品顶戴。

灾缓漕粮奏销，请照缓征本例，仍合从前已征分数计算考成，咨准部覆，饬照旧章办理。查定例：著有明文旧章，皆无考据，应仍照例办理等情，请奏更正前来。

经前署漕臣王梦龄因湖南有南粮、驴脚等项钱粮奏销计考，业经湖广督、抚臣奏奉部议，照例更正。所有漕项、银米、考成事同一律，自可毋庸入奏，上渎宸聪。即经会核咨部，一体照例更正。接准部咨：应令奏明办理等因。行据兼署湖南粮道郑元璧[①]详请查明原详具奏，移文查办前来。臣查定例：缓征钱粮，另行起限。催征之年，本应合以前应征分数计算考成，并不将带征之数另作十分议处。湖南向办漕粮奏销，遇有缓征届限之年，并未合计以前已征分数，辄将本年应行带征之数另作十分计考，实属办理错误。此后若以讹承讹，仍照旧章办理，则凡缓征钱粮欠止数分者，亦须按十分计考，不惟与定例不符，且州县之处分过严，则民间之追呼必迫，似非所以仰体圣主轸恤灾黎之至意。既据该粮道查明详请照例更正，相应据实奏明，请旨将湖南省带征漕粮，及随线闲丁、军安等项银米奏销。自咸丰九年为始，查明定例，仍合从前已征分数核计考成，以昭遵守。至从前办理错误之处，现据该道详称：始自何年，无从稽考，应请免其查议。

---

① 郑元璧(？—1864)，字用苍，号锡侯，福建长乐人。道光二十年(1840)，中式进士，改庶吉士。二十四年(1844)，授翰林院编修。三十年(1850)，补陕西道监察御史。咸丰九年(1859)，授湖南盐法长宝道。次年，兼署湖南粮储道。同治二年(1863)，加按察使衔。同年，兼署湖南按察使。三年(1864)，卒于任。

除咨明户部外,理合会同湖广总督臣官文、①湖南巡抚臣毛鸿宾,②恭折具奏,伏乞皇太后、皇上圣鉴训示。谨奏。二月二十一日。

同治元年二月二十七日,议政王军机大臣奉旨:户部知道。钦此。③

---

① 官文,即王佳官文(1798—1871),字秀峰,满洲正白旗拜唐阿,初隶内务府汉军正白旗。道光元年(1821),充蓝翎侍卫。六年(1826),升三等侍卫。十二年(1832),拔侍卫副班领。十八年(1838),补二等侍卫班领,旋迁头等侍卫。二十年(1840),兼管养狗处养狗吏。次年,补广州汉军副都统。二十七年(1837),调荆州左翼副都统。咸丰四年(1854),授荆州将军。次年,授钦差大臣,补湖广总督。八年(1858),兼署湖北巡抚,加太子少保。是年,擢协办大学士。十年(1860),晋大学士。翌年,授文渊阁大学士,晋太子太保。同治元年(1862),升文华殿大学士。三年(1864),封一等伯。次年,加封一等果威伯。六年(1867),任正白旗蒙古都统,兼署镶白旗蒙古都统、正蓝旗满洲都统,充稽察坛庙大臣、玉牒馆总裁、翻译乡试阅卷大臣、武乡试监射大臣。同年,调直隶总督,兼署长芦盐政。八年(1869),调三库大臣,转内大臣。九年(1870),授崇文门正监督。同年,充阅兵大臣。十年(1871),卒于任。赠太保,谥文恭。

② 毛鸿宾(1806—1868),字寄云、翙云,号寅庵、菊隐,山东历城人。道光十一年(1831),中式举人。十八年(1838),中式进士,改庶吉士。二十年(1840),授编修,历任国史馆纂修、国史馆总纂官。二十三年(1843),充顺天乡试同考官。次年,任教习庶吉士。二十六年(1846),补文渊阁校理。翌年,充会试同考官。二十七年(1847),任江南道监察御史。二十九年(1849),授礼科给事中,协理京畿道事务。旋即丁母忧。咸丰二年(1852),补兵科给事中,转礼科掌印给事中。次年,回籍办理团练。五年(1855),简湖北荆宜施道。次年,调湖北安襄郧荆道。九年(1859),赏戴花翎。十年(1860),升安徽按察使。同年,迁江苏布政使。十一年(1861),署湖南巡抚,旋实授。同治二年(1863),擢两广总督。四年(1865),因胡光墉案降调,后回籍。七年(1868),卒。宣统初,山东巡抚袁树勋疏陈其功,复原官,祀乡贤祠。有《毛尚书奏议》《澹忘斋诗文集》行世。

③ 中国第一历史档案馆藏:军机录副,档案编号:03-4862-003。

○二一　奏报淮扬等属应征漕粮提前征收折

同治元年二月二十一日(1862年3月21日)

署漕运总督江宁布政使臣吴棠跪奏，为淮扬等属里下河一带应征咸丰十一年漕粮业已提前征收变价济饷，无可酌收本色起运，恭折奏祈圣鉴事。

窃查接管卷内，于咸丰十一年十二月初三日承准户部咨：现在京仓支绌，来岁新漕亟宜赶办。各省漕粮以江浙为大宗，该二省被兵日久，浙江情形尤重，恐难照旧办运。江苏海运尚无梗阻，本届应征漕粮筹办尚易为力，应令该督抚督饬司道，设法征兑，尽数运津。至山东、河南二省漕粮，务须一律起本色。又，江西、湖南、湖北漕折，应令赶紧筹画，扫数解京。再，江苏淮扬所属里下河一带漕粮，现系每石折银二两充饷，该处地方完善，且系产米之区，征运尚易。江苏省果能将里下河一带漕粮征收本色，由江运赴海口，搭运赴京，即按该处折征银数，指拨免饷等因。奏奉谕旨：依议。钦此。恭录行知到前漕臣王梦龄，遵经分别咨行，遵照办理。

臣于抵任后，又经照案分催，除浙江、山东等省漕粮应由各该督抚就近体察情形、自行陈奏外，所有松太各属漕粮已于被兵案内全请蠲缓，无从征运，亦经抚臣薛焕附片奏明，毋庸再议。淮扬等属里下河一带漕粮，当此京仓储备支绌万分，果能酌征本色，如数运京，又何敢故事迟延，稍存推诿？特是军兴以来，淮扬等属应征漕粮，全行变价，解赴江粮台充饷。近因协饷不至，捐项寥寥，只此完善之区，设有急需，提解尚可应手。若将本色起运，另候拨饷，非惟辗转催提，缓不济急，况处此江防吃紧，需饷孔殷，万一拨款愆期,势必至于缺误。且近来饷项竭蹶,均系提前征收,所有里下河一带州县咸丰十一年应征漕粮,自开征以后,即据陆续变解济饷,实无可征收本色,起运赴津。据江藩司衙门及江安督粮道王朝纶会详请奏前来。理合恭折具奏,伏乞皇太后、皇上圣鉴。

再,此案因臣抵任后,即值捻匪窜扰清淮等处,办理军务,是以覆陈有稽。合并声明。谨奏。二月二十一日。

同治元年二月二十七日,议政王军机大臣奉旨:户部知道。钦此。①

【案】经抚臣薛焕附片奏明:咸丰十年十一月十九日,署两江总督薛焕具奏曰:

再,苏省幸存完善数厅皆因逼近贼氛,农工作辍无定,本难征办冬漕。惟京仓需米孔殷,臣等必应竭尽心力筹办。臣薛焕累月筹饷添兵,总期遏贼来路,保全完善名色,豫为催科之计。议者多虑人心浮动,未可轻率举行。臣薛焕谓士民涵濡国家恩泽,践土食毛,具有天良,应无不知榆□之义。当经刊发告示,剀切晓谕,以冀感动民心;一面饬令藩司、粮道,督属开仓。据该司道查明□河、奉贤、南汇三厅县应征咸丰十年份漕粮正耗等米,约计共可起运三万余石。会禀前来。臣等伏查此项米石,为数甚微,惟当风声鹤唳之时,小民上供天庾,皆系勉撷芹曝之忱。臣等设法筹维,亦冀起运一石,即京仓多一石之用。惟视启征之时别无警报,办理方有把握。如果陆续征齐,虽苏省旗、绿各营兵糈短

---

① 中国第一历史档案馆藏:军机录副,档案编号:03-4862-004。

缺,臣等亦断不敢截留抵放,定于来岁春间,仍由海道运津。谨合词附片具奏,伏乞圣鉴。谨奏。咸丰十年十二月三十日,奉朱批:户部知道。钦此。①

○二二　奏为委令许道身接办江北粮台片

同治元年二月二十一日(1862 年 3 月 21 日)

再,臣钦奉寄谕:据都兴阿奏,粮台饷项支绌等因。钦此。伏查帐房一项,扬营历系制用单布,惟必须慎选细密布匹,方足以蔽风雨。若如都兴阿所奏偷工减料,实属玩视要需。查姚仰云甫于正月间接办制造,现经严札饬查,据实复办。至湖北马队之有翎枝者台员未照原防马队支给,未免拘泥。臣前准都兴阿来咨,业已札饬照章给发,以示体恤。至姚仰云人素谨饬,自接办粮台以来,专司支放,尚无贻误。现在筹饷归并粮台,事繁任重,诚恐权宜缓急或有未周,且该员现患咯血之症,必须另行委员接办。

臣于未奉旨之先已与都兴阿往返函商,查有道员用知府借补泰州知州许道身,②历任江北州县,稳练精明,且任泰州有年,熟谙

---

① 中国第一历史档案馆藏:军机录副,档案编号:03-4373-093。

② 许道身(1816—1871),字缘仲,浙江仁和人,监生。道光二十五年(1845),报捐知县,分发江苏。二十七年(1847),补句容县知县。次年,署江都县知县。咸丰元年(1851),补江都县知县实缺。二年(1852),调署清河县知县。翌年,调赴漕臣杨殿邦军营,保升直隶州知州。五年(1855),署甘泉县知县。同年,署泰州知州。旋因办理团练出力,保升知府,先换顶戴。十一年(1861),借补泰州知州,并赏戴花翎。同治元年(1862),委办江北粮台,以功加盐运使衔。二年(1863),署常镇通海道。次年,赏加按察使衔。是年,因公晋布政使衔。四年(1865),保升道员。同年,补江安粮储道。五年(1866),督办江北运河,闻讣丁忧,回籍守制。七年(1868),服阕起复。次年,赴部投供,补授广东高廉道员缺。十年(1871),卒于任。

厘捐、盐务,于营台各事尤能体察讲求,措置必可合宜。正拟具奏
间,钦奉前因,除即饬漕员将北台事宜妥为接办并严饬认真经理,
臣仍随时稽查,若在事委员稍事弊混,即行从严参办外,谨附片具
陈,伏乞圣鉴训示。谨奏。

同治元年二月二十七日,议政王军机大臣奉旨:知道了。
钦此。①

【案】钦奉寄谕:此廷寄《清实录》载曰:

丁卯,又谕:据都兴阿奏,粮台饷项支绌,台员务为琐细苛
求,未能体恤军士之苦等语。江北粮台饷需浩繁,当此帑项支
绌之时,固不能糜费帑需,希图见好。至承造帐房一切,为兵丁
栖宿要需,岂容任意偷减草率,致令不蔽风雨,怨声沸腾!着吴
棠即饬知姚仰云,嗣后务须妥为制办。至都兴阿随带马队,其
保有翎支者仅一百有零,为数无多。着仍照江北原防马队成
案,准其添支跟役等项月加银四两有余,以恤兵艰而作士气。
委员姚仰云接管粮台,能否胜任? 若惟知苛细搜求,不顾大局,
即着吴棠另择贤员接办,毋稍迁就。将此由六百里谕令知之。②

○二三 请将仪征令杨钟琛暂留署任片

同治元年二月二十一日(1862 年 3 月 21 日)

再,署仪征县知县杨钟琛连任数年,于团练、防堵均能实力讲

---

① 中国第一历史档案馆藏:军机录副,档案编号:03-4786-060。此片具奏日期未
确,兹据同日朱批折件校正。
② 《穆宗毅皇帝实录(一)》,卷十九,同治元年二月中,第 521 页。

求。上年八月，该员之母在任病故，例应丁忧卸事，经前署漕臣王梦龄会商都兴阿，奏请暂留署任在案。现准部咨，以该员丁忧后未奉特旨作为署理，不准请留等情，咨行前来，亟应遵照饬令交卸。惟查仪征与天、六、江、浦毗连，逼近贼氛。该署县杨钟琛办事实心，兵民均与融洽。昨因浦、六先后克复，一切招徕抚循，非有舆情爱戴之员，不能治理。臣饬委该员以仪征县并署江宁府事，现在正资料理，万难遽易生手。

臣非原奏之员，无所用其回护，实因军情正当吃紧、近贼要地得人起见，谨不揣冒昧，再行沥陈。合无仰恳天恩，特降谕旨，俯准将署仪征县知县杨钟琛暂留署任，兼理江宁知府，以重地方，仍俟防剿稍松，再行饬令回籍守制，实于军务有裨，伏乞圣鉴。谨附片具奏。

同治元年二月二十七日，议政王军机大臣奉旨：钦此。[1]

【案】此片于是月二十七日得允行。《清实录》：

又谕……除杨钟琛一员经该督声叙政绩，并经吴棠奏留，业经准留仪征县署任，并兼护江宁府知府外，其黄钦鼐……均着照部议革职……[2]

【案】该员之母病故……奏请暂留署任在案：咸丰十一年九月，署漕臣王梦龄奏请将丁忧署县杨钟琛暂留署任办理军务曰：

再，仪征接壤天、六，密迩贼氛，当杨营前敌要冲。署知县杨钟琛在任数年，平时办理防堵，悉臻妥善。每遇贼踪窜逼，

---

① 中国第一历史档案馆藏：军机录副，档案编号：03-4596-205。此片具奏日期未确，兹据同日朱批折件校正。

② 《穆宗毅皇帝实录（一）》，卷二十六，同治元年四月下，第693—694页。

督饬团练,联络大营,尤能不避锋烟,战功屡著,实为该处不可少之员。兹该员之母谢氏迎养在任病故,例应丁忧卸事,惟当此防剿吃紧之际,未便更易生手。臣与都兴阿往返咨商,惟有仰恳天恩,俯念仪征地方紧要,将署知县杨钟琛暂留仪征县署任,俟军务稍松,再饬回籍守制,以固人心而重防务。谨会同帮办江北军务荆州将军臣都兴阿、江苏巡抚臣薛焕,附片具陈,伏乞圣鉴。谨奏。咸丰十一年九月初七日,军机赞襄军务王大臣奉旨:吏部议奏。钦此。①

○二四　奏报查明上海并无金安清寄顿资财片
同治元年二月二十一日(1862年3月21日)

再,臣前遵旨派守备李茂棠密赴上海,查抄金安清寄顿资财,业已奏明在案。兹据上海县知县王宗濂、守备李茂棠禀称:查得金安清只有皖北请奖局,在沪别无寓所。当即密往该处,饬派妥干丁役将前后门把守,尚抄出白皮箱两只、破箱子一只、板箱、拜匣、脚盆各一只、铺盖一副、衣包三件、帽盒一个,并抄马草席等物。据局员陈福勋、局台凌云并金安清家人陈煜金称:金安清并无资财存局,亦无另有寄顿之处,情愿具结等语。王宗濂等亦严讯家人陈煜,据供:金安清在沪租借叶姓房屋设局,办理皖北请奖公事,并未在局居住,是以资财、行李存留在局。现起衣箱等件,皆陈煜之物,所有局用家伙均向主租借等语前来。

臣查王宗濂、李茂棠既据陈福勋、凌云并金安清家人陈煜金称

---

① 中国第一历史档案馆藏:军机录副,档案编号:03-4596-205。

金安清并无资财寄顿上海，具有甘结，自系实在情形。其局内查抄衣箱等件，既系家人陈煜之物，局内家伙又系租借，并非金安清己产，可否发还之处，伏候训示祗遵。谨附片具奏。

同治元年二月二十七日，议政王军机大臣奉旨：着准其发还。钦此。①

○二五　奏报查审兴化县知县张鹏展等劣迹片

同治元年二月二十一日（1862 年 3 月 21 日）

再，臣前奉寄谕：有人奏，江苏兴化县知县张鹏展年力就衰等因。钦此。臣谨即派员提集两案人员，兹已将施培孔、施燕辰、张鹏展、赵仪并张鹏展用事家人张飞熊提到，惟张鹏展用事官亲包良训延未到案。臣当因捻氛逼近，军务倥偬，暂委淮安府讯取各人员亲供，乃施培孔、施燕辰、张鹏展、赵仪等供词狡展，于参案各款丝毫不认。臣查两案人员，如果向无劣迹，何至以招摇撞骗、借捐需索各等情上列弹章，奉旨查办！显系该员等坚执不吐，冀图狡脱。若不从严究办，何以整肃官方？

臣除将赵仪咨江苏学臣革去生员审讯外，相应请旨将候选道施燕辰、前署甘泉县知县施培孔、兴化县知县张鹏展、用事官亲安徽候补直隶州知州包良训，一并先行革职，由臣另委道府明干大员，秉公严行审讯，庶该两案人员可期迅得确供，及早定拟，奏明结案。是否有当，伏乞皇太后、皇上圣鉴训示。谨附片具奏。

---

① 中国第一历史档案馆藏：军机录副，档案编号：03-4596-207。此片具奏日期未确，兹据同日朱批折件校正。

同治元年二月二十七日,议政王军机大臣奉旨:钦此。①

【案】咸丰十一年十一月二十五日,御史卞宝第特参江苏兴化县知县张鹏展等,曰:

再,闻江苏兴化县知县张鹏展,年力就衰,扶掖需人,信任官亲、家人,勾串生员赵仪等,招摇撞骗,危害地方。控案累累,至今未结。又,署甘泉县知县施培孔,人本平庸,任令伊叔候补道施燕辰,盘踞公署,包揽词讼,遇事贪婪,并勒借铺户,借捐需索,怨声载道。以上二员,可否饬令该省督抚严行查办。谨附片具奏。②

【案】此片于是年二月二十七日得允行。《清实录》:

庚辰,谕内阁:吴棠奏,请将查办各员革职严讯等语。候选道施燕辰等被参各款,经吴棠派员审讯,坚不吐实,显系恃符狡展。施燕辰并前署江苏甘泉县知县施培孔、兴化县知县张鹏展、安徽候补直隶州知州包良训,着一并革职,交吴棠另派明干大员,秉公严行审讯,按律定拟具奏。③

【案】前奉寄谕……张鹏展年力就衰:此上谕《清实录》载曰:

再,有人奏,江苏兴化县知县张鹏展年力就衰,信任官亲、家人,扰害地方,控案甚多。署甘泉县知县施培孔,任令伊叔候补道施燕辰,盘踞公署,包揽词讼,遇事贪婪各等语。着吴棠逐

---

① 中国第一历史档案馆藏:军机录副,档案编号:003-4596-206。此片具奏日期未确,兹据同日朱批折件校正。

② 中国第一历史档案馆藏:军机录副,档案编号:03-4168-035。

③ 《穆宗毅皇帝实录(一)》,卷二十,同治元年二月下,第551—552页。

款严查，据实具奏。原片着钞给阅看。将此由六百里谕令知之。①

〇二六　奏报代呈福建巡抚徐宗幹谢恩折片

同治元年二月二十一日(1862年3月21日)

再，臣准新授福建抚臣徐宗幹赍到谢恩奏折一件，咨臣附驿呈递，理合附片声明，并附原折，恭呈御览，伏乞圣鉴。谨奏。

同治元年二月二十七日，议政王军机大臣奉旨：知道了。钦此。②

【案】同治元年二月初八日，新授福建巡抚徐宗幹具奏谢恩并启程赴闽折：

新授福建巡抚臣徐宗幹跪奏，为恭谢天恩并遵由海道赴闽，仰祈圣鉴事。

窃臣于咸丰十一年十二月二十五日接准署漕督臣吴棠行知：奉上谕：降调浙江布政使徐宗幹，着来京听候简用等因。钦此。遵于同治元年正月二十四日起程，途次复奉上谕：着吴棠再行传谕该员，令其毋庸来京，即日驰赴福建省城，听候谕旨等因。钦此。钦遵折回，于二月初三日接奉同治元年正月二十三日上谕：福建巡抚着徐宗幹补授，即行驰赴新任，毋庸

---

① 《穆宗毅皇帝实录(一)》，卷十一，咸丰十一年十一月下，第294页。
② 中国第一历史档案馆藏：军机录副，档案编号：03-4596-204。此片具奏日期未确，兹据同日朱批折件校正。

来京请训等因。钦此。并奉廷寄上谕：本月因京察届期，福建巡抚瑞璸，老病昏庸，勒令休致等因。钦此。

窃臣江左轻材，由嘉庆二十五年庚辰科进士历任山东州县、四川府道，升任福建汀漳龙道；复蒙特升台湾道，洊升浙江布政使。咸丰九年，缘短解甘饷降调。十年，因病报明回籍，奉旨办理通泰团练。十一年八月，蒙恩赏还布政使衔。愧涓埃之未报，方循省以滋惭！兹复仰荷蒙恩纶，畀以封疆重任，闻命自天，惶悚无地！臣先后历任闽省监司，素知吏治民风，整顿非易。现在贼氛逼近，邻警未平，自揣衰庸，深惧弗克胜任，上负天恩。惟有勉竭驽骀，尽心力所能为，以冀仰报高厚鸿慈于万一。

除俟抵任循例奏报外，所有微臣感激下忱并遵由海道赴闽，谨缮折驰报，恭谢天恩！再，臣折回在通州海口配船候渡次具折，借用狼山镇关防，封寄署漕臣吴棠转递。合并陈明，伏乞皇太后皇上、皇上圣鉴。谨奏。二月初八日。

同治元年二月二十七日，军机大臣奉旨：知道了。钦此。①

〇二七　奏报徐州粮台由署
徐淮道张富年接办片

同治元年二月二十一日（1862 年 3 月 21 日）

再，臣上年奉命补授江宁布政使，兼署漕运总督，于十二月二

---

①　中国第一历史档案馆藏：军机录副，档案编号：03-4596-201。

十日交卸淮徐道篆,饬委徐州府知府汪尧辰①暂行兼护。其粮台事宜仍由臣留派通判陈源春经理收支,均经奏明在案。署道张富年现于正月二十四日抵徐接印,臣即于是日将粮台移交接办。所有兵勇口粮,历因饷需支绌,欠发甚多。兹值交接之际,必得划清界限,且须预筹找发,以安军心而便造报。经臣百计筹画,并将豫省解到饷票酌量挪凑,截至咸丰十一年底止,均已一律找清。自本年正月初一日起,由署淮徐道张富年接支。理应附片陈明,伏乞圣鉴。谨奏。

同治元年二月二十七日,议政王军机大臣奉旨:知道了。钦此。②

○二八　奏报访查知州黄文涵
　　　等声名甚劣请旨降革片

同治元年三月初二日(1862年3月31日)

再,臣前奉上谕:金安清添设之南北筹饷局并所派劝捐委员,着即行裁撤等因。钦此。钦遵在案。臣到任两月以来,军务倥偬,未及逐一纠察。每于接见属僚之际,访求人才贤否。其劣迹最著之员,惟知府衔候补直隶州知州黄文涵、安徽直隶州知州刘炘为尤

---

① 汪尧辰(1814—?),四川成都人,监生。道光二十八年(1848),报捐通判,分发南河。是年,丁母忧,回籍终制。咸丰三年(1853),调赴徐州,管理制造局务。五年(1855),保知州。七年(1857),保知府,先换顶戴。次年,赏戴花翎。十一年(1861),授江苏徐州府知府。

② 中国第一历史档案馆藏:军机录副,档案编号:03-4786-061。此片具奏日期未确,兹据同日朱批折件校正。

甚。黄文涵前屡因案降革,习气太深,上年兴化劝捐,声名甚劣,应
请旨革职,永不叙用,并勒令迅回湖南原籍。刘炘官安徽时,声名
平常,前于宝应劝捐,未及半年,开销局用至一千八九百千文,尤属
肆无忌惮,应请旨先行革职,押赔应缴局用。又有候补直隶州知州
于昌遂,意气虚憍;知府衔知县双斌,少年轻率。惟念该二员年力
尚壮,应请旨均以府经县丞降补,以观后效。此外如仍有著名贪劣
之员,容臣随时访查奏参,以期力袪积弊,仰副皇太后、皇上综核军
储、整饬官方之至意。是否有当,伏乞圣鉴。谨奏。三月初二日。

同治元年三月初八日,议政王军机大臣奉旨:钦此。①

【案】此片于是年三月初八日得允行:

同治元年三月初八日,内阁奉上谕:吴棠奏,遵查贪劣之
劝捐委员,请旨分别降革等语。据称知府衔候补直隶州知州
黄文涵,屡次因案降革,习气太深,上年在兴化县劝捐,声名甚
劣。直隶州知州刘炘在宝应县劝捐,未及半年,开销局用过
多,尤属肆无忌惮。黄文涵着即革职,永不叙用,并勒令迅回
湖南原籍。刘炘着先行革职,并将冒销局用钱文押令赔缴。
候补直隶州知州于昌遂意气虚憍,知县双斌少年轻率,惟该二
员年力尚壮,均着以府经历县丞降补,以观后效。此外如仍有
贪劣之员,即着吴棠随时查参,毋稍宽纵,以期力袪积弊。
钦此。②

【案】黄文涵前屡因案降革……于昌遂,意气虚憍:关于黄

---

① 中国第一历史档案馆藏:军机录副,档案编号:03-4597-041。
② 中国第一历史档案馆编:《咸丰同治两朝上谕档》,第12册,第113页;《穆宗毅
皇帝实录(一)》,卷二十一,同治元年三月上,第581页。

文涵、于昌遂之案，道光二十九年六月二十六日，江苏巡抚傅绳勋就黄文涵等玩视民瘼，具折特参，请旨一并革职，曰：

江苏巡抚臣傅绳勋跪奏，为特参玩视民瘼并办灾竭蹶之知县，分别革职，以肃功令，仰祈圣鉴事。窃照州县为亲民之官，必须勤恤民瘼，认真整顿，以冀地方日有起色；况苏省现遭水患，贫民颠沛之时，尤当加意抚绥，借纾民困，固不容稍事玩忽，亦必须经理得宜。兹查署震泽县试用知县施燕辰，性情浮躁，盛名本属平常，当此大灾之际，并不亲历各乡核实勘办，竟敢逗遛省城至十余日之久。迨经臣访闻，面谕苏州府押令回县，赶紧会同委员查勘，仍复多方耽搁，实属玩视民瘼。并访闻该署县施燕辰有被头役王振等勾串民人、挟制凌辱之事，虽据该县禀出，尚多不实不尽。现经饬司委员提省，彻底究办。其平时未能约束衙役，不洽舆情，已可概见。又，署荆溪县试用知县黄文涵，才具本属平庸，素称巧诈，现在办理抚恤，据禀查照户口册籍，无从着手。人多口杂，势必滋生事端，查不可查，又谁敢任其事？率请发银一万五千余两，责成绅董查放等情。不思州县所司何事，不查户口，何能核实？又以抚恤银两责成绅董查放，竟欲置身事外。似此任意推诿，抚绥乏术，不洽舆情，难胜民社之任，均当从严参办，未便稍事姑容，据藩、臬两司会详前来。相应请旨将署震泽县试用知县施燕辰、署荆溪县试用知县黄文涵一并革职，以为玩视民瘼及才不称职者戒。至所遗震泽、荆溪二县缺，臣已饬司分别遴委妥员，驰往摘印署理，并饬查施燕辰、黄文涵各任内经手仓库钱粮有无亏短，另行照例办理。谨会同两江总督臣陆建瀛恭折具奏，伏乞皇上圣鉴训示。谨奏。道光二十九年六月二十六日。道光二十九年七月十二日,奉朱批:钦此。①

【附】苏抚傅绳勋之奏于道光二十九年七月二十日得允准:

丁未,又谕:傅绳勋奏,请将玩视民瘼并办灾竭蹶之知县革职一折。江苏署震泽县事试用知县施燕辰,性情浮躁,声名平常。署荆溪县试用知县黄文涵才具平庸,人亦巧诈。现当灾务吃紧之际,均未能实心经理,任意玩延,必应参惩,以儆其余,施燕辰、黄文涵着一并革职。②

【附】又,咸丰九年四月二十三日,钦差大臣和春奏请将黄文涵、于昌遂革职,曰:

再,德兴阿奉谕旨革职回京,所有奉旨查办粮台委员之案移交查办前来。臣检阅德兴阿原参折内,以前总办江北粮台之藩司杨能格倚支应委员江苏候补直隶州知州于昌遂为心腹,听其把持。折尾又有杨能格所用声名狼藉之委员、容查明另参一语。臣接咨后,即札饬现办江北粮台江宁藩司梁佐忠确查详覆,以凭核奏。兹据该司详称:上年漕臣邵灿等奉旨查办此案,业经札委该司详查,杨能格任内并无劣迹显著之员。惟于昌遂管理银钱、制造,又候补直隶州知州黄文涵职司文案,责任较重。该二员不无径情直行之处,不为众论所洽,此或声名狼藉之所由来。兹复加访察,此外委无实在劣迹,亦无另有声名狼藉之员。并另单禀称:上年都兴阿退守五台山时,杨能格已委于昌遂办理行营粮台,旋又

---

① 中国第一历史档案馆藏:军机录副,档案编号:03-2781-074。
② 《宣宗成皇帝实录(七)》,卷四百七十,道光二十九年七月,第914页。

另委候补知府方长泽帮办,而于昌遂从中掣肘。都兴阿所参把持,实由于此。至黄文涵遇事亦不免任性,此外无甚劣迹。该司曾面询都兴阿,亦未别指他员有何劣迹等语。臣复明察暗访,该二员当无实在劣迹。惟粮台关系军务,最为重大,应如何妥慎经理,乃于昌遂等攻剿吃紧之际支应不能应手,且复从中掣肘;而黄文涵遇事任性,致招炉议,均难辞究。相应请旨将江苏候补同知直隶州知州于昌遂、黄文涵一并革职,以示惩儆。此外各员,容臣随时访查,如有声名狼藉之人,即据实严参,以俾军务而饬官方。所有查办缘由,理合附片陈明,伏乞圣鉴训示。谨奏。咸丰九年五月初一日,奉朱批:钦此。①

○二九　奏报射阳湖防堵出力员弁、团练请奖片

同治元年三月初二日(1862年3月31日)

再,臣查此次大股捻匪窜经沭阳、安东、阜宁等处,意图扑扰里下河完善地方。其在盐、阜交界之射阳湖防堵各员弁、团练并安、沭守城、守圩各人员,屡御逆氛,实属著有劳绩。又,捻股盘踞宜兴、桃源,是带领各团练随同官军,力防南岸,又守护成子河圩二十余昼夜,更属实在出力,可否仰恳天恩俯准,将该县守城、守圩并堵御捻匪尤为出力之员弁、团练归入前奉特旨饬保剿匪出力各员案内,由臣核实查明,择尤奏保,以资鼓励之处,出自逾格鸿慈,伏乞

---

① 中国第一历史档案馆藏:军机录副,档案编号:03-4141-001。

皇太后、皇上圣鉴训示。谨奏。三月初二日。

同治元年三月初八日,议政王军机大臣奉旨:钦此。①

○三○　请饬查明德楞额剿匪出力员勇片

同治元年三月初二日(1862年3月31日)

再,臣查此次捻股东窜,势甚猖獗,幸德楞额、田在田带队东来会剿,将贼击退,所部员弁兵勇尚属著有微劳。惟念臣营剿匪获胜,各员已蒙天恩特准奏保,而德楞额、田在田均系归亲王僧格林沁节制之员,臣虽未敢擅请,亦不敢没其劳绩,合无吁乞圣恩,饬下亲王僧格林沁,查明德楞额、田在田及此次东来剿匪出力之员弁、兵勇,择尤奏保,以示鼓励之处,伏乞皇太后、皇上圣鉴训示。谨奏。

同治元年三月初八日,议政王军机大臣奉旨:钦此。②

○三一　淮扬所属漕粮无可酌收本色折

同治元年三月初六日(1862年4月4日)

署漕运总督臣吴棠、头品顶戴江苏巡抚臣薛焕跪奏,为查明淮扬所属漕粮无可酌收本色起运缘由,恭折覆奏,仰祈圣鉴事。

窃照户部具奏,饬令各省筹办新漕、采买米石折内,声明江苏淮扬道所属里下河一带漕粮,现系每石折银二两充饷。惟该处地

---

① 中国第一历史档案馆藏:军机录副,档案编号:03-166-8374-16。
② 中国第一历史档案馆藏:军机录副,档案编号:03-166-8374-17。

方完善，且系产米之区，征收起运，当易为力。刻下筹备京仓，无谋不设，果能征收本色，由江运赴海口，搭运赴津，即按该处折征粮数，指款拨给，以充军饷等因。奉旨：依议。钦此。钦遵恭录并钞原奏飞咨前来。即经转行江宁藩司、江安粮道筹议去后。兹据该藩司道详覆：军兴以来，江北粮台饷需专赖淮扬所属漕米变价凑济，若收本色解京，另候拨给，实属缓不济急。且近年军饷万分支绌，均系提前征收变价。所有里下河一带州县咸丰十一年份漕粮，早于是年冬初开仓征收，随时变价，解充军饷，现实无可征收本色起运等情，会详请奏前来。

臣等覆查属实，除咨户部查照外，谨合词恭折覆陈，伏乞皇上圣鉴。谨奏。同治元年三月初六日。

同治元年三月二十四日，议政王军机大臣奉旨：户部知道。钦此。①

●议政王军机大臣字寄：署漕运总督江宁布政使吴：同治元年三月初八日，奉上谕：吴棠奏，官军进剿北岸踞捻，叠次获胜并攻克众兴贼圩，余匪败遁西窜一折，已明降谕旨，将尤为出力之游击黄国瑞等分别奖励，并准将射阳湖等处防堵出力员弁汇案保奏。会剿之德楞额等军并令僧格林沁查保矣。此次捻股东窜，纠众数万，意图扑扰里下河完善地方，节经吴棠分调兵勇堵剿，并经德楞额、田在田督带马步各队，牵制贼势，使众兴之贼不敢负隅久踞。惟众兴虽经攻克，而余捻败遁，尚

① 中国第一历史档案馆藏：军机录副，档案编号：03-4862-007；朱批奏折，档案编号：04-01-35-0288-018。

未歼尽,且里下河一带未被蹂躏,该匪未逞其欲,难保不乘间再图东窜。吴棠现饬淮安属县赶筑各乡圩寨,为坚壁清野之计,着即严饬各该地方官,将各处民圩催令一律筑成,杜贼窥伺。所有驻扎清淮之水陆兵勇,仍着吴棠随时整饬,严密防范,毋得以贼氛渐远稍涉大意。将此由六百里谕令知之。钦此。遵旨寄信前来。①

○三二　请饬晋、陕抚臣迅解李世忠军饷片

同治元年三月初十日(1862 年 4 月 8 日)

署漕运总督江宁布政使臣吴棠跪奏,为江北粮台饷需竭蹶,厘捐、税课等款万难分拨,请旨饬催山、陕两省协解银两,以资李世忠军营济饷,恭折奏祈圣鉴事。

窃臣承准议政王军机大臣字寄:同治元年二月初九日,奉上谕:扬州防务稍松,皆因天、六等城克复之故。此时江北兵力自应足资调拨等因。钦此。又于三月初二日接准袁甲三抄咨,该大臣钦奉二月二十五日奇谕:李世忠军营粮饷、军火,应由江北粮台筹拨等因。钦此。跪聆之下,焦灼莫名。伏查江北地方虽称完善,而仅止扬、通两属略可支持。南北两台及清淮防军,皆恃此为饷源,加以皖营抽收盐厘,劝捐米石,悉取给于一隅之地,商民苦累情形,实已筋疲力尽。至于北台旧有之饷,向以协解为大宗。近二年来,愈解愈少,核之原拨之数,不过四分之一。所恃以接济军食者,惟此厘捐、课税,借以随时敷衍。再,此时江路不通,厘捐顿减,淮南

---

① 台北故宫博物院藏:军机及宫中档,文献编号:408018033。

盐课每年不过二十余万，从前月拨北台二万两，尚可如期如数。自上年袁甲三奏准月解皖营一万两以后，业已分顾两营。至淮安关税，更属有名无实，批解寥寥。即如扬营正月份兵饷，直至二月望后，始得陆续支放。至今制造、杂支各款尚未清厘。刻交三月中旬，二月份应发之款尚无眉目，支绌之情，至此已极，是以臣两次奏陈只能尽收尽发，合营军士尚能体谅苦衷。今若以尽收尽放之款再于此中拨解他营，同济军需，同为国帑，原不应分畛域，而行间士卒，恐不能见及于此，即难免有意外之虞。此厘捐、关税、盐课为扬营救急之需，万不能分拨之实在情形也。

臣仰蒙特达之知，处此艰难之际，窃幸天、六、江、浦先后克复，正江北一大转机，亟应宽饰刍粮，以励军心而安降众，断不敢稍有推诿。前请由山、陕两省每月协解李世忠军营各五千两，虽该二省相距稍远，而究属完善之区，不致空言徒脱。其虽系于北台饷内分拨，而由各该省径行批解，与由江北分济不同，不致为扬营借口。此又臣于无可如何为此通盘筹画之计也。臣前准都兴阿来函云：李世忠所言无队可拨、另筹饷需一节，更难办理；若能另筹万二人之饷，则扬营亦可添兵等语。所论真切，可□江北支绌情形。臣兹钦奉前因，辗转思维，实属无可罗掘。惟有仰恳天恩，饬下山、陕抚臣，迅将月解李世忠军营饷银各五千两，如数按月速拨，以资接济而维江北大局。感荷鸿慈，实无既极。至军火等项，前已札饬江北粮台陆续解济。其应拨水师船只，前准都兴阿咨函，由臣酌核办理。查黄开榜①所部各船，向在湖内防剿，恐出江未能通用，先经该总兵禀明

---

① 黄开榜（？—1871），湖北恩施人。咸丰初年，入湘军，转战江夏、汉阳、黄州等地，洊升都司。咸丰七年（1857），迁游击。同年，升副将。同治元年（1862），补授江西九江镇总兵，加提督衔。十年（1871），在营病故。

改造三十只，即日可以得水，即当饬令驶赴江浦一带，会合防剿。

所有江北厘捐、税课未能分拨，请饬催山、陕饷银各缘由，谨缮折由驲驰奏，伏乞皇太后、皇上圣鉴训示。谨奏。三月初十日。

同治元年三月十四日，议政王军机大臣奉旨：钦此。①

【案】此折于三月十四日得批覆，饬令英桂等如数拨解皖营军饷。《清实录》：

又谕：吴棠奏，北台饷需竭蹶，请饬催山、陕协解银两，接济李世忠军饷一折。前因李世忠克复江浦等城，防兵需饷孔亟，谕令英桂、瑛棨于月解江北饷银内，按月各拨解李世忠军营银五千两。现在江北粮台饷糈支绌，其厘捐、盐课分顾扬、皖两营，已形竭蹶，势不能再为分拨。李世忠前克江浦等城，正为江北一大转机，刻下发逆复分股渡江，浦、六防剿倍形吃紧。李世忠部下伤亡过多，现仍竭力守御，若令栲腹荷戈，何以励军心而安降众！着英桂、瑛棨仍遵前旨，迅将月解李世忠军营饷银各五千两，如数按月拨解，由袁甲三转给，以资接济，毋得稍涉推诿，致有贻误。将此由六百里各谕令知之。②

【案】军机大臣字寄……江北兵力自应足资调拨：此上谕《清实录》载曰：

谕议政王军机大臣等：李世忠奏，浦、六既复，请饬拨兵进驻，并该提督军营勇多饷绌，恳饬筹拨接济及请调炮船以通粮

---

① 中国第一历史档案馆藏：军机录副，档案编号：03-4786-093。
② 《穆宗毅皇帝实录（一）》，卷二十二，同治元年三月中，第599—600页。

道各折片。李世忠一军连复江浦、浦口两城，该处为江北门户，与金陵一江之隔，距九洑洲不过数里，据该提督奏称，察看形势，统计各处防军，总得万二千人之数，及调炮船数十只，扼扎江边，以通粮道。九洑洲四面临江，非水师不能进攻，请由江北调派红单战船二十只及小炮船数十只，驶赴浦口，以资调遣。现在江浦、乌江、桥林被贼围攻，军士日夜鏖战，粮食、军火均乏，其势甚危，请饬迅即调派等语。所奏筹画各情尚属详明。李世忠之军分守各城，兼筹进剿，不敷周转，若再增兵，又恐饷需难以为继。天、六本系江北切要地方，仍着都兴阿拨兵驻守，以便李世忠所部移扎江浦、浦口两城，以资周转。天、六屏蔽淮、扬，而江浦与金陵滨江对峙，为形势所必争，该将军、提督等务当竭力和衷，以期共济，毋得稍存成见，致误事机。扬州防务稍松，江北兵力自应足资调拨。都兴阿务即选派得力将领，与李世忠商同设法守御，并着与吴棠会同，酌量于黄彬、黄开榜等所带兵船，迅即分拨浦口，以通粮道而资堵剿。江面贼氛中阻，必须上下游师船合力扫荡，着曾国藩迅筹水军进剿之策。彭玉麟之军能否即行驶下？杨载福假期早满，自应迅速回营，与彭玉麟前后互为策应。李世忠与楚师无为漕镇大队，仅隔和、含，并着曾国藩水陆通筹，设法联络，以为扫穴犁庭之计。至李世忠部下人数众多，前经谕令吴棠、袁甲三等力筹接济，兹据该提督奏现在天、六等城所收降众又增七千余人，所费愈益不支。仍着吴棠督饬乔松年等实力速筹，每月协拨李世忠军饷银若干万两，以资接济。李世忠所筹既自称俱有把握，谅非徒托空言，仍着与袁甲三会商，于战守一切务臻妥善。其军情奏报等件，仍应禀商袁甲三联衔入告,以一事权。将此由六百里各谕令知之。①

○三三　奏为遵旨筹解犒赏李世忠军银米片

同治元年三月初十日(1862年4月8日)

再,臣前奉谕旨:李世忠一军克复六合县城,饬给赏银一万两、米四千石,又于克复天长案内赏银一万两,又于克复江浦、浦口案内赏银一万两各等因。当经臣札饬江北粮台先解米二千石,两淮运司筹解银五千两,咨由抚臣于江海关拨银五千两,附片奏明在案。续又饬令北台补解米二千石,分三、四两月筹解银一万两。又饬署通州直隶州知州依勒通阿,饬令在籍藩司王藻于奉旨勒交银三十万两内,备银三万两,由该州解赴李世忠军营,以资犒赏。通计三次奉旨犒赏银四万两、米四千石,均已筹解。理合附片陈明,伏乞圣鉴。谨奏。三月初十日。②

同治元年三月十四日,议政王军机大臣奉旨:钦此。③

【案】此片于三月十四日得批覆。《清实录》:

吴棠另片奏,李世忠赏银,于王藻应交银两内备银二万两,现在均已筹解等语。王藻应交银三十万两,已陆续缴过若干,着吴棠即行详查具奏。……将此由六百里加紧各谕令知之。④

---

① 《穆宗毅皇帝实录(一)》,卷十八,同治元年二月上,第509—510页。
② 此具奏日期似非朱批奏片所署。
③ 中国第一历史档案馆藏:军机录副,档案编号:03-4786-092。
④ 《穆宗毅皇帝实录(一)》,卷二十二,同治元年三月中,第599页。

○三四　请旨筹画票本于淮城开设通源总局片

同治元年三月初十日(1862年4月8日)

再，清淮饷需支绌，仅恃涓滴厘捐，时虞束手。因思徐州粮台设有通源官钱局，初系疏通大钱、宝钞，继即仿照市肆，行使钱票。近数年来，如宿州、徐属一带，俱能通行。上年徐饷久缺，借此深资周转，至今尚有三万余千未经到局取钱，此流通之明证也。

臣现在筹画票本，于淮城开设通源总局，于邵、清、桃等处添设分局，一律付钱，以示简便。虽不能充裕饷源，而缓急之间接济清淮兵勇口粮，可得通融之益。除委员选董试办并随时严加稽察不任稍有弊混外，谨附片陈明，伏乞圣鉴。谨奏。

同治元年三月十四日，议政王军机大臣奉旨：知道了。钦此。①

○三五　请准户部主事刘履芬留营差委片

同治元年三月二十五日(1862年4月23日)

再，户部主事刘履芬②前于咸丰十一年九月在任本部呈请，措资出京，现在行抵清江。因捻氛梗阻，未能北上。臣察该员明白谙

---

① 中国第一历史档案馆藏：军机录副，档案编号：03-9525-015。此片具奏日期未确，兹据同日朱批折件校正。

② 刘履芬(1827—1879)，字彦清，一字泖生，浙江江山人。道光二十六年(1846)，充户部主事。咸丰七年(1857)，应试不售，留居北京。十一年(1861)，措资出京，经吴棠奏留差遣，历保以同知直隶州、知府用，赏戴花翎。同治七年(1868)，入苏州书局校书。十一年(1872)，充提调。光绪五年(1879)，署嘉定县知县，旋因审狱受人掣肘，自戕殒命。著有《古红梅阁集》等。

练,堪资差委。刻当军务纷繁、需人孔殷之时,可否仰恳天恩,饬将户部主事刘履芬留于臣营差遣委用之处,出自逾格鸿慈,伏候训示祗遵,谨附片具奏。三月二十五日。①

同治元年四月初三日,议政王军机大臣奉旨:刘履芬着准其留营差委。钦此。②

○三六　奏请暂缓呈进蜡笺片

同治元年三月二十八日（1862年4月26日）

再,江南河道总督每年有例进绢笺、蜡笺等项,现在员缺虽裁,仍应照旧呈进。惟前项贡笺产自苏、杭,兹各该处尚未收复,无从采办,可否缓俟苏、杭克复后再行照例呈进之处,出自鸿慈,伏乞圣鉴。谨附片具奏。

同治元年三月二十八日,议政王军机大臣奉旨:着准其暂缓呈进。钦此。③

○三七　奏报江苏巡抚李鸿章带队赴镇江片

同治元年三月二十八日（1862年4月26日）

再,臣现据两淮运司乔松年禀称:李鸿章已带队二千名,于三月初八日自采石启程,初十日已过焦山等语。并准李鸿章来函云:

---

① 此具奏日期似非朱批奏片所署。
② 中国第一历史档案馆藏:军机录副,档案编号:03-4705-072。
③ 中国第一历史档案馆藏:军机录副,档案编号:03-4672-025。因无从判定具奏日期,暂署奉旨日期。

本拟率陆军五千人由北岸进，适沪中官绅雇定轮船来接，遂于三月初八日率头帮二千人启行，十一日约可抵沪，俟布置稍定，即进驻镇江等语。理合附片陈明，伏乞圣鉴。谨奏。

同治元年三月二十八日，议政王军机大臣奉旨：知道了。钦此。[1]

○三八　请将知县蒋泽润等开复处分片

同治元年三月二十八日(1862 年 4 月 26 日)

再，查接管卷内，咸丰十年二月间，西捻窜扰清江，时有皖营参领金廷举等赴浦买马，并江南提督臣李世忠派往西坝捆领饷盐之游击江汝霖等，均未归营，查有在安东县被害情事。经漕臣袁甲三札饬前淮安府知府恒廉委员密查。嗣于是年十月间，李世忠续派把总张云元赴浦买马，途遇江华、庄德二人牵带粉青马匹，认系江汝霖所乘之马，随将江华等扭送清河县收管，禀经袁甲三札饬署清河县知县王清安将江华、庄德解营严讯。讵该署县以清河监狱被焚，业将江华等移解安东查办，而庄德又于清河县递解后逃回海州原籍，未能即时解营。适淮安府督同署安东县知县蒋泽润，以游击江汝霖、参领金廷举等并无在安东县被害情事禀覆，经袁甲三以所禀情词闪烁，奏请将安东县知县蒋泽润、署清河县知县王清安摘去顶戴，交部议处；仍勒令将江华、庄德分别解营，归案审办。钦奉朱批：蒋泽润、王清安均着摘去顶戴，改为暂行革职，仍勒令将江华解

---

① 中国第一历史档案馆藏：军机录副，档案编号：03-4679-016。因无从判定具奏日期，暂署奉旨日期。

营,严缉庄德务获,归案严讯。钦此。遵经前署漕臣王梦龄严饬蒋泽润等先将江华解营,旋又将庄德拿获。

正批解间,又经袁甲三奏明解淮,就近提讯。复经前署漕臣王梦龄发交淮安府讯办。据江华供称,前起粉青马匹系张文通送伊骑坐。据庄德供,系江华雇伊喂马,均不知此案实情,求提张文通等质讯,等供。叠提人证质讯未到,臣于抵任后,正值军务倥偬,未及饬催审办。惟查金廷举等在安东县被害,系前署县祁之钤任内之事,蒋泽润系接任之员,因饬提江华等解审,禀词得自访查,涉于闪烁。署清河县王清安因县无监狱,将江华等递解安东管押查办,尚无不合。迨后江华患病,庄德潜逃,未能遽行解营,以致袁甲三附折奏参,勒令分别解缴。兹该员等被参后,即将庄德缉获,与江华先后解审,尚知愧奋。

现查该员等久已离任,均无提解全案之责。除饬催淮安府密访确情,催提此案人证,务期水落石出,严讯究办外,合无仰恳天恩,俯准将前署安东县知县蒋泽润、前署清河县知县王清安给还顶戴,并将暂行革职之案一并先行开复,俾免向隅,出自逾格鸿慈。谨附片具奏,伏乞皇太后、皇上圣鉴训示。谨奏。

同治元年三月二十八日,议政王军机大臣奉旨:蒋泽润、王清安均着赏还顶戴,并开复革职处分。钦此。[①]

【案】袁甲三……奏请将安东县知县蒋润泽……归案审办:咸丰十一年二月,钦差大臣袁甲三奏曰:

再,本年正月间,臣穆腾阿因战马无多,派委盛京骁骑

---

① 中国第一历史档案馆藏:军机录副,档案编号:03-4705-057。

校委参领金廷举、领催祥林、甲兵庆兴、常安、李永富、赵和，并由臣添派徐州镇千总吴法田、把总王兴邦，前赴清江购买。适值西捻窜陷清江，该员等日久未回，访闻有与江南提督李世忠派往西坝捆领饷盐之游击江汝霖、千总江汝艇，并赴清江买补马匹之吉林副都统衔协领恒禄、骁骑校贵明、甲兵永成、永升、开隆阿、侯七海、庆林、孟寿、双福、德山、刘成三、奇哈等及随丁孔绍宣等四名于二月初二日同在安东县被害情事，并据李世忠具禀，与臣等访闻情形大略相同。当经札饬前淮安府知府恒廉委员密查，并咨会署漕臣王梦龄一体饬催在案。嗣于十月初七日据李世忠禀称：该营把总张金元等赴清江续买马匹，偶遇江华、庄德牵带粉青马一匹，投行变卖，认系江汝霖所乘之马，随将江华等扭送清河县收管，禀请根究前来。臣以江汝霖坐马既经盘获，则该游击等如何被害，即可从此追求，飞饬清河县王清安迅将江华、庄德押解来营，听候严讯。旋据代理淮安府陶金诒督同署安东县蒋泽润禀称：本年二月初二日并无游击江汝霖、参领金廷举等到安被害情事，惟是月初四日有马贼百余，窜逼安城，经该前代理县祁之钤督团攻击，正在接仗之际，见有二十余人，或涉或骑，由西南而来，内有头戴翎顶官员帮同杀贼数时之久，互有杀伤。天晚收队，均不复见，想系当时阵亡，尸横遍野，无从辨认等情。臣查该府县所禀，情词闪烁，毫无证据，难保无杀后弥缝情事，且既有江华等可质，必须提集讯明，以成信谳。随又严催去后。兹据清河县申称：江华等讯系安东县差役，业已递回看管，今奉饬提，移准安东县覆称：江华患病未痊，庄德系为江华喂马，递解后逃回原籍海州等语。复又分札催解,查无只字具覆。案关职官被戕多命,断难任其含混,相应据实参奏,请旨先将署安东县知县蒋泽润、署清河县知县王清安摘去顶戴,交部议处;仍饬令先将江华解营,一面限缉庄德务获,归案审办,务期水落石出,以重人命而儆凶残。是否有当,理合会同臣穆腾阿附片具陈,伏乞圣鉴训示。谨奏。(朱批):蒋泽润、王清安均着摘去顶戴,改为暂行革职,仍勒令将江华解营,严缉庄德务获,归案严讯。①

○三九　遵旨筹拨李世忠军营月饷、军火片

同治元年四月初八日(1862年5月6日)

再,承准议政王军机大臣字寄:同治元年三月十三日,奉上谕:李世忠军营饷项,江北粮台自应随时拨解。着吴棠迅将李世忠垫发银米先行筹拨等因。钦此。又,奉三月二十一日寄谕:江北粮台应解李世忠垫款及每月所需饷项,着吴棠仍遵前旨,星速解交,以资接济等因。钦此。各寄信到。臣跪聆之余,深以未能随时接济,以致上廑宸衷,实深惶悚。

惟查江北粮台前于厘捐协饷旺解之时,仅能专顾扬营一军,并不宽裕。今则来源俱减,而兼以难台新增之捐,遂致通变扩充,均无可生之流。前月江南贼氛大股压境,扬营粮饷、军火需用急而甚巨,已有万难支持之势,而浦、六与扬防唇齿相依,不得不兼筹并顾,是以前奉谕旨,饬解李世忠军营犒赏共银四万两、米四千石,虽

---

① 中国第一历史档案馆藏:朱批奏片,档案编号:04-01-26-0073-082。

于万难之中，亦已勉力筹画。即臣前此请饬山、陕两省共月拨银一万两，亦系于江北饷内通融分拨，并不敢稍存畛域之见。曾将一切艰难情形奏明在案。兹迭蒙圣谕有加无〈已〉，敢不再事筹维以顾大局！拟自五月份起，请旨饬下淮关监督于应解北台协饷内，月拨一千两，由臣督饬粮台径筹二千两，共月解银三千两；再月拨火药二千斤、火绳三千盘、丸一千斤，以资接济。此外实无可以再筹，惟有仰恳天恩，再赐严催山、陕两省将前请月拨银两按月拨解，俾免借口，并请饬将应解江北粮台银两一并按月批解，毋稍诿误。

至李世忠垫发银米，查臣前准袁甲三咨会：恭录上谕：协饷未到以前，着袁甲三会同李世忠筹款给发，俟协饷到时归款等因。钦此。现在北台万窘，业已罗掘计穷。李世忠所垫银米，实难于月饷之外再行筹还，应遵前旨，俟协饷到时，由李世忠就近拨还归款；并恳饬下遵照，感荷鸿慈，实无既极。

所有遵旨筹拨李世忠军营月饷、军火等项，并请将所垫银米于协饷内还款缘由，谨附片具陈，伏乞圣鉴。谨奏。四月初八日。

同治元年四月十四日，议政王军机大臣奉旨：钦此。[①]

【案】军机大臣字寄……迅将李世忠垫发银米先行筹拨：此廷寄《清实录》载曰：

又谕：袁甲三奏，江南发逆分路渡江，直扑江浦、浦口两城，江边营盘三座被贼攻陷，复有伪护王等带领悍贼，径扑六合县城，势甚猖獗，现派朱元兴统带兵勇，前往援应，并请饬令都兴阿扼要严防，以遏窜路等语。江浦、六合各城关系沿江要隘，为

---

① 中国第一历史档案馆藏：军机录副，档案编号：03-4787-015。

逆匪所必争之地,前经谕令都兴阿、吴棠调派兵船,分拨浦口,并饬曾国藩迅筹水军进剿,原期上下游师船声势联络,断贼渡江之路,迄今月余,黄彬等水师战船未据都兴阿等调赴该处,即彭玉麟、李鸿章所部水勇,亦无下驶消息,以致该逆乘间偷渡,蔓延江北。该大臣等既已失策于先,不可不力图挽救。曾国藩水陆各军自克复无为州运漕镇后,养精蓄锐将及半载,着即严饬各路将弁迅速攻取巢、和,以分贼势。李鸿章所统淮扬水师六千,兵力不为不厚,何以战船数百只不能顺流而下,必须由和、含陆路经行?现在风闻外国轮船业已雇就,较之陆路可以畅行无阻,着即催令李鸿章星速前进,截断江面贼匪往来,借得兼顾浦、六,毋稍贻误。浦、六等县均系江北切要地方,都兴阿等责无旁贷,自应力筹兼顾,岂可视同秦越!现在李世忠分投守御,仍恐兵力不敷,着都兴阿迅即调派水陆各军,相机分路策应,并着会同袁甲三,督率李世忠等堵剿兼施,遏贼北窜。如再视为泛常,因小有意见,以江浦等城尽诿之李世忠而不顾,设有疏虞,惟都兴阿是问!至李世忠军营饷项,江北粮台自应随时拨解,着吴棠迅将李世忠垫发银米先行筹拨,如数还款,并前次犒赏银两一并解交。仍着吴棠督饬粮台,再筹着实款项,每月接济李世忠军营,务令士马饱腾,庶剿办可以得力。再,据袁甲三奏,探闻江南贼众纷纷渡江,有由含、和分股赴援庐郡之说。现在店埠已克,庐州贼势日穷,着曾国藩迅饬曾国荃、多隆阿等分拨兵勇,遏截援贼,并会商袁甲三严密布置,毋稍疏失。将此由六百里加紧各谕令知之。[①]

---

① 《穆宗毅皇帝实录(一)》,卷二十二,同治元年三月中,第593—594页。

○四○　奏报截留北台银两接济李世忠军营片

同治元年四月初八日(1862年5月6日)

再，迭奉谕旨：速饬江北粮台恪遵迭次寄谕，将应解李世忠军营饷项源源拨解等因。钦此。查该营军火等项，已饬北台陆续济应。至月筹银两，现已另折覆奏外，惟查李世忠克复天、六、江、浦等城，奉旨赏犒银四万两、米四千石，前将分别筹解缘由奏明在案。查内有一万两，原派江北粮台分三、四两月拨解，业据该台具报解过银二千五百两。此时李世忠军营待用甚急，适查有山西省批解江北粮台协饷一万两过浦，臣现截留银五千两，交李世忠委员副将衔李汝詹解回接济。其余银二千五百两，仍饬北台赶紧清解。理合附片陈明，伏乞圣鉴。谨奏。四月初八日。

同治元年四月十四日，议政王军机大臣奉旨：钦此。[1]

【案】此片于是年四月十四日得允行。《清实录》：

又谕：吴棠奏，遵筹李世忠军饷等语。所有山西批解江北粮台协饷，着准其截留，其余银二千五百两，仍着吴棠饬北台赶紧清解。李世忠垫发银两，亟宜筹拨归款，以示体恤，着袁甲三于各处协饷到时，将该提督所垫之款先行提拨归还，毋再延宕。吴棠所筹三千两，着照数按月拨解。其淮关应解北台协饷，即着传谕该监督拨交，毋稍短绌。将此由五百里各谕令知之。[2]

---

①　中国第一历史档案馆藏：军机录副，档案编号：03-4787-016。

②　《穆宗毅皇帝实录(一)》，卷二十五，同治元年四月中，第673页。

○四一　查报前三任漕臣任内筹防收支折

同治元年四月二十二日（1862 年 5 月 20 日）

督办安徽军务漕运总督臣袁甲三、署漕运总督江宁布政使臣吴棠跪奏，为查明前漕臣邵灿、①庚长②及臣袁甲三任内淮安筹防收支各款，均系撙节开支，核实造报，恭折覆陈，仰祈圣鉴事。

窃臣袁甲三前奏淮安筹防收支各款缮具清单陈明一折，于咸丰十年三月初六日奉朱批：户部核议具奏，单二件并发。钦此。嗣准部咨，核议覆奏内开：两案清单收支各款均属相符。惟团练防堵，例由民捐民办，不准作正开销。所有淮安防堵案内收支各款，除绅民等捐输照例准销外，其初案收过卫滩地价银一万一千一百八十余两、河库银三千两、淮宿关税银三千两，次案收过江藩司交

---

①　邵灿（1803—1862），字实孚、怡璞、又村、阮津，浙江余姚人。道光十二年（1832），中式进士，改庶吉士。散馆，授编修。十九年（1839），任赞善。同年，充湖南乡试正考官。翌年，转右赞善，兼日讲起居注官。二十一年（1841），补右中允。次年，转左中允、侍讲学士。二十三年（1843），授文渊阁校理。明年，升鸿胪寺卿。二十七年（1847），补光禄寺卿，转太常寺卿。二十八年（1848），补大理寺卿。三十年（1850），迁内庶学士，兼礼部侍郎衔。咸丰元年（1851），兼署吏部右侍郎。二年（1852），授吏部右侍郎。同年，充会试覆试朝考阅卷大臣、军机大臣上行走，兼实录馆副总裁、经筵讲官。三年（1853），任会试副考官、殿试读卷官。同年，补授漕运总督。六年（1856），以漕运总督兼署南河河道总督。十年（1860），调补浙江督办团练大臣。同治元年（1862），卒于任。谥文靖。

②　庚长（1809—？），满洲镶黄旗人，荫生。道光十年（1830），充吏部主事上行走。十五年（1835），升吏部主事。二十年（1840），补吏部员外郎。二十三年（1843），授吏部郎中。同年，补河南粮盐道。次年，充乡河南试提调官。二十六年（1846），兼署河南按察使。二十八年（1848），调开归陈许道。咸丰元年（1851），调补浙江盐运使，加布政使衔。同年，署浙江按察使、布政使。三年（1853），调两淮盐运使。同年，升直隶布政使。翌年，兼直隶臬司篆务。六年（1856），迁江南河道总督。九年（1859），兼署漕运总督。十年（1860），因剿办太平军失利，革职拿问，发配军台。

存府库杂款银一万六百五十余两，卫滩地价银三千九百六十余两、淮宿关税银二千五百两。以上各款，虽清单内注称奏明，但与旧单显背，应不准销。公同商酌，援照奏借公项之例，责成该管官弥补归公。以后惟宜设法劝捐，以充防费，勿得率行奏请。其所称钱款以二千文合银一两，其中殊多浮冒。查六年江省呈送银钱，时价每银一两，易前一千六七百文，七、八、九年时价每银一两，易钱一千四五百文。酌中定拟，以一千五百文作银一两。至捐输一项，未经请奖者为民捐，业经请奖者为公项。所收钱款均系捐输，曾否请奖，单内并未分晰。饬令承办各员迅即逐款查清造报，分限筹补等因。奉旨：依议。钦此。咨行前来。遵即转饬承办各员据实查覆去后。兹据候补知府前署山阳县知县顾思尧详称：遵查淮安自咸丰六年设防以来，所筹经费存储府库，由前淮安府知府恒廉核明收支。九年设立筹防局后，由委员候补知县丁光德经理。该员顾思尧系奉委兼管所有该局报销初、次两案收过卫滩地价及河库、淮宿关拨款、捐款。

又，江藩司交存府库杂项等银。前因仪、扬复失，及天、六相继不守，粤逆窜扑蒋坝、衡阳等处。淮安为南北咽喉，又为里下河一带门户，防堵最为吃紧。时因存城兵勇无多，不得不添募壮勇，扼要防剿。制造军火、器械等件所动各款，历奉奏明准拨，发局支用，由局查明清江准销成案，核实支应造报。并奉部议援照奏借公项，由该管官弥补归公等因，自应钦遵办理。惟思弥补应无非出自捐输，淮郡民情素苦，自军兴以来，劝捐之案不一而足，各绅商士民已属疾苦难堪。若再将此项奉准动拨之款饬令绅民捐补，不独力有未逮，且与奉案不符。

至奉驳银价一层，查初、次两案仅收钱三万七千六百十六千零,开支勇粮共七万七千九百四十余千,均系援照清江减定章程,每勇一名,日给口粮钱二百文。又,以钱二千合银一两,每日仅销银一钱。若照一五合银,每勇一名,日需销银一钱三分三厘有零,转浮于现在造消之数。今收支一律以二千合银一两,委实格外撙节折放,并无浮冒,声请覆奏等情。臣等详加覆查,均系实用实销,并无浮混。应恳天恩,饬部俯准查明前奏清单核销,感荷鸿慈,实无既极。

除将初、次两案支用各款细册由臣吴棠恭疏具题外,所有查明淮安筹防收支各款均系撙节开支、据实造报缘由,谨合词恭折覆奏,伏乞皇太后、皇上圣鉴训示。谨奏。四月二十二日。

同治元年四月二十九日,议政王军机大臣奉旨:户部再行查议具奏。钦此。①

【案】袁甲三前奏淮安筹防······一折:咸丰十年二月二十七日,袁甲三奏报曰:

钦差大臣漕运总督臣袁甲三跪奏,为查明淮安筹防自咸丰六年七月十三日起至九年十一月初五日止初、次两案收支各款,分别缮具清单,恭折具陈,仰祈圣鉴事。窃查淮安府为南北咽喉、水陆要冲,自咸丰三年金陵失陷之后,贼氛密迩,风鹤频惊,经各前漕臣督饬淮安府县举行团练,办理防堵,一切经费民捐民办,从未请饷。迨咸丰六年七月间,金陵军营失利,瓜洲贼势鸱张,清淮情形吃重,派防汜水兵勇经臣庚长调回清江堵御,淮安迤下地方节节空虚,亟须严密防守,以杜北

窜。经前漕臣邵灿在于山阳县境戴家湾地方调派兵勇，扼要扎营，建立炮台，钉立竹签，设隘巡缉，饬委淮安府知府恒廉管理军需支放，一切用项仍取资于捐输并卫滩地价。八年春夏，两次调拨兵勇赴睢、宿剿匪。九月，仪征、天长、六合相继继陷，贼势猖獗，窜扑蒋坝、礼字河，淮城愈形吃紧，先后派兵募勇在于二堡、衡阳一带分别堵剿，经费不敷，请拨淮宿关税，协济军需。九年五月，河臣庚长兼署漕督，照旧办理。六月，臣到署漕督任时，正值盱眙不守，贼踞天长，距淮仅隔一湖，情形岌岌。添派兵勇在于衡阳、黎城、金沟等处，扼要堵剿，饷需不敷，请拨江藩司寄存淮安府库杂款银钱，以济支用；仍委知府恒廉督同山阳县知县顾思尧及各局员，核实支应，均经奏明在案。臣于交卸时，曾以在任五月统计用项，银钱合算不过二万余两，并无牟辖。本可即时造报，惟前漕臣邵灿及河臣庚长兼署漕督任内支放各款均未报销，必须前后接算，方能缕晰条分，并饬催局员详查例案，核实勾稽，赶紧分任造报，以清款目而重帑项，附片奏明。并据恒廉、顾思尧会同委员将收支各项逐款查明，并循照清江筹防局准销成案，逐一清厘，分别开列清单，详请奏报前来。臣覆查前漕臣邵灿自咸丰六年七月十三日设防起至九年四月二十九日止，又兼署漕臣庚长自五月初一日起至六月初三日止，共计收银四万八千四百余两，又钱二万一千五十余串。除拨解清江筹防局军饷钱一千串已由河臣汇报外，实收钱二万五十余串，以二千文作银一两，合银一万二千余两。统共收银五万八千四百三十余两。臣于九年六月初四日到任起，至十一月初六卸事前一日止，共计收银一万九千一百一十余两，又钱一万七千五百五十余千，以二千文作银一两,合银八千七百七十余两。除拨济天津镇总兵安勇兵饷银八百两应归江北粮台汇报外,实计收银连初案旧管实存并本案平余共银三万九千六百八十余两。支应各款,计初案共支用银五万五千八百三十余两,次案共支用银二万四千六百七十余两,均属实用实销,并无浮冒。除饬分门别类造具细数清册详送题销,并实存银两归入下届作收由署漕臣联英督饬支应外,所有查明淮安筹防局自咸丰六年七月十三日起至九年十一月初五日止初、次两案收支各款缘由,谨会同前兼署漕督河臣庚长、署漕臣联英,合词恭折具奏,并缮简明清单,恭呈御览,伏乞皇上圣鉴。谨奏。二月二十七日。咸丰十年三月初六日,奉朱批:户部核议具奏,单二件并发。钦此。①

○四二　奏请江北命盗案件由州府勘讯正法折

同治元年四月二十二日(1862年5月20日)

署漕运总督江宁布政使臣吴棠跪奏,为会核江北寻常命盗杂案,由府州互勘详办,其情重盗犯,请由府州覆讯后再令就地正法,以重刑章而清庶狱,恭折奏祈圣鉴事。

窃照江北各属自军兴以来,道路间阻,经前漕、抚臣酌量变通,请将淮安、扬州、徐州、通州、海州五府州及海门厅属寻常命盗杂案,自斩绞以下各犯例解臬司审详及应由司转解巡抚衙门提勘各案,仅改解该管巡道提审,详解漕督衙门提勘,分别题咨缘由,于咸丰十年七月,奏奉朱批:依议办理。钦此。嗣据苏臬司议详,以各

---

① 中国第一历史档案馆藏:军机录副,档案编号:03-4313-006。

属抢窃问拟军流徒犯各案,除直隶州属仍由巡道审转,余俱仍照向例,由该管府州审转,由司覆核详咨等情,经前抚臣批饬遵办。又,前漕臣于咸丰十一年十月附奏,以江北各州县拿获盗犯,讯系法无可贷,俟录供详到即批令就地正法一片,奉旨:依议。钦此。钦遵各在案。

臣等伏查江北地方,近年粤、捻交乘,防剿日紧。通海各属距淮既远,淮扬各属距徐又遥,所有命盗等犯解赴通海、淮徐两道勘转,长途多阻,已属疏脱堪虞。复再汇解漕督衙门提勘,更属进退为难。各州县每以贼窜无常,道梗堪虑,因之人犯众多,壅滞停解,岁月积久,军务未蒇,清狱无时,殊非仰体皇上澄清滞狱之道。臣等督同司道详加察议,拟请嗣后江北各属寻常命、盗、抢、窃杂案人犯,除徐州府属与道员相近仍照原拟解道提案详办外,其淮、扬、通、海等府州属案犯及淮、扬、徐、海、通等府州属例应解府州审转者,一律改由该管府州提勘,具详该管巡道,转由臣分别题咨。海州各案就近会同淮安府勘详。其通州、海门厅各案即由该州厅互勘会拟,径详臣等核办,仍录案报司查核。如此于明罚饬法之中,仍寓慎重民命之意。既免长途梗阻,疏忽堪虞,亦权时事变通,期其妥善。且恭逢咸丰十一年十月初九日恩诏:查办命盗各案之时,更可滞狱早清,民生有裨。一俟军务稍平,道路疏通,再议照旧办理。至情重盗犯,法无可贷,于州县具详后,批饬就地正法办理。

臣等覆加详察,其州县之详慎者,未尝不细心推鞫,务期平允;而武健者,难保不任情严酷,过事刻深。更恐贼扰之余,逃亡难民拾取遗赃,练勇指为匪徒,有解案邀功之弊。州县不察民隐,有严刑逼供之时。若遽令录供具详、径行正法,诚非所以慎刑章而重民命。拟请嗣后江北情重盗犯,其淮安、扬州、徐州、通州、海州等府州所属,由各州县讯明实系法无可贷者,详解本府州勘详。海州之案就近解淮安府勘定会详。通州、海门厅各案即由该州厅互勘会详,由臣等覆核定拟,批饬就地正法。如解勘时有犯供翻异,应责成该府州覆加研讯,不得任其狡供避就。如实系情罪不协,即予讯明改正。务期毋枉毋纵,以昭情法之平。

臣等往返商榷,意见相同。兹据护理苏臬司知府李铭皖、江苏常镇通海道高长绅、署淮徐扬海道张富年会详请奏前来。谨会同两江总督臣曾国藩、署江苏巡抚臣李鸿章,合词恭折具奏。是否有当,伏乞皇太后、皇上圣鉴训示。谨奏。四月二十二日。

同治元年四月二十九日,议政王军机大臣奉旨:依议。钦此。①

〇四三　湖运四厅咸丰十一年底动用银两折

同治元年四月二十二日(1862年5月20日)

署漕运总督江宁布政使臣吴棠跪奏,为核明湖运四厅咸丰十一年霜降止前署漕臣任内办理各工动用银数,查案汇开清单,恭折具陈,仰祈圣鉴事。

窃准户部咨开:议覆前漕臣王梦龄奏,湖运四厅工需,遵将苇柴变价济用一折,应准所请两营柴价全数备拨湖运工需,责成该管厅员认真择要修补。至所请仍将各省额解河饷酌数拨解工用之处,应毋庸议等因。奉旨:依议。钦此。钦遵咨会前来。臣查接管卷内,咸丰十年霜降后起至十一年霜降止湖运工需,并未请帑,除

---

①　中国第一历史档案馆藏:军机录副,档案编号:03-5006-002。

淮扬长堤系设法集捐办理外，其余帮戗筑堰、镶做防风、补加堤埽、搂护石工、填筑槽土、择镶护堰防埽各工，均经前漕臣于荡柴变价款内酌量分拨，随时督饬各该厅员，分投办理，节次奏明，抄折咨部。嗣据淮徐扬海道分案造册开单，先后呈送计九案，共银十四万四千五百两零，前署漕臣未及奏报即已交卸。臣抵任后，又值捻氛环逼，防剿靡遑。今军务稍松，始得逐细覆核，与前署漕臣勘验删准册案银数均属相符。

除饬该管道另造印册详送、次第具题并送部查核外，谨将湖运四厅咸丰十一年霜降止工用银数查案汇开清单，恭呈御览。仰祈敕部查核施行。为此缮折具奏，伏乞皇太后、皇上圣鉴。谨奏。四月二十二日。

同治元年四月二十九日，议政王军机大臣奉旨：该部议奏，单并发。钦此。[①]

○四四　呈咸丰十一年估做工段丈尺、银数清单

同治元年四月二十二日（1862 年 5 月 20 日）

谨将湖运四厅咸丰十一年份估做工段丈尺、动用银数，开具清单，恭呈御览。

计开：

徐州府同知属：

运、中两河长堤被刷脱坡帮戗，共工长一千一百三十丈，顶牵宽

[①]　中国第一历史档案馆藏：军机录副，档案编号：03-9574-025。

八尺至一丈二尺,底牵宽二丈一尺至二丈八尺,牵高一丈至一丈三尺。筑堰共工长三千二百四十五丈,顶宽三尺,底宽九尺至一丈,高三尺至三尺五寸。又抢镶防风共工长三千七百六十四丈,牵宽八尺至一丈,牵高七尺至一丈。共估需料土、夫工银二万零八两零。

中河安汛、盐河两案补镶旧埽,共工长一百零四丈,牵宽一八尺至一丈九尺,牵高深一丈二尺五寸至一丈三尺五寸。又加镶旧埽共工长一百四十五丈七尺,牵宽一丈六尺至二丈,牵高六尺至七尺。共估需料土、夫工银一万四千五百三十一两零。

淮安府同知属:

堰、涧、徐三讯填筑浪刷旧工石后槽土,自堰字第十二号起至盱字第十三号止,共工长四百九十一丈五尺,牵宽二丈至二丈五尺,牵深四尺至六尺。共估需土方银二千八百二十六两零。涧、徐二汛临湖卑矮段落择镶护堰防埽,共工长二百十九丈一尺,牵宽一丈至一丈三尺,牵高四尺至四尺五寸,共工长十六丈。兜缆补镶宽三丈至三丈五尺,高深一丈至一丈一尺。

仁河护埽掣塌工长三十三丈五尺,兜缆补镶宽三丈至三丈五尺,高深六尺至七尺。又加镶工长二十五丈,宽二丈至二丈二尺,牵高二尺。

新义河直坝护埽掣塌,工长二十五丈,兜缆补镶宽三丈至三丈五尺,高深一丈至一丈一尺。

旧义河直坝护埽掣塌,工长三十一丈五尺,兜缆补镶宽三丈至三丈五尺,高深一丈至一丈一尺。又加镶工长三十五丈,宽二丈至二丈二尺,牵高二尺。共估需料土、夫工银一万九千零九十一两零。

淮安府军捕通判属:

运口汛加镶束清坝工,共牵长三十四丈五尺,宽八丈,牵高一丈一尺五寸至一丈二尺。又加镶二、三、四坝，共牵长五十五丈二尺，牵宽二丈五尺至三丈六尺，牵高九尺至一丈零五寸。又加镶福兴正闸上钳口坝，共牵长二十二丈七尺，牵宽三丈五尺至三丈六尺，牵高九尺。又加镶福兴正闸下束水坝，共牵长二十二丈二尺，牵宽三丈二尺至四丈五尺，牵高八尺五寸，共估需料土、夫工银二万二千零七十二两零。

运、清、平三汛镶做护埽，共工长二百零八丈，牵宽一丈四尺至一丈五尺，牵高深一丈四尺至一丈五尺。又镶做防风共工长二百十八丈八尺，牵宽六尺至八尺，牵高五尺五寸至七尺。共估需料土、夫工银一万七千五百二十六两零。

扬州府军捕同知属：

宝、氾、永、高、甘五汛内东西两岸加镶旧埽，共工长二百六十四丈，宽一丈一尺至一丈二尺，高二尺五寸至三尺。又镶做护埽共工长六百十六丈，宽一丈至一丈二尺，高九尺至一丈一尺。又镶做防风共工长四百六十丈，宽八尺至九尺，高八尺至九尺。共估需料土、夫工银三万二千四百零二两零。

军机大臣奉旨：览。钦此。①

○四五　南河等处咸丰十年各工动用银数估销片

同治元年四月二十二日(1862 年 5 月 20 日)

再，臣接管卷内，上年准工部咨：以南河、徐州、淮扬、淮海三道

---

① 中国第一历史档案馆藏：清单，档案编号：03-9574-026。

属咸丰十年另案各工共用银五十万四千七百四十九两零,比较上三年亦属无浮,而该河自丰工复溃,漕粮归于海运,应办之工本属无多,当此经费支绌,需饷孔殷,应请署漕、河督臣,即将现报银数据实核删,迅即覆奏,以重度支等因。当经前署漕臣王梦龄转饬各该道遵照删减。兹据详称:咸丰十年五月下旬,淫雨兼旬,洪湖水长数尺。其南北运河因东省山泉涨发并上游雨水添波助流,数日之内,骤长丈余。迨立秋后,河湖复又并涨,上下各工处处危险。彼时钞无售主,各该厅设法分头抢护,竭蹶不堪。及工竣后核实造报,复经前署漕臣分别驳删,所定清单银数较之七、八、九三年公用二十四万七千至二十九万三千余两不等,委系格外节省,无可再删,恳请核明覆奏前来。

臣伏思现当军需浩繁,如果有可节俭之处,自应认真严删,况系前漕臣任内之事,臣更无所用其回护。惟查该道等所详俱系实在情形,复调删定底案,逐一细核,亦属相符。似此减定之工,实未便于事后凭空再删,惟有仰恳天恩,俯念十年另案银数并无浮糜,准照原奏清单,容臣次第具题估销。感荷鸿慈,实无极既。为此附片覆陈,伏乞皇太后、皇上圣鉴训示。谨奏。

同治元年四月二十九日,议政王军机大臣奉旨:览。钦此。①

○四六　请饬有漕州县量力捐输解济淮饷折

同治元年五月初九日(1862年6月5日)

署漕运总督江宁布政使臣吴棠跪奏,为清淮防饷本极支绌,现

---

① 中国第一历史档案馆藏:军机录副,档案编号:03-9574-027。此片具奏日期未确,兹据同日奉旨折件(档案编号:03-9574-025)校正。

又添调徐兵,增募练勇,饷需愈形竭蹶,援案请饬有漕州县量力捐输,以资接济,恭折奏祈圣鉴事。

窃照清淮一军东顾高宝湖防,南守三河、蒋坝,西、北则桃源、海州,分兵守御,上下五六百里之遥,扼剿不容少懈。前署漕臣王梦龄任内仅有兵勇七千数百名,臣到任时,奏明调拨徐军二千余名。数月以来,西捻蔓延,不得不增添兵勇,现计共有一万二千人,以之防剿兼资,尚属不敷分布,而需饷则愈增繁巨,□□□呼,盖既无外省协拨之银,又无州县应解之项,惟以劝捐、抽厘两项恃为大宗。春间,军情万紧,口粮一时不给,每名暂发米粮果腹,岌岌之况,思之可危。近以寇扰频仍,商贾益形裹足,进款日少,用款方增,而江北罗掘计穷,别无可以筹画。

查咸丰十年春间,前署漕臣王梦龄奏准饬派有漕州县量力捐输,江西、湖南、东、豫等省及江北各州县一律遵捐,惟湖北经该省抚臣自行收捐,咨覆未办。嗣东省以捻匪迭扰借词延宕,豫省迄未解清,虽综计为数无多,而于饷需不无小补。且各该牧令均系国家豢养之臣,理应报效,众擎易举,尚不苦其所难。

除江北各属由臣分别劝谕外,合无仰恳天恩,俯念清淮军饷实已枯窘万分,饬下江西、湖南、湖北、河南、山东抚臣查核前次捐案,分饬有漕各州县照数派捐,解济淮饷。惟屈计冬漕为时尚早,并恳逾格鸿慈,饬于奉到圣谕后,先由各该省藩、道库内酌数筹垫起解,俟州县解捐□□归款,则一转移间,于各该省库款并无出入,而清淮防饷即可先济急需矣。所有援案筹捐缘由,谨缮折沥情具陈。伏乞皇太后、皇上圣鉴训示。谨奏。五月初九日。

同治元年五月十五日,议政王军机大臣奉旨:钦此。①

【案】此折于同治元年五月十五日得允行。《清实录》:

又谕:吴棠奏,饷需支绌,请饬有漕州县量力捐输,以资接济一折。清淮军饷本无外省协拨,又无州县应解款项,吴棠所奏自系实在情形。着沈葆桢、毛鸿宾、严树森、郑元善、谭廷襄遵即查照原案,各就地方情形,酌量派捐,解济淮饷,并着各该省先于藩、道库存项下酌量筹款垫解,俟州县捐解归款,以济急需而维大局。各该抚等其慎毋膜视也。将此由五百谕令知之。②

【案】王梦龄奏……咨覆未办:咸丰十年二月初六日,署漕督王梦龄奏请饬下江西等省解济清淮军饷曰:

再,臣因饷源告竭,不得已而有借拨之请,如蒙天恩俯准,暂可敷衍目前。然以后饷需必须预为之计,现在江路梗阻,商贾不通,几无可抽之厘,捐输则至再至三,层见叠出,且江北各州县无不逼近烽烟,即完善如里下河亦复迁徙频仍,劝捐实无把握,思维辗转,惟有劝谕官捐。查臣漕务所辖除江南之苏、松、常、镇及浙江、安徽两省现当军书旁午、暂从缓议外,其余江北各属及江西、两湖、东、豫五省,拟令有漕州县,按照缺分大小,或四五百两,或二三百两,量力捐输。然饷在各该员身享所有,无非圣朝雨露之恩,图报涓埃,分所应尽,况为数有限,并不苦其所难。而积少成多,于军需不无小补。臣现已捐

---

① 中国第一历史档案馆藏:军机录副,档案编号:03-4787-060。
② 《穆宗毅皇帝实录(一)》,卷二十八,同治元年五月中,第762页。

平备库平银一千两以为之倡，除发交筹防局收入军需项下造报，一面札饬各省粮道，责成实力劝谕，俟有成数，陆续解淮济用外，合无仰恳天恩，饬下江西、湖南、湖北、山东、河南各抚臣一体严饬遵照，并济清淮军饷。是否有当，伏乞圣鉴训示。谨奏。咸丰十年六月初六日，奉朱批：钦此。①

○四七　查明在籍藩司王藻经手捐款折

同治元年五月初九日(1862 年 6 月 5 日)

署漕运总督江宁布政使臣吴棠跪奏，为查明通州在籍藩司王藻经手团练捐款，并无干没情事，据实覆奏，仰祈圣鉴事。

窃查接管卷内，咸丰十年四月间，接准部咨：以在籍藩司劝捐军饷未经报销，奏奉谕旨：着王梦龄会同乔松年，严密确查，并提随同该员劝捐各绅士，讯明通、泰等处捐项数目、干没若干实据，奏明请旨，并饬令该员王藻先行交出银三十万两充饷等因。钦此。嗣经王梦龄等查明大概情形，现行陈奏，钦奉朱批：认捐钱文着掷还，仍令恪遵前旨，赶紧措缴，一面严讯确据，不准仍蹈姑息情面习气。若稍涉顾惜，该署督臣司等自问当得何罪。钦此。遵经王梦龄等委员复查，尚未覆到。臣到任后，复又钦遵严催。兹据两淮运司乔松年转据委员现署徐州道前通州知州张富年、候补知府金咸禀称：查得王藻于咸丰三年奉旨会同地方官办理团练，凡团练捐款皆归王藻一手收放。吊查卷案、帐簿，共解过捐输军饷等款银八万九千七十两、钱二万六千九百十八千八百八十文，又筹解钱七千六百

---

① 中国第一历史档案馆藏：军机录副，档案编号：03-4312-041。

千,按照年月,均有批回领据存卷,内有已请加广学额者,有已请未奖及未经请奖者,数目相符。该员本身所捐银二万四千两不在其内。其团练经费等项共用钱三十三万三千余串,内有津贴狼山营弁兵钱一万一百余千一款,经该委员等移营查覆,惟有三年间城门巡防等用一千三百十四百文系前右营游击黄登第任内经收开支之项,其余弁兵薪水等八千八百余千均属相符。所开壮勇口粮三十万五千串有奇。

查咸丰三年份勇数九百余名,四、五、六、七、八等年逐年减少,至十年四月苏、常失守以后,复增至九百余名。每名所发饷数亦系三年份最多,余俱有减无增。据传从前壮勇头目面讯,供称:王藻经放勇粮,每期于局中逐队唱名,当面给发。各年所放钱数,均系各勇亲身领回,并无不实等语。取具切结存案。所开咸丰三年起至十年九月止共用辛工饭食、纸张、油烛、赏归盘川等项二万一百余千,系属局中杂用,虽无从逐款核对,均属有帐可稽。据王藻亲供所称,捐户均在通州境内,并未捐及泰州。检查所呈收支清折,只有协济泰州团练之款,并无收取泰州捐户钱文。且查王藻于十年八月内奉到严查干没之谕旨,当即出局,不与团务。年余以来,访察舆论,实无赴泰州捐输之事,捐数亦无二百余万之说。收支各款均有册案可查,并无干没。声请核明覆奏前来。

臣详加覆核,此案奉旨严查,以有无干没为最要情节。兹据乔松年查明详覆:王藻并未在泰州劝捐,亦无劝捐二百余万之多;所解各项,均有案据;经放口粮,系在局按名给发,亦与底册相符。其开支杂款,时阅八年,仅止二万一百余千,且由局支销,为众同共见之款。所称并无干没之处,自属可信。应即先行覆奏请旨。至其应交银三十万两,已缴若干。前奉寄谕详查具奏,现据南北两台查覆,截止上年止,共解过银十四万九千一百三十千。嗣又据认解镇江军营三万千,又经臣奏明解交李世忠军营银二万两,均据陆续呈解。统计银钱合算共缴钱二十一万余千。合并声明。

除饬将其余交项赶紧措缴外,所有查明在籍藩司王藻经手捐款并无干没缘由,理合缮折覆陈,伏乞皇太后、皇上圣鉴训示。谨奏。五月初五日。

同治元年五月十五日,议政王军机大臣奉旨:户部查议具奏。钦此。①

【案】奏奉谕旨:着王梦龄……交出银三十万两充饷:此上谕《清实录》载曰:

丙寅,谕内阁:户部奏,在籍藩司劝捐军饷,未经报销请奖,请严查究办一折。江苏在籍前任湖南布政使王藻,自咸丰三年在本籍通、泰一带办理劝捐,声名狼藉,众怨沸腾,该员经手所收捐项不下二百余万,作何动用,既未报销,又未呈报请奖等语。该部既查无奏咨给奖案据,即该员本身所捐银二万四千两,亦难保无将他人捐项作为己资、冒邀奖叙情弊。着王梦龄会同乔松年,严密确查,并提随同该员劝捐各绅士,讯明通、泰等处捐项数目、干没若干实据,即行奏明请旨,并饬令该员王藻先行交出银三十万两充饷,其余仍照数分限严追,如该员恃符狡赖,不即完缴,即行参革监追,查抄家产变抵,按律治罪,以为侵蚀捐项者戒。②

---

① 中国第一历史档案馆藏:军机录副,档案编号:03-4893-081。
② 《文宗显皇帝实录(五)》,卷三百二十七,咸丰十年八月上,第869页。

○四八　奏请仍准照捐亩捐、房捐济饷片

同治元年五月初九日(1862年6月5日)

再,臣前准部咨:议覆御史陈廷经等奏请严定抽厘章程一折,请旨饬下各省督抚、各路统兵大臣,除厘捐之外,其指捐、亩捐、树捐、房捐等项名目一概禁止。其乡村小镇贫民下户及肩挑贸易小本营生,概不准其抽厘,以免扰累等因。奉旨:依议。钦此。钦遵咨照到臣。当即恭录行知各台局遵照。伏查江北各属现有厘局俱在通衢集镇,并未于乡僻村庄设局抽收。且分卡虽多,大抵为稽查绕漏而设,如粮台及清淮筹防,均止各抽一次,并非逐卡报捐。其肩挑贸易小本营生,本不准稍有扰累,此系江北现办情形。惟稽查偶有未周,则蒙蔽恐不能免。

臣仰承训谕,刻以力祛积弊为怀,叠经严饬台局大员认真访察,如有弊混情事,定当从严参处,以挽颓风。至亩捐一项,现惟扬、通两属举办,查系咸丰十年五月间钦奉谕旨饬令前署漕臣王梦龄及两淮运司乔松年承办之件,除按照各州县田亩、册籍剔除灾区并二十亩以下零星小户外,其二十亩以上熟田,按亩酌捐,约计可收钱三十万串有奇。现已缴过银五万余两、钱五万余千,凑放江北大饷,深资接济。且以剔除小户并不至于苦累贫民。其房捐一项,出自业户,取自殷富之家,每年仅止抽收两月,况近因江南各处迁居至江北者较多,房价增至数倍,计分其赁值赢余不过十之一二,是以数年以来,相安无事。以上两款皆为粮台济饷大宗,当此饷源万绌之秋,若遽行一律停止,则供支更有束手之虞。据两淮运使乔松年、现办江北粮台许道身沥情具详请奏前来。

合无仰恳天恩，俯念饷需支绌，将亩捐、房捐两项仍准照捐，实于军储大有关系。至指捐现已停止，树捐并无此项名目。合并声明。伏乞圣鉴训示。谨附片具奏。

同治元年五月十五日，议政王军机大臣奉旨：知道了。钦此。[①]

【案】御史陈廷经等奏请严定抽厘章程一折：咸丰十一年十月十五日，山东道监察御史陈廷经具奏：

山东道监察御史臣陈廷经跪奏，为敬陈管见，仰祈圣鉴事。窃惟皇上御极之初，宵旰勤劳，恩威并济，内外臣工无不洗心涤虑，共希上理。惟念当今积弊相沿，有积重难返，而又不可不加整顿者。臣虽未得其方，不敢不将受弊情形缕陈圣听。一、国用乏绌，宜亟筹通边也。我朝定鼎以来，满洲、蒙古、汉军各有八旗，二百余年，生齿日繁，生计日蹙，以数百万之众，皆仰食于天家，且严禁逃旗，不使出外，其弊必至。如北宋之养兵、前明之宗室，而后已不可不深虑也。盖兵有定额，饷有定限。国初百物流通，人民稀少，尚借不时之恩赉以济其生，况今日钱法庸滞，食用昂贵，即以一人之粮养其一人且患不足，况一家乎？故近年以来，有迫于饥寒，不顾性命，如西直门外全家投河者，有每次叩阍以无可谋生、情愿流放、不致枵腹为辞者，有作生意、手艺、演戏、唱曲及为人佣工者，有街衢抢夺食物，甚至明火执仗敢为盗贼者。观其迹则异，而原其情

① 中国第一历史档案馆藏：军机录副，档案编号：03-4934-050。此片具奏日期军机录副署为"同治元年五月十五日"，即朱批日期，未确。兹据同日朱批折件校正。

则同。是当日厚之之心转为今日病之之地矣。臣读乾隆十年御史柴潮生理财三策,疏云:满洲闲散及汉军八旗皆宜设法安顿,其安顿之法,一则曰开边外之屯田,以养闲散;一则曰给数年之俸饷,散遣汉军。法良意美,惜当时未克举行。延至今日,丁口之盛十倍于前,既不许逃亡,又不能养育,惟坐视其穷饿而死、犯法而死,安得不亟为之所也?至于正身披甲在京当差兵丁,犹宜认真训练,以期一兵得一兵之用,而后兵不虚设;一饷得一饷之实,而后饷不徒费。老弱必汰,缺额必补,技艺必娴习,器械必修明,虽百年不用,不可一日不备。臣以为今日要务无急于此者。伏乞皇上深留圣虑,并饬公忠有识之王大臣详议,可否以渐施行。一、民力凋敝,宜亟加轸恤也。自军兴以来,设立劝捐、抽厘二局,原为协济军需起见,乃奉行日久,百弊丛生,各直省世家大族当此财用乏绌之时,愿毁家纾难者,固不乏人,自捐局设,而不肖州县通同本地绅矜,即借办公之名,以为肥己之计,往往殷实之家可多捐者,或交通贿赂,竟可少捐;其力不能捐者,反多方勒逼,缘一县之内上户至少,中、下户最多,地方官惟将上户巨款报解,而中下户所捐者,分之见少,合之见多,一概并入私囊,无从查考,任意勒索,以致民不聊生,流离转徙者,不可胜数。至抽厘之局,宜于各省有名镇市商贾云集之地,设局施行,不宜扰及各县小镇。且抽厘者自一厘至数厘为止,加至一分,则非厘矣。近闻各省厘局但有抽厘之名,实则抽分抽钱,有加无已。凡水陆通衢以及乡村小径,皆设立奉宪抽厘旗号,所有行商坐贾均于发货之地抽之,卖货之地又抽之;以货易钱之时,计其钱数抽之;以钱换银之时,又计其银数抽之。甚至资本微末之店铺、肩挑步担之生涯，或行人之携带盘川，或女眷之随身包裹，无不留难，搜括不遗余力。故善良者裹足吞声，强悍者负固不服，甚至聚众拆局，激成民变。虽督抚派兵弹压，不敢深究，以致益长习风，其弊有不可胜言者。夫田赋之外有亩捐，是加赋也；关税之外有抽厘，是加税也。皇上轸念民艰，苟非万不得已，安忍出此？如果征敛皆入于官，岂无裨于军饷？无如办理难得其人，一局之中支应去其大半，侵渔去其大半，徒使富民日剥以至于贫，贫民无所得食，以致生乱。是大不利于民而又无益于国，岂不殆哉！应请旨饬下各直省督抚酌改章程，力除弊窦，劝捐惟计亩均输，不宜勒逼抽厘，则相地设局不可蔓延，庶足以纾民困而培国脉。抑臣更有请者，东南数省抽厘之法试行已久，但须设法变通，去其太甚。至北五省密迩京师，民心尤宜固结，民力尤宜展舒，应请皇上特沛天恩，概行停止，则百万苍黎欢欣鼓舞，将见众志成城，畿辅屏藩，均臻孔固矣。以上二条，臣管见所及，是否有当，谨具折上陈，伏乞皇上圣鉴。谨奏。咸丰十一年十月十五日。[①]

○四九　请饬粤抚、粤海关监督拨银济饷片

同治元年五月初九日（1862年6月5日）

再，臣仰蒙特达之知，俾权漕督，兼领军符，未能速扫狂氛、上抒宵旰，尚复以清淮防饷烦渎宸聪，循省五中，能无负疚！是以久有乞饷之请，而迟迟未敢上陈。然目击饥军，一筹莫展，万一缺饷

① 中国第一历史档案馆藏：军机录副，档案编号：03-4186-092。

贻误，更无以仰答高深。当此楚、皖各军正在得手，粤匪之穷极思窜，既不得不严为之防，而西捻蓄意东窜，尤应力筹扼剿。清淮现有兵勇，万不能以饷绌而稍有汰裁。前折所请有漕州县捐输为数无几，此时大局困窘，附近各省均无可筹之饷，惟查粤东现已肃清，盐、关各库较之他省进款较多，惟有再恳圣恩，饬下广东抚臣、粤海关监督，于运库、海关各拨银五万两，俾济饷需而维大局。如蒙俞允，并请饬令由海道解至上海，转解来浦，庶可克期济用，无任惶悚待命之至。谨附片陈恳，伏乞皇太后、皇上圣鉴。谨奏。

同治元年五月十五日，议政王军机大臣奉旨：钦此。①

●议政王军机大臣字寄：署漕运总督吴：同治元年五月十五日，奉上谕：吴棠奏，攻克海属羽山莲子湾贼圩，该匪逃聚朱洲圩内负嵎固守，袁世功等现在四面扎营进逼，昼夜环攻，并派都司张保圣等带马步队六百余名，驰赴海州助剿等语。该匪盘踞朱洲，深沟高垒，虽经官军叠次轰击，而急切未能得手，亟应设法围攻，为一鼓歼除之计。着吴棠督饬袁世功、黄金韶，并添派督带马队之张保圣等，列营进逼，将朱洲贼圩迅速攻拔，以期及早肃清。海州本系完善地方，该署漕督务将此股土匪悉数歼除，尽法惩治，毋得稍涉疏懈，致令财赋之区被匪蹂躏，是为至要。将此由五百里谕令知之。钦此。遵旨寄信前来。②

---

① 中国第一历史档案馆藏：军机录副，档案编号：03-4934-051。再，此奏片具奏日期军机录副署为"同治元年五月十五日"，即朱批日期，未确。兹据同日朱批折件校正。

② 台北故宫博物院藏：军机及宫中档，文献编号：408018034。

○五○　请将英禄等员休
致、革职、改教折

同治元年五月十九日(1862年6月15日)

　　署漕运总督江宁布政使臣吴棠跪奏，为甄别庸劣不职各员，以昭儆戒，以敦风俗，恭折具奏，仰祈圣鉴事。

　　伏思礼义廉耻，国之四维，吏治导其先声，民俗因之移易。舍此而治，厥患甚大。人心喜放恣，则礼义目为迂疏；世俗竞浮华，则廉耻渐多渐灭。臣渥受深恩，不加整顿，吏治何以有起色！江北一隅完善，趋者若鹜；淮扬风气，尤当揣摩。多生希冀，总缘近时得官太易，趋利太殷，取巧之计太工，办公之心遂太拙。臣到任后，细加遴访，其稍知自爱勉为善良者，固宜逐一延求；而庸劣不耻，难期改悔，亦不敢不严加厘剔。

　　臣查署盐巡道英禄、候补知府马濬，向系南河人员。英禄才具庸懦，马濬在江北粮台习气太深，难期振刷，相应请旨将英禄以候补道原品休致，马濬革职永不叙用。又，查有候补知府陶金诒，前在署淮安府任内办事昏庸，候补同知孙超在江南粮台恃才妄作。该二员均请即行革职。又，查候补同知彭以竺，年力就衰；大挑知县王献琛，才具迟钝。惟念彭以竺系进士出身，王献琛系举人出身。该二员文理尚优，应请将彭以竺改为教授、王献琛改为教谕，归部铨用。又，查徐州府经历张甲第，少年轻躁；宿迁县典史程南春，品行卑污，均请即行革职，以示儆戒。

　　臣蒙皇上特达之知，不敢以偏恶偏好妄逞臆私，尤不敢以避怨避嫌稍涉饰混。所有甄别各员，是否有当，伏乞皇太后、皇上圣鉴

吴棠集

训示。谨奏。五月十九日。

同治元年五月二十五日,议政王军机大臣奉旨:钦此。①

【案】此折于是年五月二十五日得允行:

同治元年五月二十五日,内阁奉上谕:吴棠奏,请将庸劣不职各员分别惩处一折。候补道英禄才具庸懦,着以原品休致。知府马澹习气太深,着革职永不叙用。陶金诒办事昏庸,候补同知孙超恃才妄作,均着即行革职。候补同知彭以竺年力就衰,着改为教授。知县王献琛才具迟钝,着改为教谕。徐州府经历张甲第少年轻躁,宿迁县典史程南春品行卑污,均着即行革职。该部知道。钦此。②

○五一　奏报剿捻出力文武员弁请奖折

同治元年五月十九日(1862年6月15日)

署漕运总督江宁布政使臣吴棠跪奏,为遵旨查明历次截剿东窜大股捻匪尤为出力文武员弁,并请准盐、阜、安、沭等属堵剿著绩之员弁绅团,择尤核实,分缮清单,恳恩给奖,以昭鼓励,恭折奏祈圣鉴事。

窃臣前奉上谕:吴棠奏,驰剿东路捻股叠胜一折。在事各员虽未据吴棠奏请奖叙,而览其所奏,以少击众,剿办尚属出力,着吴棠择尤保奏,候朕施恩。钦此。嗣臣续奏攻克众兴并盐、阜等处防堵

① 中国第一历史档案馆藏:军机录副,档案编号:03-4705-212。
② 中国第一历史档案馆编:《咸丰同治两朝上谕档》,第 12 册,第 255 页;《穆宗毅皇帝实录(一)》,卷二十九,同治元年五月下,第 785 页。

各员弁兵团,恳恩准入剿匪案内奏保折片,奉上谕:着准其择尤保奏,以示激劝,其防剿盐、阜交界射阳湖并安、沭守城、守圩及桃源等县随同官军防守圩岸出力之员弁团练,均着准其汇入前次奉旨准保案内,核实奏保,毋许冒滥。钦此。又续附奏平桥、汉河、蒋坝、高涧等处剿匪获胜、齐心用命之各营员弁兵勇,可否归入汇案酌保数员并分别议叙之处,奉旨:准其汇案酌保。钦此。均经臣随时恭录宣示,各营将士及各属文武绅团同声感激,仰戴圣慈。

伏查捻首李成等纠集数万悍匪,东窜清淮北岸,垂涎里下河完善之区,势甚猖獗,幸赖皇上天威,将士用命,各路堵剿应手,得以力挫逆锋。二、三月内,另股捻众更番东扰清淮南岸,情形危急,应接不暇。乃平桥、汉河叠获大捷,蒋坝、高涧屡得胜仗,清淮上下各员弁绅团俱能奋勇争先,随军助剿,地方一律肃清,实为臣始预所不及。良田特恩先沛,凡在戎行,无不共思效命,钦感皇仁永无涯浃。兹据各镇将道府开折请奖前来。臣谨秉公甄核,严加删减,除出力稍次者酌给功碑,千总以下等弁照例咨部奖叙外,所有提督衔川北镇总兵鹤龄、提督衔天津镇总兵安勇、记名总兵甘肃金塔寺营副吴奉龙、甘肃庄浪协副将刘琼、尽先副将冯玉亭、二品顶戴前淮扬道朱善张、江安粮储道王朝纶,调度有力,布置严密,均拟请旨交部从优议叙。

其余尤为出力之文武员弁绅练,经臣详悉核定,注明劳绩,分缮清单,恭呈御览,可否邀恩准奖、以昭激劝之处,出自逾格鸿慈。谨遵旨恭折具陈,伏乞皇太后、皇上圣鉴。谨奏。五月十九日。

同治元年五月二十五日,议政王军机大臣奉旨:钦此。①

---

① 中国第一历史档案馆藏:军机录副,档案编号:03-166-8374-18。

○五二　呈堵剿捻匪出力之清
淮各属文武员弁清单

同治元年五月十九日（1862 年 6 月 15 日）

谨将堵剿捻匪出力之清淮上下各属文武员弁绅练，缮具清单，恭呈御览。

蓝翎同知直隶州用江苏候补知县龚元钺，蓝翎同知衔江苏候补知县汪嗣晋、胡玉燕，蓝翎安徽候补知府王启秀，蓝翎都司衔署扬州营左军守备王兆海，蓝翎尽先守备王鹤皋，蓝翎知州衔江苏候补知县王延赉，蓝翎候补同知直隶州署阜宁县知县崔绳祖，蓝翎同知衔署安东县知县宋传燧，蓝翎同知衔署桃源县知县李振黉。以上十员，筹谋防剿，决机应敌，不避危险，功绩懋著。均拟请赏换花翎。

侍读衔翰林院编修王凯泰，淮北盐掣同知武祖德，江苏补用同知直隶州知州舒康，户部候补主事秦焕，升用知府候补同知章仪林，蓝翎补用同知直隶州山阳县知县王崧林，升用同知直隶州署清河县知县万青选，分发四川候补同知刘瑜。以上八员，随剿奔驰，勤能倍著，兼整团练，布守井然。王凯泰拟请赏加四品卿衔，武祖德、舒康拟请赏加知府衔，秦焕拟请赏加员外郎衔，章仪林拟请免补同知，以知府归江苏补用。王崧林拟请开缺，以同知直隶州补用，并赏戴花翎。万青选拟请俟补同知直隶州后以知府升用，先换顶戴。刘瑜拟请俟到省补缺后以知府用，先换顶戴。

尽先副将杨玉珍，副将衔尽先参将唐宏成，升用参将马步云，同知用候补知县署邳州知州马步瀛，署宿迁县知县江苏候补知县吴元汉，同知衔署沭阳县知县江苏候补知县将懋勋，同知衔江苏候补知县查祥考，尽先游击候补都司署漕标城守营参将穆恒德，尽先游击漕标左营守备恒贵。以上九员，分隘守御，带队攻剿，尤为出力。杨玉珍拟请赏加总兵衔，唐宏成拟请以副将用，马步云拟请加副将衔，马步瀛拟请赏戴花翎，吴元汉拟请赏戴花翎，并加同知衔。将懋勋拟请免补本班，以直隶州仍留原省补用。查祥考拟请俟补缺后，以同知直隶州补用。穆恒德拟请以参将尽先选用，恒贵拟请开缺，以游击尽先补用。

知府衔前四川蓬州知州高士魁，同知直隶州用补用知县何庚朗，盐提举衔候补通判秦如菜，候选同知盱眙县知县郑炳文，同知衔署宝应县知县何炳葵，五品衔宿迁县教谕徐宗敬，同知衔盐城县知县联瑛。以上七员，防剿兼筹，力挫寇氛，不辞劳苦，化险为平。高士魁拟请赏加道衔，何庚朗拟请赏加运同衔，秦如菜拟请以同知升用，郑炳文系由南河县丞升补安徽盱眙县知县，拟请开缺，仍以沿海同知留于原省补用。何炳葵拟请赏戴蓝翎，徐宗敬拟请以知县不论双单月选用，联瑛拟请俟补缺后，以同知直隶州补用。

都司衔尽先守备李允芳，尽先补用守备李素丰、赵臻禄，候补千总汪廷标，漕中营千总叶定标，守备衔尽先千总漕左营把总高绵荣。以上六员，打仗果敢，劳绩楙著。李允芳、李素丰、赵臻禄，均拟请以都司尽先补用。汪廷标、叶定标、高绵荣，均拟请以守备尽先补用。

候选布理问沈振声，知县用山东分缺先县丞朱桂桢，运同衔前海阜通判降三级黄程直，江苏候补县丞韩汝纲、朱光照，江苏分缺简用县丞褚恩寿，试用县丞陈阶溥、龚乃和，江苏候补县丞万瑾、俞洵、汤世熙、王滨、黄靖、萨梅臣。以上十四员，分扼堵剿，屡却寇

吴棠集

氛,在事尤为出力。沈振声拟请俟补缺后,以知州选用。朱桂桢拟请免补本班,仍归山东以知县补用。黄程直拟请开复降三级处分,仍以通判留江苏补用,并赏还原衔。韩汝纲、朱光照,均拟请以知县仍留江苏即补。褚恩寿等九员,均拟请俟补缺后,以知县用。

同知衔即选知县石寿棠,署淮安府教授范培,遇缺选用训导吴炳宸,安东县教谕柏杰,候选府经历龚谷,候选县丞许翰文,江苏候补县丞邓维濬。以上七员,守御应敌,叠挫凶锋。石寿棠拟请俟选缺后,以同知即选。范培、吴炳宸、柏杰,均拟请俟选缺后,以知县不论双单月选用,吴炳宸并请赏加同知衔,柏杰并请在任候选。龚谷、许翰文,拟请选缺后以知县用。邓维濬拟请俟补缺后,以知县用。

泰州营守备郑元龙,浙江候补县丞吴銮,候选县丞程载春、李澄泉,同知衔教习候选知县丁寿征,知县用山东候补县丞觉罗保谦。以上六员,随队助剿,扼守著绩。郑元龙拟请以都司升用,先换顶戴。吴銮、程载春、李澄泉,均拟请俟补缺后,以知县用。丁寿征拟请俟分发到省后,归候补班前尽先补用。保谦拟请免补本班,以知县用。

海安河营守备王立,候补守备蔡国宾,尽先守备陈勋,应升升用分缺先选训导蔡觐云,国子监子正候选教谕丁一鹏,遇缺选用教谕张星亘。以上六员,设防备剿,履险著劳。王立等三员拟请以都司用,蔡觐云等三员均拟请俟选缺后,以知县选用。

同知衔江苏候补知县张衍畴,江苏候补知县沈燿,候选知县钱崇基,候选布理问陈弼周,尽先选用知县山阳县教谕吴超,两淮署新兴场大使候补大使陈学洪,董事理问衔季璧聚,五品衔孙佩华,州同衔杨启源。以上九员,督练助剿,危险不辞,在事出力。张衍畴拟请俟补缺后,以同知直隶州用。沈燿等八员,均拟请赏加同知衔。

候补守备曹义，候补卫守备杨永裕，守备所千总衔朱大器，守备衔署宝应城守千总马宗贵。以上四员，防剿得力，守御勤劳，均拟请赏加都司衔。

六品衔沭阳县县丞刘镇，代理沭阳县教谕试用训导徐宝书，候选知县朱百梅、蔡国华，知县用江苏候补县丞林绍芝、陶祖厚。以上六员，躬整练队，剿匪著功。刘镇拟请以知县用。徐宝书拟请赏加光禄寺署正衔。朱百梅、蔡国华拟请俟选缺后，以同知直隶州用，先换顶戴。林绍芝、陶祖厚均拟请免补本班，以知县用。

河标中营把总千总衔陈永福，河南抚标尽先千总谢鸿保，海州营外委尽先千总陈太安，升用千总严必成，尽先把总张全胜，漕右营把总尽先千总秦兆祥，漕右营千总叶殿元。以上七员，带队随剿，战无不胜。均拟请以守备尽先升用。

句容县县丞杜代侃，浙江候补从九品李瑞青，从九品郭璠，候选从九品王永年，选用训导潘桐，州同衔捐职主簿许凝秀，光禄寺署正衔杨嘉元，署安东县典史管泳仁。以上八员，分守城关，布置精当，力遏寇氛。杜代侃拟请开缺，以知县用。李瑞青、郭璠均拟请赏加布理问衔。王永年拟请俟选缺后，以主簿选用。潘桐拟请分发省份试用。许凝秀拟请俟选缺后，以县丞选用。杨嘉元拟请以本班归双月选用。管泳仁拟请赏给六品顶翎。

漕中营外委尽先千总杨焕如，漕右营外委尽先千总张士昌，武举拣选衔千总郝瑞龙，升用守备革职河标中营千总徐本宽，尽先千总文立生，千总用把总蒋恒胜。以上六员，遇仗争先，防剿出力。杨焕如等三员均拟请赏加守备衔。徐本宽拟请开复原官，以守备用。文立生拟请俟补缺后，以守备用。蒋恒胜拟请以千总尽先补用，并加守备衔。

附生李其煟、杨逢辰、丁式堃、孙杓、李瀛仙、李瀛洲、孙皋、张鼎、陆鑅,岁贡生成集成,廪生周凤翔、曹煜,优贡生刘念曾,副榜贡生邱禄来,附贡生郑殿琴,文生程立煊、陈瑞芝,增生王筮晋,州同衔张灿。以上十九名,督练御寇,不辞艰辛,异常出力。李其煟等十二名,均拟请以训导不论双单月选用。刘念曾、邱禄来,拟请以教谕不论双单月选用。郑殿琴、程立煊、陈瑞芝,均拟请以训导选用。王筮晋、张灿,均拟请赏给五品衔。

署清河县训导董桢,候选训导徐瑞国,廪生吴兆文,贡生孙埠,文生薛文彪,监生孙堂,浙江分缺先用从九品李元庚,监生陈中阶、蒋觐典,董事从九品衔孙得麒,理问衔李燮。以上十一员名,整办团防,奋勉急公,劳绩久著。董桢拟请赏加光禄寺典簿衔。徐瑞国等四员,均拟请赏加光禄寺署正衔。孙堂拟请赏加六品衔。李元庚以下五员,均拟请赏加州同衔。

桃源县典史杨涟,古城司巡检严德基,遇缺补用巡检陈铭勋,候补从九品洪淦,候补未入流高鸿材,候补府经历方希聪。以上六员,随队奔驰助剿,不遗余力。杨涟等五员,均拟请以应升之缺升用。方希聪拟请归候补班前先用。

南河候补主簿陈启丰,县丞用分发补用从九品吴调鼎,应升升用惠济闸闸官张建堂,双月候选县丞张佩琳,候补从九品王秉钧,即选从九品叶复源、朱桂生、冯锡纯,江苏候补从九品吴甫田。以上九员,随营调遣,扼剿著劳,早夜匪懈。陈启丰拟请以县丞升用。吴调鼎拟请免补本班,以县丞分发补用。张建堂拟请俟升缺后,以县丞用。张佩琳拟请以本班不论双单月即选。王秉钧拟请俟补缺后,以县丞用。叶复源拟请以本班分发省份补用。朱桂生、冯锡纯,均拟请以县丞用。吴甫田拟请以本班尽先前补用。

练董卜晋铨，监生吴流谦、吴庆桂、袁斗杓、赵德三、赵培、胡廷选，理问衔唐奎，从九品衔把总石履衡，六品李振镛，武举陈清彦、孙之桢，候选理问王寿宝，从九品施德枢。以上十四名，集练防河、守圩，助官剿匪出力。卜晋铨等七名，均拟请以从九品选用。唐奎拟请以县丞选用。石履衡请加县丞衔。李振镛请加理问衔。陈清彦请加五品衔。孙之桢请加守御所千总衔。王寿宝拟请赏加知州衔。施德枢拟请以主簿选用。

军功陈东初，书识朱占勋、林黉、华应先。以上四员，履险随营，办公慎密，辛劳最久。均拟请以从九品不论双单月，遇缺即选。

游击衔淮安府守备陈迪怡，河标候补守备许春浦，升用卫守备何均，庚申科会试贡士裴荫森，即选知州王锡龄，湖北补用知县丁善征，盐提举衔江宁府北捕通判任成林，江宁府南捕通判德明，候补通判黄若臣，尽先选用通判程均，洪湖营尽先把总刘锡纯，候选同知高德隅，千总衔淮安城守营外委孙忠科，尽先千总漕左营把总浦永泰，千总衔把总张殿甲，河营宝应汛把总郑锦，光禄寺署正吕传机，光禄寺署正衔程增贤，江防营把总王鸿恩，河标中营尽先把总韩如，尽先把总汤焯、张建功、吴学勤、马福元，河标候补把总曹庚扬，河营尽先补用把总高增，前镇江府训导徐德怀，候选布经历龚稚，沭阳县练营候选训导陈遐庆，江苏候补府经历任治，候补盐知事宫怀忠，理问衔县丞调署沙沟司巡检解世纯，盐知事衔借补乌沙河巡检杜保恩，泰州营把总汤怀仁，候补县丞陈治平，漕中营外委季春芳，淮安城守营尽先外委张溁、徐兆祥，漕右营尽先外委张士勋，同知衔林濩，记名额外外委朱殿元，州同张树人，京口右营外委张锦春，理问衔清河县典史徐元浩，泰州营记名外委周锦鳌，候补典史石如松、吴调元，候补从九品周元城、时福春、万宝成、陈官缙、陈桐、单显生、高捷、黄春麟、戴云祥,淮安城守营马兵黄渐奎,七品衔候补协防高彤,练总州同衔丁德五、丁如茯,董事从九衔吴允恭,圩总从九品丁礼五,军功刘玉发、胡觐扬,练总桑凤池、陈诩清、施廷诜、陆先得,驻盱水师尽先把总李长年、李荣,山盱营协防邱铨,外委张全忠。以上七十二员名,带队应敌,战功卓著,整练筹防,历久靡懈,均拟请赏戴蓝翎。李长年、李荣,并请以千总拔补。邱铨、张全忠,并请以把总拔补。

议政王军机大臣奉旨:览。钦此。①

○五三　呈历次剿匪尤为出力员弁、兵勇清单

同治元年五月十九日(1862年6月15日)

谨将历次攻剿东窜大股捻匪尤为出力文武员弁兵勇,缮具清单,恭呈御览。

记名总兵广东三江口协副将刘成元,纪律严明,兵民翕服,两援清淮,战功楙著,拟请赏加提督衔。

管带楚良勇尽先副将洪光明,尽先选用副将蔡觐贤。以上二员,打仗勇敢,晓畅营武,拟请赏加总兵衔。

副将衔尽先游击署河右营游击张振西,甘肃镇羌营游击程锡善。以上二员,奋勇陷阵,目无强寇,战功楙著,教练严整,拟请赏加勇号。

在籍前直隶清河道鲍桂生,在籍候选道蔡觐龙。该员等随军助剿,功绩卓著,谋画优长,布守辛勤。鲍桂生拟请赏加按察使衔,

---

① 中国第一历史档案馆藏:清单,档案编号:03-166-8374-19。

蔡觐龙拟请赏加盐运使衔。

头品顶戴前陕西延绥镇总兵王万清，胆勇出众，两援清淮，打仗著绩，调度有方，前因与骁骑校口角有乖体制，经都兴阿奏参革职留营，嗣因著功，奏奉赏复总兵顶戴，今拟请开复革职处分。

参将衔尽先游击徐镇中营夏镇守备王靖保，胆识兼优，屡冒锋镝，功绩丕著，营务练达，拟请免补游击，以参将尽先补用，并赏加副将衔，开出守备底缺。

统带选锋营山东补用参将姚广武，管带孚胜营尽先游击张从龙，游击衔尽先选用都司熊朝鉴。以上三员，遇敌争先，屡歼巨寇。姚广武拟请免补参将，仍归山东尽先升用。张从龙拟请免补游击，以参将尽先升用。熊朝鉴拟请免补游击，归湖南遇缺尽先补用。

副将衔前河营参将蔡天禄，署漕中协副将拣发参将富山，管带驻盱水师参将李振基，尽先参将杨得荣。以上四员，打仗勇往，身先士卒。蔡天禄拟请免补参将，以副将用。富山、李振基拟请赏加副将衔，杨得荣拟请以副将升用。

参将衔尽先游击陕西洮岷营都司李仕贵，尽先游击署漕左营都司吉庆。以上二员，打仗奋勇，劳绩迭著，均拟请免补游击，以参将尽先选用。

副将衔署河中协副将即补游击袁世功，统带义勇营尽先游击吴凤柱，甘肃宁夏镇后营都司尽先游击郭兴安，直隶正定镇固关营守备尽先游击司殿扬，升用游击王正标。以上五员，战功楙著，部伍齐整，均拟请以参将尽先升用。

管带乾勇湖南候补游击刘成麟，帮带贵州镇远官兵升用游击谢洪恩，户部河南司郎中王荫棠，道衔候补知府杜文澜。以上四员，剿匪出力，勤劳久著。刘成麟拟请免补游击，以参将仍留湖南尽先补用。谢洪恩拟请免升游击,以参将尽先补用。王荫棠、杜文澜,均拟请以道员用。

管带发勇营江南尽先即补都司李金榜,管带健勇营尽先都司滕国栋,管带贵州兵尽先都司长寨营守备黄家富,骁勇游击衔尽先守备朗洞营千总廖长明。以上四员,奋勇破敌,战功最著,均拟请免补都司,以游击尽先补用。

尽先都司龚文林、陈顺超。该二员打仗勇敢,不避矢石,尤为出力,均拟请以游击升用,并加参将衔。

甘肃巴里坤城守营都司王来林,陕西延绥镇把总尽先都司华芳春,陕西汉中宁陕营把总尽先都司王永祥,山东兖中营把总尽先都司贾宗江,直隶正定左营守备尽先都司张云程,游击衔尽先都司湖南提标右营千总梁桂芳,候补都司黎占雄。以上七员,打仗出力,营务老练,均拟请以游击补用。

尽先选用都司陈浚家,前攻天长,奋勇争先,左臂受枪子重伤。此次剿捻尤能身历行间,督队力战,拟请免选都司,以游击尽先选用。

南河学习工部主事郜云鹄,道衔扬州府知府前署淮安府知府颜培瑚,尽先都司龚文福,都司衔尽先守备王鸿友,遇缺即选知县魏邦庆,遇缺即选县丞汤佶昭,尽先选用从九品李思谦。以上七员,管队打仗,不避艰险,杀贼最多,尤为出力。郜云鹄拟请以直隶州知州留于江苏补用。颜培瑚拟请开缺,以道员补用,并赏戴花翎。龚文福拟请免补都司,以游击遇缺即选。王鸿友拟请免补守备,以都司尽先选用,并请赏加游击衔。魏邦庆拟请选缺后,以直隶州知州用,先换顶戴。汤佶昭拟请免选本班,以知县留于江苏补用。李思谦拟请免选本班,以县丞遇缺即选。

管带忠勇营蓝翎都司衔署外南营守备刘佐廷，山东安东营把总蓝翎尽先守备霍桂清，直隶正定镇左营千总蓝翎尽先守备曹士珍。以上三员，杀贼奋勇，训练认真，均拟请以都司尽先补用，并赏换花翎。

尽先即选守备李怀珍，尽先即选守备徐镇萧营额外刘鹤年，江苏即补直隶州知州李廷华，管带楚良勇即补知县浙江金华府经历方正发，即选县丞孙孙士希，江苏候补府经历县丞师长乐。以上六员，打仗争先，功绩久著。李怀珍拟请免选守备，以都司归江南尽先即补。刘鹤年拟请免补守备，以都司尽先即补，并开额外弁缺。李廷华拟请赏加知府衔。方正发拟请免补本班，以同知直隶州知州补用。孙士希拟请免选县丞，以知县不论双单月遇缺即选。师长乐拟请免补本班，以知县补用。

都司衔尽先即补守备李定邦，直隶马兰镇黄花山守备李仲良。以上二员，打仗果敢，杀贼最多，均拟请以都司尽先升用，并请赏加游击衔。

统带安勇副将尽先参将朱光廷，署漕右营游击拣发游击庆连，候补道承志，选用知府宋锡庄，道衔廪贡生程立炜。以上五员，督队攻剿，功绩炳著，均拟请赏戴花翎。

蓝翎尽先守备陈顺理，尽先守备严应超，都司衔守备骆得胜，蓝翎即选同知包国瓒，裁缺宿迁南岸主簿周彝，江苏候补从九品李锦文。以上六员，打仗出力，防剿可靠。陈顺理拟请以都司归湖北提标遇缺即补，并赏换花翎。严应超拟请免补守备，以都司留于江苏遇缺即补，并加游击衔。骆得胜拟请以都司尽先选用，并加游击衔。包国瓒拟请赏加运同衔。周彝、李锦文，均拟请免补本班，以县丞用。

都司衔守备汪升发，尽先守备梁朝灏、王登云、蔡裕，守备衔尽先千总黄国龙，即用守备王国栋。以上六员，冲锋陷阵，迭著勤劳。均拟请免补守备，以都司尽先即选。

游击衔南河尽先守备应升升用张德华，升衔前瓜洲营守备曾广楹，管带忠义勇升用都司守备邱尊谦。以上三员，打仗得力，带队严整。张德华拟请免补本班，以游击尽先补用。曾广楹、邱尊谦，均拟请加游击衔。

佃湖营千总尽先守备张垤，山东兖右营千总尽先守备刘守训，陕西汉中营千总尽先守备王兆杰，直隶通州协右营守备邓武成，直隶督标左营千总尽先守备董宴，都司衔候补守备孙尚年、黄中理，湖北远安营把总尽先守备潘顺，都司衔候补守备李魁元。以上九员，打仗著功，约束整肃，均拟请以都司尽先升补。

管带陕西官兵都司衔尽先守备陈振邦，管带贵州兵尽先守备古州右营外委杨胜云。以上二员，奋勇破贼，辛劳迭著，均拟请免补守备，以都司尽先补用。

尽先守备孙广恩、瞿占彪，世袭云骑尉吕伟林。以上三员，每战争先，功勤茂著，均拟请赏加都司衔。

守备衔尽先千总王云祥，五品花翎尽先把总孙金和，五品衔尽先千总李宗孟，升用千总张正芳。以上四员，打仗得力，久著勤劳，均拟请免补千总，以守备尽先补用，并赏加都司衔。

湖南提标左营尽先千总谢国恩，尽先千总催得胜，五品蓝翎张兴仁。以上三员，打仗冲锋，屡歼强寇。谢国恩、催得胜拟请免补千总，以守备尽先选用，并赏加都司衔。张兴仁拟请以守备尽先补用。

山东武定营把总蓝翎尽先千总王芳，直隶正定右营蓝翎千总王春雨,直隶通永镇把总蓝翎尽先千总贾兴、刘福瑞,山东台庄营外委蓝翎尽先千总尚德龄,江苏补用知州徐友。以上六员,打仗勇敢,战功最多。王芳等五员拟请以守备尽先补用,并赏戴花翎。徐友拟请免补本班,以同知直隶州仍归江苏补用。

蓝翎尽先把总张士芳、邵奎光、王国栋、王树楠、戴广福、鹿得山、高殿英,蓝翎尽先千总唐高凭,六品衔蓝翎王本芳,义勇营蓝翎尽先把总盛永和,山东兖镇蓝翎尽先千总张斌,署汉中镇左营蓝翎把总余秉中,湖南提标蓝翎把总杨得山,蓝翎尽先把总邵发国、何丹林,蓝翎尽先外委刘安邦、屈言福。以上十七员,果敢争先,出力为最。张士芳等十二员,均拟请赏加守备衔,并换花翎。杨得山以下五员,均拟请赏给五品蓝翎。杨得山并以千总遇缺即补,何丹林并以千总归宜昌镇遇缺即补,邵发国并以千总尽先,刘安邦并以把总归湖北督标尽先,屈言福并以把总尽先拔补。

守备衔尽先千总徐镇城守营外委李得源,徐镇尽先把总杨廷宣。以上二员,冲锋奋勇,尤为出力,均拟请以守备尽先即补。李得源开出外委弁缺。

陕西汉中镇城守营外委尽先千总杨万银,陕西汉中镇左营外委尽先千总许惠,陕西汉中镇宁羌营外委尽先千总华逢春,陕西汉中镇东江口营经制尽先把总江宗利,守备衔尽先千总王树标,尽先千总龙复胜。以上六员,打仗敢前,约束整齐,均拟请以守备尽先升用。

蓝翎尽先千总蔡得胜,尽先千总刘福泰,江苏候补县丞徐福增、杨文熙、秦守中,江苏候补县丞署扳闸巡检张光甲,军功文生达莲清,文生邵承镃。以上八员名,剿匪出力,不避艰险。蔡得胜拟请免补千总,以守备尽先选用,并赏换花翎。刘福泰拟请免补千总,以守备尽先补用。徐福增拟请免补本班,仍留本省以知县补用。杨文熙、秦守中、张光甲,均拟请免补本班,以知县用。达莲清、邵承铥,均拟请以训导不论双单月遇缺即选。

蓝翎尽先守备白阳春,蓝翎都司衔尽先守备周金魁,蓝翎守备用河中营千总周长政,帮带忠勇营蓝翎江南候补卫守备李清标。以上四员,打仗当先,不避矢石,均拟请赏换花翎。

孚胜营旗总尽先把总张相泰,运同衔湖北候补直隶州知州杨德昌,道衔刑部候补员外郎吴昆田,即用从九品刘传梁。以上四员,带队扼剿,异常出力。张相泰拟请免补千总,以守备尽先升用,并赏戴蓝翎。杨德昌拟请旨交部议叙。吴昆田拟请赏给三品封典。刘传梁拟请免选本班,以主簿不论双单月即选,并请赏戴花翎。

贵州镇远右营把总尽先千总毛长春,候补千总张万春,守备衔河标候补千总李耕心,河标中营把总李殿魁。以上四员,打仗勇往,屡次克捷,均拟请免补千总,以守备尽先补用。

尽先千总王国凤,健勇营守备衔尽先千总高秉元,守备衔黄国虎,尽先把总杜玉林。以上四员,每战先驱,奋不顾身。王国凤、杜玉林,均拟请免补千、把总,以守备遇缺尽先即选。高秉元、黄国虎,均拟请以守备尽先选用。

管带川勇都司衔邓正荣,尽先千总蓝玉喜、崔阳春,里河营千总王守中,里河营把总岳成德。以上五员,打仗争先,劳绩最著。邓正荣拟请以守备补用。蓝玉喜等四员,均拟请以守备升用。

蓝翎尽先把总张凤岭,尽先把总王正超,尽先外委李泰和、赵世良,候选县丞吴廷辉,江苏候补县丞石铨,安徽候补从九品候选县丞赵世伦。以上七员,剿贼踊跃,累著辛勤。张凤岭拟请以千总归淮扬镇尽先拔补，并赏换花翎。王正超、李泰和、赵世良，均拟请以千总补用，并赏戴蓝翎。吴廷辉拟请选缺后以知县选用，石铨拟请以知县用，赵世伦拟请免补从九品，以县丞仍归安徽补用。

勇目李兴邦，尽先外委徐必诚、牛广烈、郭长安、李开春，军功杨得全，义勇营军功宋怀澄，管带奋勇队目阎道亮，帮带奋勇队目阎克复。以上九员，打仗出力，屡有斩擒，均拟请赏戴蓝翎，并均以把总尽先拔补。

孚胜营军功勇目张开泰，军功陈得胜、王树型、王允路，徐镇中营马兵杨占鳌，记名外委卢恩照，军功勇丁康怀德、谢殿元、张凯、徐鸿遵、卢遐龄。以上十一名，打仗奋勇，屡立战功，均拟请以外委尽先拔补，并赏戴蓝翎。

尽先把总赵得胜，湖北抚标尽先把总王标，寿春镇标尽先把总霍泉玉，军功勇丁郭熙昌、任洪藻、吴得胜、王洪、汪明学、夏如斌、孙玉殿、张万，记名外委阎合增。以上十二名，勇敢争先，屡挫贼锋。赵得胜拟请免补把总，以千总归寿春镇标尽先拔补，并加守备衔。王标、霍泉玉，均以千总各归本标，尽先拔补。郭熙昌、任洪藻，均以把总归寿春镇标，尽先拔补。阎合增请以外委归徐州镇标，尽先拔补。王标以下十一员名，均并请赏戴蓝翎。

尽先千总张心铭、谢得胜，尽先把总马学文、陈大本、史占魁，六品蓝翎南河尽先协防徐彬。以上六名，打仗著功，均拟请赏加守备衔。

同知衔于峻亭，文生陈祥麟、谷以镕、黄亨业，军功文生沈春台，文生程联棣、秦鸿彦，陕西汉中定远营书识朱再生，书识蒋师韩、贾振川，书识佾生杨孝章。以上十一名，随队剿匪，屡险著劳，办公精细。于峻亭拟请以州同不论双单月选用。陈祥麟、谷以镕、黄亨业、沈春台,均拟请以双月训导选用。程联棣拟请以从九品分发省份,尽先补用。秦鸿彦、朱再生、蒋师韩、贾振川,均拟请以从九品不论双单月,遇缺即选。杨孝章拟请以未入流不论双单月,遇缺即选。

练董丁序东、华魁封、李毓芳。以上三名,随军扼剿,常济兵食,均拟请以未入流选用。

山西解饷委员应升从九品朱廷凯,陕西解饷委员试用县丞李德润。该二员解饷来淮,正当捻匪分股东窜,备历艰险,保护军需,洵属异常出力。朱廷凯拟请赏戴蓝翎,李德润拟请以本班尽先不论班次,遇缺即补。

已革都司李绍铭,于招抚天长贼匪案内被贼拘禁逸出,经袁甲三奏参革职留营。嗣该革员每战身先,于进攻天长亲冒矢石,遍身受伤十一处。叠据总兵黄开榜查开受伤部位,禀请优奖,以为用命出力者奖,拟请旨开复原官。

五品顶戴已革候选道薛辅清,前攻天长东门受枪子伤。本年剿匪,奋勇可嘉,拟请赏加运同衔。

已革知府用候补同知直隶州花翎清河县知县黄寿豹,前因失守案内参革。近年随营剿贼,劳绩楙著,拟请旨开复原衔。

高堰河营守备王增禄,河营候补千总尽先守备王懋,河中营千总臧崇坦,河中营把总朱兆钰、韩立功,调署海防营把总高发祥,同知衔遇缺即选知州王大松,同知衔浙江候补知县杨其彦,守御所千总王琳,尽先守备黄安邦、龚安荣,安永营候补千总朱永林、冯锡齐,山东候补县丞吴观涛,州同衔邱又谦,候补千总马福元、李文彪,候选从九品仝鸿仪,徐镇尽先把总周占标,徐镇尽先外委王大鹏、李怀珠,河右营外委尽先把总金殿华,尽先把总侯凤魁、孙广溪、杨正胜,义勇营尽先把总黄克东,直隶督标前营尽先把总孔士杰,总目张凤乐,选锋营军功高荣、程元德、段其祥,义勇营外委田桂清,军功萧得胜、李修己、曹振标、杜文选、丁昌岱、孙鉴,陕安镇左营额外厉占魁,汉中镇中营兵丁李含隐,尽先外委唐高斗、徐继文、余学祥、张斌、吴彦恒、马廷献、胡振邦,外委张德明、阎祖文,漕标城守营马兵周永年,步兵孙应垲,河中营马兵朱锡庆,勇目胡铨、李文彩、孟继发、徐中杰,勇丁刘玉山、吴连元、杨再全、陈得胜、陈毓芝,军功勇丁蒋继荣、邱景谦,漕右营外委尽先把总周象臣,河右营额外外委储锟,河营候补协防吴凤标,勇目汪金山、李献振、杨元、张学,山东兖镇中营马兵韩殿魁、廖东桂,山东兖镇右营马兵胡奉元、霍登选,山东泰安营马兵程锡良,山东武定营马兵司安邦,直隶通永左营马兵靳士有,直隶通永左营步兵郭少卿,直隶通永玉田营守兵丁鹏,直隶正定镇龙固营兵丁胡得功,直隶天津海口营步兵徐得功,里河营协防彭金声,陕西汉中定远营步兵杜文远,沔右营马兵陆荣,委外营把总王端恭,四川勇丁蒲连升、裴兴顺、陈金发、李宗弼,军功勇目杨承荫、吴道东、丁庆文、嵇寅斗,直隶定镇倒马关营兵王玉山。以上九十六员,[1]战功迭著,出力最久,均拟请赏戴蓝翎。

议政王军机大臣奉旨:览。钦此。[2]

○五四 奏报吴炳庭等得有微劳未敢保奏片

同治元年五月十九日(1862年6月15日)

再,蓝翎提举衔县丞吴炳庭、山东县丞吴炳麒,均系臣侄,虽今

---

① 查为九十四员。待考。

② 中国第一历史档案馆藏:清单,档案编号:03-166-8374-20。

春随同剿贼,经臣迭次奏明在案,究系寻常劳绩。臣时加警戒,不敢欲其得官太易,本次保案不敢仰邀议叙。嗣后真能异常出力,再当仰求圣恩俯给奖励,臣附片谨奏。五月十九日。①

同治元年五月二十五日,议政王军机大臣奉旨:钦此。②

●议政王军机大臣字寄:署漕运总督江宁布政使吴:同治元年五月二十五日,奉上谕:吴棠奏,平毁朱洲贼圩,并饬将弁越境围攻涝支贼圩等语。此次吴棠派令守备张保胜等进剿朱洲贼圩,而郯城境内涝支圩匪首英信等胆敢纠众来援,现在朱洲圩虽已平毁,而涝支圩贼匪亦当痛加剿洗。吴棠饬龚耀伦等带队围攻,自应如此办理。着即会同山东官兵,迅速剿除,以免蔓延,不得以地属东省,稍分畛域。吴炳庭等二员已加恩以知县用,该员等益当感激,奋勉图报。前谕密查田在田被参各款,当此徐宿吃紧之际,该总兵如不得力,即着会同僧格林沁据实严参,不得以曾经同事,稍涉回护也。将此由六百里谕令知之。钦此。遵旨寄信前来。五月三十日恭奉到。③

○五五　查明前署漕臣王梦龄
　　　任内清淮筹防收支折

同治元年六月初六日(1862 年 7 月 2 日)

署漕运总督江宁布政使臣吴棠跪奏,为查明前署漕臣王梦龄

---

① 此具奏日期似非军机录副所署。
② 中国第一历史档案馆藏:军机录副,档案编号:03-4599-074。
③ 台北故宫博物院藏:军机及宫中档,文献编号:408018034-1。

任内江北清淮筹防自咸丰十年五月初六日起至十一年十二月二十八日止收支各款，分届缮具清单，恭折具奏，仰祈圣鉴事。

窃照清江办理防剿，自咸丰三年设局起至十年五月十五日止收支各款，历经前河、漕臣查明奏报。十年五月[①]间，王梦龄于署漕督任内兼署南河总督，奏准将清江筹防局移至淮城以节经费，嗣又奏明将皖营派赴高宝防剿炮船口粮改归筹防局□□□。迨至五、六月间，大股捻逆蔓延于邳、宿之交，几及匝月。十二月内，西捻又复东窜，直扑成子河圩。筹剿筹防，几无虚日。所需盐粮、马干、驮折支价，采办、制造、船只、杂支等项，数目纷繁。经王梦龄饬局核实勾稽，分案造报。兹据委管报销局前淮扬道朱善张[②]等督率委员，将收支各项逐款查明，开列清单，详请奏报前来。

臣复查自十年五月初六日王梦龄接署漕督日起至十二月止，又自十一年正月起至六月止，又自七月起至十二月二十九王梦龄交卸前一日止，计三届共收银二十一万一千一百九十七两一钱九分五厘一毫七丝一忽、钱三十五万九千六百二十四千十六文、宝钞四千六百千文。除拨解皖营银五千两，又游击张得魁借银六百两，应归安徽粮台造报，又拨支截留由扬赴东新勇口粮银三千四百两，应由亲王僧格林沁大营粮台作收造报外，实计连上届实存共收银二十万一千三百四十六两五钱七分九毫五忽七微、钱三十五万九

---

① 据王梦龄之奏，此日期应为"十年七月"。参见军机处随手登记档，档案编号：03-0202-1-1010-216。

② 朱善张（？—1864），字子弓，浙江平湖人，诸生。咸丰初年，授桃南通判，升里河同知。九年（1859），擢淮徐扬海道，攻幅军于海州、沭阳，赐花翎，加盐运使衔。十年（1860），克清江浦。同治元年（1862），调补徐州道，兼管粮台，从僧格林沁攻孙疃。三年（1864），捐输军饷，会攻微山湖团，卒于军中。

千六百二十四千十六文、官票五千三百二两四钱八分八厘五毫四丝七忽八微、宝钞四千六百千文,共支用银二十万一千六百四十五两九钱六分一厘九丝九忽、钱三十五万九千五百八十千三百五十八文、官票五千三百二十两四钱八分八厘五毫四丝七忽八微、宝钞四千五百六十四千四百三十一文,均属援引例案实用实销,并无浮冒。

除饬分别造具细数清册详送题销,并将实存银、钱、宝钞归入下届作收支用外,所有查明清淮筹防局自十年五月初六日起至十一年十二月二十八日止收支各款缘由,恭折具奏,并分届缮具简明清单,敬呈御览,伏乞皇太后、皇上圣鉴。谨奏。六月初六日。

同治元年六月十二日,议政王军机大臣奉旨:户部核议具奏,片一件、单三件并发。钦此。[①]

【案】王梦龄……移至淮城以节经费:咸丰十年七月初三日,署运督王梦龄请将清江筹防局移至淮安,归并办公,曰:

再,南河筹防局向系设在清江浦,由河臣派员经理,而漕臣驻扎淮安,筹办防堵,又于淮安设立筹防局,饬委府县督同委员管理。查清、淮相隔仅三十里,所办系属一事,未便设立两局,徒滋糜费。现已将清江筹防局移至淮城,归并办理,俾可就近稽察。谨附片陈明,伏乞圣鉴训示。谨奏。咸丰十年七月初十日,奉朱批:依议。钦此。[②]

---

① 中国第一历史档案馆藏:军机录副,档案编号:03-4788-012。
② 中国第一历史档案馆藏:军机录副,档案编号:03-4257-043。

○五六 呈筹防局咸丰十年五月至十二月收支清单

同治元年六月初六日(1862 年 7 月 2 日)

谨将清淮筹防局自咸丰十年五月初六日起至十二月三十日止收支各款简明四柱,缮具清单,恭呈御览。

计开:旧管:一、存银一百四十九两三钱七分五厘七毫三丝四忽七微。

一、存官票五千三百二两四钱八分八厘五毫四丝七忽八微。

新收:一、收淮安关拨解银四千两。查前款系奏拨清淮军需应用之款。理合登明。

一、收江北粮台拨解银九千六百五十四两五钱四分五厘。查前款系奏拨总兵黄开榜水师口粮及协济清淮军饷之款。理合登明。

一、收山西藩库拨解银二千两。查前款系前河臣庚长奏明截留山西省拨解江北粮台饷银一万二千两,内除留抵两淮运库拨解皖饷内借拨清江军饷一万两已于上届收销外,其余银二千两存候江北粮台提用。嗣因清淮军需不敷,拨济应用。理合登明。

一、收漕运总督养廉银五千九百二十九两六钱九分二厘。查前款系奏明拨充军饷应用之款。理合登明。

一、收江北各州县拨解月粮米麦变价一半银三千五十六两七分六厘九毫八丝。查前款系奏明拨充军饷应用之款。理合登明。

一、收湖河海卫各滩地价岁租银一千七百二十两,又钱一千六百千文。查前款系随时提用之款。理合登明。

吴棠集

一、收前署漕臣王梦龄暨有漕各州县捐助军饷银五千一百五十两。查前款系因饷源告竭,经前署漕臣王梦龄奏明倡捐银两,并饬有漕各州县量力捐助军饷之款。理合登明。

一、收各州县解捐备筑圩、挑濠夫工银九百二十二两二钱一分三厘,又钱三千三百七十六千文。查前款系前河臣庚长奏明劝捐备办筑圩、挑濠之款。嗣因军需支绌,随时提用。理合登明。

一、收泰兴县知县金以诚捐助军饷银一万九千五百两。查前款系该员因饷需告匮情殷,捐输银二万两,内除前署漕臣联英收银五百两外,实收钱数,当经前署漕臣王梦龄具奏在案。理合登明。

一、收筹防捐输银一万二千两、钱四万八千五百六十六千三百八十文。查前款系照粮台捐输章程,劝谕捐输,陆续查明具奏请奖、随时提用之款。理合登明。

一、收淮、海二属厘捐银三千二百十二两六钱七分二厘,又钱六万一千四百九十七千九百四十八文。查前款系陆续提用之款。理合登明。

一、收山东粮道解存淮安府库驳船造费银一千五百十八两九钱四分八厘。查前款系因军饷缺乏随时提拨济用之款。理合登明。

一、收职员薛文田缴伊父薛举赔项银内,先完银六百两。查前款系户部行追薛举前在瓜洲防堵案内,承领募勇银二千六百两内,催缴之款。理合登明。

以上新收共银六万九千二百六十四两一钱四分六厘九毫八丝,钱十一万五千四十千三百二十八文。

一、除拨支皖营游击张得魁借领银三百两。查前项系咸丰十年九月内借领银一百两、十月内借领银二百两。该游击当经钦差

170

大臣袁甲三调回安徽临淮助剿，所有前项银两应归安徽粮台作收造报。理合登明。

以上除拨解实计管、收两项共银六万九千一百十三两五钱二分二厘七毫一丝四忽七微、钱十一万五千四十千三百二十八文、票五千三百二两四钱八分八厘五毫四丝七忽八微。

开除：一、本省河、督两标各营官兵盐粮、马干、驮折、长夫等项共支银一万六千十五两三钱四分六毫三丝二忽八微，又官票一百七十八两三钱六厘二毫三丝二微。查前款系调派各要隘及蒋坝、衡阳等处防堵应支官兵盐粮、马干、跟役数目，均查照例案支给。其派赴蒋坝堵剿兵丁每月加给盐菜银四钱，并核给驮马、长夫。其口粮米按照部定章程，每八合三勺折银一分三厘。

一、本省河营官兵盐粮、马干等项共支银二千一百三十九两二钱七厘，又官票十四两二钱三分三厘。查前项系调派各要隘及蒋坝等处防堵应支官兵盐粮、马干、跟役数目，均照例案支给。其口粮米，每八合三勺折银一分三厘。

一、文员盐粮、驮折、夫价等项共支银八千六百三十三两六分六厘九毫九丝一忽，又官票一千一百二十两四钱八分七厘三毫二丝四忽八微。查前款管带兵勇往来巡查及探报军情并蒋坝、衡阳等处堵剿人员，均照部定章程支给盐粮、跟役、书识、驮折等项。其在局当差各员，概未支给。

一、本省标、河各营官兵盐粮、马干、驮折等项共支银三千二百六两二钱九分八厘八毫八忽，又官票四百五十九两三钱三分八丝九忽四微。查前项系调派随营及管带各勇并蒋坝、衡阳、高宝、沭阳等处堵剿，均查明例案支给盐粮、马干、驮折等项。

一、各项壮勇、水勇、马勇口粮、马干共支钱十一万六十二千九百文。查前款各项练勇系节次裁存分布各要隘,并调派蒋坝、衡阳、高宝、沭阳等处堵剿,随时添募,均经奏明在案。所需口粮仍照案每名日给钱二百文,其马干系照徐州章程,每匹日给钱一百文。

一、随营、随局医匠工食、口粮、家口米折等项共支银三百八十四两五钱四分一厘七丝九忽三微。查前款工食系照例每八合三勺折银一分三厘。

一、采办硝铅、铁斤、牛烛、正脚等项,共支银一千七百八十三两八钱六分五厘七毫三丝,又官票三钱一分五厘一丝。查前款系随时添办,除铅铁均照案于例价外酌加三成外,其硝斤系查照江苏成案,每百斤共给例、津两项银七两。其例无定价之件,均照市价核实办理。

一、制造、衣帽、帐房、旗帜、枪炮、刀矛、器械、火药、火绳、铅丸、铁弹、火罐、工料等项,共支银五千四百五十八两八钱二分八厘六丝九忽一微。查前款系随时添制各件,除硝铅、铁斤另于采办项下给价外,其余工料均照案于例价外酌加三成外,其火药一项,系查照江苏成案奉准工料价值分别加工寻常等次配制。

一、运送炮位车价共支银七十五两一钱九分二厘。查前款系照定例支给。

一、各勇阵伤、病故、恤赏、收埋共支银一百九十一两五钱。查前款系照例案分别支给。

一、官弁、水勇乘驾船只雇价及巡船水手饭食共支银六千五百十一两六钱二分。查前款系官勇配坐快船在于蒋坝、三河及高良涧、十三堡等处湖面、隘口驾驶防剿,均照案各按舱口乘坐人数,支给雇价。其衡阳、黎城、金沟等处巡船系照江苏成案核给水手饭食。

一、随局底夫工食共支银一千二百二十一两四钱四分。查前款系照江苏成案支给。

一、租赁民房共支银五百九十两四钱五分。查前款系在浦、在淮堆储军火、物料、制造并蒋坝防堵局等项，均按照例定租价支给。

一、配制丸散药料共支银五百六十一两一钱五分三厘。查前款系防剿各兵勇随时需用，均照市价核实办理。

一、各营官弁马干、副销共支银一千九百四十两七钱三分五厘，又官票二百九十二两三钱一分五厘。查前款系奏准章程，每马一匹日给干银一钱，以例定五分作正开销，其余五分循案归于行兵省份摊补。

一、总兵黄开榜所带文武员弁、勇丁盐粮共支银一万七千五百两，又钱四千九百十五千五百文，又官票三百四十三两六钱七分九厘二毫九丝二忽六微。查前款系经钦差大臣袁甲三奏派总兵黄开榜统带水师、前赴高宝湖防剿应支盐粮，前经前署漕臣王梦龄奏明，由清淮防剿局接支。如饷需不能应手，即由江北粮台随时凑拨。再，各该员弁勇丁盐粮照例应支银二千六百六十三两五钱七分七厘六毫五丝四忽八微、钱五万八千七十三千四百文、官票三百四十三两六钱七分九厘二毫九丝二忽六微，除支过前项银、钱、官票外，所有不敷钱粮随时筹措济用。

一、道员徐晓峰随带员弁勇丁盐粮共支银二千四百五十两，又官票二百五十八两七钱五分二厘三毫九丝三微。查前款系经钦差大臣袁甲三奏派道员徐晓峰随带员弁勇丁前赴里下河办理团防应支盐粮，曾经前署漕臣王梦龄奏明，由清淮筹防局接支。再，各该员弁勇丁盐粮照例应支银一千八百十九两九钱一分五厘五毫三丝四忽九微、钱一万五千四百零八千八百文、官票二百五十八两七钱五分二厘三毫九丝三微,除支过前项银两、官票外,所有不敷钱粮另行筹给。

以上开除共银六万八千六百五十三两二钱二分八厘三毫一丝二微、钱十一万四千九百七十八千四百文、官票二千六百六十七两四钱一分八厘三毫三丝七忽三微。

一、扣收平余银三百三十二两四钱三分三厘五丝一忽八微。

一、经贴各书工食、纸张、笔墨、灯油等项共支银六百五十二两二钱六分六厘六毫三丝七忽二微。查前款除照例动用扣除平余银两外,计不敷银三百十九两八钱三分三厘四毫八丝五忽四微,在于正项款内垫拨,俟下届平余积有盈余,即行补还。

实在:一、存银一百四十两四钱五分九毫一丝九忽一微。

一、存钱六十一千九百二十八文。

一、存官票二千六百三十五两七分二毫一丝五微。

以上实存银、钱、官票,均归入下届旧管项下作收支用。

议政王军机大臣奉旨:览。钦此。①

○五七 呈淮筹防局咸丰十一年上半年收支清单

同治元年六月初六日(1862年7月2日)

谨将淮筹防局自咸丰十一年正月初一日起至六月二十九日止收支各款简明四柱,缮具清单,恭呈御览。

计开:旧管:一、存银一百四十两四钱五分七九毫一丝九忽

---

① 中国第一历史档案馆藏:清单,档案编号:03-4788-013。

一微。

一、存钱六十一千九百二十八文。

一、存官票二千六百三十五两七分二毫一丝五微。

新收：一、收淮安关拨解银一千两。查前款系奏拨清淮军需应用之款。理合登明。

一、收江北粮台拨解银九千六百五十四两五钱四分五厘。查前款系奏拨总兵黄开榜水师口粮及协济清淮军饷之款。理合登明。

一、收山西河东道拨解银二万两。查前款系奏拨清淮军需应用之款。理合登明。

一、收江北粮台拨解银一万二千五百两。查前款系奏明随时凑拨总兵黄开榜水师口粮之款。理合登明。

一、收漕运总督养廉银六千七百五两七钱。查前款系奏明拨充军饷应用之款。理合登明。

一、收江北各州县拨解月粮米麦变价一半银二千七百七十八两八钱三分一厘六毫八丝。查前款系奏明拨充军饷应用之款。理合登明。

一、收湖河海卫各滩地价岁租银五百两，又钱五千千文。查前款系随时提用之款。理合登明。

一、收两淮盐运使乔松年捐廉银一千两。查前款系该运司因清淮防堵经费支绌，捐廉济用，当经前署漕臣王梦龄具奏在案。理合登明。

一、收有漕各州县捐助军饷银九千七百五十两。查前款系因饷源告竭，经前署漕臣王梦龄奏明倡捐银两，并饬有漕各州县量力捐助军饷之款。理合登明。

一、收各州县解捐备筑圩、挑濠夫工银三百五十五两一钱四分二厘，又钱一千三十五千九百三十六文。查前款系前河臣庚长奏明劝捐备办筑圩、挑濠之款，嗣因军需支绌，随时提用。理合登明。

一、收山阳县解续捐防费钱二千七百七十八千六百九十七文。查前款系前漕臣邵灿奏明劝捐、续缴接济军需之款。理合登明。

一、收各州县解典商捐输银四千八百九两三分，又钱二千千文。查前款系因军需支绌，饬令各州县劝捐济用之款。理合登明。

一、收筹防捐输银九千七百两，又钱二万一千三百七十六千五百文。查前款系照粮台捐输章程，劝谕捐输，陆续查明具奏请奖、随时提用之款。理合登明。

一、收淮、海二属厘捐银一万四百五十两，又钱六万九千七百六十三千三百七十五文。查前款系陆续提用之款。理合登明。

以上新收共银七万九千五百四十九两六钱六毫八丝，钱十万一千九五十四千四百七十八文。

一、除拨支皖营游击张得魁借领银三百两。查前项系咸丰十一年五月内借领之款，该游击管带炮船于四月间当经钦差大臣袁甲三暂令入湖协同剿贼，应支盐粮仍由皖营发给。所有前项银两，应归安徽粮台作收造报。理合登明。

一、除拨支截留由扬赴东新勇口粮银三千四百两。查前款系因咸丰十一年六月间捻匪阑入海、沭一带，适有扬州大营总兵唐启纶募勇二千名，由扬前赴东省亲王僧格林沁军营调遣，行抵清江，当经前署漕臣王梦龄飞饬带勇之参将李有才暂行截留会剿，即经发给口粮，事竣即赴济宁调遣，并经具奏在案。所有前项银两应由亲王僧格林沁大营粮台作收造报。理合登明。

以上除拨支实计管、收两项共银七万五千九百九十两一钱三分一厘五毫九丝九忽一微、钱十万二千一十六千四百六文、官票二千六百三十五两七分二毫一丝五微。

开除：一、本省河、督两标各营官兵盐粮、马干、驮折、长夫等项共支银一万四千二百四十五两四钱六分六厘五毫八丝七忽一微，又官票一百八十两六钱八分二厘三毫九丝八忽八微。查前款系调派各要隘及蒋坝、衡阳、安东、沭阳等处防堵应支官兵盐粮、马干、跟役数目，均查照例案支给。其派赴各属剿匪兵丁每月加给盐菜银四钱，并核给驮马、长夫。其口粮米按照部定章程，每八合三勺折银一分三厘。

一、本省河营官兵盐粮、马干等项共支银一千三百七十一两三钱二分三厘，又官票八两四钱九分六厘。查前项系调派各要隘及蒋坝等处防堵应支官兵盐粮、马干、跟役数目，均照例案支给，其口粮米每八合三勺折银一分三厘。

一、文员盐粮、驮折、夫价等项共支银六千七百八十二两一钱五分二厘四毫九丝七忽二微，又官票一千二两八分六厘二毫三丝一忽五微。查前款管带兵勇往来巡查及探报军情并蒋坝、衡阳等处堵剿人员，均照部定章程支给盐粮、跟役、书职、驮折等项。其在局当差各员概未支给。

一、本省标、河各营官兵盐粮、马干、驮折、夫价等项共支银二千七百六十五两九钱九分一厘三毫一丝三忽一微，又官票四百十八两七钱八分五厘二毫五丝五忽九微。查前项系调派随营及管带各勇并蒋坝、衡阳、宿、桃、安、沭等处堵剿，均查明例案支给盐粮、马干、驮折等项。

一、各项壮勇、水勇、马勇口粮、马干共支钱九万九千二百二十一千文。查前款各项练勇系节次裁存分布各要隘，并调派蒋坝、衡阳、宿、桃、安、沭等处堵剿,随时添募,均经奏明在案。所需口粮仍照案每名日给钱二百文,其马干系照徐州章程,每匹日给钱一百文。

一、随营、随局医匠工食、口粮、家口米折等项共支银三百十两九分四厘三毫一丝一忽九微。查前款工食系照例支给,其口粮、家口米照每八合三勺折银一分三厘。

一、采办硝铅、铁斤、牛烛、正脚等项共支银三千一百六十二两五钱六分五厘八毫二丝七忽五微,又官票一两三钱五分二厘六毫九丝。查前款系随时添办,除铅铁均照案于例价酌加三成外,其硝斤系查照江苏成案,每百斤共给例、津两项银七两。其例无定价之件,均照市价核实办理。

一、制造、衣帽、帐房、旗帜、枪炮、刀矛、器械、火药、火绳、铅丸、铁弹、火箭、火罐、喷火筒、工料等项,共支银九千二百七十两一钱二分九厘四毫五丝九忽四微。查前款系随时添制各件,除硝铅、铁斤另于采办项下给价外,其余工料均照案于例价外酌加三成。其火药一项,系查照江苏成案奉准工料价值,分别加工寻常等次配制。

一、运送炮位车价共支银六十八两一钱八分四厘。查前款系照定例支给。

一、各勇阵伤、阵亡、病故、恤赏、收埋共支银八百十三两。查前款系照例案分别支给。

一、官弁水勇乘驾船只雇价及巡船水手饭食共支银五千八百四十四两五钱四分。查前款系官勇配坐快船在于蒋坝、三河及高良涧、十三堡等处湖面、隘口,驾驶防剿,均照案各按舱口乘坐人数支给雇价。其衡阳、黎城、金沟等处巡船系照江苏成案核给水手饭食。

一、随局底夫工食共支银九百六十二两八钱八分。查前款系照江苏成案支给。

一、租赁民房共支银四百六十九两五分。查前款系在淮堆储军火、物料、制造并蒋坝防堵局等项，均按照例定租价支给。

一、配制丸散药料共支银七百六十两七钱二分三厘。查前款系防剿各兵勇随时需用，均照市价核实办理。

一、各营官弁马干、副销共支银一千六百八十五两七分，又官票二百七十一两七钱三分。查前款系奏准章程每马一匹，日给干银一钱，以例定五分作正开销，其余五分循案归于行兵省份摊补。

一、总兵黄开榜所带文武员弁勇丁盐粮共支银二万七千六十两，又钱二千五百八十一千文，又官票三百九十二两四钱六分七厘一丝六忽二微。查前款系各该员弁、勇丁盐粮照例应支银三千九十七两五钱八分九厘七毫七丝九忽一微、钱七万四千三百四千六百文、官票三百九十二两四钱六分七厘一丝六忽二微。除支过前项银、钱、官票外，所有不敷钱粮随时筹措济用。

一、道员徐晓峰随带员弁勇丁盐粮共支银二百两，又官票三十两五钱四分五厘六毫九丝八忽七微。查前款系里下河办理团防，各该员弁勇丁盐粮照例应支银一百九十六两三分一厘二毫九丝二忽六微、钱八十一千二百文、官票三十两五钱四分五厘六毫九丝八忽七微。除支过前项银两、官票外，所有不敷钱粮另行筹给。

以上开除共银七万五千七百七十三两一钱六分九厘九毫九丝六忽二微、钱十万一千七百八十三千一百文、官票二千三百六两一钱四分五厘六毫九丝一忽一微。

一、扣收平余银三百五十二两六钱五分六厘九毫五丝九忽九微。

一、经贴各书工食、纸张、笔墨、灯油等项共支银五百九十两一钱九分九厘九毫七丝六忽四微。查前款除照例动用扣存平余银两外，计不敷银一百六十六两五钱四分三厘一丝六忽五微，在于正项款内拨垫，俟下届平余积有盈余，即行补还。

实在：一、存银五十两四钱一分八厘五毫八丝六忽四微。

一、存钱二百三十三千三百六文。

一、存官票三百二十八两九钱二分四厘五毫一丝四忽四微。

以上实存银、钱、官票，均归入下届旧管项下作收支用。

议政王军机大臣奉旨：览。钦此。①

〇五八　呈筹防局咸丰十一年下半年收支清单

同治元年六月初六日（1862年7月2日）

谨将清淮筹防局自咸丰十一年七月初一日至十二月二十八日收支各款简明四柱，缮具清单，恭呈御览。

计开：旧管：一、存银五十两四钱一分八厘五毫八丝六忽四微。

一、存钱二百三十三千三百六文。

一、存官票三百二十八两九钱二分四厘五毫一丝四忽四微。

新收：一、收漕运总督养廉银一千二百八十两四钱。查前款系

---

① 中国第一历史档案馆藏：清单，档案编号：03-4788-013。

奏明拨充军饷应用之款。理合登明。

一、收江北各州县月粮米麦变价一半银二千六百七十五两三钱五厘三毫。查前款系奏明拨充军饷之款。理合登明。

一、收江北粮台拨解银一万五千两。查前款系奏明随时凑拨总兵黄开榜水师口粮之款。理合登明。

一、收湖、河、海、卫各滩地价税租银三千六百七十七两一钱九分八厘五丝，又钱九千八百九十七千六百文。查前款系随时提用之款。理合登明。

一、收高邮州李德泰典商捐助军饷钱一万一千千文。查前款系该典妇李武氏情殷捐助军饷钱一万二千千文内先完之款，一俟缴清，再行具奏请奖。理合登明。

一、收各州县解典商捐输银三千三百八十八两六钱九分八厘，又钱三千一百八十一千九百六十四文。查前款系因军需支绌，饬令各州县劝捐济用之款。理合登明。

一、收筹防捐输银八千五百九十八两八钱九分一厘九毫六丝一忽，又钱一万二千九百三十五千九百八十五文，又宝钞四千六百千文。查前款系照粮台捐输章程劝谕捐输，陆续查明具奏请奖、随时提用之款。理合登明。

一、收淮、海二属厘捐银一万四千四百六十三两六钱八分九厘，又钱十万四千二百四十四千六百二十五文。查前款系陆续提用之款。理合登明。

一、收借拨江北各州县解存淮、凤、常仓正耗银九千六百九十二两一钱六分一厘。查前款系因军需不敷暂借济饷之款。理合登明。

一、收借拨河库工需银三千六百七两二分四厘二毫，又钱一千三百六十九千二十六文。查前款系因军需不敷在于河库工需项下借拨济用之款。理合登明。

以上新收共银六万二千三百八十三两三钱六分七厘五毫一丝一忽、钱十四万二千六百二十九千二百十文、宝钞四千六百千文。

一、除拨解钦差大臣袁甲三军营饷项银五千两。查前款系因皖营军饷异常支绌，经前署漕臣王梦龄奏明由淮防军饷内两次拨解银五千两，暂济急需，应由安徽粮台作收造报。理合登明。

以上除拨解实计管、收两项共银五万七千四百三十三两七钱八分六厘九丝七忽四微、钱十四万二千八百六十二千五百十六文、票三百十八两九钱二分四厘五毫一丝九忽四微、宝钞四千六百千文。

开除：一、本省河、督两标各营官兵盐粮、马干、驮折、长夫等项共支银一万二千八百四十九五分四厘一毫八丝八忽五微，又宝钞三百十八千一百五十六文。查前款系调派各要隘及蒋坝、衡阳、桃源、成子河等处防堵应支官兵盐粮、马干、跟役数目，均查照例案支给。其派赴各属剿匪兵丁每月加给盐菜银四钱，并核给驮马、长夫。其口粮米按照部定章程，每八合三勺折银一分三厘。

一、本省各河营官兵盐粮、马干等项共支银一千三百三十三两一钱二分五厘，又宝钞十六千八百文。查前项系调派各要隘及蒋坝等处防堵应支官兵盐粮、马干、跟役数目，均照例案支给，其口粮米每八合三勺折银一分三厘。

一、文员盐粮、驮折、夫价等项共支银二千三百四十五两五钱八分五厘四毫八丝八忽七微，又钱九千七百六十千文，又宝钞二千六百七十八千八百二十五文。查前款管带兵勇往来巡查及探报军情并蒋坝、衡阳等处堵剿人员，均照部定章程支给盐粮、跟役、书职、驮折等项。其在局当差各员概未支给。

一、本省标、河各营官兵盐粮、马干、驮折等项共支银二千八百二十一两五钱四分六厘四毫六丝七微，又宝钞八百五十一千六百十二文。查前项系调派随营及管带各勇并蒋坝、衡阳及桃源、成子河等处堵剿，均查明例案，支给盐粮、马干、驮折等项。

一、各项壮勇、水勇、马勇口粮、马干共支钱十一万五千二百六十一千四百文。查前款各项练勇系节次裁存分布各要隘并调派桃源、成子河等处堵剿，随时添募，均经奏明在案。所需口粮仍照案每名日给钱二百文，其马干系照徐州章程，每匹日给钱一百文。

一、随营随局医匠工食、口粮、家口米折等项共支银三百八两五钱六分七厘八毫八丝二忽五微。查前款工食系照例支给，其口粮、家口米每八合三勺折银一分三厘。

一、采办硝铅、铁斤、牛烛、正脚等项共支银二千七百八十两六钱五分二厘六毫六丝，又官票一两三钱一分五厘六毫三丝。查前款系随时添解，除铅铁均照案于例价外酌加三成外，其硝斤系查照江苏成案，每百斤共给例、津两项银七两。其例无定价之件，均照市价核实办理。

一、制造衣帽、帐房、旗帜、枪炮、刀矛、器械、火药、火绳、铅丸、铁弹、火箭、火罐、喷筒、工料等项，共支银一千九百三两七钱一厘七毫九丝七忽二微，又钱七千三百四十七千三百五十八文。查前款系随时添制各件，除硝铅、铁斤另于采办项下给价外酌加三成。其火药一项系查照江苏成案奉准工料价值，分别加工寻常等次配制。

一、运送军饷银两、炮位水陆脚价等项共支银三十两五钱二分九厘八毫七丝五忽。查前款系照例案分别支给。

一、各勇病故收埋共支银八两。查前款系照江苏成案支给。

一、官弁水勇乘驾船只雇价及巡船水手饭食共支钱九千二百四十五千六百文。查前款系官勇配坐快船在于蒋坝、三河及高良涧、十三堡等处湖面、隘口驾驶防剿，均照案各按舱口乘坐人数，支给雇价。其衡阳、黎城、金沟等处巡船系照江苏成案核给水手饭食。

一、随局底夫工食共支银九百五十二两。查前款系照江苏成案支给。

一、租赁民房共支银四百六十三两七钱五分。查前款系在淮堆储军火、物料、制造并蒋坝防堵局等项，均按照例定租价支给。

一、配制丸散药料共支银三百七十七两六钱二分四厘五毫。查前款系防剿各兵勇随时需用，均照市价核实办理。

一、各营官弁马干、副销共支银一千九百十六两三钱四分五厘，又宝钞五百十七千四百十文。查前款系奏准章程，每马一匹日给干银一钱，以例定五分作正开销。其余五分循案归于行兵省份摊补。

一、总兵黄开榜所带员弁勇丁盐粮等项共支银三万九千四百二十九两六分，又钱一千二百四千五百文，又官票三百三十七两六钱八厘八毫八丝九忽四微，又宝钞一百八十一千六百二十八文。查前款系奏派高宝湖防剿各该员弁勇丁盐粮，照例应支银三千三百八十一两九钱一分八厘二毫四丝四忽九微，又钱七万三千六百石六千二百文，又官票四百十八两四钱二分二厘九毫一丝一忽六微。除支过前项银、钱、官票、宝钞外，所有不敷钱粮随时筹措济用。以上开除共银五万七千二百十九两五钱五分二厘七毫九丝二忽六微、钱十四万二千八百十八千八百五十八文、票三百二十八两九钱二分四厘五毫一丝九忽四微。

一、扣收平余银三百二十六一钱六分九厘二毫三丝七忽五微。

一、经贴各书工食、纸张、笔墨、灯油等项共支银五百十三两三钱三分三厘三毫一丝。查前款除照例动用扣存平余银两外，不敷银一百八十七两一钱六分四厘七丝二忽五微，在于正项款内垫拨，俟下届平余积有盈余，即行补还。

实在：一、存银二十七两六分九厘二毫三丝二忽三微。

一、存钱四十三千六百五十八文。

一、存宝钞三十五千五百六十九文。

以上实存银、钱、宝钞，均归入下届旧管项下作收支用。

议政王军机大臣奉旨：览。钦此。[①]

○五九　前参知府孙元超笔误请旨更正片

同治元年六月初六日(1862 年 7 月 2 日)

再，臣前奏参庸劣不职各员一折，内有候补知府孙元超误写候补同知孙超，钦奉谕旨：候补同知孙超恃才妄作，着即行革职等因。钦此。伏查候补同知孙超实系候补知府孙元超，相应请旨饬部更正。臣缮折错误，实属玩忽，伏恳天恩将臣交部查议，不胜惶悚待罪之至，伏乞皇太后、皇上圣鉴。谨奏。

同治元年六月十二日，议政王军机大臣奉旨：该部知道。吴棠

---

① 中国第一历史档案馆藏：清单，档案编号：03-4788-013。

着交部察议。钦此。^①

○六○　遵旨饬查田在田被参各款片

同治元年六月初六日(1862 年 7 月 2 日)

再,臣两奉寄谕,饬查田在田被参各款。迭蒙圣训,以臣与田在田共事最久,不准有一字讳饰,又饬不得以曾经同事稍涉回护等因。钦此。跪聆之下,惶悚莫名。微臣尚有天良,仰荷训谕,何敢稍涉循隐,辜负天恩!伏查臣前据五月初四日钦奉四月二十八日寄谕,当将田在田被参各款分别查明,禀由亲王僧格林沁主稿覆奏。五月三十日,又奉五月二十五日谕饬,当又禀请该亲王据实覆陈,计此时该亲王当已恭折具奏,上邀圣听。谨先附片陈明,伏乞皇太后、皇上圣鉴。谨奏。

同治元年六月十二日,议政王军机大臣奉旨:知道了。钦此。^②

【案】两奉寄谕,饬查田在田……稍涉回护:《清实录》:

又谕:有人奏,田在田驻军徐宿,不能御贼,而且为民害,前在安东杀死民团,捏报战功,本年捻匪东窜,不即赴援,擅将

---

① 中国第一历史档案馆藏:军机录副,档案编号:03-4600-046。此片具奏日期,军机录副目录署"同治元年六月十二日",即奉旨日期,未确。据同日奉旨之折件,应为"同治元年六月初六日"。

② 中国第一历史档案馆藏:军机录副,档案编号:03-4600-047。此片具奏日期,军机录副目录署"同治元年六月十二日",即奉旨日期,未确。据同日奉旨之折件,应为"同治元年六月初六日"。

扬州饷银截留；又因接家眷，滥用马队，骚扰地方，纵其所部抢掠等语。着僧格林沁、吴棠据实查明，按款详查，迅速覆奏，毋得稍涉徇隐。吴棠与田在田共事最久，必能知其底蕴，更不准有一字讳饰。如该总兵实有此等款迹，而带兵又不能得力，即着会同参奏，并着僧格林沁酌保得力将弁，一面具奏，一面驰往接统其众，毋稍延缓。原片着钞给僧格林沁、吴棠阅看。将此由六百里各谕令知之。①

○六一　奏报臣侄吴炳庭等以知县用谢恩片

同治元年六月初六日(1862 年 7 月 2 日)

再，臣恭奉五月二十五日寄谕：吴炳庭等二员已加恩以知县用，该员等益当感激，奋勉图报等因。钦此。跪读之下，不胜感悚。伏查臣侄吴炳庭、吴炳麒，前奉恩旨准留臣营差遣。臣棠饬其随同剿贼，一于分士卒之劳苦，一于识战阵之情形。每念臣身受厚恩，时以感激为戒，乃荷鸿施逾格，赏擢特加，臣感戴之余，益加深兢惕。谨率臣侄等恭设香案，望阙叩谢天恩，嗣后仍严饬吴炳庭等勉竭驽驷，奋力戎行，以期仰答皇仁高厚于万一。所有微臣感激下忱，谨附片恭谢天恩，伏乞皇太后、皇上圣鉴。谨奏。

同治元年六月十二日，议政王军机大臣奉旨：知道了。钦此。②

① 《穆宗毅皇帝实录(一)》，卷二十六，同治元年四月下，第 716 页。
② 中国第一历史档案馆藏：军机录副，档案编号：03-4706-031。此片具奏日期，军机录副目录署"同治元年六月十二日"，即奉旨日期，未确。据同日奉旨之折件，应为"同治元年六月初六日"。

○六二　请拨泰坝厘款支应镇
饷并由江北协济北台片

同治元年六月初六日（1862年7月2日）

　　再，臣钦奉寄谕：冯子材等另片奏，泰坝盐厘一款等因。钦此。当即钦遵分别转饬知照，一面据案确核。查上年前抚臣薛焕奏请设立筹防总局，固因南台饷少来源，亦值北台同时窘乏，冀以全力专以扩充饷源。其时原议无论新增、旧有，均须先尽北台。盖南台尚有广东等省协饷及沪上应行拨济，并不专恃江北。无如泰坝盐厘一款，因饷局系筹两台之饷，故照皖营所抽之数加倍收捐，并未定为两台分用，即如口岸，亦系盐厘，而北台并不分之也。至出江米捐更系就北台旧厘加增捐数，尤非新创可比。臣本年春间遵旨奏撤饷局后，厘定南北两台进款以逐项分剔，殊涉琐繁。适南北两台总办道员均在浦上，当与核定分别内河、外江为断，凡江北内河局卡厘捐均归北台经理，外江之口岸盐厘、沿江各卡并新增花布厘捐、荡捐等项拨归南台，并经奏明在案。所有泰坝盐厘、出江米捐均在内河收捐，自应遵照前次奏案，统由北台抽收济饷，以免纷更。

　　惟思南北两台同为朝廷宣力，一切进款同关帑饷支销。今镇防饷缺异常，上殷宸廑，虽处万难之际，不应畛域稍分，谨遵旨将泰坝盐厘一款，每引划分三百文，以济镇饷。其出江请奖米厘，惟有仰恳天恩，俯念北台饷款现亦支绌万分，方且奏拨协饷，势难再行分济，仍准照旧归于北台济饷，出自鸿慈，伏乞皇太后、皇上圣鉴。谨附片具奏。

同治元年六月十二日，议政王军机大臣奉旨：钦此。[①]

【案】吴棠之奏于是年六月十二日得清廷允行。《清实录》：

谕议政王军机大臣等：吴棠奏，官军剿办郯、海交界土匪，渐次肃清，并饬驻海兵勇约会东军攻剿一折。据称龚耀伦等收抚涝支圩后，郯、海交界土匪渐次肃清，而邳州东境高归股匪经总兵黄国瑞等攻克瓜埠贼圩后，高归遁回兰山县境之杜家堡圩，请乘此穷蹙之时，约会东军进剿等语。所见甚合机宜。着即节节进剿，将高归一股乘机歼除，以靖地方。吴棠已咨德楞额派队协剿，即着迅催定期夹击，毋致坐失事机。惟德楞额前谕攻剿邹县教匪，而扎隆武等兵不满二千，是否足敷分拨，谭廷襄亦当迅速筹画，酌拨兵勇，会同吴棠派出之军合力攻剿。该抚身任封圻，傥使清江兵练孤军无援，东境转置不问，尚复成何事体！吴棠另片奏，遵筹泰坝盐厘，每引划分三百文，以济镇饷等语。着照所请，每引划拨三百文，解交镇江军营充饷。镇江饷需虽近支绌，惟前据李鸿章奏称，由上海月解三万两充饷，兹又划解泰坝盐厘，合之外江各厘捐并新增花布等项捐款，每月有着之款殊不为少。当此各营同形支绌之际，冯子材、魁玉务当撙节支放，毋得借口军饷不充，防剿稍形松懈也。将此由五百里各

① 中国第一历史档案馆藏：军机录副，档案编号：03-4934-063。此片具奏日期，军机录副目录署"同治元年六月十二日"，即奉旨日期，未确。据同日奉旨之折件，应为"同治元年六月初六日"。

谕令知之。①

【案】钦奉寄谕……泰坝盐厘一款:同治元年五月初九日,广西提督冯子材等奏请泰坝盐厘等款归并江南粮台,曰:

再,准办理江南粮台候补道许如骏咨呈:江北新增现办一切捐项,上年筹饷局本系专为南台济饷而设,本年复经奏奉谕旨先尽该营之用在案。查有泰坝盐厘一款,前因饷局兼筹南北两台之饷,加倍完为每包六百文,自应由南北两台分用,方昭公允。现查此项盐厘业已全数划归北台。又,出江米石除沿江厘捐外,北台原共抽收一百五十文。上年筹饷局新增一百五十文,给予收照,准其请奖,系为本台而设,现亦划归北台各等因。先后呈请查照核办前来。奴才等伏查饷局新增捐项,历查谕旨厘归南台,所有前项泰坝盐厘以及出江请奖米厘既系新增之项,自应照案归并南台,以资接济。相应附片具陈,合无仰恳天恩,饬下漕臣吴棠核明办理,伏乞圣鉴训示。谨奏。同治元年五月十六日议政王军机大臣奉旨:钦此。②

【案】上年前抚臣薛焕奏请设立筹防总局:咸丰十一年五月二十三日,江苏巡抚薛焕奏请设立筹饷总局以资接济军饷,曰:

头品顶戴江苏巡抚臣薛焕跪奏,为查明江南、江北粮台用款,设立筹饷总局,委员经理,请旨饬派署漕臣督办,以为全局而安军心,恭折具奏,仰祈圣鉴事。窃臣前以镇江水陆各军饷需万分支绌,而扬州军营亦苦月饷不敷,不得已咨商荆州将军

① 《穆宗毅皇帝实录(一)》,卷三十一,同治元年六月中,第 830—831 页。
② 中国第一历史档案馆藏:朱批奏片,档案编号:03-4787-063。

臣都兴阿、署江宁将军臣巴栋阿、署漕运总督臣王梦龄，饬委候补盐运使金安清前往江北，会同两淮盐运使乔松年、署常镇通海道江清骥，筹议扩充饷需，据禀每年议增筹钱一百数十万串，当将大概情形附片奏陈，并声明俟金安清赴皖回苏，再行设局，请钦派大员督办，奉朱批：知道了。钦此。嗣因淮、泗道梗，金安清未能赴皖，复经巴栋阿奏明，饬令折回，先行筹办各在案。兹据金安清会同乔松年、江清骥详称：查得北台每月正饷需银十万两，杂支军火约四万两，共银十四万两。每年计需银一百六十万两。进款则以江北地丁、折漕、杂款为大宗，除灾缓剔除外，实收不过四十余万两。运库例拨银二十四万两，江北厘捐、借捐以钱合银约计三十万两。以上四项仅及一百万两，尚有不敷银六十万两。山西、陕西两省部拨协济之款每月银五万两，如能无误，原已足敷支应，无如上年只解到银三十二万两，本年只解到银数万两，以致月饷短缺太多，非格外广筹不能敷衍。此北台出、进两款之情形也。南台每月正饷十七万两，杂支军火三万余两，共银二十万余两。每年需银二百四十余万两，并无丝毫进款，惟沿江现设厘卡，奏明专供水师，而陆营每月十数万两尚在无着，部拨各省协饷解到寥寥，殊不足恃，虽由上海勉筹接济，实属杯水车薪。若不通盘核计，在于江北完善地方设局筹饷、酌盈剂虚，势必致有决裂之患。此南台出款于进款尤急迫之情形也。统计南北两台每年需银四百余万两，进款只有一百数十万两，短绌甚巨。现议增筹各款，头绪纷繁，必须赶紧办理，方可期其速效各等情。具详请奏前来。伏查苏、常失陷，商贩不通，饷源十减六七，而军饷有增无减。其办理之难十倍昔年，早在圣明洞鉴之中。臣等百计筹思,惟有援照从前苏省成案,设立筹饷总局,以冀开源节流,为逐渐补苴之计。惟是筹饷之事必须熟悉情形,动中窾要,以全力专办,事方能措置得宜。金安清在江、浙两省筹饷,历经著有成效。臣知其才具优长,勇于任事,而于理财之道尤为熟悉,是以臣等公同会商,现设筹饷总局,惟该员实能胜任,堪以委令总办南北两台筹饷事宜;仍令乔松年、江清骥分管支放,各专责成。署漕臣王梦龄本系奉命督办江北粮台,现议总局设于泰州,与北台同在一城,即南台在高邮州,亦系江北地方。而总局所议筹饷各条,均系就江北各府州县境内设法举办。署漕臣本任江宁藩司,各属钱粮是其专责,应请饬令王梦龄督同金安清办理,俾得就近禀承,力求兴利除弊,庶事权归一而呼应亦灵。臣有统辖全省之责,仍当随时综核,以期无误要需,从此全局得有纲领可以实奉行,免致两粮台以琐屑事端时时渎陈圣听,而南北两军亦得专顾防剿,无复以缺饷分心,实于军务大有裨益。现在各营需饷甚迫,实有刻不可缓之势,已饬金安清即于六月上旬赶紧开局,应办事宜先行布置,仍恭候命下遵行。惟臣于五月十三日准钦差大臣袁甲三咨称:现奉谕旨:金安清前因办理捐务,饬令赴皖清厘,该员经手事件如已依限完竣,即着饬赴胜保军营,听候差遣等因。钦此。该大臣奏请可否饬令先赴胜保军营,即将捐案咨送胜保,督饬查办,恭候钦定等语。伏思该员前办捐案固应清厘,胜保在直隶、山东督办军务,亦自需员差遣。惟江南、江北筹饷总局关系两台军需四百余万,皆须责成该员一手筹画,实为通省安危所系,与效力行间无异,且此外并无可以另委之员。合无仰恳天恩,准其暂缓前赴胜保军营,俾江南、江北数万兵勇咸知饷需有着,得免棁腹荷戈,不致哗溃为虞,或冀勉纾宸廑于万一。所有设立筹饷总局委候补盐运使金安清经理、请旨饬派督办缘由,谨会同荆州将军臣都兴阿、署江宁将军臣巴栋阿、署漕运总督臣王梦龄,合词恭折附驲驰奏,伏乞皇上圣鉴训示。谨奏。五月二十三日。咸丰十一年六月二十九日,奉朱批:钦此。①

【附】薛焕之奏于是年六月二十九日得允行。《清实录》:

又谕:薛焕奏,设立筹饷总局,委员经理,并请饬大员督办一折。江苏设立筹饷总局,着照薛焕所请,即委候补盐运使金安清总办南北两台筹饷事务,仍着乔松年、江清骥分管支放,并着王梦龄督同金安清认真经理,以济军需。该员有经手捐款不符之案,着俟江苏筹饷总局事务办有头绪,再令该员前赴胜保军营,清厘捐款。②

○六三　请饬山西另拨银两片

同治元年六月初六日(1862年7月2日)

再,江北粮台进款向以协饷为大宗,山、陕两省每年原拨六十万两,从前至少亦解二三十万两。现在山西抚臣英桂奏定通年只筹解银十万两,陕西解款更属寥寥,虽经臣奏蒙恩准,仍由晋、陕两省每月各解江北粮台银一万两,而各该省尚未遵解。此外如淮南盐课经袁甲三奏明月解一万两赴皖,淮关协饷现又月

---

① 中国第一历史档案馆藏:军机录副,档案编号:03-4455-072。
② 《文宗显皇帝实录(五)》,卷三百五十五,咸丰十一年六月下,第1246页。

解李世忠军营一千两。今年系有闰之年,各州县应解钱、粮等款分摊益形其绌。此进款日少之情形也。而扬州大营近又新到吉林、黑龙江马队五百余员名,又留防江北之广西抚、壮等营兵勇向在南台领饷,现因该台不能按时支给,都兴阿饬由北台月协银一千两,加以奏定兼顾李世忠军营银两、军火等项,统计每月支款较前加增,实有难以支持之势。且此时楚师东下,军务日有起色,都兴阿有移师追剿之议。一切饷、帐、军装仍须预为之计,方期无误师行,再四思维,非另筹拨款不能济急。据现办江北粮台道员许道身详请具奏前来。

臣复加察核,委属实情。查山西河东盐务,近年收课甚旺。前于咸丰十年间曾奏拨解银十万两有案,合无仰恳天恩,俯念江北粮台进款愈少,出款愈多,实在万分支绌,饬下山西抚臣于河东盐课项下,每月另拨银五六千两,协解江北粮台。在该省筹解此数尚不为难,而扬营得此接济,于目前军务得手之际大有裨益。谨附片具陈,伏乞圣鉴。谨奏。

同治元年六月十二日,议政王军机大臣奉旨:钦此。①

【案】此片于是年六月十二日得允行。《清实录》:

又谕:吴棠奏,江北粮台支绌,请饬山西巡抚拨款协济等语。据称江北进款日少,扬州大营新到吉林、黑龙江马队并留防江北兵勇,南台不能按时给饷,现由北台按月协济。都兴阿复有移师进剿之议,非另筹拨款不能济急。所奏自系实在情

---

① 中国第一历史档案馆藏:军机录副,档案编号:03-4934-068。此片具奏日期,军机录副目录署"同治元年六月十二日",即奉旨日期,未确。据同日奉旨之折件,应为"同治元年六月初六日"。

形。着英桂于河东盐课项下每月另拨银五六千两，协济江北粮台，毋令停兵待饷，致误事机。将此由五百里谕令知之。①

○六四　造报咸丰十一年六月新勇口粮清册片

同治元年六月初六日(1862年7月2日)

再，此案清单内有截留由扬赴东新勇口粮银三千四百两，系咸丰十一年六月间捻匪窜扰海、沭，适该起新勇路过清江，经前署漕臣王梦龄奏明截留会剿，当经酌发口粮、银两，事竣后即饬前赴济宁调遣，是以剔归僧格林沁军营造报。正缮折间，接准僧格林沁来咨，以此项勇丁奏留清淮助剿时当未到营，所有发给口粮碍难由该处粮台作收等语。自应仍归清淮军需造报。除饬筹防局遵照于详送细目清册时更正造销，并饬带勇之参将李有才赶造花名送候汇办外，理合附片陈明，伏乞圣鉴。谨奏。

同治元年六月十二日，议政王军机大臣奉旨：览。钦此。②

●议政王军机大臣字寄：山东巡抚谭、署漕运总督吴、督办镇江军务广西提督冯、帮办军务署京口副都统魁：同治元年六月十二日，奉上谕：吴棠奏，官军剿办郯、海交界土匪，渐次肃清，并饬驻海兵勇约会东军攻剿一折。据称龚耀

---

① 《穆宗毅皇帝实录(一)》，卷三十一，同治元年六月中，第831页。

② 中国第一历史档案馆藏：军机录副，档案编号：03-4788-014。此片具奏日期，军机录副目录署"同治元年六月十二日"，即奉旨日期，未确。据同日奉旨之折件亦应为"同治元年六月初六日"。

伦等收抚涝支圩后，郯、海交界土匪渐次肃清，而邳州东境高归股匪经总兵黄国瑞等攻克瓜埠贼圩后，高归遁回兰山县境之杜家堡圩，请乘此穷蹙之时，约会东军进剿等语。所见甚合机宜。着即节节进剿，将高归一股乘机歼除，以靖地方。吴棠已咨德楞额派队协剿，即着迅催定期夹击，毋致坐失事机。惟德楞额前谕攻剿邹县教匪，而扎隆武等兵不满二千，是否足敷分拨？谭廷襄亦当迅速筹画，酌拨兵勇，会同吴棠派出之军合力攻剿。该抚身任封圻，倘使清江兵练孤军无援，本境转置不问，尚复成何事体！吴棠另片奏，遵筹泰坝盐厘，每引划分三百文，以济镇饷等语。着照所请，每引划拨三百文，解交镇江军营充饷。镇江饷需虽近支绌，惟前据李鸿章奏称，由上海月解三万两充饷，兹又划解泰坝盐厘，合之外江各厘捐并新增花布等项捐款，每月有着之款殊不为少。当此各营同形支绌之际，冯子材、魁玉务当撙节支放，毋得借口军饷不充，防剿稍形松懈也。将此由五百里各谕令知之。钦此。遵旨寄信前来。①

〇六五　奏请奖励萧县绅民捐输军饷片

同治元年六月二十二日(1862年7月18日)

署漕运总督江宁布政使臣吴棠跪奏，为萧县绅民续捐防费，据案恳请奖叙，以示鼓励，恭折奏祈圣鉴事。

窃照萧县为江省西陲，自咸丰三年粤逆窜扰以后，土匪窃发，

---

① 台北故宫博物院藏：军机及宫中档，文献编号：408018035。

继又捻氛蜂起,防御堵剿,迨无虚日。署知县杨韫绪因萧营存兵无多,设局劝捐,募勇训练,计自咸丰三年七月十二日起至七年四月二十五日杨韫绪交卸日止,共捐钱五万六千四百九十四千文,除支销外,余钱一百十九千一百文,连同乡勇移交接署知县赖以平接收,一面将初次劝捐钱文及支销各数取具捐生履历,造册详奏,经部覆准将报捐钱文与声请奖叙相符之王淮岳等二十九员填给执照,王丽生、朱玉光、沈志仁等三名各有欠缴钱文,刻令补缴各在案。自赖以平接署后,捻焰更张,防剿更形吃紧,所募之勇未能裁撤。计自咸丰七年四月二十六日起至九年二月初三赖以平交卸日止,续又捐钱二万二千二百千文,除支销外,连同前署知县杨韫绪移交之款,共余三百三十五千文,移交后任接收;仍援案造具收支、履历各册,详由该管徐州府转详核办,复经江苏藩司批饬确查,均属实用实销,毫无浮冒。由藩、臬两司会同徐州道,造册详奏奖叙,并声明初次捐案内奉驳补交捐项之王丽生、沈志仁二名,归入现捐案内并奖,朱玉光欠缴捐款亦已饬据补交,归入续后捐案报销等情前来。

臣查案覆核相符。伏查咸丰七年四月至九年二月,萧县防堵正值吃重之际,其间滩口营盘失守,捻匪屡扑县城,并平时查拿土匪、绥靖地方,深赖此项练勇以补兵力之不足。该绅民等踊跃输将,实堪嘉尚,自应循案给奖,以昭激劝而励将来。除将捐生履历、报捐清册咨部查核外,理合缮具清单,恭呈御览,仰恳天恩俯准照案给奖,饬部覆核,填给执照,俾资鼓励。谨会同协办大学士两江总督臣曾国藩、署江苏巡抚臣李鸿章,恭折具陈,伏乞皇太后、皇上圣鉴。谨奏。六月二十二日。

同治元年六月二十八日,议政王军机大臣奉旨:户部核议具奏，单并发。钦此。①

○六六　呈萧县续捐团练勇粮、经费钱数清单

同治元年六月二十二日(1862 年 7 月 18 日)

谨将萧县续捐团练勇粮、经费钱数缮具清单，恭呈御览。

朱玉光，江苏人，由分发知府捐钱一千六百四十千文，核与奏准以钱合银由分发知府报捐指省减成银数相符，拟请以知府分发山东补用。

王丽生，江苏监生，前于初案捐钱三千四百千文，现又捐钱四千一百四十千文，核与奏准以钱合银报捐单月同知减成银数相符，拟请以同知归部单月选用。

王春山，江苏监生，捐钱二千五百六十千文，核与奏准以钱合银报捐同知衔减成银数相符，拟请给予同知职衔。

赖以化，广东增生，捐钱二千六百七十千文，核与奏准以钱合银报捐加二级、请四品封典减成银数相符，拟请作为增监生，并给予同知职衔。

朱光第，浙江人，由直隶补用知州捐钱一千三百千文，核与奏准以钱合银报捐加二级、请四品封典减成银数相符，拟请给予加二级，给伊父母四品封典，并将本身妻室应封贶封其祖父母。

朱荣第，浙江附生，捐钱一千九百千文，核与奏准以钱合银报捐监生、加捐县丞、指省分发减成银数相符，拟请作为附监生，以县

---

① 中国第一历史档案馆藏：军机录副，档案编号：03-4788-039。

丞分发江苏试用。

徐世统，江西人，捐钱一千五百千文，核与奏准以钱合银报捐监生并加捐不论双单月府经历减成银数相符，拟请以府经历不论双单月归部选用。

段书文，江苏人，由双月县丞捐钱八百六十千文，核与奏准以钱合银捐足县丞三班分发指省减成银数相符，拟请以县丞分发直隶补用。

李胜基，江苏人，由双月县丞捐钱八百六十千文，核与奏准以钱合银捐足县丞三班分发指省减成银数相符，拟请以县丞分发山东补用。

张梦艺，江苏人，由双月县丞捐钱八百六十千文，核与奏准以钱合银捐足县丞三班分发指省减成银数相符，拟请以县丞分发山东补用。

沈澍铉，浙江人，捐钱一千五百千文，核与奏准以钱合银报捐监生并加捐不论双单月县丞减成银数相符，拟请以县丞不论双单月归部选用。

顾涛，安徽人，由分发江苏未入流捐钱七百四十千文，核与奏准以钱合银由未入流捐免试用并分缺先用减成银数相符，拟请以未入流仍留江苏归分缺先选用。

杜世昌，江苏人，捐钱一百一十千文，核与奏准以钱合银报捐从九品衔减成银数相符，拟请给予从九品职衔。

侯昌瑞，山西人，捐钱六百六十千文，核与奏准以钱合银报捐监生并加捐守御所千总衔减成银数相符，拟请作为监生，并给予守御所千总职衔。

沈志仁，浙江人，捐钱一千五百千文，核与奏准以钱合银报捐监生、加捐未入流、指项典史、分发指省减成银数相符,拟请作为监生,以典史分发江苏补用。

张应烽,安徽监生,捐钱九百千文,核与奏准以钱合银报捐监生、加捐双月县丞减成银数相符,拟请以县丞归部双月选用。

议政王军机大臣奉旨:览。钦此。①

〇六七　奏报淮、徐、扬、海殉难　官绅兵民请分别旌恤折

同治元年六月二十二日(1862年7月18日)

署漕运总督江宁布政使臣吴棠跪奏,为续查江北淮、徐、扬、海各属阵亡、殉难之官绅兵民,恳恩饬部分别旌恤,恭折奏祈圣鉴事。

窃臣谨案咸丰三年九月二十一日,钦奉上谕:自粤逆窜扰以来,地方文武官员或守城殉节,或临阵捐躯等因。钦此。伏查咸丰四年、七年,江宁、扬州二府在城殉难官民人等,业经核明奏请旌恤在案。兹查得咸丰八、九两年,捻匪窜扰,铜山县、丰县暨咸丰十年捻匪窜,扰山阳、清河、桃源及宿迁、睢宁、赣榆等县境内阵亡、殉难之官民妇女,并接仗伤亡之弁兵练勇,又复查得咸丰三年,江宁、扬州二府殉难士女,共计文武官员、外委、效用七十七员名,殉难官眷、仆女、家人八十四名,绅董、文武监生二百十六名,绅眷一百三十八名,兵丁练勇六百四十九名,武吏二十八名、眷十五名,义民一千四百六十五名、眷四百九十九名,义烈妇

女一千四百三十八名、属五百八十五名。据藩、臬两司会详造册请奏前来。

臣查核阵亡、殉难官民人等，或守阵效命，或骂贼捐躯，或挟卷短兵，慷慨殁于临阵；或投缳陨井，义烈著于阃门。洵皆致身为国，大节无亏。臣按册详查，殊深悯恻！谨将文武官员、记名外委、效用及随殉眷属，缮具清单，恭呈御览，仰乞圣恩饬部查明各员弁升衔及记名外委、效用准照外委例，从优议恤。其余绅民人等，人数较多，未便概列单内，现仍分类汇造清册，呈送军机处查核，并乞恩施饬部分别旌恤，以彰忠节而慰幽魂。

所有续查江北各属阵亡、殉难之官绅兵民，恳恩饬部旌恤缘由，谨会同督臣曾国藩、抚臣李鸿章、学臣梁瀚，合词恭折附驿具陈，伏乞皇太后、皇上圣鉴训示。再，此外未经查报之绅民人等及本年阵亡兵练，容再饬局确查，续行奏报。合并声明。谨奏。六月二十二日。

同治元年六月二十八日，议政王军机大臣奉旨：着照所请旌恤，该部知道。单并发。钦此。[①]

【案】钦奉上谕：自粤逆窜扰……或临阵捐躯：此上谕《清实录》载：

又谕：自粤匪窜扰以来，地方文武官员或守城殉节，或临阵捐躯，及绅士人等志切同仇、尽忠效死者，业经立沛恩施，交部分别议恤，并将被害较烈各员，命于各该处建立专祠，以昭忠节。该官绅等忠义之气，允堪振起懦顽，褒恤之典仍宜特从

---

① 中国第一历史档案馆藏：军机录副，档案编号：03-166-8374-21。

优厚,着该部详细查明,已经给与恤典者,再行分别酌议,加增予谥,或入祀昭忠祠。其家属殉难者,应如何优恤之处,一并酌核具奏。至未经奏报各员,着各该省督抚迅即饬查被害情节,奏请奖恤,勿稍疏漏,用示朕励节劝忠之至意。①

○六八　呈江北各属节年殉
难、阵亡文武官员清单

同治元年六月二十二日(1862年7月18日)

谨将山、清、桃源及睢宁、赣榆、丰县殉难、阵亡文武官员、外委、效用,缮具清单,恭呈御览。

计开:改发两淮盐大使崇德,咸丰十年正月,委板闸盘查。二月初一日,忽遇捻股窜至,该员骂贼遇害。

江苏候补知县张近仁,咸丰十年正月,在筹防局当差,捻股窜至清江,该员带勇迎仗,力竭阵亡。

前任盱眙县县丞冯耀煌,咸丰十年正月,该员因被劫后在清江浦寓,忽遇捻逆蜂拥而至,骂贼殉难。妻妾、家丁四口,亦同时被害。

南河候补州同沈岱,咸丰十年正月,在清江南岸日夜巡缉,适有窜捻突至,与匪相拒,被贼砍伤右膀。二月初一日,大股麇至,率家人砍贼一名,骂不绝口。该逆齐上,乱刀砍死。母亦骂贼被杀,家人仆妇二名,同时被害。

报捐分发直隶补用县丞杨灏,咸丰十年正月,在清江办理民

---

① 《文宗显皇帝实录(二)》,卷一〇六,咸丰三年九月中,第620页。

团。捻匪窜扑清江，该员齐集民团，奋勇争先，手刃数贼，被戕身亡。

前南河桃中主簿吴特元，咸丰十年正月，在清江当差。捻匪至浦，随同官兵前往堵御，遇贼被害，妾亦自尽。

六品顶戴前睢宁县主簿闻廷栋，咸丰十年正月，在火药局当差。大股捻匪蜂拥而至，该员随率局勇接仗，身被乱刀戳倒阵亡。

前署南河八滩司巡检缪玉书，咸丰十年二月，捻匪在浦肆扰，遇贼被害。

江宁候补从九品署板闸司巡检张宸，咸丰十年正月，大股捻匪直冲板闸，该员带勇迎剿，寡不敌众，致被枪伤咽喉阵亡。

南河候补从九品徐士昌，咸丰十年正月，在清江寓所见捻匪蹿至，忿骂遇害，家人亦被伤身死。

候补从九品梁源，咸丰十年正月，由蒋坝调往清江迎剿，至小桥地方遇贼打仗，毙贼多名，因众寡不敌阵亡。

试用训导王世斌，咸丰十年正月，捻匪窜犯桃源，随父桃源训导王步云督勇防剿，杀贼甚多。讵贼蜂至，其父力竭捐躯，该员当时投河死。其母、妻并女四口，均投泮池殉难。

前任丰县典史陶瓮，咸丰八年八月间，贼窜丰县华山里地方，逼近县城。将犯人押赴沛县，讵意行至中途丁兰里地方，遇贼被害。

候补未入流王晋，咸丰八年八月初八日，在沛县寄居寓所随同守城，城陷后遇害。

候选未入流时文光，咸丰十年二月，在清江寄寓遇捻匪，大骂被害。

署洪湖营都司花国桢，咸丰十年正月，捻匪下窜之时，委带民团扼堵，在于河口地方遇贼接仗，众寡不敌，被戕殒命。

尽先游击苇荡左营守备丁建功，咸丰十年正月，捻匪东窜，委带兵勇前往小桥扎营迎剿，与贼接仗，斩杀多名，被贼枪挑落马下阵亡。

升用游击候补河营守备高玉龙，咸丰十年正月，捻匪东窜，经清河码头镇绅民邀请，该弁带勇防御，奈捻股蜂拥而至，腹背受敌，遂致阵亡。

里河营守备夏松，咸丰十年二月初一日，在本汛防剿，遇匪接仗，受伤殒命。

漕标中营右哨千总马如彪，咸丰十年正月，因西捻下窜，调小桥迎剿，遇贼接仗，力竭阵亡。

河标旧城汛千总高志忠，咸丰十年正月，捻股直扑清江。该员带领汛兵前往迎剿，毙贼甚多。复渡河冲入贼营，奋勇追击，不意贼抄后路，遂在河口束清坝地方力竭阵亡。

署漕标中营清江城守汛千总河标外委胡祥龄，咸丰十年正月捻匪阑入清江时，带领存营兵丁与匪接仗，战至南岸云昙坝地方阵亡。

外南营外河汛千总陈勇，咸丰十年二月，在本汛工次遇匪接仗，力尽被害。

候选卫千总徐朝熊，原名炳麟，咸丰十年正月捻匪至青浦时，委办民团，带勇抵御，被伤身亡。

前任苇荡右营千总魏国舒，咸丰十年正月，委带勇随剿捻匪，在清江彭家码头刺死马贼二名，复追至板闸地方，贼来愈多，身受枪伤阵亡。子中河营清安汛效用延龄、弟媳并子媳、女、孙、孙女、仆从使女十五口，均同时投水殉难。

河中营右哨头司把总梁金魁，咸丰十年正月，西捻由桃源直扑清江，委带兵勇赴码头镇堵剿。正月十三日，直冲贼营，毙贼甚多。奈贼抄袭后路，遂致力竭阵亡。

桃南营烟墩汛把总赵大文，咸丰十年正月，在本汛工次突遇捻匪窜至，即率兵抵御，无如众寡不敌，立时阵亡。

署里河营运汛口把总桂发荣，咸丰十年二月，捻匪在浦滋扰。该弁督带汛兵堵御，因大股踵至，势难抵敌，力竭阵亡。

六品蓝翎前直隶提标把总李德元，咸丰十年正月，捻匪窜扰清江，该弁接仗被害。

署河标中营外委周学宗，咸丰十年正月，委探军情，行至小桥地方，遇贼被害。

佃湖营经制外委陈朝聘，咸丰十年正月，委赴码头镇督兵进剿，与贼接仗，杀贼甚多，追至数里，被贼抄袭后路，众寡不敌，受伤阵亡。

外南营南岸上汛协防刘祥，咸丰十年正月，在汛遇捻匪接仗，力竭阵亡。

署海安营十套汛协防中河营经制效用梁万成，咸丰十年正月，在杨庄帮同团练防堵，因捻匪蜂至，率带练兵迎剿，众寡不敌，受伤阵亡。

河营候补协防万铉，咸丰十年正月捻匪窜扰清江时，骂贼殉难。堂孙媳并女及弟妇、孙女共九口，均同时投河。

候补协防韩培，咸丰十年二月，在清江与捻匪打仗阵亡，女一口自缢。

六品军功河营协防方成功，咸丰十年二月，西捻在浦肆扰，遇贼殉难。

睢宁县徐营外委魏永刚,咸丰十年二月,捻匪窜近旧城。该弁带练赴陈家楼堵剿,遇匪接仗,手刃马贼二名,因众寡不敌,力竭阵亡。

赣榆县六品翎顶外委王秀曰,咸丰十年五月间,东匪翟三秃子聚众肆扰赣邑双墩堡等处,该弁随同营县带练攻剿,力战阵亡。

前船务营经制效用万金,咸丰十年正月,捻匪窜扰清河,骂贼殉难。

外南营记名效用罗兴华,咸丰十年正月,在清江与捻匪打仗被害。

苇荡营记名效用夏纯,咸丰十年二月,西捻在浦肆扰,遇贼殉难。

里河营经制效用马衡、记名效用顾万典,咸丰十年正月,捻匪东窜,打仗阵亡。马衡之妻投河自尽。

署里河营经制效用陈大忠、里河营记名效用高庆安、高铨,咸丰十年正月,捻匪下窜,该效用等御匪,接仗阵亡。陈大忠妻投河身亡。

里河营记名效用施坤元,咸丰十年正月,在运口汛巡防,遇贼殒命。

里河营记名效用苏永和,咸丰十年正月,在双金闸出队与捻匪接仗殒命。

里河营记名效用王荣,咸丰十年二月,捻匪窜至王营,该效用往御被杀。

桃南营记名效用余鳌,咸丰十年正月,在烟墩汛工次遇捻匪窜至,随同打仗,立时阵亡。

漕标城守营记名外委王鹤,咸丰十年正月,捻匪逼近淮城,由衡阳防所调赴淮安防剿,在杨家庙里河两岸地方遇贼接仗,力尽身亡。

六品军功记名外委李培之、刘松林,咸丰十年正月,在小桥地方与捻匪打仗阵亡。

六品蓝翎山东武定营记名外委李刚,咸丰十年二月,在张西沟与捻匪接仗,被枪子入肚,受伤阵亡。

乌拉正红旗舒和佐领下奖赏蓝翎披甲委防御乌陵阿,伯都讷正白旗胜春佐领下领催委骁骑校依常阿,正黄旗同春佐领下六品军功前锋委官金隆阿,正黄旗同春佐领下奖赏蓝翎披甲春喜,镶蓝旗金山佐领下奖赏蓝翎常有,乌拉正红旗舒和佐领下奖赏蓝翎披甲依兴阿,镶蓝旗依城额佐领下六品军功披甲多伦保,正黄旗常明佐领下六品军功披甲德祥,伯都讷正蓝旗富亮阿佐领下六品军功披甲富克精阿,拉林镶蓝旗常春佐领下奖赏蓝翎披甲常永,咸丰十年正月,捻匪东趋,调派防剿,在清江南湖滩等处地方打仗阵亡。

墨尔根城披甲六品军功德布善,咸丰十年,捻股直扑清江,随同打仗阵亡。

二品封前护河南开归陈许道开封府上南同知罗绶,咸丰十年正月,大股捻逆锐意东趋。该绅亲带团勇,分布要隘,竭力堵剿,并命胞侄知州衔罗均随营助剿,奈兵力单薄难支,罗均被贼冲失。该绅复招集残勇,督同长孙内阁中书罗慎运分路扼堵,贼至接仗,斩杀数名。讵贼盖地而来,兵勇多被冲散。该绅犹持刀痛骂,被贼枪伤右臂,骂声益厉,立时被戕,鳞伤遍体。

候选州同季奎光,咸丰十年二月,西捻在浦肆扰,遇贼被害。

盐知事陈桢,咸丰十年正月,捻匪过桃源境。该员之父练董陈素书奉袁甲三札谕,率勇扼贼,格斗一日。该员持火枪连毙数贼,因众寡不敌,受伤阵亡。其父素书被贼冲散,见子伤亡,旧病顿发身死。其胞妹、堂妹及堂弟妇五口均骂贼被害。族侄及族侄女二口投水死。

候选训导冯士如,咸丰十年二月,因匪在浦肆扰,遇贼被害。

贡生候选训导章曰疆,咸丰十年正月捻匪窜扰之际,措备干粮接济清河勇食。迨匪至浦,与妻同时殉难。

附贡生候选训导丁寿芝,咸丰十年九月,捻匪窜至赣榆青口。该员在青口劝办团练,带练迎击,众寡不敌,力竭阵亡。

候选从九品孙起裕,咸丰十年二月,因西捻在浦,与妻、媳、孙女、孙五口同时殉难。

从九品万嗣绪,咸丰十年正月,捻匪窜扰清河,骂贼殉难。幼女同时投河殉难。

候选未入流龚绍渤,咸丰十年正月,捻匪窜扰清河,骂贼殉难。母、妻及幼子均投河殉难。

未入流申秉镛、贺登仕,咸丰十年二月,捻匪在浦,申秉镛与继妻自缢,贺登仕与妻子并女投水殉难。

卫千总李维洛,咸丰八年八月,捻匪窜扰丰县,该弁随同守城,城陷后殉难。

以上文武官员、外委、效用共七十七员名,又殉难官眷、仆妇、家人及甘泉县姚继成之妻、安东县丞姚洄麟之母钱氏等官眷共八十四名,另造清单咨呈军机处。理合登明。

议政王军机大臣奉旨:览。钦此。①

---

① 中国第一历史档案馆藏:清单,档案编号:03-166-8374-22。此清单具奏日期未确,兹据内容判定其为 03-166-8374-21 号折附件。

○六九　特参候补知县何三锡请旨革职片

同治元年六月二十二日（1862 年 7 月 18 日）

再，臣钦奉谕饬：江北粮台厘捐各项，均着悉心整顿，力除积弊等因。钦此。臣自到任以来，即严饬各局员洁己奉公，不得以身试法。并随时整顿，力剔前此积弊。昨因访闻孔家涵厘局委员同知衔候补知县何三锡有纵容幕友、卡勇隐捐卖放、通同舞弊等情，当饬办理江北粮台道员许道身，指名提拿讯办。旋经许道身提集何三锡之幕友赵学曾、冒安荣、卡勇洪喜、严标等到案，讯据洪喜、严标供称：在局充当壮勇，每逢货船往来，委员幕友带往查验，该勇等随时讨赏茶酒钱文等语。臣以该卡勇既有讨索钱文之事，即系卖放勒索之明证。何三锡并未禁止，是其知情容纵，已可概见，当即檄饬许道身，将何三锡等解淮候讯。兹据许道身将何三锡并赵学曾、冒安荣申解，声明洪喜、严标于提讯后交何三锡收管，于夜间脱逃等情前来。

臣接阅之下，不胜骇异。查何三锡如无通同舞弊情事，何至一闻亲提，遂敢任洪喜、严标夤夜逃走？该卡勇等果非情虚，又何至畏罪潜逃？显系串同弊混，希图狡脱。若不严行参办，何以整厘务而儆效尤！相应请旨将同知衔候补知县何三锡先行革职，仍饬令将卡勇洪喜、严标交案讯办。

至何三锡、赵学曾、冒安荣等已由臣饬交淮安府秉公审讯，定拟详奏。是否有当，伏乞皇太后、皇上圣鉴训示。谨附片具奏。

同治元年六月二十八日,议政王军机大臣奉旨:钦此。①

【案】同治元年六月二十八日,此片得允行。《清实录》:以江苏江北厘局隐捐卖放知县何三锡革职讯办。②

【案】钦奉寄谕:江北粮台……力除积弊:此寄谕《清实录》载曰:

丙寅,谕议政王军机大臣等:吴棠奏,挑兵扼防,拣保镇道,并查办案件一折。吴棠现已接署漕督篆务,一切应办事宜均须实心经理,以副委任。漕、河两标额设兵丁万余,为数不少,该署督务须遵奉前旨,挑选足额,分布蒋坝、三河、衡阳一带,以防粤逆窜渡,并设法筹画经费,以济饷需。至捻匪窜扰山东,每由邳、峄运河一带北渡,此时防堵运河北岸最为要务。该署漕督拟俟到任后驻扎清江,就沿河南北两岸各筑土圩,并由桃源、宿迁县境择要扎营,联络团练,节节布置,兼可南顾湖河,北通驿站。着即迅速筹办,务与徐宿官军联为一气,毋令捻踪窜渡,蔓延山东。其徐宿剿匪事宜,仍着与田在田和衷商办,迅将境内捻巢力行扫荡,毋令来春复窜山东,致滋蔓延。江北粮台厘捐各项,均着悉心整顿,力除积弊。将此由五百里谕令知之。③

---

①　中国第一历史档案馆藏:军机录副,档案编号:03-5062-023。此片其奏日期,军机录副目录署"同治元年六月二十八日",即奉旨日期,未确。因缺军机处随手登记档及相关材料,故以奉旨日期暂代。以下同。

②　《穆宗毅皇帝实录(一)》,卷三十二,同治元年六月下,第877页。

③　《穆宗毅皇帝实录(一)》,卷十三,咸丰十一年十二月中,第343页。

○七○　特参候补通判盛太和请旨摘顶片

同治元年七月十二日(1862年8月7日)

　　再，江北粮台欠发军需银钱甚多，前经咨呈户部准予劝捐归补在案。兹查有候补通判盛太和，经前办江北粮台乔松年酌拨照收，札委前赴盐城一带劝捐，据该员报明共收过捐银二千零四十余两，除解过银三百两外，尚欠缴银一千七百四十余两。屡经催解，延不解到。复经委员守提用剩空白执照、实收并前项收捐劝解银两，讵该员一味支吾，既不将欠缴银两呈解，亦不将用剩照收缴完，显有亏挪情事。据两淮运司前办江北粮台乔松年详请奏参追缴前来。

　　相应请旨将候补通判盛太和先行摘去顶戴，以示薄惩，仍勒限一个月，令将用剩照收及欠缴银两一并缴解，倘敢复行延宕，再由臣从严参办。谨附片具陈，伏乞圣鉴训示。谨奏。

　　同治元年七月十二日，议政王军机大臣奉旨：盛太和着摘去顶戴，勒限一个月缴解。钦此。①

○七一　奏请奖励沭阳县廪
生程立炜捐输军饷片

同治元年七月十六日(1862年8月11日)

再，臣前在淮徐扬海道任内以徐台军需支绌，劝谕殷富捐输济

---

①　中国第一历史档案馆藏：军机录副，档案编号：03-4888-029。

饷。据沭阳县绅士道衔廪贡生程立炜首先倡捐制钞八千串,解交徐台应用。当万分竭蹶之秋,深资接济,亟应专案请奖,以励同仇敌忾之忱。查廪贡生报捐郎中不论双单月选用,除以原捐道衔减半抵扣外,计应交例定银六千十六两,照章减二成,以一千六百文作银一两,应捐钱七千七百一千文。今该员捐钱八千串,核计有盈无绌。

除造具该员履历清册咨部查核,并将所捐钱文收入徐州军需报销外,仰恳天恩,准将该员程立炜由廪贡生以郎中不论双单月即用,俾昭激劝,出自鸿慈,伏乞圣鉴。谨附片具奏。

同治元年七月十六日,议政王军机大臣奉旨:该部核议具奏。钦此。①

○七二 奏报署知府顾思尧
请留于江苏补用片

同治元年七月十六日(1862 年 8 月 11 日)

再,现署淮安府知府顾思尧系由蓝翎江苏候补同知直隶州知州因剿匪出力,奏准俟补同知直隶州后以知府用,先换顶戴,并赏换花翎。复经捐免本班,以知府照例补用。嗣于随同观戏案内降三级调用,旋经袁甲三等以力保淮城奏准免其降调,改为降四级留任,钦奉朱批:着交加五成捐复银两。当经该员如数呈交,因声叙未明,致奉部诘。又按将所交银两即系加五成捐复降调银数分晰声明,咨部更正各在案。兹该员又奉到转行部文,以降调改为降留并非本案开复,其前保知府花翎,查例查销,不准随带。所捐免补

---

① 中国第一历史档案馆藏:军机录副,档案编号:03-4789-016。

本班以知府补用,应毋庸议等因。

伏查该员由大挑分发南河,在江北几二十年,历任知县,均有循声。十年春间,力保淮城,至今绅民称道。其于拿办土匪、弹压地方,尤多著绩。是以臣到任后,以军务吃紧、需才孔殷,未便拘泥常例,沥情奏请。钦奉上谕:着准其仍留江苏以知府用,并署理淮安府知府,以资治理等因。钦此。钦遵在案。该员到任后,正值大股捻匪叠次窜扑淮安,防剿抚绥,备尝艰险,实为知府中不可多得之员。因甫经奉有特恩,是以前奏汇保之案未敢开列。其前次降调处分虽非本案开复,系经奏准改为降留,现又续著劳绩,惟有仰恳天恩,仍照前旨准将该员顾思尧留于江苏以知府用,并将其前奉赏换花翎之案准其随带,俾励人才而资观感,出自逾格鸿慈,伏乞圣鉴。谨附片具奏。

同治元年七月十六日,议政王军机大臣奉旨:吏部议奏。钦此。[1]

●议政王军机大臣字寄:署漕运总督吴,传谕淮安关监督永存:同治元年七月十六日,奉上谕:吴棠奏,水师策应陆军扼剿捻匪叠胜,恳将出力人员奖励一折。捻匪大股窜至邳、宿一带,总兵黄开榜等水陆会剿,叠次击贼获胜情形,业经明降谕旨宣示矣。前据僧格林沁奏:黄开榜向该大臣禀称,西捻拥众数万,黄开榜会同黄国瑞带领炮船、旱勇,沿河布置二百余里,节节进剿,歼除无数,语尽支离,且贼匪不过一万,未闻沿河有黄开榜炮船接仗之事。业经谕令吴棠查明,据实具奏。此次该署

---

① 中国第一历史档案馆藏:军机录副,档案编号:03-4601-042。

漕督所奏捻众三四万人,水师布列运河二百余里,与僧格林沁前奏适相符合。是否黄开榜等张大其词,向该署漕督粉饰具禀,吴棠即率行据以入奏,抑系进剿实在情形?黄开榜水师船只本属无多,亦安能绵亘布列长至二百余里?是僧格林沁所称语言支离,亦断非无因。着吴棠仍遵前旨,确查具奏,不得以业经入奏稍存回护。此次折内所保之黄开榜等,着俟查明覆奏时,如果该总兵等出力属实,再行明降谕旨,给予奖励。至捻匪股数众多,窜扰淮、徐已成熟径,现虽遁回老巢,难保不再来窥伺。吴棠务宜督饬在事文武严密堵扼,毋令乘隙复行东窜,是为至要。另片奏,请饬淮安监督协济军饷。着永存于淮关征收款项内,自本年六月起,每年协济清淮饷银三万两,陆续拨解,毋稍推诿延宕,以应急需。所借该关洋药税银五千两,本日已谕令谭廷襄,令将该省应解清淮有漕州县捐输一款划抵解部矣。将此由四百里各谕令知之。钦此。遵旨寄信前来。①

【案】嗣于随同观戏案内降三级调用:咸丰十年三月十九日,两淮盐运使乔松年奏参南河总督庚长糜饷贻误,曰:

按察使衔总办江北粮台两淮盐运使臣乔松年跪奏,为访闻河臣性耽安逸,虚糜厘钱,物论沸腾,密折陈奏,仰祈圣鉴事。窃河臣庚长办理堵防数年之久,一旦有警,即仓惶失守,臣初亦不解其故。迨清江士民纷纷南下,臣细加询访,始知庚长竟一无所备,平日有以募勇训练为言者,庚长谕以无饷。然所设厘局已有十余处,即如邵伯镇左右即有河臣收厘局数处,所收厘钱不知作何开销。自联英到漕督任后加以诘问,乃分给联英数

---

① 台北故宫博物院藏:军机及宫中档,文献编号:408018036。

处，以为蒋坝防勇口粮，而庚长所收厘钱究无着落。闻庚长报部清江兵勇一万三千余人，而所见清江之勇不过数百人，是以捻匪一到，无从抵御。且二十四日已得警报，庚长乃于二十五、二十六、二十七演戏三日，日日告急，恬不为意。二十八日，桃源失守，方仓猝征兵募勇，势已无及。三十日，都司德兴接仗虽属失利，贼踪尚未过浦，乃庚长于晡时遽赴淮安，人心大震。贼遂窜之。此所以淮海道吴葆晋、署副将舒祥死于初一日而庚长已于三十之夜入淮城也。臣查该督报部兵勇一万三千余人一节，传闻虽未必确，然抽厘多而募勇少已为共见共闻。至贼氛已炽而犹演戏三日，尤属万目所睹，同为愤恨，无可掩饰。其三十日先至淮城亦确凿无疑。幸赖和春、袁甲三迅派兵勇来援，克复清江，在庚长实无补救之功。臣新进小臣，原不应轻言大员之优劣，第清江为南北之喉，最为扼要，庚长既有负天恩，而民怨之甚深，不但难收桑榆之效，窃恐贻误滋深。清江倘再有失，则粮台同受其累。再四思维，不敢缄默，不揣冒昧，据实具奏，应否钦派公正大臣确查办理，伏候皇上乾断施行。谨奏。三月十九日。咸丰十年三月二十八日，奉朱批：钦此。①

【附】咸丰十年五月初六日，乔松年等弹劾河臣庚长之奏得清廷批覆：

己亥，又谕：前因御史薛书堂及两淮盐运使乔松年参奏庚长演戏宴客、退守淮安各情，当派文俊驰驿前往查办。兹据该侍郎查明覆奏，请旨定夺。革职暂留本任江南河道总督庚长，当清江防堵吃紧之时，辄因酬神演戏，已属不知缓急，犹复观剧

---

① 中国第一历史档案馆藏：军机录副，档案编号：03-4150-107。

终日,迨闻贼警,仓惶出队,迎剿失利,遽行退入淮城,尤属畏葸无能,有负委任。庚长着即革任来京,听候审讯。舒康等有无失守处分,着王梦龄与清江失守文武各员一并迅速查明参奏。①

〇七三　奏请加广通州、泰州文武学额折

同治元年八月十九日(1862年9月12日)

署漕运总督江宁布政使臣吴棠跪奏,为查明通州、泰州捐输军饷银数,遵例请加学额,以广皇仁,恭折奏祈圣鉴事。

窃查咸丰三年钦奉上谕:各省绅士商民因军务未竣,志切同仇,输将踊跃,甚堪嘉尚。除业经随时奖励外,着再加恩将捐银较多之省酌加乡试中额,捐银较多之各府州县酌加学额等因。钦此。经部议定:捐银至二千两者,加文武学额各一名,即所捐递增多至数万两以上,亦不得过该学原额取进之数。嗣又奉准部咨:议覆前刑部侍郎罗惇衍②等奏请将各省援例报捐,归并捐输,酌加中额、

---

① 《文宗显皇帝实录(五)》,卷三百十八,咸丰十年五月上,第682—683页。

② 罗惇衍(1814—1874),字星斋,号椒生,广东顺德人。道光十四年(1834),中式举人。十五年(1835),中式进士,选翰林院庶吉士。翌年,授翰林院编修。十七年(1837),授四川学政。二十年(1840),补文渊阁校理。同年,充四川乡试副考官。二十三年(1843),任翰林院侍讲、日讲起居注官。是年,授翰林院侍读,充山东乡试正考官。二十四年(1844),补翰林院侍讲学士。二十五年(1845),任通政使司副使、太仆寺卿。同年,任会同考官。二十六年(1846),补安徽学政。二十九年(1849),升通政使司通政使。咸丰元年(1851),任福建乡试正考官。二年(1852),以通政使兼署吏部右侍郎。三年(1853),补刑部左侍郎,管理宗学事务。同年,授户部左侍郎、实录馆副总裁,充考试汉教习阅卷官、磨勘武经大臣。五年(1855),丁忧,回籍终制。十一年(1861),迁都察院左都御史。同治元年(1862),补户部尚书、经筵讲官。同年,充顺天乡试副考官。四年(1865),兼任翰林院掌院学士。六年(1867),兼署工部尚书。七年(1868),授武英殿总裁。次年,以丁母忧回籍。十三年(1874),卒,谥文恪。有《集义编》《百法百戒》《庸言》《孔子集语》《濂洛关闽六先生传》《本朝从祀三先生传》《奏疏》《集义斋咏史诗钞》等行世。

学额折内议定各省劝捐及归筹饷事例之员，均照常例酌加四分之一者，除给予本身应得奖励外，仍准统计该省暨各厅州县捐数，按加中额、学额，由该督抚奏明办理。续于咸丰五年间奉准部行议准：嗣后各省办理加额之案，除地方官及外省商民捐输不计外，所有本地绅民从前劝捐之款，无论捐输援例俱准归并核算，不必限定酌加四分之一银数，一体准其补请加广中额、学额，或给予一次，或永为定额，仍照奏定章程，分别办理，庶中外报效之忱更形踊跃等因，节经遵照办理。

　　兹查自军兴以来，通州绅民初次捐银二万九千七百十两，静海乡籍绅民捐银二千二百四十两，于咸丰七年经部覆准通州加广文武学额一次各十四名，静海乡文武学额一次各一名，尚有余银，并入续捐计算在案。今该州绅民续又捐银五万五千七百六十五两四钱，连上届赢余银一千七百十两，统计捐银五万七千四百七十五两四钱。遵奉部议章程：凡捐银至一万两者，加广永远文武定额各一名；捐银二千两者，加广一次文武学额各一名，拟请以五万两请加州籍永远定额文武学额各五名，以六千两加州籍一次文武学额各三名，余银仍请归入续捐，再行并计。静海乡籍续又捐银一千七百六十两，连上届赢余银二百四十两，统计捐银二千两，请加一次文武学额各一名。自今届考试为始，分别举行，均未逾原额取进之数。又，查有泰州绅民自咸丰三年起至七年止赴各营、局捐输已给议叙一项共银九百五十四两二钱四分。又，在籍前福建福宁府知府王广业于咸丰三年在漳州府任内捐银一万两，恭奉恩旨，赏戴花翎，亦应一并计算。统计捐银七万九百五十四两二钱四分。今拟请以六万两加永远定额文学六名，以八千两加一次文额四名。至该州武额仅止九名，若照文额加广，已逾定额，拟请加永远定额武学三名,加一次武额二名,以符定制。余银归入续捐,再行并计。自补行咸丰九年岁试为始,分别举行。据江宁布政使衙门转据各该州查造捐册请奏,并声明瞬届考试,士子希恩迫切,请就近由漕督衙门核办前来。

臣查各该州绅民志切同仇,捐输踊跃,仰蒙圣慈逾格,凡捐输济饷州县准其加广学额,自应援案吁请,理合奏恳天恩,准加通州籍永远定额文武学额各五名,推广一次文武学额各三名,加静海乡籍一次文武学额各一名,加泰州永远定额文学六名,推广一次文额四名,加永远定额武学三名,推广一次武额二名,以示激劝而作士气,出自鸿慈。

除将各该州捐数造具细册咨部查核外,谨会同协办大学士两江督臣曾国藩、江苏抚臣李鸿章、江苏学政臣梁瀚①恭折具奏,伏乞皇太后、皇上圣鉴。谨奏。八月十九日。

同治元年八月二十七日,议政王军机大臣奉旨:该部议奏。钦此。②

【案】此折于同治元年十一月得允行。《清实录》:

以江苏捐输军饷,永广泰州学额六名,通州五名。③

---

① 梁瀚(? —1864),字海楼,号平桥,陕西鄠县人。道光十六年(1836),中式进士,选庶吉士。十九年(1839),补军机章京。二十六年(1846),授礼部员外郎。二十八年(1848),升郎中。咸丰二年(1852),补内阁侍读学士。三年(1853),授宗人府府丞。八年(1858),迁通政使。同年,署兵部右侍郎、吏部右侍郎。九年(1859),调户部左侍郎,兼管三库事务。是年,充会试知贡举、覆试各省举人阅卷大臣、会试覆试阅卷大臣、顺天乡试副考官。十一年(1861),授江苏学政。同治元年(1862),以丁祖母忧出缺。三年(1864),卒。

② 中国第一历史档案馆藏:军机录副,档案编号:03-4789-045。

③ 《穆宗毅皇帝实录(一)》,卷四十九,同治元年十一月中,第1334页。

○七四 遵查黄开榜剿捻情形出力各员仍请给奖折

同治元年八月十九日（1862年9月12日）

署漕运总督江宁布政使臣吴棠跪奏，为遵旨查明黄开榜等剿捻获胜情形，据实覆陈，仰祈圣鉴事。

窃臣承准议政王军机大臣字寄：七月二十日，奉上谕：僧格林沁奏，督军追剿东窜两股贼匪及扑窜黄冢捻匪，均获胜仗一折等因。钦此。又，奉七月十六日上谕：吴棠奏，水师策应陆军扼剿捻匪，迭获胜仗，恳将出力人员奖励一折等因。钦此。跪聆之下，惶悚莫名！伏念臣猥以菲才受恩至厚，力小任重，报称毫无。每遇一切公事无不力求实际，以冀仰答高深，而尤以军务重大，诚恐将弁禀报不实，有误事机，是以随时密派亲信干弁，往来侦探，并通饬各地方官及沿途圩寨，遇有官军在境击贼，即将实情密禀，俾资印证。此次黄开榜在邳、宿剿匪情形，查核各路探报，与该总兵所禀尚无异词。其所以致亲王僧格林沁奏参者，因苏克金①禀称由曹八集、过满山进剿碾庄获胜，黄开榜禀称由沿河之河成闸、猫儿窝进剿获胜。其时捻匪分窜，各剿各该处之贼，各就情形具禀。黄开榜于击退贼股后，侦知土山、岠山、碾庄、过满山等处均无贼踪，遂将所探

① 苏克金（？—1864），倭勒氏，满洲正黄旗人，爱珲驻防。道光二十六年（1846），充骁骑校。咸丰四年（1854），选防御，戴蓝翎。同年，保佐领，赏换花翎。七年（1857），补佐领。是年，保协领，加副都统衔。八年（1858），加伊勒固木图巴图鲁勇号。同年，迁黑龙江齐齐哈尔城正白旗协领。十一年（1861），保记名副都统。同治元年（1862），擢福州副都统，晋加头品顶戴。三年（1864），卒于阵。谥壮介。

各该处均已肃清之语,亦于禀内叙及。亲王僧格林沁以两禀均举碾庄等处,事涉歧异,请旨饬查,系为核实禀请起见。

臣于奉旨后,复加密访,并将各处禀报接仗日期详加核对。查此次捻股出窜,意图抢渡运河,西至铜、睢,南至邳、宿,并非聚成一股,系属分道狼奔,共计实有三四万之众。溯自六月十三日,捻踪窜由徐北十家屯地方,向东滋蔓。总兵黄国瑞①一军即于六月十六、七等日,督带臣所派之炮船在邳境迎剿获胜,扼贼不能渡河,先经臣附片奏明在案。旋据署淮徐道张富年禀报:苏克金等队追贼至徐,因峰县又有匪踪,六月二十日,苏克金自徐北征。二十一日,在峰境剿败贼匪。二十八日,折回徐郡,复又东行追贼等语。又探得七月初二、三日,苏克金由曹八集向碾庄一代剿匪,大获胜仗,是苏克金系由徐郡之东,由碾庄迤西进剿,其获胜系七月初二、三日之事。黄开榜之在河成闸、滩上等处剿匪,系在邳境运河之南,由碾庄东北乡庄进剿,其获胜系六月二十五日至三十日之事。日期先后不同,且当黄开榜六月下旬击退贼股之时,曾据署徐淮道张富年禀称:败匪黄旗一股已由徐南回巢,黑蓝旗等匪仍在睢境等语。是黄开榜与苏克金之分两路剿贼,实系有案可稽。又,查苏克金于七月初二、三日击贼获胜后,折回徐郡。维时仍有捻匪分股万余,

① 黄国瑞(1837—1882),字庆云,即陈国瑞,湖北应城人。咸丰年间,参加太平军,后投黄开榜,收为义子,易姓黄。咸丰九年(1859),以军功加都司衔。十年(1860),随袁甲三于怀远、寿州一带剿办发、捻,以骁勇善战补游击,赐技勇巴图鲁名号。十一年(1861),两破捻军,加副将衔。同治元年(1862),实授副将,加总兵衔,赏黄马褂,封头品顶戴。三年(1864),擢浙江处州镇总兵。因性桀骜不驯,引兵济宁,寻衅与刘铭传火拼,旋率兵攻漕运总督衙门,经漕运总督吴棠以病癫奏参,夺职,押送回籍。六年(1867),调北京,封御前正黄旗头等侍卫。次年,授神机营管队侍卫,封云骑尉。旋因屡在军中滋事,纵部掠夺,杀伤民团,发往军台效力,改戍黑龙江。光绪八年(1882),病卒于戍所。

绕扑宿迁城圩，黄开榜由邳折回，于七月初六、初七、初八等日，迭获胜仗，余贼始悉回巢。是捻匪之分股奔突，亦可概见。则两路官军之先后获胜，均属实情。即以苏克金所称贼匪不过一万，系指所击之贼而言，亦属确实。

至沿运水师，臣所派系黄开榜所部炮船一百零二只，副将蔡觐贤炮船十五只，就桃境之众兴，宿境之皂河、窑湾，邳境之猫儿窝、滩上、河成闸扼要处所，分均驻防，合以陆军，并非该处团练声势极为联络。当剿匪吃紧之时，上下游船互相策应，故邳、宿胜仗借水师之力为多。臣前于奏报折内声叙水师布列于邳宿运河二百余里策应，黄开榜呈递亲王僧格林沁禀内，误称沿河二百余里均有炮船扼守，委系声叙未明。诚如圣谕：该总兵不知笔墨，致于定义未能斟酌，似并非意涉虚浮，铺张具禀。

总之，此次贼扰两旬之久，蓄意抢渡运河，若非苏克金一军奋击于西，黄开榜等先后扼剿于东，负创未深则回迎，未能如此之速。臣前准亲王僧格林沁咨查，当将以上各情禀覆。兹两次钦奉圣训，谨将实在情形详细上陈，断不敢稍有隐饰，更不敢以入告在先意存回护。

至臣前折开列剿匪出力各员，委属著有微劳，可否仰恳天恩准臣所请，准予鼓励之处，伏候圣裁。再，总兵黄开榜现经臣禀商僧格林沁，会饬前赴徐宿接统田在田各队，应否俟徐宿军务起色，再行禀会僧格林沁查案奏奖，抑一并先予恩施之处，出自逾格鸿慈。所有遵旨查明黄开榜等剿捻获胜实在情形，恭折附驿覆陈，伏乞皇太后、皇上圣鉴。谨奏。八月十九日。

同治元年八月二十七日，议政王军机大臣奉旨：钦此。[1]

---

[1] 中国第一历史档案馆藏：军机录副，档案编号：03-166-8374-24。

【案】七月二十日,奉上谕:僧格林沁奏……均获胜仗一折:此上谕《清实录》载曰:

谕议政王军机大臣等:僧格林沁奏,督军追剿东窜两股贼匪及扑犯黄冢捻匪均获胜仗一折。据称捻匪任缚得、王广继等率众由徐州府迤西向东北分股奔窜,德楞额督兵截击,毙匪多名。苏克金等赶至峄县,歼除二千余名。王广继窜入云谷山中,与棍匪勾结。德楞额派参将李其昌带队堵剿自与苏克金马队驰抵曹巴集,会合田在田自邳州新河桥追剿至睢宁县黄山石峡地方,共毙匪四千余名,余匪奔回老巢。西路捻股刘狗儿等扑至黄冢,经侍卫卓明阿等督队剿击,歼除贼匪二千余名。所办均极得手。着僧格林沁即饬田在田将曹巴集余匪追杀净尽,毋令并归老巢,并严饬德楞额将云谷山攻克,王广继一名务须剿除,毋任再行旁窜。营总恒龄等驻扎亳州迤北,业将窜贼大加创惩,当可趁此声威一鼓攻克。卢庙一带捻圩,着俟天气晴霁,泥潦渐干,即与郑元善、毛昶熙等会筹进剿老巢,以清捻患。折内所称总兵黄开榜禀称:此股西捻拥众数万,该总兵会同黄国瑞带领炮船、旱勇,沿河布置。原禀长篇累牍,尽属支离,并未言及德楞额等剿胜情事。比及苏克金等回营,查询贼匪不过一万,未闻沿河有黄开榜带领炮船与贼接仗之事,已行文吴棠详细确查等语。此股捻匪窜扰,黄开榜是否与贼接仗,着吴棠查明,据实具奏。该总兵武夫不知笔墨,必系办理文案之人代为铺张,嗣后须令事事务实,不可稍涉虚浮,若有意渎禀,冀图冒功,即着严参惩办。其田在田被参各款,着吴棠迅速会商僧格林沁覆奏,毋再稽迟。将此由五百里各谕令知之。①

【案】七月十六日上谕：吴棠奏……恳将出力人员奖励一折；此上谕《清实录》载曰：

谕议政王军机大臣等：吴棠奏，水师策应陆军扼剿捻匪叠胜，恳将出力人员奖励一折。前据僧格林沁奏，贼匪不过一万，未闻沿河有黄开榜炮船接仗之事。此次该署漕督所奏捻众三四万人，水师布列运河二百余里，是否黄开榜等张大其词，向该署漕督粉饰具禀，吴棠即率行据以入奏，抑系进剿实在情形？黄开榜水师船只本属无多，亦安能绵亘布列长至二百余里？是僧格林沁所称语言支离，亦断非无因。着吴棠仍遵前旨，确查具奏，不得以业经入奏稍存回护。至捻匪股数众多，窜扰淮、徐已成熟径，现虽遁回老巢，难保不再来窥伺。吴棠务宜督饬在事文武严密堵扼，毋令乘隙复行东窜。另片奏，请饬淮安监督协济军饷。着永存于淮关征收款项内，自本年六月起，每年协济清淮饷银三万两，陆续拨解，以应急需。将此由四百里各谕令知之。②

○七五　代奏记名总兵刘琮请复姓归宗片

同治元年八月十九日(1862年9月12日)

再，臣查现带汉中营官兵甘肃庄浪协副将记名总兵刘琮，籍隶甘肃靖远县，本系张氏，缘与皋兰县刘氏世为婚姻，该员之祖

---

① 《穆宗毅皇帝实录(一)》，卷三十四，同治元年七月中，第909页。
② 《穆宗毅皇帝实录(一)》，卷三十四，同治元年七月中，第914—915页。

张豹继与刘国祥为嗣,张豹初充甘肃督标兵丁,因已入伍,碍难遽更刘姓,即以张豹为名,曾于嘉庆年间从征川匪战殁,其妻杨氏守节,奏准旌表在案。张豹生子,改名刘玉,未婚而亡,旋以本宗张景曾之子为嗣,更名刘琼。该员由千总出征,洊升甘肃庄浪协副将,奉旨记名以总兵简放。现在该员本支张氏人口凋零,业已绝嗣。该员生有七子,阵亡者三,尚余四子,拟带其子柏龄、延龄二人,复归张姓,仍留其子鹤龄、遐龄二人继刘氏后。据甘肃庄浪协副将记名总兵刘琼禀请转奏前来。可否仰恳天恩饬准刘琼复姓归宗,四子分承张、刘两姓之处,伏候圣鉴训示,谨附片具奏。

同治元年八月二十七日,议政王军机大臣奉旨:着照所请,该部知道。钦此。[1]

〇七六　孙广恩拔补徐镇中营守备片
同治元年八月十九日(1862 年 9 月 12 日)

再,军营所出武职员缺应由本营员弁内量功拔擢,随时奏补,历经办理在案。兹查有参将衔尽先游击徐镇中营夏镇守备王清保,经臣奏保奉旨开缺,以参将尽先补用,并加副将衔。当经转行钦遵。其所遗徐镇中营守备员缺系军营所出之缺,由军营拣拔,随于徐营官弁逐加遴选,查有都司衔候补守备孙广恩,打仗勇往,堪以请补,用示鼓励。相应奏恳天恩俯准拔补,饬部

---

　　① 中国第一历史档案馆藏:军机录副,档案编号:03-4706-165。此片具奏日期,军机录副目录署以奉旨日期,未确。兹据同日奉旨之折件(档案编号:03-4789-045)校正。

给札，以资管队而昭观感，实于营伍有裨。理合附片具奏，伏乞
圣鉴。谨奏。

同治元年八月二十七日，议政王军机大臣奉旨：孙广恩着准其
拔补，该部知道。钦此。①

○七七　奏报盐城范公堤外草
地拟酌量开领济饷片

同治元年八月十九日（1862年9月12日）

再，盐城县范公堤外有民樵草地七百余顷，除不毛废地外，仍
有四百余顷。原按牧马草场科则升银二百七十余两。乾隆年间，
因民灶争讼，奏咨定案放荒，其粮银摊入通境民田内带征，历年久
远，无业贫民间有私行开垦，控勘之案日繁。前署漕臣王梦龄在任
时，以该地既经私垦，拟即酌量开领济饷，先经委员查办。臣到任
后，饬委署淮安府知府顾思尧前往覆勘，据禀约可开领三百顷，其
余仍留民樵。所有该地粮银前系摊入通境民田，现即摊于召领地
内征完等情。

臣查此项草地，原应照案放荒，惟既已私垦，徒启事端；今拟酌
量召领三百顷，在樵采仍留余地，而民田转省带征之粮，于赋额亦
无出入。当此饷需支绌之时，借得地价充饷，殊于军糈不无小补。
除俟办有端倪再行分别奏咨外，理合先行附陈，伏乞圣鉴。谨奏。

---

① 中国第一历史档案馆藏：军机录副，档案编号：03-4706-166。此片具奏日期，军
机录副目录署以奉旨日期，未确。兹据同日奉旨之折件（档案编号：03-4789-045）校正。

同治元年八月二十七日,议政王军机大臣奉旨:知道了。钦此。①

○七八　请饬晋、豫两省筹解僧格林沁军饷片

同治元年八月十九日(1862年9月12日)

再,臣于七月二十一日钦奉上谕:兹据田在田片奏,徐宿一营,因饷需匮乏等因。钦此。伏思粮台饷源不外乎钱漕、捐输、厘捐等项,而徐属迭遭贼扰,民困未苏,凋敝情形,日甚一日,是以本境无可筹画,全赖各省协饷各在案。迭经部臣议准,陕西、河南两省每月各协解银一万两,山西藩司每年协解银十万两,河东道每年协解银十二万两。如各省均能按期拨解,尚可以盈补绌,勉力维持。乃本年时已八月,仅据山西藩司解到银五万两,河东道解到银二万两,陕西藩司解到银一万两,河南丝毫未解。统计不过十分之二,以致军饷积欠累累,时有哗溃之虞。现在田在田奉旨革职,饬令另派大员接统其兵,现已禀商亲王僧格林沁,遵派九江镇总兵黄开榜前往接统。指日秋高气爽,定当随同僧格林沁,会合各路官军,大举进剿。若饷需如此竭蹶,设当攻剿吃紧之际而糇粮不继,势必坐失机宜。诚如圣谕:虽有强将劲兵,亦难奏效。自应赶速通盘筹画。

查河东盐课一项,本年业经山西抚臣英桂筹定银十二万两,系

---

　　① 　中国第一历史档案馆藏:军机录副,档案编号:03-4955-030。此片具奏日期,军机录副目录署以奉旨日期,未确。兹据同日奉旨之折件(档案编号:03-4789-045)校正。

属裁存在库之款,不难按期清解。乃今八月之久,仅据解银二万两,计欠解银六万两。而陕西军务未平,道路时有梗阻。前经田在田奏请,将该省协解徐饷就近划拨甘肃,而以河东盐道应拨甘饷抵解徐台。奉旨寄谕英桂,酌量办理。未知英桂如何咨覆。河南现在亦办军务,如不能照原拨之数,究竟每月酌解若干,亦应核实议定。合无仰恳天恩,俯念徐宿军务紧急,敕下山西抚臣转饬河东盐法道刘子城,①迅将本年欠解银六万两克日并批解徐,以后源源接济;并饬查照田在田前奏,酌议于河东盐课项下,每年再拨银若干两,解交徐宿军营,划抵陕西协饷。

至豫省积欠月饷,应请饬下河南抚臣不拘何项,赶紧筹解银二三万两,以救眉急;此后如何按月筹解,并即督饬藩司酌定,遴委干员前往,面向各该司道筹商。一面札饬署淮徐扬海道张富年,确查该粮台每月需用若干,有无可以节省;其各项进款,何款可以指实,一并悉心通筹,俾固军心而期济饷,以仰副皇上整饬戎行之至意。谨附片具陈,伏乞圣鉴训示。谨奏。

---

① 刘子城(1811—?),直隶沧州人,廪生。道光十七年(1837),考取拔贡。十八年(1838),以七品小京官签掣吏部。十九年(1839),中式举人。二十一年(1841),考取军机处章京。二十四年(1844),作为额外主事。次年,充补军机处章京。二十七年(1847),补考功司主事。二十九年(1849),升考功司员外郎。咸丰元年(1851),记名以御史用。四年(1854),补文选司员外郎,军机处帮领班行走。是年,授福建道监察御史。六年(1856),巡视北城。七年(1857),记名以繁缺知府用,巡视西城。同年,京察一等,记名以道员用,旋升补礼科给事中。九年(1859),记名以繁缺道员用,历署河南、江南、湖广道监察御史、吏科给事中、礼科掌印给事中,巡视西城、中城,派充监试御史,管普济堂、功德林事务。同年,补授山西河东道,旋赏戴花翎。同治三年(1864),补授湖北盐法武昌道。

同治元年八月二十七日，议政王军机大臣奉旨：钦此。①

【案】此片于同治元年八月二十七日得批覆。《清实录》：

又谕：吴棠奏，徐宿军饷请旨饬催等语。现在黄开榜接统田在田兵勇，即当随同僧格林沁，会合各路官军，大举进剿捻巢，饷需万分支绌。若不速筹接济，势必坐失机宜，着英桂将能否以应拨甘饷抵解徐台之处，悉心筹画，迅速具奏。除昨据该抚奏报已由藩库拨解徐州饷银一万两外，其河东道库欠解本年协饷银六万两，着饬刘子城克日并批，解赴徐宿军营。河南积欠月饷，着郑元善不拘何款，先行筹解银二三万两，以济急需。此后如何按月筹解，并着督饬藩司，酌定确数，赶紧具奏，毋得迟逾推诿。将此由五百里各谕令知之。寻英桂奏甘省待饷已久，应解之饷不能抵解徐饷。报闻。②

●议政王军机大臣字寄：署漕运总督吴：同治元年八月二十七日，奉上谕：吴棠奏，查明黄开榜等剿捻获胜实在情形一折。本日已明降谕旨，将黄开榜交部从优议叙；参将王正标等均照吴棠前次所请，给予奖叙。其余在事出力员弁兵勇，均准其查明汇保矣。另片奏，徐宿逼近捻氛，为四省交界之区，黄开榜有勇有谋，堪以独当一面，已咨商僧格林沁办理，并由该署漕督于清淮军营拨派步队八百余名、马队一百余名，以壮徐军声势。所筹均尚妥协。田在田营务废弛已极，吴棠饬该总

---

① 中国第一历史档案馆藏：军机录副，档案编号：03-4934-095。此片具奏日期，军机录副目录署以奉旨日期，未确。兹据同日奉旨之折件（档案编号：03-4789-045）校正。

② 《穆宗毅皇帝实录（一）》，卷三十八，同治元年八月下，第1031页。

兵迅即前往,查明存营兵勇实数,裁汰老弱,勤加训练,以固徐防。其高宝等处师船,据奏派都司黄中理管带,该处湖面防务紧要,现派何员专办,并着吴棠随时查察,毋令稍有疏失,是为至要。又片奏,徐宿军饷支绌,请饬山西等省拨解等语。已谕令英桂等照数拨解。其抵拨甘肃饷银一节,尚未据英桂覆奏,并谕知该抚赶紧筹办矣。将此由四百里谕令知之。钦此。遵旨寄信前来。[①]

【案】七月二十一日奉上谕:兹据田在田奏……饷需匮乏:此上谕《清实录》载曰:

又谕:田在田奏,徐宿一营因饷需匮乏,力求撙节,兵勇每日所领钱文不敷食用,粮草购觅尤艰,每逢出兵,裹粮不足,继以赊欠,如所过皆墟,即行饥溃各等语。徐宿一带为南北咽喉,地处必争,若兵饷如此竭蹶,虽有强将劲兵,枵腹荷戈,亦难责效。此事关系甚重,着僧格林沁会商吴棠,仍遵前旨,迅速酌派得力之员,前往徐州,接统田在田一军,一面将徐宿营饷速筹接济,总期源源不竭,以收士饱马腾之效。田在田业经革职,原折片各件着发交僧格林沁阅看转给。将此由六百里各谕令知之。[②]

○七九　奏报知县杨维藩暂缓引见片

同治元年八月十九日(1862年9月12日)

再,臣查有同知衔前任淮安府盐城县知县杨维藩,于咸丰四年

---

① 台北故宫博物院藏:军机及宫中档,文献编号:408018037。

② 《穆宗毅皇帝实录(一)》,卷三十五,同治元年七月下,第927—928页。

六月因病呈请开缺。咸丰九年三月初一日丁父忧，扣至十一年六月初一日，不计闰二十七个月服满。该员前患风湿之症，业经医痊，例得起用。上年秋间，该员起复到省在案。惟杨维藩系属病痊人员，例应出考，给咨赴部引见。第值江北军务吃紧，在在需人。该员老成谙练，堪资差委。前署江宁、如皋、邳州、铜山、丰县各州县事，并前署盐城县知县，所至有声，实为州县中不可多得之员。可否仰恳天恩，将杨维藩暂留江北差遣委用，俟军务稍定，再行出考给咨赴部引见之处，出自逾格鸿慈，伏候圣训祗遵。谨附片具奏。

同治元年八月二十七日，议政王军机大臣奉旨：杨维藩着准其暂缓引见。钦此。[1]

○八○　奏报南河苇荡旱冻所产稀少片

同治元年八月十九日（1862 年 9 月 12 日）

再，南河苇荡左、右两营增采苇束，原定章程每年将青柴长发情形由该管道员确勘，详请具奏；设有水旱虫伤，随时声明等因，历经循办在案。兹据委办荡务前淮扬道朱善张禀称：本年左、右两营青苇，缘上冬今春雨雪稀少，遍荡干燥，地裂成缝，芦芽已受胎旱，萌发不旺，加以三月间叠次被霜，原青大半损烂。迨后虽间得雨水，续出嫩苗又为虫蚀，以致低洼之区所产稀矮，而高阜地段更形不茂，惟冀以后雨水调匀，芦根得以滋润，晚青续笋尚可敷额等情前来。除批令霜后核实尽数估报外，相应附片陈明，伏乞圣鉴。

---

[1]　中国第一历史档案馆藏：军机录副，档案编号：03-4706-167。此片具奏日期，军机录副目录署以奉旨日期，未确。兹据同日奉旨之折件（档案编号：03-4789-045）校正。

谨奏。

同治元年八月二十七日，议政王军机大臣奉旨：知道了。钦此。①

○八一 奏报水涨工险劝捐兴筑淮扬长堤片

同治元年八月十九日（1862 年 9 月 12 日）

再，本年入夏以来，天气亢旱，河湖水势递消，节经分饬各厅将在管堤埽工程慎重防守，不得率请厢修，以节糜费。讵六月初旬，大雨频倾，东省山泉涨注江境，长河数日间一律长水四五尺。迨二十七、八等日，雨骤风狂，连宵达旦，邳、宿以下河水续又积长七八尺不等，运中河长堤被刷脱坡，分别帮戗筑堰，抢厢防风；高汛、盐河两岸蛰坝旧埽，择要补加。其里扬运河承受湖源及顺清河入运之水，运口束清头、二、三、四坝及各闸上下钳束、托盖等坝埽率皆被溜刷蜇。自清河至甘江等汛三百数十里，两岸堤工迎风犯浪，溃刷窨湖以及旧埽蛰卸之区，不一而足。刻下甫交秋汛，正修防吃紧之时，皆应择要分别厢加，酌做防风护埽。堰盱境内以清淮汇流入湖，亦甚险要。信、智、林、仁等坝河及新旧义河、直坝、拦堰、护埽，均被风暴掣塌，经该管厅员设法厢补，并将风掣未砌石工随时搂护石后，浪刷槽土，填筑坚实；靠堤卑矮处所，酌厢护堰防埽。凡此湖运应办各工，皆系保卫清淮、里下河各州县完善之区，不独江北饷源、民生关系甚巨，即此湖河要津，或借为天险，或浮送军火、粮米、

① 中国第一历史档案馆藏：军机录副，档案编号：03-9461-007。此片具奏日期，军机录副目录署以奉旨日期，未确。兹据同日奉旨之折件（档案编号：03-4789-045）校正。

盐艘,亦皆与军务相为表里。据该管道厅先后禀请发办前来。

臣驳减再三,万不可缓,惟有遵照部章在于荡柴变价款内,酌量提支,严饬各该厅节慎经理,不准稍有浮靡。再,淮扬长堤土工经前署漕臣王梦龄奏明,劝捐兴筑,因捐款急难齐集,是以上年已估未办段落甚多。复经汛涨撞刷,残塌更甚。据该管厅禀请接手劝办。当经批令赶紧修筑,早一日完整以固汛防,即早一日停捐以纾民力。所有节届立秋、水涨工险、修守平稳情形,理合附片陈明,伏乞圣鉴。谨奏。

同治元年八月二十七日,议政王军机大臣奉旨:知道了。钦此。[1]

○八二　查明徐州分局咸丰八年份收支军需折

同治元年闰八月十三日(1862 年 10 月 6 日)

署漕运总督江宁布政使臣吴棠跪奏,为查明徐州分局咸丰八年份收支军需各款,恭折仰祈圣鉴事。

窃照徐州办理防剿,设立粮台分局,支应军需,业经前河臣将四年至七年止收支各款分晰查明,开列清单具奏在案。自八年以后,捻氛愈炽,征兵练勇,较前增多,旋经袁甲三自豫移师徐宿,凡所部豫省兵勇亦奏明并归徐局支应,头绪益繁,勾稽倍宜详慎。兹据该分局报销委员逐项核明,遵照部行单式,分列清单,详请具奏前来。

臣复加查核,计自八年正月起至十二月止,连上届实存共收银

---

① 中国第一历史档案馆藏:军机录副,档案编号:03-9574-042。此片具奏日期,军机录副目录署以奉旨日期,未确。兹据同日奉旨之折件(档案编号:03-4789-045)校正。

· 232 ·

三十五万二千五十两零、钱四十万三千四百四十千零、官票三万七千五百十一两、饷票六万六千两、宝钞十四万六千三百六十五千零、小麦一千六百九石零、黄豆二千七百五十五石零，内除徐州镇标各营借支兵饷一千八百九十二两零，应剔归江藩司库列作收支，又兑换钱文银十三万七千一百两，疏通宝钞钱五千一百二十五千，已各归钱文、宝钞项下作支收外，实计收银二十一万三千五十八两零、钱三十九万八千三百十五千零、官票三万七千五百十一两、饷票六万六千两、宝钞十四万六千三百六十五千零、小麦一千六百九石零、黄豆二千七百五十五石零，共支过银二十一万一千五百九十七两零、钱三十九万六千六百十八千零、官票七千三百三十三两、饷票一万三千九百四十五两、宝钞八万二千三百二千零，均系查照前届援引各例案，撙节动支，实用实销，并无浮冒。

除饬分别造具细数清册，详候题销，并将九年以后收支款项接续造报外，所有查明徐州分局八年份收支各款缘由，理合恭折具奏，并缮清单，敬呈御览，伏乞皇太后、皇上圣鉴。谨奏。闰八月十三日。

同治元年闰八月二十日，议政王军机大臣奉旨：户部查核具奏，单三件并发。钦此。[1]

○八三　呈咸丰八年发过各项军需清单

同治元年闰八月十三日（1862 年 10 月 6 日）

谨将咸丰八年正月至十二月发过各项军需数目，缮具清单，恭

---

[1]　中国第一历史档案馆藏：军机录副，档案编号：03-4789-064。

呈御览。

计开:采办项下:一、办马匹共支过银九百四十五两。

一、办铁锅共支过银四百一十二两五钱。

一、办蜡杆共支过银六百四十五两。

一、办牛烛共支过银二千八十两。

一、办芦席共支过银一千三百三十一两二钱。

一、办大米共支过银九百八十六两四钱一分八厘四毫八微。

一、办白面共支过钱一万八百千文。查前项系由袁营饷绌,由徐台采办白面六万七千五百斤,陆续解济兵勇口食,嗣放饷时仍扣回钱一万八百千文,归于袁营专案造销。理合登明。

一、办药料共支过银三百九十二两三钱。

一、办纸张共支过银一百三十八两。查前项采办各款,均系查明江苏防夷成案,于例价外酌加三成。其例无定价者,按市价核实办理。理合登明。

制造项下:一、造帐房共需银一万六千五百二十四两五分九厘七毫七丝九忽五微,内已支过银一万三千五百两一钱六分九厘七毫八丝九忽七微。

一、造旗帜共需银五百六十六两五钱六分一厘一毫八丝四忽八微,内已支过银四千九百六十九两四钱八分六厘一毫五丝六忽七微。

一、造长枪、腰刀共需银九百六十九两二厘三毫一丝五忽,内已支过银七百三十五两二钱八分一厘六毫九丝五忽。

一、造弓箭共需银一千四百五十七两四钱六分二毫二忽五微,内已支过银七百九十两六钱八分五厘二毫一忽二微。

一、造喷筒、火箭、火罐共需银一千七百七十六两四钱五分八厘五毫六丝五微，内已支过银一千四百二十一两九钱一分五厘六毫七丝一忽五微。

一、造枪炮、铅丸共需银四千三百九两五钱六分八厘二毫一丝九忽四微，内已支过银三千一百二十二两四钱一分四厘五毫三丝八微。

一、造火药、火绳共需银二万一千八百九十七两五钱七分二厘一毫八丝四忽九微，内已支过银一万八千一百三十三两五钱三分一厘六毫二丝七忽六微。

一、造铁锹、钺斧、铁丝、灯笼共需银七百九十八两八钱八分四厘八毫四丝，内已支过银六百二十一两六钱七分一厘二毫五丝。

查前项制造各款需用一切工料，均照防夷成案，于例价外酌加三成。惟火药一项为军营最要之需，必须制造精良，核之例价，不敷甚巨，系仿照原任福建提督陈阶平配造各法，查明成案，奉准工料价值加工配制。计制造前项军襄，共需银五万四千三十七两一钱三分九厘九毫六丝六忽六微，内已支过银四万三千七百五十八两九钱四分七厘五毫四丝八忽一微。计欠发银一万二百七十八两一钱九分二厘四毫一丝八忽五微，一俟徐州粮台饷项稍充，再行找发清款。理合登明。

雇备项下：一、随营长车共支过夫工、马料钱二千五百三十五千文。

一、随营长夫共支过口粮钱一万七千五百七千四百二十四文。

运脚项下：一、运解袁营银，共支过运脚银九两。查前解银八万六百两，计八十鞘，自徐城起五十里至桃山驿，四十里至夹沟驿，六十里至宿州，共计旱程一百五十里。沿途地方并未额设车、夫，均系雇用民车民夫，照例旱程口内以一百里为一站，每银二鞘给车价银一钱五分。理合登明。

一、运解袁营钱,共支过运脚银七百两九钱三分三厘五毫。

一、运解袁营白面,共支过运脚银一千一百六十八两二钱五分二厘五毫。

一、运解宿州支发局钱,共支过运脚银一千四百七十三两二钱五分八厘三毫七丝五忽。查前三项陆续运送钱文、白面,均自徐城起五十里至桃山驿,四十里至夹沟驿,六十里至宿州,共计旱程一百五十里。沿途地方并未额设车、夫,均系雇用民车民夫,照例旱程口内以一百里为一站,按一百三十斤,每站给车脚银一钱五分。理合登明。

恤赏项下:一、阵亡兵丁共支过烧埋银一百二十两。

一、打仗受伤官弁兵勇共支过养伤钱九十九千文。

修筑项下:一、挑筑营盘共支过银三千一百五十七两六钱一分二厘八毫。

杂支项下:一、勇号、花红银四百六两、官票一百两。

一、医生、画匠共支过口粮、工食银一百二十九两二钱九厘九毫九丝五忽二微。

以上共支过银五万七千八百五十三两六钱三厘一毫九丝八忽三微、钱三万九百四十一千四百二十四文、官票一百两。

一、附支局书贴写工食、纸张、笔墨、灯油银五百九十一两一钱九分九厘九毫九丝三忽六微。

议政王军机大臣奉旨:览。钦此。①

---

① 中国第一历史档案馆藏:清单,档案编号:03-4789065。

○八四　呈徐州分局咸丰八年收放清单

同治元年闰八月十三日(1862年10月6日)

谨将徐州分局自咸丰八年正月起至十二月止收放简明四柱，缮具清单，恭呈御览。

计开:旧管:一、七年年底止存银一千四百九十六两七钱三分八厘二毫八丝一微。

一、七年年底存钱一千四百九十千三百八十七文。

一、七年年底存官票一万九千五百十一两。

新收:一、收徐、海二属州县按月拨解地漕等项银五万四千四十三两二钱四分九厘二毫九丝五忽。

一、收两淮分司批解淮北盐课银一千四百九十七两七千五分。

一、收山东藩司拨解银十三万二千两、官票一万八千两。

一、收山西藩司拨解银八万四千两、饷票六万六千两。

一、收两淮运司拨解银一万两。

一、收奉部颁发宝钞十万串。

一、收江藩司借拨已故邳州知州董用威缴存徐州府库交代案内仓谷价银二千一百四十八两八钱四分六厘。查前款于八年十月间，因军饷支绌，咨明江藩司借拨，就近在于府库提充军饷。理合登明。

一、收徐州分局收捐银六千八百六十四两、钱十四万九千九百三十四千文。查前款系奉部颁发徐局空白监照、职照，并由局遵照粮台收捐章程陆续收纳，前已造册报部核覆在案。理合登明。

一、收徐州各属厘捐钱三万一千七十四千六百三十二文，又搭收宝钞七千七百四十千九百文。查前款厘捐现钱、宝钞，系照各州县报解实数列支,另造细册,呈送查核。理合登明。

一、收劝谕徐州府属各绅商捐输钱二万五千五百六十四千八百九十四文。查前款捐输钱文连前共收钱四十九万三千五百八十九千五百三十一文,业经三次造册,详请奏奖钱三十万三千三百六十五千文。所有未经请奖钱十九万二百二十四千一百三十一文,节经徐州粮台查收各捐生履历,一俟送齐,造册详奏。理合登明。

一、陆续收徐州府属各商富捐输宝钞三万三千五百千文。查前款系劝谕捐输,据商富等以搭放军饷宝钞呈缴,并未请奖。理合登明。

一、收银易钱二十一万五千三百七十七千文。查前款系以收款内现银兑换,并非另饷收款。除于新收项下将此项现银照数划除外,理合登明。

一、收回宝钞五千一百二十五千文。查前款系搭发军饷宝钞,设局疏通,由官钱局以现钱收回。除于新收项下将此项现钱照数划除外,理合登明。

以上新收银三十五万五百五十三两八钱四分五厘二毫九丝五忽,新收钱四十万一千九百五十千五百二十六文,新收官票一万八千两,新收饷票六万六千两,新收宝钞十四万六千三百六十五千九百文。以上管收共银三十五万二千五十两五钱八分三厘五毫七丝五忽一微、钱四十万三千四百四十前九百一十三文、官票三万七千五百一十一两、饷票六万六千两、宝钞一十四万六千三百六十五千九百文。

一、除江藩司借拨支给镇标中、城、萧三营兵饷银一千八百九十二两二钱五分九厘。查前款系应江藩司库动拨,因在铜山、睢宁、邳州、宿迁等州县解徐地丁银内拨支,是以单内虽经列收各该州县解款,仍应剔归司库作支。理合登明。

一、除易钱银十三万七千一百两。查前款系按照市价兑换制钱，已于单内列收钱二十一万五千三百七十七千文，应将此款现银划除，以免重复。理合登明。

一、除收回宝钞钱五千一百二十五千文。查前款系以现钱收回已发宝钞，已于单内列收宝钞五千一百二十五千文，应将此款现钱划除，以免重复。理合登明。

以上除划除外，实计共收银二十一万三千五十八两三钱二分四厘五毫七丝五忽一微、钱三十九万八千三百十五千九百十三文、官票三万七千五百十一两、饷票六万六千两、宝钞一十四万六千三百六十五千九百文。

一、收前萧县知县杨韫绪解存仓小麦一千六百九石四斗一升二合二勺。

一、收前铜山县知县周璞解存仓黄豆二千七百五十五石四斗一升七合二勺。查前二款，据该县解交粮台兑收，抵充军饷。理合登明。

开除：一、发袁营支发局银八万六百两。

一、发袁营支发局钱五万四千千文。

一、发袁营支发局官票一万四千五百两。

一、发袁营支发局宝钞七万八千千文。

一、除徐州总兵史荣椿、傅振邦①统带官兵出境剿匪盐粮、马

①　傅振邦（1814—1883），山东昌邑人。道光十六年（1836），中式武进士，授三等侍卫。二十三年（1843），补湖南长沙协中军都司。二十四年（1844），调绥靖镇标右营都司，转镇篁镇标前营都司。同年，署镇篁镇标中军游击。三十年（1850），升镇篁镇标中军游击，赏戴花翎。咸丰三年（1853），迁湖南抚标中军参将，加绰克托巴图鲁勇号。四年（1854），授贵州定广协副将。同年，调署江苏徐州镇总兵。六年（1856），升补徐州镇总兵。七年（1857），加提督衔。九年（1859），擢云南提督。同治八年（1869），调补直隶提督。光绪六年（1880），调湖北提督。九年（1883），因伤回籍。是年，卒于籍。谥刚勇。

吴棠集

干、驮折等项,共发过银五百三十一两一钱六厘六毫五丝六忽、官票一百二十五两。

一、直隶提标前、中、左、右、城守五营官弁盐粮、马干、驮折等项,共发过银七十四两八钱二分五厘、官票一百三十两。

一、吉林前四起官弁盐粮、马干、驮折等项,共发过银一万四千六百九十六两八钱六分四厘五丝二忽四微、官票二千二十五两。

一、山东兖州镇标中、右二营官弁盐粮、马干、驮折等项,共发过银七百三十五两四千三分五厘六毫六丝四忽二微、官票四十三两。

一、山东兖州镇标泰安营官弁盐粮、马干、驮折等项,共发过银二百七十五两六钱四分二厘六毫六丝四忽二微、官票五两。

一、山东曹州镇标东昌营官弁盐粮、马干、驮折等项,共发过银三百二十二两八钱八分三厘九毫九丝五忽六微、官票九两。

一、山东镇标高唐营官弁盐粮、马干、驮折等项,共发过银七十一两五钱二分六厘。

一、山东曹州镇标临清、寿张二营官弁盐粮、马干、驮折等项,共发过银九十九两一钱六分四厘六毫六丝四忽。

一、徐州镇标官弁盐粮、马干、驮折等项,共发过银五百三十六两四钱一分一厘六毫五丝七忽、官票三十六两。

一、盛京头起官弁盐粮、马干、驮折等项,共发过银二百两九钱三分五厘九毫九丝九忽二微、官票二十七两。

一、盛京二起官弁盐粮、马干、驮折等项,共发过银十六两八钱三分四厘六毫六丝六忽九微、官票二两。

一、察哈尔官弁盐粮、马干、驮折等项,共发过银五十五两一钱九分六厘九毫九丝七忽一微、官票十一两。

一、绥远城官弁盐粮、马干、驮折等项，共发过银三百七十两三钱五分、官票五十三两。

一、湖南镇箪镇标五、七起并四川官弁盐粮、马干、驮折等项，共发过银三百三十六两五钱八分三厘三毫三丝一忽四微、官票二十五两。

一、吉林头起官弁盐粮、马干、驮折等项，共发过银三百三十八两八钱七分九厘九毫七丝八忽、官票五十五两。

一、黑龙江头起官弁盐粮、马干、驮折等项，共发过银三百五十七两八钱一分九厘九毫七丝四忽、官票五十八两。

一、黑龙江二起官弁盐粮、马干、驮折等项，共发过银二百八十二两七钱一分九厘九毫八丝八忽、官票四十七两。

一、察哈尔头起官弁盐粮、马干、驮折等项，共发过银二百十四两六钱一分三厘二毫二丝八忽、官票三十七两。

一、察哈尔三起官弁盐粮、马干、驮折等项，共发过银二百五十六两四钱五分三厘二毫一丝二忽、官票四十七两。

一、察哈尔四起官弁盐粮、马干、驮折等项，共发过银二百十四两二钱八分六厘五毫六丝、官票三十六两。

一、统领吉林等处马队协领关保随带官弁盐粮、马干、驮折等项，共发过银一百八十四两六钱一分、官票二十八两。

一、军营办事带勇文武员弁盐粮、马干、驮折等项，共发过银一万五千一百二十七两七钱八分五厘、官票二千二百四十三两。

一、直隶提标前、中、左、右、城守五营兵丁盐粮、马干等项，共发过银一百三十三两五分九厘四毫二丝一忽九微、官票六百九十一两。

一、吉林前四起甲兵盐粮、马干等项，共发过银六千九百五十二两二钱三分八厘三毫七丝七忽八微。

一、山东兖州镇标中、右二营兵丁盐粮、马干等项,共发过银七千八百一十九两四钱六分九厘五毫一丝八忽六微。

一、山东兖州镇标泰安营兵丁盐粮、马干等项,共发过银一千五百九十三两二钱一分三厘三毫三丝六忽九微。

一、山东曹州镇标东昌营兵丁盐粮、马干等项,共发过银一千二百五十三两一钱八分七厘七丝八忽六微。

一、山东镇标高唐营兵丁盐粮、马干等项,共发过银一千九百二十六两四钱三分九厘一毫三丝二忽四微。

一、山东兖州镇标安东营兵丁盐粮、马干等项,共发过银五百六十四两八钱一分九厘七毫六丝三忽三微。

一、山东兖州镇标沂州营兵丁盐粮、马干等项,共发过银七百四十九两五钱四分五厘六丝七忽一微。

一、山东曹州镇标临清、寿张二营兵丁盐粮、马干等项,共发过银七百九十七两三分九厘二毫三丝七忽四微。

一、徐州镇标兵丁盐粮等项,共发过银六千四百九十八两四分八厘二毫八丝。

一、盛京头起披甲盐粮等项,共发过银三百五十二两七钱一分五厘八毫六丝八微、宝钞一百七十六千四百文。

一、盛京二起披甲盐粮等项,共发过银四百六两六钱二分八厘六忽二微、宝钞二百三千三百文。

一、察哈尔披甲盐粮等项,共发过银九十七两九钱七分六厘六毫二丝八忽、宝钞四十九千文。

一、绥远城马甲盐粮等项,共发过银二千八百四十八两二钱六分九厘四毫三丝八忽、宝钞一千四百二十四千文。

一、湖南镇筸镇标五、七起并四川兵丁盐菜等项,共发过银八百三十六两二钱三厘一毫五丝八忽五微。

一、吉林头起披甲盐粮等项,共发过银七百八十两四钱八分九厘六毫九丝二忽、宝钞三百九十千二百文。

一、黑龙江头起披甲盐粮、马干等项,共发过银七百七十两三钱六分九厘六毫九丝六忽、宝钞三百八十五千一百文。

一、黑龙江二起披甲盐粮、马干等项,共发过银八百七两六钱二分六厘三毫四丝八忽、宝钞四百三千五百文。

一、察哈尔头起披甲盐粮、马干等项,共发过银八百四十一两三钱九厘六毫六丝八忽、宝钞四百二十千六百文。

一、察哈尔三起披甲盐粮、马干等项,共发过银八百四十一两三钱九厘六毫六丝八忽、宝钞四百二十千六百文。

一、察哈尔四起披甲盐粮、马干等项,共发过银八百四十四两七钱三分三厘、宝钞四百二十二千二百文。

一、炮勇口粮共发过钱二万五千三百七十六千四百文、饷票一千四百七十二两。

一、灾勇口粮共发过钱二万六千五百四十二千文、饷票一千三百九十两。

一、义勇马队口粮共发过钱八百八十二千八百文、饷票二百九十三两。

一、仁勇亲军马队口粮共发过钱八百八十二千八百文、饷票二百九十三两。

一、捷勇口粮共发过钱九万九千四百三十七千文、饷票一千七百三十两。

一、绰勇口粮共发过钱三千七百八千文、饷票一千二百三十六两。

一、克勇口粮共发过钱三千七百八千文、饷票一千二百三十六两。

一、健勇口粮共发过钱十万二十八千四百文、饷票一千三百二十两。

一、托勇口粮共发过钱三千七百八千文、饷票一千二百三十六两。

一、徐勇口粮共发过钱五千五百二十六千文、饷票一千八百四十二两。

一、前敌左右哨马勇口粮共发过钱一万三千三百八十千文、饷票一千二百六十两。

一、得胜勇口粮共发过钱二千三百三十一千六百文。

一、采办马匹、铁锅、蜡杆、牛烛、芦席、大米、白面、药料、纸张等项,共发过银六千九百三十两九钱四分七厘五毫四丝八忽一微。

一、雇备随营长车、长夫,共发过钱二万四十二千四百二十四文。

一、运解宿州支发局及袁营银、钱、白面,共发过脚价银三千三百五十一两四钱一分四厘三毫七丝五忽。

一、阵亡及打仗受伤官弁兵勇共发过烧埋银一百二十两、养伤钱九十九千文。

一、挑筑营盘共发过银三千一百五十七两六钱一分二厘八毫。

一、勇号花红银四百六两、官票一百两。

一、医生、画匠口粮共发过银一百二十九两二钱三分五毫五丝五忽二微。

以上统共支银二十一万一千五百九十七两二钱三分五毫五丝

五忽六微，支钱三十九万六千六百十八千二十四文，支官票七千三百三十三两，支宝钞八万二千三百二千五百文，支饷票一万三千九百四十五两。

实在：一、存银一千四百六十一两九分四厘一丝九忽五微。

一、存钱一千六百九十七千八百八十九文。

一、存官票三万一百七十八两。

一、存宝钞六万四千六十三千四百文。

一、存饷票五万二千五十五两。

一、存小麦一千六百九石四斗一升二合二勺。

一、存黄豆二千七百五十五石四斗一升七合二勺。

以上实存各项归入下届旧管项下列收。理合登明。

一、附收扣存平余银一千二百二十五两四钱三分五厘五毫七丝四忽七微。查前款内运脚、阵亡烧埋、勇号花红、采办大米等项，共银四千八百六十三两八钱三分二厘八毫五丝五忽，又白面钱一万八百千文作银六千七百五十两。

统计共用过银一万一千六百石三两八钱三分二厘八毫五丝五忽，遵照部章核扣六分平余银六百九十六两八钱二分九厘九毫七丝一忽三微。

再，采办马匹、铁锅、蜡杆、牛烛、芦席、药料、纸张、军襄、挑筑营盘，共用过银五万二千八百六十两五钱六分三毫四忽八丝一微，计扣平余银五百二十八两六钱五厘六毫三忽四微。至军襄内尚有欠发银两，待照发时再行核扣。理合登明。

查前款照例于扣存平余内支用，除动支平余银两外，存银六百三十四两二钱三分五厘五毫八丝一忽一微，内除四、五、六、七等年前项不敷银一千一百三两七分八厘一毫九丝七忽，声明暂于正项存款内垫拨。今将前存银两补还归款外,计仍不敷银四百六十八两八钱四分二厘六毫九忽六微,俟下届平余银两积存后,再行还款。理合登明。

议政王军机大臣奉旨:览。钦此。①

○八五　呈咸丰八年全年支发官兵领项清单

同治元年闰八月十三日(1862 年 10 月 6 日)

谨将咸丰八年正月起至十二月止支发过官员兵勇领项数目,缮具清单,恭呈御览。

计开:一、发袁营银八万六百两。

一、发袁营钱五万四千千文。

一、发袁营官票一千五百两。

一、发袁营宝钞七万八千千文。查前四项归于袁营专案造销。理合登明。

一、统带官兵出境剿匪哈希巴巴图鲁徐州镇总兵史荣椿、绰克托巴图鲁徐州镇总兵傅振邦,共支过盐粮、骑驮、马干等项及搭票补平银五百三十一两一钱六厘六毫五丝六忽、官票银一百二十五两。查前项史荣椿于八年八月初六日交卸徐州镇篆务,盐折、口粮发至八月初五日止,傅振邦于八月初六日接办起支。理合登明。

一、直隶提标前、中、左、右、城守五营游击牛浩然等九员,共支过盐粮、骑驮、马干等项及搭票补平银七十四两八钱二分五厘、官票银一百三十两。查前项官弁于八年四月间撤防归伍时，酌发一个半月盐折等项，均系全给官票。理合登明。

一、吉林前四起带兵官额图泽巴图鲁正红旗蒙古副都统伊兴阿①等一百五十五员，共支过盐粮、骑驮、马干等项及搭票补平银一万六千四百九十六两八钱六分四厘五丝二忽四微、官票银二千二十五两。

一、山东兖州镇中、右二营带兵官游击保德等十员，共支过盐粮、骑驮、马干等项及搭票补平银七百三十五两四钱三分五厘六毫六丝四忽二微、官票银四十三两。

一、山东兖州镇泰安营带兵官守备史长清等四员，共支过盐粮、骑驮、马干等项及搭票补平银二百七十五两六钱四分二厘六毫六丝四忽、官票银五两。

一、山东曹州镇东昌营带兵官守备常喜等四员，共支过盐粮、骑驮、马干等项及搭票补平银三百二十二两八钱八分三厘九毫九丝五忽六微、官票银九两。

一、山东曹州高唐营带兵官千总成太清等二员，共支过盐粮、骑驮、马干等项银一百二十两八钱二厘。

一、山东兖州镇安东营带兵官把总刘壮猷，共同支过盐粮、骑驮、马干等项银七十一两五千二分六厘。

一、山东曹州镇临清、寿张二营带兵官千总黑锦城等四员，共

---

① 伊兴阿(?—1861)，原名伊清阿，字松坪，何图哩氏，蒙古正白旗人，吉林驻防。从征喀什噶尔，除骁骑校，选授侍卫。入京召对，宣宗以原名不合清语，命改名伊兴额。道光十九年(1839)，擢三等侍卫，改隶满洲。咸丰三年(1853)，发扬州大营。六年(1856)，以功保副都统记名，赐花翎。七年(1857)，加额图浑巴图鲁名号。八年(1858)，授正红旗蒙古副都统。九年(1859)，夺职。十年(1860)，予六品顶戴，旋加三品。十一年(1861)，战殁于阵。

支过盐粮、骑驮、马干等项银九十九两一钱六分四厘六毫六丝四忽。

一、徐州镇标带兵官都司龚耀伦等九员,共支过盐粮、骑驮、马干等项及搭票补平银五百三十六两四钱一分一厘六毫五丝七忽、官票银三十六两。查前项官弁于八年二月间由亳州调回,所有盐折等项系照出境剿匪官弁给发。理合登明。

一、盛京头起带兵官营总杨得富等十六员,共支过盐粮、骑驮、马干等项及搭票补平银二百两九钱三分五厘九毫九丝九忽二微、官票银二十七两。

一、盛京二起带兵官骁骑校依常阿共支过盐粮、骑驮、马干等项及搭票补平银十六两八钱三分四厘六毫六丝九忽、官票银二两。

一、察哈尔带兵官记名副都统、总管约逊等二员,共支过盐粮、骑驮、马干等项及搭票补平银五十五两一钱九分六厘九毫九丝七忽一微,官票十一两。查前三项官票系随钦差袁甲三来宿助剿,其盐折等项自八年七月初一日起至二十九日止由徐台给发,以后即由袁营接支。理合登明。

一、绥远城带兵官营总鄂勒哲依等十一员,共支过盐粮、骑驮、马干等项及搭票补平银三百七十两三钱五分、官票银五十三两。查前项官弁盐折等项自八年八月二十四日起至十月二十三日止,由徐台给发。理合登明。

一、湖南镇篁镇标五十七起并四川带兵官游击陈泽等十员,共支过盐粮、骑驮、马干等项及搭票补平银三百三十六两五钱八分三厘三毫三丝一忽四微、官票银二十五两。查前项官弁系徐州镇傅振邦由江南大营随带来徐,所有口粮由徐台照市价采买米石给发。理合登明。

一、吉林头起带兵官营总贵昌等二十五员，共支过盐粮、骑驮、马干等项及搭票补平银三百三十八两八钱七分九厘九毫七丝八忽、官票银五十五两。

一、黑龙江头起带兵官营总郭兴阿等十七员，共支过盐粮、骑驮、马干等项及搭票补平银二百八十二两七钱一分九厘九毫八丝八忽、官票银四十七两。

一、察哈尔头起带兵官营总达尔玛济尔迪等十七员，共支过盐粮、骑驮、马干等项及搭票补平银二百十四两六钱一分三厘二毫二丝八忽、官票银三十七两。

一、察哈尔三起带兵官营总那木济勒多尔济等十八员，共支过盐粮、骑驮、马干等项及搭票补平银二百五十六两四钱五分三厘二毫一丝二忽、官票银四十七两。

一、察哈尔四起带兵官营总都勒玛色楞等十六员，共支过盐粮、骑驮、马干等项及搭票补平银二百十四两二钱八分六厘五毫六丝、官票银四十七两。

一、统领吉林等处马队带兵官年昌阿巴图鲁副都统衔协领关保等九员，共支过盐粮、骑驮、马干等项及搭票补平银一百八十四两六钱一分、官票银二十八两。

一、军营办事带勇文武员弁七十七员，共支过盐粮、骑驮、马干等项及搭票补平银一万五千一百二十七两七钱八分五厘、官票银二千二百四十三两。

一、直隶提标前、中、左、右、城守五营兵一百七十名，共支过盐粮、骑驮、马干等项及搭票补平银一百三十三两五分九厘二丝一忽九微、官票银六百九十一两。查前项兵丁于八年四月间撤防归伍时，酌发六十三日盐折等项，均系全给官票。理合登明。

一、吉林前四起甲兵一百二十九名，共支过盐粮、马干等项银六千九百五十二两二钱三分八厘三毫七丝七忽八微。

一、山东兖州镇标中、右二营兵五百名，共支过盐粮、马干等项银七千八百一十九两四钱六分九厘五毫一丝八忽六微。

一、山东兖州镇标泰安营兵一百五十名，共支过盐粮、马干等项银一千五百九十三两二钱一分三厘三丝六忽九微。

一、山东曹州镇标东昌营兵一百名，共支过盐粮、马干等项银一千二百五十三两一钱八分七厘七毫七丝八忽六微。

一、山东曹州镇标高唐营兵一百五十名，共支过盐粮、马干等项银一千九百二十六两四钱三分九厘一毫三丝二忽四微。

一、山东兖州镇标安东营兵四十一名，共支过盐粮、马干等项银五百六十四两八钱一分九厘七毫六丝三忽三微。

一、山东兖州镇标沂州营兵六十名，共支过盐粮、马干等项银七百四十九两五钱四分五厘六丝二忽一微。

一、山东曹州镇标临清、寿张二营兵一百五十名，共支过盐粮、马干等项银七百九十七两三分九厘二毫三丝七忽四微。

一、徐州镇标兵三百五十五名，共支盐粮等项银六千四百九十八两四分八厘二毫八丝。查前项兵丁于八年二月间由亳州调回，盐折等项系照出境剿匪兵丁给发。理合登明。

一、盛京头起披甲七十二名，共支过盐粮、马干等项银三百五十二两七钱一分五厘八毫六丝八微、宝钞钱一百七十六千四百文。

一、盛京二起披甲八十三名，共支过盐粮、马干等项银四百六两六钱二分八厘六忽二微、宝钞钱二百三千二百文。

一、察哈尔披甲二十名，共支过盐粮、马干等项银九十七两九钱七分六厘六毫二丝八忽、宝钞钱四十九千文。查前三项披甲系随钦差袁甲三来宿助剿，盐粮、马干等项自八年七月初一日起至二十九日止，由徐台给发，以后即由袁营接支。理合登明。

一、绥远城马甲三百名，共支过盐粮、马干等项银二千八百四十八两二钱六分九厘四毫三丝八忽、宝钞钱一千四百二十四千文。查前项马甲、盐粮、马干等项，自八年八月二十四日起至十月二十三日止，由徐台给发。理合登明。

一、湖南镇筸镇标五十七起并随带四川兵一百十七名，共支过盐、菜等项银八百三十六两二钱二厘一毫五丝八忽五微。查前项兵丁系徐州镇傅振邦由江南大营随带来徐，所有口粮由台照市价采买给发。理合登明。

一、吉林头起披甲二百三十一名，共支过盐粮、马干等项银七百八十两四钱八分九厘六毫九丝六忽、宝钞钱三百九十千二百文。

一、黑龙江头起披甲二百二十八名，共支过盐粮、马干等项银七百七十两三钱六分九厘六毫九丝六忽、宝钞钱三百八十五千一百文。

一、黑龙江二起披甲二百三十九名，共支过盐粮、马干等项银八百七两六钱二分六厘三毫四丝八忽、宝钞钱四百三千五百文。

一、察哈尔头起披甲二百四十九名，共支过盐粮、马干等项银八百四十一两三钱九厘六毫六丝八忽、宝钞钱四百二十千六百文。

一、察哈尔三起披甲二百四十九名，共支过盐粮、马干等项银八百四十一两三钱九厘六毫六丝八忽、宝钞钱四百二十千六百文。

一、察哈尔四起披甲二百五十名，共支过盐粮、马干等项银八百八十四两七钱三分三厘、宝钞钱四百二十二千二百文。

一、协领关保随带披甲三名，共支过盐粮、马干等项银十五两二钱四厘九毫九丝七忽、宝钞钱七千六百文。查前十一款披甲盐粮等项内搭二成宝钞,每宝钞钱二千文作银一两给发。理合登明。

一、炮勇三百四十七名,共支过口粮、马干钱二万五千三百七十六千四百文、饷票一千四百七十二两。

一、灾勇五百十名,共支过口粮、马干钱二万六千一百六十五千六百文、饷票六百三十七两。查前项于八年八月间,经徐州镇傅振邦挑验拨出一百二名,改为义勇马队,又拨出一百二名,改为仁勇亲军马队,计义勇马队仍存三百六名。理合登明。

一、义勇马队一百二名,共支过口粮、马干钱八百八十二千八百文、饷票二百九十三两。

一、仁勇亲军马队一百二名,共支过口粮、马干钱八百八十二千八百文、饷票二百九十三两。查前二项系八月内在义勇步队内拨出。理合登明。

一、捷勇一千五百三十名,共支过口粮、马干钱九万九千四百三十七千文、饷票一千七百三十两。查前项于八月间,经徐州镇傅振邦挑验拨出五百十名,改为绰勇,又拨出五百十名,改为克勇,计捷勇仍存五百十名。理合登明。

一、绰勇五百十名,共支过口粮、马干钱三千七百八千文、饷票一千二百三十六两。

一、克勇五百十名,共支过口粮、马干钱三千七百八千文、饷票一千二百三十六两。查前二项月内在捷勇内拨出。理合登明。

一、健勇一千五百九十一名,共支过口粮、马干钱十万二十八千四百文、饷票一千三百二十两。查前项于八年八月间,经徐州镇傅振邦挑验裁改内,拨出五百十名改为托勇,又拨出七百六十名改为徐勇,又裁去十五名,计健勇仍存三百六名。理合登明。

一、托勇五百十名,共支过口粮、马干钱三千七百八千文、饷票一千二百三十六两。

一、徐勇七百六十名，共支过口粮、马干钱五千五百二十六千文、饷票一千八百四十三两。查前二项系八月内在健勇内拨出。理合登明。

一、前敌左、右哨马勇二百名，共支过口粮、马干钱一万三千三百八十千文、饷票一千二百六十两。查前项于八年二月间招募。理合登明。

以上各勇口粮于八年八月间酌搭饷票，每饷票银一两作钱二千文给发。理合登明。

一、得胜勇三百八十九名，共支过口粮、马干钱二千三百三十一千六百文。查前项于八年四月间由亳州调回，口粮系照徐局每名每日给钱二百文。理合登明。

以上共支银十五万三千七百四十三两六钱二分七厘三毫五丝七忽三微、钱三十六万五千六百七十六千六百文、官票银七千二百三十三两、宝钞钱八万二千三百二千五百文、饷票一万三千九百四十五两。

议政王军机大臣奉旨：览。钦此。①

○八六 遵查知县张鹏展等被参各款审拟折

同治元年闰八月十三日（1862 年 10 月 6 日）

署漕运总督江宁布政使臣吴棠跪奏，为遵旨严查知县张鹏展、施培孔等，革审定拟，恭折覆陈，仰祈圣鉴事。

---

① 中国第一历史档案馆藏：清单，档案编号：03-4789-067。

窃臣前遵寄谕:有人奏,江苏兴化县知县张鹏展年力就衰等因。钦此。并钞原片到臣,遵即派员提集两案人员查讯。因施培孔等供词狡展,于参案各款毫不承认,经臣附片奏明,将候选道施燕辰、前署甘泉县知县施培孔、兴化县知县张鹏展、安徽候补直隶州知州包良训一并革职,生员赵仪咨革,另派明干大员,秉公严讯。一面行提未到人证,发委淮安府审办。兹据该府顾思尧会同候补道颜培瑚审拟详报前来。

臣亲提严审,缘革生赵仪籍隶兴化县。道光二十四年入学,嗣捐县丞,加捐理问衔。咸丰八年正月间,赵仪与附贡生徐彦湘、贡生许光宗等,由县给谕承充董事,劝办捐输。迨已革兴化县知县张鹏展抵任,正值军饷紧要,饬令赵仪充当总董,徐彦湘等随同办事。时有捐借与城土捐、炮艇捐、续捐借各名目,应询事宜及赵仪禀商事件,张鹏展令门丁张兆熊传入面谕。间因张鹏展公忙,其戚方定中假为陪坐,第系教读,并未与闻其事。即官亲包良训,原籍镇江,向在扬州营当差,亦未随任办事。惟赵仪等办捐之始,收捐仅给收条,嗣因捐户不服,时有异言,始据禀经张鹏展设立联票,盖用印信,遂收捐钱照例填写,一半存根备查,一半给予捐户收执。该县向办捐输,凡奉札谕须由总董邀集城乡承办,各董酌核大数,就数摊捐,某款捐数若干,某时捐解若干,自某日起至某日止,榜示通衢,使众共晓。赵仪接手捐务,时常独执己见,不与各董商办,即行武断。所收捐款未经榜示,间有捐户稍涉推诿,并不善言劝导,仗董勒捐,并因捐缴未当,辄禀张鹏展饬差押缴,董伙徐彦湘等并不阻止。或有收捐未给联票,因此各捐户啧有烦言。举人王春旭、岁贡生刘凤喈、廪生朱桂生、黄映宸、徐载之、文生顾照春、监生黄炳文、职员杨从周、民人瞿保兴等,纷纷具控,当经粮台访拿,并奉谕旨查办。经臣逐加研鞫，供悉前情。讯据王春旭等佥称：赵仪仗董勒捐，徐彦湘等不给联票，以致疑有侵冒，众心不服有之，委无招摇撞骗实迹。张鹏展亦无信任官亲、家丁勾串各情。再三究诘，坚供如前，似无遁饰。此讯明赵仪勒捐武断、迹类棍徒，张鹏展尚无信任官亲、家人勾串招摇撞骗之原委也。

至已革甘泉县知县施培孔，与已革候选道施燕辰系远族叔侄。咸丰十年六月，施燕辰由皖营抵淮，适其眷属自苏逃难亦至。八月间，挈眷拟回浙江祖籍邵伯镇地方，探知前途正值调沪兵差过境，封雇海船，燕辰未能前进，即在邵伯镇租屋居住。是年九月，施培孔委署甘泉县事，凡属刑名词讼悉在扬城公署审办。其于各项捐输皆由委员率董设局劝办，施培孔并不经手。施燕辰所居之邵伯镇与施培孔公署相距四十里，亦未前往同居。惟邵伯镇系甘泉县所辖，设有钱漕，施培孔催征钱粮，有时至镇兼赴施燕辰寓所看视。嗣施燕辰经江宁将军都兴阿委办文案，各有专司，施培孔无从唔叙。兹奉谕旨查办，经臣确审，供悉前情。诘无盘踞公署、包揽词讼、遇事贪婪及勒捐铺户、借捐勒索实据。复据甘泉县绅董出具供结，并经扬州府暨现任甘泉县查禀：施燕辰系在邵伯镇租寓寄居，施培孔公署在扬州城，并未与之同居，一切词讼公事均系施培孔亲理自裁，各项捐输皆由委董设局劝捐，经收经解，亦未在施培孔处缴过银两。出示招告，并无一人指控。臣诚恐尚有不实不尽，反复推鞫，矢口不移，似属可信。此查讯施培孔尚无任令伊叔施燕辰盘踞包揽、贪婪勒索之情形也。

臣总核两案，革生赵仪董办捐输，抑勒武断，帐不榜示，押缴捐钱。虽讯无招摇撞骗、侵吞入己实迹，但恃衿扰累，迹类棍徒，应请比照以棍徒扰害例量减一等，拟杖一百，徒三年。事犯虽在咸丰十一年十月初九日恩诏以前，但到官在后，且事关勒捐扰害，所得徒罪应不准其援免，定地发配，折责充徒，并将捐职县丞及理问衔并请斥革，追照缴销。董伙附贡生徐彦湘、许光宗随同劝捐，于赵仪勒捐押缴并出不为阻止，转将已捐之户联票寝搁不交，均属不合。徐彦湘、许光宗应请照不应重律，各杖八十。事犯在恩赦以前，均请援免，并免褫革。已革兴化县知县张鹏展，讯无信任官亲、家丁勾串招摇撞骗实据，惟于赵仪勒捐扰累，未能随时查禁，有应得失察之咎，且年力就衰，难期振作。第念其从前历任州县尚有循声，应请开复革职处分，以原品休致。已革安徽直隶州知州包良训，于张鹏展虽系亲戚，讯未随任办事，所有原参革职，应请开复原官。官亲方定中系属教读，因张鹏展公忙，偶与赵仪陪坐，并不与闻捐事。门丁张兆熊司阍传唤，亦无别情，并免置议。已革署甘泉县知县施培孔，讯未令伊叔施燕辰盘踞包揽、贪婪勒索。第不避嫌疑，与之往来，究属非是。惟查该员年力尚壮，应请开复革职处分，以主簿、巡检降补，以观后效。已革候选道施燕辰，虽讯无参款实据，但查该员前官江省，屡经参案，将来铨选得官，难资监司表率之任，应请开复革职处分，以同知、通判降补，借示惩儆。余属无干，并免提质。

除将全案咨部核覆外，是否有当，伏乞皇太后、皇上圣鉴训示。谨奏。闰八月十三日。

同治元年闰八月二十日，议政王军机大臣奉旨：钦此。①

【案】此折于是年闰八月二十日得批示，照所拟办理：

---

① 中国第一历史档案馆藏：军机录副，档案编号：03-4602-037。

同治元年闰八月二十日，内阁奉上谕：前因御史卞宝第奏参江苏兴化县知县张鹏展等贪劣各情，当经谕令吴棠逐款严查具奏。嗣经吴棠奏称，该员等供词狡展，复经降旨将候选道施燕辰等一并革职审办。兹据奏称：已革兴化县知县张鹏展于咸丰八年正月间，派令革生赵仪与附贡生徐彦湘等承充董事，劝办捐输。赵仪等收捐，仅给收条，并不榜示，遇捐户稍涉推诿，每多仗董勒捐，或因捐缴未齐，辄禀张鹏展差押勒交。张鹏展未能随时查禁，以致捐户纷纷具控。已革安徽候补直隶州知州包良训，向在扬州军营当差，并未随张鹏展在任办事。已革候道施燕辰，寓居邵伯镇，伊族侄已革甘泉县知县施培孔因催征赴镇，时往看视，尚无任令盘踞公署、包揽词讼各情等语。此案已革江苏兴化县知县张鹏展，虽讯无信任官亲勾串撞骗实据，惟于革生赵仪勒捐扰累并不随时查禁，且年力就衰，难期振作。张鹏展着开复革职处分，以原品休致。已革安徽候补直隶州知州包良训，讯未在伊戚张鹏展任所办事，着准其开复原官。已革署甘泉县知县施培孔，讯无任令施燕辰盘踞包揽情事，惟因催征赴所辖地面，辄与往来，实属不知避嫌。施培孔着开复革职处分，以主簿、巡检降补。已革候选道施燕辰被参各款，虽讯无实迹，惟该员屡经被劾，从前官声平常，已可概见，不足胜监司表率之任。施燕辰着开复革职处分，以同知、通判降补。余着照所拟办理，该部知道。钦此。①

【案】有人奏……张鹏展年力就衰：咸丰十一年十一月，御

---

① 中国第一历史档案馆编：《咸丰同治两朝上谕档》，第12册，第483页；《穆宗毅皇帝实录（一）》，卷四十，同治元年闰八月中，第1091页。

史卞宝第片参知县张鹏展等,曰:

> 再,闻江苏兴化县知县张鹏展年力就衰,扶掖需人,信任官亲家人,勾串生员赵仪等,招摇撞骗,扰害地方,控案累累,至今未结。又,署甘泉县知县施培孔,人本平庸,任令伊叔候补道施燕辰盘踞公署,包揽词讼,遇事贪婪,并勒借铺户,借捐需索,怨声载道。以上二员,可否饬下该省督抚严行查办,谨附片具奏。①

【案】前遵寄谕:此上谕《清实录》载曰:

> 再,有人奏,江苏兴化县知县张鹏展年力就衰,信任官亲家人,扰害地方,控案甚多;署甘泉县知县施培孔任令伊叔候补道施燕辰盘踞公署,包揽词讼,遇事贪婪各等语。着吴棠逐款严查,据实具奏。原片着钞给阅看。将此由六百里谕令知之。②

○八七　奏报北运河等河湖盛涨酌启坝工片

同治元年闰八月十三日(1862年10月6日)

再,臣前将节届立秋、水涨工险情形附奏在案。匝月以来,淮源旺骤,洪湖长存水一丈二尺余寸。每遇西风鼓浪,堰盱石工处处吃重,当饬该管厅营竭力防护。其北运河水势,自七月下旬迭次加长,至八月中旬以后,续又陡长丈余。缘上游雨水较广,添波助流,加以秋后骤热,东省蒙、沂诸山之水同时涨发汇注,以致拍岸盈堤,愈形浩瀚,运、中两河堤埽蛰塌纷纷。如宿邑、临城一带各工尤为险要,

---

①　中国第一历史档案馆藏:军机录副,档案编号:03-4168-035。

②　《穆宗毅皇帝实录(一)》,卷十一,咸丰十一年十一月下,第294页。

迤下于公拦坝及双午闸南孔土堰，亦皆入水串水。飞饬星夜分投抢护，迄未停手。里扬运河承受北运河及洪湖两处来源，奔腾下注，势更湍急，虽归江各坝早经一律启通，无如江潮顶托，积涨不消。上至清河运口，下至甘江境内，两岸闸坝、土埽或久经坍塌未修，或镶培尚未完竣。际此秋汛盛涨，风浪刷撞，塌坡溃顶，渗漏窨潮以及旧埽蜇塌之段，比比皆然。即择要镶修，亦有应接不暇之势。迭据扬州府厅等禀，以高邮各坝水势久逾奏定启放尺寸，请即酌启一二坝，减涨保堤。臣思本年里下河各州县田禾，因旱晚种，现尚未尽登场。民食军需，所关甚巨，一经放坝，诚恐有碍秋成，是以批饬得守即守。然刻下加厢各坝及择紧掩护长堤，仅恃荡柴变价一款，业已支绌万分，设使水再接涨，稍有疏虞，情形更甚于放坝。

臣通盘筹画，不得不权衡轻重，期免顾此失彼之虞，当经遴派妥员前往，会同该厅营等察看情形，相机酌办。兹据禀报：连日水仍增涨，高邮以下堤坝各工势将平漫，不得已酌放车逻坝，以资宣泄，庶免泛滥为患等情。除批令坚守其余各坝不准再行率启，仍加慎抢护险工、务慎平稳外，所有河湖盛涨、酌启坝工缘由，理合附片陈明，伏乞圣鉴。谨奏。

同治元年闰八月二十日，议政王军机大臣奉旨：钦此。①

【案】吴棠之奏于是年闰八月二十日获批覆。廷寄曰：

议政王军机大臣字寄：署漕运总督吴：同治元年闰八月二十日，奉上谕：吴棠奏，分拨水陆各队筹防里下河等处，并河湖

① 中国第一历史档案馆藏：军机录副，档案编号：03-9574-048。此片具奏日期未确，兹据同日奉旨之折件（档案编号：03-4602-037）校正。

水涨酌放车逻坝，以资宣泄各片。览奏均悉。里下河完善之区，久为发逆垂涎，叠据都兴阿奏到江阴、福山等处贼船甚多，并闻该逆改造广艇，密造官军旗帜，以图北窜。其太平港一带逆匪复编扎木牌，图窜萝匐等处，以窥靖江。是刻下江防至关紧要。吴棠现于成子河驻防水师内抽拨驳船二十八只，饬参将杨德荣等管带，前赴通海。惟江面港汉纷歧，吴棠务当饬令该参将等会同都兴阿所派吴全美师船，上下梭巡，联络策应，以杜该逆北窜之路，毋稍疏虞。其高宝湖面为扬营后路，该署漕督已派水陆各队防守邳宿运河，以总兵黄国瑞所部旱队一千名移扎高、宝，专办河防。其都司黄中理所部驳船并归统带，布置均尚周妥。仍着饬在防各员实力整顿，以资堵剿。至匝月以来，秋汛盛涨，高邮以下堤坝各工势将平漫，该署漕督酌放车逻坝，以资宣泄，自系不得已之举。惟里下河等处晚稻尚未登场，一经放坝，则民田低下之区，难保不被淹没。即着吴棠查明，如有被灾处所，奏明赈恤，以济民艰。其余各坝仍当饬令委员加意抢护，不准再轻启放。另折奏，遵查已革知县张鹏展等参款，已明降谕旨，将张鹏展等分别休致、降补矣。将此由六百里谕令知之。钦此。遵旨寄信前来。①

○八八　奏报总兵胡元昌回籍调理片

同治元年闰八月十三日(1862 年 10 月 6 日)

再，据提督衔记名总兵胡元昌呈称：由广西出师江南十有余

① 台北故宫博物院藏：军机及宫中档，文献编号：408018038；《穆宗毅皇帝实录（一）》，卷四十，同治元年闰八月中，第 1092—1093 页。

年，历次剿贼，身受重伤四处，在营日久，风湿兼侵，血气渐衰，右足及膝酸痛日甚，旧伤现又举发，行步维艰，乘骑不力，多方医治未愈，何敢恋栈贻误，呈请回籍调理等情前来。经臣委员查验，该总兵委因积劳病伤，步履蹇涩，形气衰疲，留营不能得力。相应具陈恳恩，俯准该总兵回籍调理。除饬将经理防务移交委员接管、恭候命下再行饬遵起程外，谨附片具奏。

同治元年闰八月二十日，议政王军机大臣奉旨：胡元昌着准其回籍调理。钦此。①

○八九　筹防捐局续收捐输并请给奖折

同治元年九月十七日(1862 年 11 月 8 日)

署漕运总督江宁布政使臣吴棠跪奏，为筹防捐局续收捐输钱数，缮具清单请奖，并发执照，仰祈圣鉴事。

窃前准部咨：粮台收捐照筹饷例及常例银数酌减十分之二，以抵其运解之费。嗣经前河臣奏准以钱一千六百文作银一两，给予奖叙等因。并饬委员分赴各州县，会同地方〈官〉多方劝谕，遵照部定章程，以制钱、宝钞各半交纳，奏蒙恩奖在案。兹据捐局委员前淮扬道朱善张册报：收捐制钱一万七千三百二十七千文、宝钞一万七千三百二十七千文，详请奏奖前来。

臣覆核无异。除将各捐生履历清册随折咨部查核外，理合缮具清单，伏候恩施。再，各捐生内业经填给空白执照者，已于册内

---

① 中国第一历史档案馆藏：军机录副，档案编号：03-4706-205。此片具奏日期未确，兹据同日奉旨之折件(档案编号：03-4602-037)校正。

注明。其余未经给照者,仰恳饬部迅即覆核,颁发来浦,以便给领而昭激劝。为此恭折具陈,伏乞皇太后、皇上圣鉴。谨奏。同治元年九月十七日。

　　同治元年九月二十三日,议政王军机大臣奉旨:户部核议具奏,单并发。其所请空白执照,着该衙门迅即颁给。钦此。①

○九○　呈筹防捐局续收捐输衔名、钱数清单

同治元年九月十七日(1862 年 11 月 8 日)

　　谨将筹防捐局续收捐输衔名、钱数缮具清单,恭呈御览。

　　陈懋霭,江西举人,由同知衔邳州知州捐钱二百七十九千文,核与奏准以钱合银报捐加一级减四成银数相符,拟请给予加一级。

　　徐本崇,浙江监生,由从九品双月选用捐钱二千九百一十一千文,核与奏准以钱合银加五成捐县主簿县丞布理问递捐通判双月减成银数相符,拟请以通判双月选用。

　　张元恺,浙江监生,由分发两淮补用通判捐钱一千一百二十八千文,核与奏准以钱合银报捐盐课司提举升衔减四成银数相符,拟请给予盐课司升衔。

　　师长乐,陕西监生,由南河改掣东河补用府经历县丞捐钱五百三十三千文,核与奏准以钱合银报捐离省分发指省减成银数相符,拟请以府经历县丞改归江苏补用。

　　唐如嶙,浙江监生,由筹饷例分发江苏补用府经历捐钱四百四十五千文,核与奏准以钱合银捐免验看减成银数相符,拟请免其赴

---

　　①　中国第一历史档案馆藏:军机录副,档案编号:03-4894-083。

部验看。

张大田，浙江监生，由筹饷例签掣省份补用府经历捐钱二百五十千文，核与奏准以钱合银报捐指省减成银数相符，拟请以府经历分发江苏补用。

方作忠，四川监生，由筹饷例签掣省份补用县丞捐钱二百五十千文，核与奏准以钱合银报捐指省减成银数相符，拟请以县丞分发江苏补用。

高锡畴，广东人，捐钱一千四百九十千文，核与奏准以钱合银报捐监生捐足县丞减成银数相符，拟请作为监生以县丞不论双单月选用。

马学初，安徽人，由六品军功蓝翎捐钱一千四十千文，核与奏准以钱合银报捐监生捐县丞双月减成银数相符，拟请作为监生以县丞双月选用，仍留六品军功蓝翎。

昔百朋，江苏附贡生；仲溥庆，江苏附贡生。以上二名均由筹饷例分缺先选训导，各捐钱一百六十七千文，核与奏准以钱合银报捐分发减成银数相符，拟请以训导分发试用。

邵敏，江苏附生，由保举训导不论双单月选用捐钱一百六十七千文，核与奏准以钱合银报捐分发减成银数相符，拟请以训导分发试用。

黄亨业，江苏增生，由保举训导双月选用捐钱三百九十四千文，核与奏准以钱合银报捐两班并捐分发减成银数相符，拟请以训导不论双单月选用，并准其分发。

何德沅，浙江监生，由筹饷例分发福建补用从九品捐钱三百十二千文，核与奏准以钱合银捐免验看减成银数相符，拟请免其赴部验看。

朱仪,浙江监生;韩镇咸,顺天监生。以上二名均由筹饷例分发江苏补用从九品各捐钱三百十二千文,核与奏准以钱合银捐免验看减成银数相符,拟请均免其赴部验看。

邓永恩,河南人;祝淦澄,浙江人。以上二名各捐钱一千二百二十六千文,核与奏准以钱合银报捐监生、捐足从九品分发指省、捐免验看减成银数相符,拟请均作为监生,以从九品分发江苏补用,并免其赴部验看。

曹渊,安徽监生,由筹饷例不论单双月选用从九品捐钱四百五十二千文,核与奏准以钱合银报捐分发指省减成银数相符,拟请以从九品分发江苏补用。

刘如楷,安徽人;楼钰,浙江人。以上二名各捐钱四百六十四千文,核与奏准以钱合银报捐监生、捐足从九品减成银数相符,拟请均作为监生,以从九品不论双单月选用。

张梦熊,广西监生,由筹饷例分发江苏补用未入流捐钱三百十二千文,核与奏准以钱合银捐免验看减成银数相符,拟请免其赴部验看。

曹立贤,安徽人,由筹饷例分发江苏补用未入流捐钱四百五十二千文,核与奏准以钱合银报捐分发指省减成银数相符,拟请以未入流分发江苏补用。

徐福保,江苏监生,由员外郎双月选用捐钱九百五十一千文,核与奏准以钱合银报捐加二级请从四品封典减四成银数相符,拟请给予加二级,给伊嗣父从四品封典。

王梦龄,顺天人,由江宁布政使捐钱一千七百四十八千文,核与奏准以钱合银报捐加二级请从一品封典减四成银数相符,拟请给予加二级,给伊曾祖父母、祖父母、父母并本身及妻室从一品封典。

张元佐,浙江监生,由分发山东补用吏目捐钱二千二百六十千文,核与奏准以钱合银报捐县主簿、州判,递捐布政司经历双月加二级请从五品封典分别减成银数相符,拟请以布政经历双月选用,给予加二级,并给伊生母江氏从五品封典。

徐芝征,江苏贡生,捐钱八百三十二千文,核与奏准以钱合银报捐詹事府主簿职衔减成银数相符,拟请给予詹事府主簿职衔。

戴永振,安徽人,捐钱一千千文,核与奏准以钱合银报捐监生捐詹事府主簿职衔减成银数相符,拟请作为监生给予詹事府主簿职衔。

居凤巢,江苏监生,由中书科中书职衔捐钱一千七百二十八千文,核与奏准以钱合银报捐同知职衔减成银数相符,拟请给予同知职衔。

程光裔,安徽监生,由按察司经历职衔捐钱二千二百四十千文,核与奏准以钱合银报捐同知职衔减成银数相符,拟请给予同知职衔。

张耀祖,江苏监生;冯森林,江苏监生。以上二名各捐钱三百八十四千文,核与奏准以钱合银报捐布政司理问职衔减成银数相符,拟请均给予布政司理问职衔。

徐芝征,江苏附生,捐钱一百八十六千文,核与奏准以钱合银报捐贡生减成银数相符,拟请作为附贡生。

丁鸿业、刘蔚杞、赵成美、赵家荣、王乐三、王德三、王辅支、孙香甫、葛端甫、沙凤仪、沙桂如、郭日昆、刘焕魁、钱国典、马国春、马重璋、王金鼎、王金华、钱熙源、蒋元夏、辛庚、戴锡符、朱若澄、童以诚、张思官、胡清源、冯家鼎、杜步洲、杜登第、潘翼臣、潘达厚、刘月胜、郭明榜、蓝永瀚、王乾卿、沈连元、彭玉声、李茂田、张庆华、张节

五、孙诏寅、朱宜斌、王丽斋、高玉峰、黄育夫、周靖、苏庆洵。以上四十七名各捐钱一百四十一千文,核与奏准以钱合银报捐监生数目相符,拟请均作为监生。

孙锦昌、王京元、王宏广、丁鸿逵、郭鸣玘、吴朝乾、吴鉴观、吴秀夫、张畴六、韦景譔、汤敬轩、陈鉴远、孙锡理、赵冠英、武佩香、杨玉廷。以上十六名各捐钱一百三千文,核与奏准以钱合银报捐从九品职衔减成银数相符,拟请均给予从九品职衔。

统共捐生九十六名,共捐钱三百四千六百五十四千文。

议政王军机大臣奉旨:览。钦此。①

○九一　奏报湖运各工勘估
　　　筹款购料次第兴堵片

同治元年九月十七日(1862 年 11 月 8 日)

再,臣前将河湖盛涨、酌启坝工缘由附片具奏,钦奉上谕:秋汛盛涨,高邮以下堤坝各工势将平浸等因。钦此。仰见皇上轸念民瘼之至意。伏查本年秋水积涨不消,迟至闰八月初间,始放车逻一坝宣泄,其余各坝均经坚守未启;并饬据委员及该管府厅等查明,高邮四坝,惟车逻坝泄水尚轻,坝下旧有河渠宣泄之水循序渐进,不致淹没民田,且彼时下河各州县晚稻大半登场,无虞伤损,间有一二被灾之处,亦经饬令随时妥为抚恤。

迩来涨水递消,所有前启车逻坝工,未便再任敝泄,臣已遴派妥员前往,会同扬州府厅勘估,即日购料集夫,赶紧堵闭。其上游

---

① 　中国第一历史档案馆藏:清单,档案编号:03-4894-081。

宿迁境内泄水最畅之旧河尾、刘老涧等处，先经筹备款项，次第兴堵。值此水落之时，一并勒限儹办完竣，以资潴蓄，庶于防务、民生均有裨益。现在霜清源弱，湖、运各工一律平稳，堪以仰纾宸廑。所有节届霜降、水消工稳情形，理合附片陈明，伏乞圣鉴。谨奏。

同治元年九月二十三日，议政王军机大臣奉旨：知道了。钦此。①

●议政王军机大臣字寄：署漕运总督吴：同治元年闰八月二十二日，奉上谕：前因都兴阿奏，拿获习教匪犯曹怀富等，讯出首犯多人，当经谕令吴棠遴派妥员，会同都兴阿派出之员，将首犯韩富春等严拿惩办。兹据都兴阿奏，接据吴棠咨称，查核曹怀富等供词，似不致勾煽逆贼，为害地方，何必波及无辜？又援引《天津议定条约》为据，并称现办军务，不暇兼顾地方各等语。江北军务紧要，原不可遽兴大狱，致骇百姓听闻。惟事关习教传徒，聚集多人，即难保不勾结煽惑，致生枝节，军务与地方相为表里，岂可以置之不顾，驯至燎原。吴棠并未将曹怀富等提讯，何得云查核供词，即可信其不致勾煽逆贼。

至《天津议定条约》所载，系专指崇奉天主教循规蹈矩者而言，此次习教之人并未查明所习何教，何得遽引《天津条约》豫为开脱之计？吴棠受朝廷破格擢用殊恩，谅不敢多方回护，贻患养痈。现在都兴阿已将曹怀富等各犯并起获经卷、会单等件移交吴棠，即着该署漕督懔遵前旨，严切讯究，务得确情，

① 中国第一历史档案馆藏：军机录副，档案编号：03-9574-058。此片具奏日期未确，兹据折件（档案编号：03-4894-083）校正。

如韩富春等实系循分之天主教,自应照条约办理。倘系邪教煽诱,或系别项教匪,影射天主教等事,并着严密查拿,惩一儆百,以靖地方。从前粤逆习教皆由地方官因循讳饰,姑息养奸,以致酿成大患。倘吴棠不以公事为重,一味徇隐,致完善之区稍有疏虞,恐不能当此重咎也。将此由五百里谕令知之。钦此。遵旨寄信前来。①

○九二　奏报泰兴县拿获习教匪徒讯供片

同治元年九月十七日(1862 年 11 月 8 日)

再,泰兴县吃斋匪徒一案前经臣派员察查访拿,并将遵旨查办缘由恭折覆奏。嗣于闰八月二十七日、九月初一日叠奉寄谕申饬,跪聆之下,惶悚莫名!复于九月初七日承准议政王军机大臣字寄:钦奉上谕:吴棠奏,查阅都兴阿咨到经卷,亦只是《华严》等经,当无违悖不法及创立邪教名号等语等因。钦此。仰见皇上于除恶务尽之中,以绥戢善良为念。当此地方多故,粤逆近隔一江,防患未萌,必须先清奸宄。臣草茅下士,仰蒙圣主特达之知,清夜扪心,时以弗克报称为愧。况此等重案关系匪轻,断不敢稍存姑息之心,致贻他日无穷之患。而事涉疑似,非查讯确有凭依,不特扰累株连,转恐正法幸逃法网。臣前已派委道员王荫棠②等前赴泰州一带,会

---

① 台北故宫博物院藏:军机及宫中档,文献编号:408018039。
② 王荫棠(1824—?),安徽举人。咸丰六年(1856),报捐郎中,签分户部。九年(1859),学习期满,奏留户部。同年,经督办江北团练大臣晏端书奏调办理团练,旋补户部河南司郎中。是年,经漕督吴棠奏请留营。同治元年(1862),奏保以道员用。二年(1863),保以道员尽先补用,并赏戴花翎。是年,经漕督吴棠给咨赴部,改签江西。六年(1867),署理金衢严道。

同运司乔松年等严密查拿,后复又派亲信之人改装易服,于各该处穷乡僻壤逐细采访,一面催提已获之犯解淮审办。

查都兴阿奏拿获习教之曹怀富等计五名口,除朱家和一名业已投水身死,应究明有无故纵,另外办理;其翟明林一名,据署扬州府知府朱炘讯供禀报:系在泰兴县开张茶馆,出卖荤素点心,并非茹素习教。又,韩赵氏系年老妇女,营讯并无供情,均予开释外,据扬州府将曹怀富、韩余春二名批解到淮。臣连日亲行研讯,据曹怀富供:系泰兴刀家铺人,种地为生,向与女婿张抡才同住。咸丰六年间,因天气干旱,民间吃斋求雨,又因泰兴离贼二三十里,得能平安,吃斋劝善,邀免兵劫。女婿张抡才向卖估衣,有董事李珠等要买便宜衣服,未遂挟嫌,即以吃斋送访。今春二月间,净土庵做会,因去迟未遇韩富春,六月间才与韩富春会晤,听他谈说,都是劝善的话。他是机匠,并没徒弟。他家吃斋几代,前所供投教传徒,并说用白布扎头,拿白纸扇一招,火药不能近身等话,系因畏刑妄供的。又据韩余春供:系泰兴城外人,织机生理,向来食荤,住十五圩。韩富春系其族兄,同圩居住。他吃斋几代,劝人行善,并没投教传徒。现今听说韩副春①一家均已投江身死各等供。质以有无新新教、普度教名目及男妇穿白衣并将祖先牌位劈毁各层,坚称善事。又据扬州府禀称:该府亲至吉家庄,将吉得灿、吉长明传到察看。吉长明业已年迈龙钟,未能讯供,其子吉玉壶搀扶而起。据吉玉壶供称:父子均不吃斋,有媦妹在家,向吃斗斋及观音斋,并非长素。吉得灿供称:因无子,曾同妻曹氏吃斗斋二年,生子后即不吃斋。庄内有观音庵,每届诞辰,进庵烧香是有的。诘以拜师习教之

---

① 据前后文及《清实录》,应为"韩富春"。

事,茫然不知。该府亲至吉姓祠堂查勘,多设祖先牌位,并无违悖形迹。询之附近居民,并不知吉姓有茹素习教之人各等情。

臣查韩富春借劝人行善为名,吃斋做会,据曹怀富供词确凿。曹怀富仅认吃斋,并未传徒投教,难保无恃无质证,避就狡供。韩富春投江身死,尤难凭信,非查有实在确据不足以成信谳。除仍严饬既委各员赶将首犯韩富春等严密查拿、务获解审,并仍确切察讯外,所有现讯供情,理合先行陈奏。

再,查里下河一带,经臣发给告示晓谕,并饬地方官逐加开导。其有茹素讽经之人,已多省悟开荤。察看情形,地方现极安静,堪以上慰宸怀。臣惟当实心查办,断不敢为属员开脱处分,自干咎戾。伏乞圣鉴。谨附片具奏。

同治元年九月二十三日,议政王军机大臣奉旨:知道了。钦此。①

●议政王军机大臣字寄:署漕运总督吴:同治元年闰八月二十七日,奉上谕:前因都兴阿奏,访获习教匪徒,当经谕令吴棠遴派员弁,前往泰州一带查办。兹据吴棠奏,查阅都兴阿咨到经卷等件并曹怀富等供,不过吃斋学道,拜师收徒,其经卷亦只是《华严》等经,尚无违悖不法及创立邪教名号等语。愚民惑于果报之说,辄谓茹素即能获福,讽经即可免灾。念佛治斋,浸成风俗。第传徒聚众,结会敛钱,党与过多,必致为地方之害。且据都兴阿奏,访闻该处入教者,男妇俱穿白衣,其家

---

① 中国第一历史档案馆藏:军机录副,档案编号:03-4768-102。此片具奏日期未确,兹据折件(档案编号:03-4894-083)校正。

中祖先牌位一概劈毁,查询称为新新教。匪犯左戎山即左成山又供称系普渡教,该习教民人如果立愿修身,何必均穿白衣及手拿白扇等件作为记号？又何至毁祖先牌位？是否有新新教、普渡教名号,均应逐一根究,以期弭患未萌。州县官失察地方教匪,处分颇重,往往讳匿不报,即委查各员率多瞻徇同官,代为掩饰。已获之曹怀富等计已押解到浦,即着吴棠亲行研讯,务得确情,分别惩办。在逃之韩富春等各首犯仍勒限严拿,毋令漏网。并着饬令道员王荫棠等,会同运司乔松年等,严密访查,总须严拿首犯,解散胁从。兼之晓谕愚民,以祛其惑,固不可展转株连,累及良善,亦不可颟顸草率,贻患将来。吴棠平日办理地方诸事,素能实心实力,兹事谅必能宽严得中,妥协办理。吴棠另片奏,捻匪李成等股经僧格林沁剿败后,仍欲装旗出窜等语。并着吴棠速饬黄开榜实力防范,所有邳、宿水陆防兵,务令随时扼截,毋得稍有疏懈。将此由四百里谕令知之。钦此。遵旨寄信前来。①

〇九三　奏请将余文俊等照例从优议恤片

同治元年九月十七日(1862年11月8日)

再,本年六月间,捻匪窜双沟,该处署四界司巡检余文俊督练堵剿,于柴家湖地方遇贼,以众寡不敌,将团练冲散,该巡检查无下落。当经札饬该管府县确查去后。兹据徐州府知府汪尧辰禀:据该巡检之跟役杨福报称:余文俊于六月三十日督练击贼,

---

① 台北故宫博物院藏:军机及宫中档,文献编号:408018041。

受伤落马,即被捻匪擒住,该役亦被掳去,行至宿境之陈家寨,捻匪逼令领旗。余文俊厉声大骂,即被乱刀砍死。该役亦被砍昏在地。迨苏醒时,贼已远去,查见余文俊头面身臂受伤二十三处。经寨内练总将余文俊棺殓,该役即在寨内调养就痊,送柩回至双沟禀报等情。

又,查有知府用前署泰兴县知县胡容本,历充军务差使,如徐州、淮安城圩各工,皆其一手经理。本年正、二月间,清江创办砖土圩工,亦经臣派令勘度兴办,夙夜在公,勤劳日久。嗣委署泰兴县事,该处逼近大江,与丹阳、常郡接界。到任后,正值粤逆掳掠民船,窥伺江北。该员亲驻江干,督练堵剿。得病后,仍复力疾从公,至七月底交卸调理,旋即因病身故。

臣查余文俊督练被擒,骂贼遇害,实属大节凛然;胡容本久历军营,积劳成疾,亦堪悯恻。相应奏恳天恩,饬部将署四界司巡检分缺先用巡检余文俊照阵亡例,从优议恤;知府用前署泰兴县知县胡容本,照军营立功后积劳病故例,按知府请从优议恤,以慰忠魂而励荩勤,伏乞圣鉴。谨附片具奏。

同治元年九月二十三日,议政王军机大臣奉旨:余文俊、胡容本均着照所请,交部分别从优议恤。钦此。①

○九四　奏报审拟逃弁宝庆等案折

同治元年十月初一日(1862年11月22日)

署漕运总督江宁布政使臣吴棠跪奏,为拿获逃弁和诱有夫之

---

① 中国第一历史档案馆藏:军机录副,档案编号:03-166-8374-25。此片具奏日期未确,兹据折件(档案编号:03-4894-083)校正。

妇,审明定拟,恭折具奏,仰祈圣鉴事。

　　窃臣查接管卷内,咸丰十一年三月二十二日,据署山阳县知县王崧龄详称:访有巡弁和诱妇女,潜匿在境。正在饬拿间,即据李继高禀称:十年九月间,有苏州后帮千总宝庆即方衍堂,带同眷属租伊房屋居住。今闻宝庆之妻沈氏系有夫之妇,被诱来淮,因与宝庆口角争闹,即欲自尽。伊向劝解,询悉前情,不敢容隐,理合呈首等情。据即饬拿宝庆、沈氏到案。讯据宝庆供:系苏州后帮千总,自咸丰十年二月奉前苏抚臣调赴湖州防堵,后奉撤回苏省已失文札,中途被抢,钤印交给伊子山文随身携带,现在不知去向。伊至洞庭山,遇见素识之周沈氏亦在彼处避难,约定同赴上海找寻其夫周朗亭下落。嗣闻道路难行,诱令周沈氏同来淮城,认为夫妇,居住李继高房屋。因伊与周沈氏口角争闹,致被房主询知,呈首拿获等语。质之周沈氏,供略相同,禀请咨查,行传讯办等情。当经前署漕臣王梦龄分别咨行去后。嗣咨准苏抚臣以该弁曾否奉委,据供时在十年二月苏城失陷以前,无案可稽。又咨准浙抚臣行据湖防局查覆:上年苏城失守之先,并无千总宝庆奉委来湖带勇防堵。并据上海县饬查周朗亭,并无下落,先后咨覆前来,均经饬县核讯。

　　因犯供翻异,札委淮安府督同审办。嗣据周沈氏母舅沈春亭闻信报案,具结请领。王梦龄未及奏办卸事,臣奉命接署,当以案关逃弁和诱,亟应严讯确情,照例惩办,方足以肃法纪而儆官邪,随行提犯卷,亲加研鞫。缘宝庆即方衍堂,系湖北荆州驻防镶黄旗旗兵,由军功保举选授苏州后帮千总,咸丰八年到标。嗣因带勇出力,复保卫守备蓝翎。周沈氏籍隶吴县,宝庆在苏曾赁周沈氏房屋居住,固相认识。十年二月,宝庆奉苏抚臣调赴湖州防堵,后奉撤回,正值省城失守,所有委调文札夹在衣包,途遇溃散兵勇,被抢无存。钤印交给伊子山文随身携带,现在不知去向。行至洞庭山地方,遇见周沈氏同母老沈氏,并带子女,亦在该处避难。周沈氏道及其夫周朗亭在上海绸缎店生理,欲往找寻,宝庆亦欲赴沪,订为同伴。老沈氏因年老不去,周沈氏留长女在彼服侍,自带两子两女同行,年俱幼小。嗣闻上海路难行,宝庆诱令周沈氏偕赴江北,许为安顿,并嘱如遇外人盘问,彼此认为夫妇。周沈氏因无依托,随即允从,宝庆即在途次奸宿。其所带子女在途先后病死,仅留一子。是年九月二十八日,同抵淮城,租住李继高房屋两间。宝庆因周沈氏系有夫之妇,虑恐前情败露,禁止不许出门。十一年二月二十八日,周沈氏乘宝庆出外,潜至门外,浼人修容。适宝庆归家查见喝斥。周沈氏不服,即向剖辩。宝庆生气赶殴,周沈氏趋避啼哭,声言伊系有夫之妇,被诱来淮,又被如此凌辱,即欲自尽。经房主李继高闻言往劝,询悉前情,即赴山阳县呈首。其时该县正在访拿,据即获案讯详,当经前署漕臣王梦龄分别咨查行传,复因犯案供翻异,札委淮安府督审。嗣据周沈氏母舅沈春亭闻信报案,具结请领。王梦龄未及奏办卸事。臣到任后,亲提研讯,据供前情不讳。

查宝庆系苏州后帮千总,驻在省会。当省城失守之时,据称奉调赴湖防堵。诘其委札,则云被抢无存。咨查原案,又以失陷无考。行查湖防局,又称苏城未失之先并无该弁带勇到湖防堵。似此查无证据,其为狡供就逮可知。惟和诱有夫之妇成奸,已属供认凿凿,似应先就此案按例问拟。宝庆即方衍堂,合依和诱知情为首例,拟发极边四千里充军。周沈氏听诱同行,复与奸宿,于宝庆罪上减一等,拟杖一百、徒三年。事犯均在咸丰十一年十一月初九日恭逢恩诏以前,核其情罪,不在不准援免之列,应请各予援免。宝庆并面刺字,仍革职,销除旗档。如再有犯,加一等治罪。

至宝庆本缺,前准部咨业已铨选有人,并行令查明失守之先是否因公出境,据实奏明办理,准经转行苏松粮道查办未覆。今宝庆供于苏城未失之先奉调赴防,如果属实,即系因公出境。第查无案据,殊难凭信。然其本缺尚无带兵守土之责,此案业已议罪,应免再议,抑仍归失守案内查办之处,恭候钦定。周沈氏饬属保领,房主李继高先不知情,一闻和诱情由,即行呈首,并无不合,应毋庸议。所有租钱免其着追。余讯无知情容留之人,亦毋庸议,无干省释。除将供招咨送刑部核办外,合将拿获审拟原由恭折具奏,伏乞皇上圣鉴施行。谨奏。十月初一日。

同治元年十月初七日,议政王军机大臣奉旨:刑部议奏。钦此。①

【案】关于此案之批示,《清实录》载之曰：

又谕:前因吴棠奏,拿获逃弁宝庆,和诱有夫之妇,审明定拟,当交该部议奏。兹据刑部奏,苏州后帮千总宝庆所称省城失守时调赴湖州防堵,委札被抢无存,已查明湖防局并无此事,其为狡猾避就可知。至其和诱有夫之妇周沈氏,带赴江北,认为夫妇,则已供认属实。宝庆即方衍堂,拟照和诱知情为首例,发极边足四千里充军,事犯在恩诏以前,请予援免。省城未失之先奉调赴防,查无案据。该弁尚无守土之责,业已议罪,应免再议,可否仍归失守案内查办等语。此案宝庆即方衍堂,于苏州省城失守时,声称奉调赴湖州防堵,迨行抵洞庭

---

① 中国第一历史档案馆藏:军机录副,档案编号:03-5076-024。

山地方,又复和诱有夫之妇,实属巧诈无耻,着该督抚查明该弁是否因公出境,按律定拟,不得因无守土之责,稍涉轻纵。[①]

○九五　请将淮南盐课议解皖饷仍解北台折

同治元年十月初一日(1862 年 11 月 22 日)

署漕运总督江宁布政使臣吴棠跪奏,为江北饷需日绌,恳恩将改拨皖营之淮南盐课仍解北台,以资军食,恭折仰祈圣鉴事。

窃照江北粮台进款向以协饷为大宗,近来陕省久不批解,仅有晋省每年奏定十万两,计按月不及一万。即使如数如期,不足正饷十分之一,兼之道路阻长,往往两三月之久不能解到一批,此外惟恃厘捐钱粮以资接济。前以江北新到吉林、黑龙江马队并协济南营之留防江北兵饷,及按月协解李世忠军营银两、军火等项,无款可筹,经臣奏请于河东盐课项下,每月拨银五六千两,仰荷圣恩允准。叠经咨函商榷,并经该省咨覆,后续准部驳筹解,至今仍置〈若〉罔闻。是徒有协饷之名,而并无济饷之实,以至每届放饷,迁延赓搭,屡屡愆期。近更罗拙计穷,时形棘手。

当此大股粤逆麕聚南岸,沿江正防剿万分吃紧之秋,且已瞬届严冬,冲寒枵腹,亟应宽筹裕饷之策,非仅空言所可拊循。因查淮南盐课,向系分解江北粮台及皖营各一万两,其时北课亦系分解两营。嗣淮北盐课全奉拨充皖饷,将淮南月解皖营一万两拨归北台,以期均平而免周折,系属以款抵款,经钦差大臣袁甲三奏明在案。上年淮北滞销,盐课少解,袁甲三复又奏请将拨归北台之南课一万

两仍解皖营，核与前奏并不吻合。因以仰蒙俞允，且江、皖同办一事，无论解归何处皆济军需，是以经年以来均由两淮运司遵旨分解，而北台遂少此一款。现在江北协饷较少，用款日增，北醝自淮河通行后，则销路日畅。近日饷盐之运赴皖营者，连樯而上，皖饷已充，非上年可比，自应将淮南现解赴皖之月饷一万两仍解北台，以符原案而资济急。在江北仅止筹还固有之款，并非另行请拨；在皖营值此饷盐充足之时，亦不致少有缺乏。据现办粮台道员许道身详请具奏前来。

惟有沥情吁恳，仰求皇上逾格鸿慈，俯念江北饷需万细，准将淮南改解皖饷一万两仍照原〈案〉按月解归北台，俾得稍事补苴，借维大局，恭候命下即行分别咨行遵照。谨缮折具奏，伏乞皇太后、皇上圣鉴训示。谨奏。十月初一日。

同治元年十月初七日，议政王军机大臣奉旨：户部速议具奏。钦此。[1]

○九六　请将候补知县舒文彬等开复处分折

同治元年十月初一日（1862 年 11 月 22 日）

署漕运总督江宁布政使臣吴棠跪奏，为查明召领卫滩地亩委员价已缴清，并无侵冒含混，恳恩开复前参处分，以昭惩劝，恭折奏祈圣鉴事。

窃查接管卷内，咸丰七年间，前漕臣邵灿以戴家湾防费支细，奏明召领卫滩，以充防用，当即饬委候补知县舒文彬、试用知县陈

---

① 中国第一历史档案馆藏：军机录副，档案编号：03-4935-020。

绪芬勘丈召领。先据丈出两滩地共一千余顷,继称九百余顷,应缴地价先据约数二万数千两,继报约有二万五千余两。咸丰九年间,经前漕臣袁甲三以委员日久迁延,具禀含混参奏,钦奉谕旨:舒文彬、陈绪芬均着先行革职,交袁甲三勒限催缴地价,并提齐案卷,彻底查究。如果查有侵渔情弊,即以从重治罪,以儆贪墨而重帑项。钦此。历经前漕臣袁甲三将该革员等所禀逐款指饬,委员复往勘丈,并经前署漕臣联英、王梦龄任内催提地价银两,檄委淮安府督同阜宁县会委严勘各在案。

臣到任后,复又照参查催,缘该滩北界黄河,南界学滩,东界苇荡,西界民地。当舒文彬等初次勘丈之时,正值地有积水,仅止按照堤埂四围施□,且有误丈学地,故虚报丈见地一千余顷。原拟水退后再行覆丈准确,因军需待用紧急,先行设局开领。迨至垦户具领,逐一分段量给,不敷原丈之数。此原参地数不符之原委也。现经该管阜宁县会委剔除沟圩,划清四至,止有原额地八百三十一顷七十七亩四分一厘,内除河工挖废地十五顷七十六亩四分五厘,盐卤不毛地七十顷四十七亩四分七厘,实计开领原额地七百四十五顷五十三亩三分九厘,内计上则地一百二十二顷二亩零,中则地三十五顷二十一亩零,下则地一百二十一顷六十八亩零,柴草中则地三百二十六顷六十一亩零,下则草地一百三十九顷九十七亩零。又,查有外河新滩地二十四顷五十亩,系咸丰四年间始行涸露,并未开垦,地土较厚,亦应定为上则。统计应领新、溢共地七百七十顷三亩二分九厘,委无一千余顷及九百余顷之多。按地计价,共应缴银一万九千八百六十八两二钱一厘二毫五丝,亦无二万数千两及二万五百余两之多。除前漕臣袁甲三参奏时已缴一万三千余两外,其余六千七百余两均已一律扫数缴清，并无丝毫蒂欠。兹据藩司衙门会同江安粮道转据淮安府阜宁县查明详覆，并声请将该革员舒文彬等奏请开复前来。

臣检齐卷宗，复加查核。该大河卫滩地本系内滩，且东、西、南三面均有界址，邻地无从丈溢，现量与原额数目相符，惟于北面外滩丈出新淤地二十四顷五十亩，切凿可据，不能捏混。其勘丈地数不符之故，先由滩地被淹，界址莫辨，并将学地误行丈入，兼之沟圩并未剔除，以致前后互异。现既由县会勘明〈确〉，计数分则，应即以复丈之数为准，并价从地计，按籍可稽。该员等于被参之后扫数缴清，并无侵渔含混。其前缴未能迅速，实由于领户零星琐屑，并非有意迁延，似应依如所请，准其开复。

除此案开领征租各事宜关系田赋兴举大端，遵照前准部咨，另行会同督抚臣咨奏办理外，合无仰恳天恩，俯念该革员等被参于前，尚知愧奋于后，现已将地数顷价全数清理，毫无弊混，准将江苏候补知县舒文彬、试用知县陈绪芬开复原官，俾昭惩劝，出自逾格鸿慈。再，此案卫滩原额地实系八百三十一顷七十七亩四分一厘，前漕臣邵灿原奏计□□□。[1] 谨合并声明。为此恭折具奏，伏乞皇太后、皇上圣鉴。谨奏。十月初一日。

同治元年十月初七日，议政王军机大臣奉旨：舒文彬、陈绪芬均着准其开复，该部知道。钦此。[2]

---

① 因军机录副漫漶，此三字无从辨认，兹存疑。

② 中国第一历史档案馆藏：军机录副，档案编号：03-4955-049。

○九七　奏请捐输盐斤接济军饷片

同治元年十月初一日(1862 年 11 月 22 日)

再,清淮饷绌情形久邀圣明洞鉴,现又两次分派炮船出江防剿,并兼顾徐宿,军需用项滋多,进款则愈形其绌,而抽厘等款方将设法裁并,以冀培养民生,势不能再为扩充之计,不得已派令委员于淮北盐商劝令捐输盐斤,由臣筹备水脚,或运至西坝,或出湖销售,以资军需贴补。惟北课系拨充皖饷,向于场盐到坝后提拨饷盐,以抵正、杂课税及经费等款之用。臣现在捐输盐十万包有零,亦应照章提拨,因思此项捐盐使非臣设法筹运,并无此盐到坝。在皖营本无可提之饷,相应沥情吁恳,仰求天恩俯准,将此项捐盐免提饷盐经费,俾得全数售卖,仍按照淮北应纳课税银数由臣作收清淮军需,在国课应无短少,于皖饷亦无所损,而臣营得此接济,诚不无小补矣。其捐盐各商应得奖叙,于交盐后随时作价,汇入筹防捐输请奖,以昭激劝,仍归军需捐款作收造报,所有捐盐济饷各缘由,理合附片陈恳,伏乞圣鉴。谨奏。十月初一日。①

同治元年十月初七日,议政王军机大臣奉旨:户部知道。钦此。②

---

① 此具奏日期似非朱批奏片所署。
② 中国第一历史档案馆藏:军机录副,档案编号:03-4881-048。

○九八　奏报里下河新漕请仍准征收折色折

同治元年十月二十二日（1862年12月13日）

　　署漕运总督江宁布政使臣吴棠跪奏，为江北里下河新漕恳恩仍准征收折色，以济军需而维大局，恭折奏祈圣鉴事。

　　窃臣前准部咨：钦奉上谕：户部奏，来岁各省新漕请饬各督抚征兑本色一折等因。钦此。仰见皇上于储备京仓之中并以筹画军需为念，跪诵之下，钦服莫名。臣具有天良，受恩尤渥，固不敢以苟安自便、玩视天庾要需。即士卒行间，亦罔不知折漕充饷系以正供而资军食。惟扬营支绌情形，近更甚于畴昔，且恃漕折以济饷已历十年；从前以协饷为大宗，尚不专恃乎此，近则捐钱漕两项，按月派解，借以勉支。现计上下两忙，至十月后业已提用罄尽。若新漕启运本色，则冬春之交竟无可提之款。虽蒙圣恩高厚，仍饬部臣照数拨给实银，以款抵款，毫无出入，特虑缓急先后时有不同，以嗷嗷待哺之军值风雪严寒之候，设协解愆期而至，实有不堪设想之虞。且近接署常镇道赵炳麟来禀：探闻丹阳城内之贼全数移垒，沿江沙起水枯，将与太平洲之陆路相接。又据藩司曾国荃来函，该藩司一军于初四、初五等日大获全胜，踏毁逆垒百数十座，援贼一律远遁，业已回苏等语。是金陵城贼其势已孤，出窜苏、常，固意中事，而诡计百出，更恐任意狂奔；通、泰相隔一江，处处危险。

　　现在江北防剿尤较平时吃紧万分，窃思江省为财赋之区，刻惟此里下河一隅尚称完善，欲求所以保全之策，必须先固军心。一经启运新漕，即须迟至来岁春征方有钱粮济饷。矧值天寒地冻，正厘捐歇绝之时。此数月中实属点金乏术。约计本年漕数不过七八万石,计裨益于京仓者,为数有限。如军糈留以接济,即不致枵腹冲寒,所关系于大局者,实非浅鲜。

臣职司漕运,何敢不以仓储为重。而目睹军情之紧要、饷务之艰危,得此则勉力支持,舍此则堪虞哗溃,不得不权其轻重,披沥于君父之前。惟有仰恳皇上天恩,俯准将里下河各属新漕仍征折色,俾济扬营军饷,以维全局而免他虞。臣不胜战栗屏营待命之至。谨沥情恭折覆陈,伏乞皇太后、皇上圣鉴训示。谨奏。十月二十二日。

同治元年十月二十八日,议政王军机大臣奉旨:户部议奏。钦此。①

【案】钦奉上谕:户部奏……征兑本色一折:同治元年十月二十八日,清廷饬令户部议奏,旋得允行。《清实录》:

漕运总督吴棠奏,遵查江北军务正当吃紧,各营饷项专恃钱漕接济,所有本年新漕碍难改征本色。下部议,从之。②

【案】此上谕《清实录》载曰:

庚子,谕内阁:户部奏,来岁各省新漕,请饬各督抚征兑本色一折。各省漕粮本系天庾正供,迩来纷纷奏请折色缓征,因而劝捐采买,浮费徒滋,米粮缺乏,自应筹办正漕,以实仓储。江苏虽系被兵省份,松、太两属尚有完善地方,即里下河一带亦系产米之区,着李鸿章督饬地方官,将本届应征漕粮照常征

---

① 中国第一历史档案馆藏:军机录副,档案编号:03-4707-149。此折具奏日期,军机录副目录署为"同治元年十月二十一日",误。军机录副折尾为"同治元年十月二十二日",确。

② 《穆宗毅皇帝实录(一)》,卷四十七,同治元年十月下,第1285页。

收兑运,并着吴棠督饬江安道所属里下河一带,将本年新漕征收本色,一并运赴上海,搭运赴津。其河南、山东本届新漕,均着全运本色,按限抵通。当此仓储匮乏,各该督抚务当激发天良,将应运正漕连筹接济,毋得以军需紧急、未遑兼顾等语借词延宕。①

○九九　查明千总田蓝田于勇众
　　　滋闹不能禁止请旨斥革片

同治元年十月二十二日(1862年12月13日)

再,臣前奉谕旨:据僧格林沁等奏,遵查田在田被参各款一折等因。钦此。遵即密饬淮徐扬海道张官年钦遵确查去后。兹据该道禀称:行据睢宁县查覆,并无田蓝田在睢抢夺案件。惟本年三月初二日,田蓝田带领马步队伍至徐,经城门盘查官弁向问来历,勇众即掷石袭击,致将委员张开鑅并守门兵练打伤。该管道督饬兵练弹压,并勘验属实,咨由田在田将田蓝田摘顶示惩,撤去带勇差使在卷等情。

臣查田蓝田虽无纵勇抢夺情事,其于勇众在城门滋闹,致将委员及兵练打伤,该弁并不禁止,实属庸懦无能,相应请旨将千总田蓝田即予斥革,以为不能约束兵勇者戒。谨附片参奏,伏乞圣鉴。谨奏。

同治元年十月二十八日,议政王军机大臣奉旨:田蓝田着即行

---

① 《穆宗毅皇帝实录(一)》,卷四十,同治元年闰八月中,第1090页。

革职，该部知道。钦此。①

【案】关于此片之批覆，《清实录》载之曰：

寻奏，遵查田蓝田并无纵勇抢夺情事，惟约束兵勇不严，实属庸懦，应请即行革职。从之。②

【案】前奉谕旨：据僧格林沁等奏……被参各款一折：此上谕《清实录》载曰：

谕议政王军机大臣等：据僧格林沁等奏，遵查田在田被参各款一折，已明降谕旨，将该总兵即行革职矣。惟据奏称，该总兵所带之军悉归吴棠统带，拣派得力将领赴徐剿办，自因僧格林沁营内无得力大员可派，第徐州为南北襟要，必得谋勇兼优、足以独当一面者，方可胜任。着僧格林沁会商吴棠，于清淮军营内酌派一员，迅速前往统带，仍归僧格林沁节制，以资攻剿。其该处军务即由僧格林沁、吴棠统筹兼顾，庶调度得合机宜，不至任贼北窜。清淮防剿吃紧，吴棠自刻不可离，秋间大举之时，倘必须亲自前往，清淮防剿事宜仍应设法兼筹，以免疏虞。田在田虽经革职，徐宿一带军务仍着僧格林沁、吴棠责令实力办理，不准松懈，一俟派有接替之员，方准交卸回籍。其田蓝田抢夺一案，即着吴棠查明严参，以肃军律。将此由五百里各谕令知之。③

---

① 中国第一历史档案馆藏：军机录副，档案编号：03-4707-147。此片具奏日期未确，兹据同日奉旨之折件(档案编号：03-4707-149)校正。

② 《穆宗毅皇帝实录(一)》，卷三十四，同治元年七月中，第 921—922 页。

③ 《穆宗毅皇帝实录(一)》，卷三十四，同治元年七月中，第 921 页。

一〇〇　奏报学政关防移送新任孙如仅片

同治元年十月二十二日(1862年12月13日)

再，臣接阅邸抄，知学政梁瀚丁祖母承重忧，并准抚臣咨会前来。其时梁瀚按试海州，当即专函知照去后。兹据安东县知县宋传燧禀称：该学臣于十月初三日海州试毕后起程，行至州境大菜市地方接准臣函，遣属马升赴该县呈报丁忧，并将关防缴令呈送等情。该县宋传燧将学政关防一颗转送到臣，适值新任学政臣孙如仅①行抵淮安，臣即于十月初一日将学政关防移送孙如仅接篆任事。理合附片陈明，伏乞圣鉴。谨奏。

同治元年十月二十八日，议政王军机大臣奉旨：知道了。钦此。②

一〇一　奏请旌恤候补县丞谢绥卿等片

同治元年十月二十二日(1862年12月13日)

再，据前署甘泉县知县谢范卿禀称：胞弟谢绥卿，江西南康县人，由京铜局报捐县丞，分发浙江候补。咸丰十年，经前浙江抚臣

---

① 孙如仅(1820—1880)，字亦何，号松坪，山东济宁人。咸丰三年(1853年)，中状元，授翰林院修撰。五年(1855)，授陕甘学政。九年(1859)，充会试同考官。十一年(1861)，补经筵讲官。同治元年(1862)，充会试同考官。同年，充云南学政，调补江苏学政，擢内阁学士。三年(1864)，丁忧回籍。光绪六年(1880)，卒。
② 中国第一历史档案馆藏：军机录副，档案编号：03-4603-091。此片具奏日期未确，兹据同日奉旨之折件(档案编号：03-4707-149)校正。

· 285 ·

王有龄^①委办兵米局支放差使。咸丰十一年十一月二十八日,杭城失陷。该院在局遇贼,骂声不绝,登时被害。该员之妾王氏、幼女王保、家丁侯升,同时自尽。该员之子谢同生、谢骈生由海道回到扬州,呈述各情,禀请奏恤前来。

臣查谢绶卿捐躯殉难,大节懔然。其妾、女、家丁亦复同时自尽,实堪悯恻,相应请旨将浙江候补县丞谢绶卿交部从优议恤。其妾、女、家丁亦恳天恩饬部分别旌恤,以慰忠魂而励节义,伏祈圣鉴训示。谨附片具奏。

同治元年十月二十八日,议政王军机大臣奉旨:谢绶卿等均着照所请,交部分别旌恤。钦此。^②

一〇二 奏明前署知县徐锟等拟结片

同治元年十月二十二日(1862年12月13日)

再,前署如皋县知县徐锟,前经臣访闻任用伊子徐敦大并劣董张乃轩经手筹防捐款,漫无稽考,请旨撤任查办在案。旋即饬调该员带同徐敦大、张乃轩来浦,听候讯办,并据呈到收支清册。臣逐加

---

① 王有龄(1810—1862),字雪轩、英九,福建侯官人。道光二十四年(1844),捐盐大使,分发浙江。同年,署浦东场大使,并保知县。二十五年(1845),选浙江慈溪县知县。翌年,加同知衔。二十七年(1847),署鄞县知县、定海县知县。二十八年(1848),署仁和县知县。二十九年(1849),丁父忧,回籍终制。咸丰二年(1852),补任海厅同知,戴蓝翎。同年,署湖州府知府。五年(1855),升杭州府知府,换花翎。是年,署浙江督粮道。六年(1856),署浙江盐运使、浙江按察使。同年,调补云南粮储道。七年(1857),授江苏按察使,署江苏布政使,加二品顶戴。八年(1858),迁江苏布政使。十年(1860),擢浙江巡抚,会办浙江军务及善后事宜,晋头品顶戴。同治元年(1862),卒于任。授骑都尉世职,谥壮愍。

② 中国第一历史档案馆藏:军机录副,档案编号:03-4603-087。此片具奏日期未确,兹据同日奉旨之折件(档案编号:03-4707-149)校正。

细核，该县募勇筹防历有年所，均系民捐民办，官为督率。计常以分驻城镇及各港水陆勇丁共三百七十余名，间因闻警增募，或因经费支绌，酌量裁减，通计自四百五十余名至三百余名不等。该员徐锟自咸丰十年七月间到任，至本年二月止，计十八个月，共收过筹防捐项三万八千五百余千，开支勇粮、巡船、杂支、制造等项尚多不敷，由该员督董筹垫支应，随时查造用帐，报明该管通州及运司有案，尚非漫无稽考。复又亲提研讯，据徐敦大供称：向在镇江军营当差，偶因差使顺道回署省亲，并未久住，委无干预捐事，亦不与张乃轩认识。据张乃轩供：平素行医，上年曾奉谕充乡董，劝捐十一户，共计钱二百五十余千，由捐户自行呈缴，并未经手捐款；仅止见过本县两次，与徐敦大委未见面各等情。诘究再三，供词如一，似无遁饰。

臣查该员徐锟经手捐款及支销勇粮等项，按册稽核，尚无侵冒情弊。惟查册内凡校阅勇练，随时均有赏犒，并每遇印委下乡巡防，多开船价、饭食等项，在该员为体恤勇练起见，而当此民力维艰，宜如何搏节支销，以重捐款。虽系动用民捐之项，究属滥应滥支。经臣严加驳饬，勒令于动支捐款三万八千五百余千内，罚赔二成钱七千七百千，以充清淮军饷。现据陆续全缴清楚，尚知愧奋。查该员系署事人员，业经撤任候补。既讯无任用伊子并董事实据，应与徐敦大、张乃轩一并免其置议。除将赔缴钱文收入清淮军需款内造报并分别省释拟结外，是否有当，伏乞圣鉴训示。谨附片具奏。

同治元年十月二十八日，议政王军机大臣奉旨：该部知道。钦此。①

---

① 中国第一历史档案馆藏：军机录副，档案编号：03-4895-015。此片具奏日期未确，兹据同日奉旨之折件（档案编号：03-4707-149）校正。

一〇三 奏报助剿炮船月粮由皖省支给片

同治元年十月二十二日(1862 年 12 月 13 日)

再,上年十月,前署漕臣王梦龄任内准袁甲三咨调炮船赴皖助剿,当经饬派都司陈德雄管带炮船二十只前往,并奏明发给一月口粮,如一月内未能撤回,仍由淮防按月解济在案。经年以来,均由该带兵官派员来淮具领。查该师船口粮,每月不过银五百余两、钱二百余千,为数无多。惟相距数百里之遥,而又间隔洪湖,跋涉风涛,时虞险阻。现届天寒冰冻,转解更难应期,该师船即不免枵腹之虞。除咨明皖营自九月起即由皖省粮台就近支给以归简易外,理合附片陈明,伏乞圣鉴。谨奏。

同治元年十月二十八日,议政王军机大臣奉旨:该部知道。钦此。①

一〇四 奏报候补知县石铨服毒身死片

同治元年十月二十五日(1862 年 12 月 16 日)

再,据署清河县知县陈鹏禀:据地保张太转报家人袁升报称:家长知州衔江苏候补知县石铨历奉差委,积劳成病,得有心痛之症。近奉委办清水潭堤工杂料,分投购买,辛苦倍增。九月二十一日,船至高邮,旧病加剧。值伊上岸买药回船,不知家长如何服毒

---

① 中国第一历史档案馆藏:军机录副,档案编号:03-4790-069。此片具奏日期未确,兹据同日奉旨之折件(档案编号:03-4707-149)校正。

身死,赶即抬回浦寓。老主母袁氏不忍相验翻尸,现已棺殓等语。往查属实,理合转报等情。并据尸子石印苹赴县拦验,当经讯据家人袁升供称:家长历奉委办各项差使,辛苦有年,以致积劳成病,得有心痛病症,时发时愈,岁时疼痛难忍,常自怨恨,深恐不能尽心办公,有不如早死之语。九月初,上奉委购办堤杂工料,前赴桃源、宿迁及仙女镇各处采买,奔驰日久,劳苦倍加,以致旧病举发。十九日,在仙女镇雇坐船只立要回浦医治。二十一日,到高邮地方,病势加重,疼痛难忍。伊上岸买药回船,惊见家长不知服了何毒,脸青不语,灌救,已经气绝。伊即添雇水手,赶送回来。二十四日,到浦告县。小家长石印苹将尸抬入寓所。老主母袁氏不忍相验翻尸,谕令小家长备棺收殓,并令伊同小家长赴案具报、拦验等供。讯之尸子石印苹,供亦相同。禀请照例具奏前来。臣覆查属实,理合附片具陈,伏乞圣鉴。谨奏。

同治元年十月二十五日,军机大臣奉旨:知道了。钦此。[1]

一〇五 报销徐局咸丰九年正月 至十年四月收支军需折

同治元年十一月初五日(1862 年 12 月 25 日)

署漕运总督江宁布政使臣吴棠跪奏,为查明徐州分局咸丰九年正月起至十年四月止收支军需各款,恭折奏祈圣鉴事。

窃照徐州办理防剿,设立粮台分局支应军需,自四年至八年止

---

[1] 中国第一历史档案馆藏:军机录副,档案编号:03-4625-226。此片具奏日期,军机录副目录仅署"同治元年",因无军机处随手登记档可考,兹暂以奉旨日期代。

吴棠集

收支各款,均经先后查明分晰开单具报在案。自九年间前提臣傅振邦接办三省剿匪事宜,节由宿州分营堵剿,征调旗、绿各营官兵,添募练勇,一切支应较前倍形繁巨。兹据该分局委员逐款核明,遵照部行单式,分列清单,详请具奏前来。

臣覆加查核,计自九年正月起至十年四月止,连上届实存共收银八十九万五百五十一两零、钱八十二万一千零六千零、官票三万一百七十八两、宝钞十一万五千七百三十四千零、饷票二十九万八千七百十四两、大米一百三石零、小麦二千六百四十三石零、杂粮五百五十七石零、白面四千一百五十三斤、二钱重银牌一百六十七面。内除解济苗练饷银、米粮并运脚等银三万六千九百两零、钱一万一千六百五十四千零;又,发江安通判颜培高养廉并皖营官弁养廉共银一千三百十一两零,应归各该省造报;又,发还典商赵渭银二千九百四十三两零、钱五千四百七十千零,除归还前欠之款;又,兑换现钱银四十万一千两,收回宝钞钱六千六百八十五文,已各归钱文、宝钞项下作收支外,实计收银四十四万八千三百九十五两零、钱七十九万七千一百九十六千零、官票三万一百七十八两、宝钞十一万五千七百三十四千零、饷票二十九万八千七百十四两、大米一百三石零、小麦二千六百四十三石零、杂粮五百五十七石、白面四千一百五十三斤、二钱重银牌一百六十七面,共支过银四十四万三千七百七十九两零、钱七十九万四千三十三千零、官票七千六十五两零、宝钞一万九千千、饷票十二万一千六百二十八两,均系查明前届援引例案,搏节动支,实用实效,并无浮冒。

除饬分别造具细册详候题销,并将十年五月以后臣前管徐局收支款项接续造报外,所有查明徐州分局九年正月起至十年四月止收支各款缘由,理合恭折具奏,并缮清单,敬呈御览,伏乞皇太

290

后、皇上圣鉴。谨奏。十一月初五日。

同治元年十一月十二日,议政王军机大臣奉旨:户部核议具奏,单三件并发。钦此。①

一〇六 呈徐局咸丰九年正月
至十年四月收支清单

同治元年十一月初五日(1862年12月25日)

谨将徐州分局自咸丰九年正月起至十年四月止收放简明四柱,缮具清单,恭呈御览。

计开:旧管:一、八年年底止存银一千四百六十一两九分四厘一丝九忽五微。

一、八年年底止存钱一千六百九十七千八百八十九文。

一、八年年底止存官票三万一百七十八两。

一、八年年底止存饷票五万二千五十五两。

一、八年年底止存宝钞六万四千六十三千四百文。

一、八年年底止存小麦一千六百九石四斗一升二合二勺。

一、八年年底止存黄豆二千七百五十五石四斗一升七合二勺。

新收:一、收徐属州县按月拨解地漕等项银四万二千四百二十一两一钱一厘五毫。

一、收山东藩司奉部拨解银三十二万两。

一、收河南藩司奉部拨解银十九万二千六百八十五两八钱七分、饷票十七万六千两。

---

① 中国第一历史档案馆藏:军机录副,档案编号:03-4791-014。

一、收山西藩司奉部拨解银二十万三千两。

一、收陕西藩司奉部拨解银九万两。

一、收浙江运司奉部拨解银三千两。

一、收海州分司批解淮北盐课银三千两。

一、收江苏筹饷局协解银一万七千两。

一、收皖营拨还山东解徐折漕银一万两。查前款系山东拨解徐局折漕银一万两，经袁甲三军营截留，俟经拨还银三千两，并两次于豫省解皖饷银过徐扣留银七千两，合计清款。理合登明。

一、收借动徐州府库缴存发典生息钱三千六十六千六百三十三文。

一、收徐州分局收捐钱十四万三千六百二十三千文。查前款系奉部颁发徐局空白监照、职照，并由局遵照粮台收捐章程陆续收纳，业已造册报部核覆在案。理合登明。

一、收徐州分局收捐饷票七万六百五十九两。查前项系豫省协解军饷发给兵勇口粮，奏明收捐。理合登明。

一、收徐州府属各州县厘捐钱三万二千一百九十九千九百四十八文、宝钞一万九千三百二十四千一百文。查前款厘捐现钱、宝钞系照各州县报解实数列收。理合登明。

一、收各州县捐备苗练棉衣银三千三百二十八两、钱一千四百四十千文。查前款系丰、沛、萧、砀、邳、宿、睢、泗八州县捐备苗练棉衣折价陆续解局，归入军需支用。理合登明。

一、收劝谕徐州府属各绅商捐输银二千两、钱六千四百六十千八百七十一文。查前款捐输银两、钱文连前共收银二千两、钱五十万五十千二文，业经四次开单奏奖银二千两、钱三十四万六千四百四十一千文。所有未经请奖钱十五万三千六百九千二文，现在催取各捐生履历,另行核奏。理合登明。

一、陆续收徐州府属各商富捐输宝钞二万五千六百六十二千文。查前款系劝谕捐输,据各商富以搭放军饷宝钞呈缴,并未请奖。理合登明。

一、收银易钱六十三万二千五百十八千五百文。查前项系以收款内现银兑换,并非另项收款,除于新收项下将此项现银划除外,理合登明。

一、收回宝钞六千六百八十五千文。查前项系搭放军饷宝钞,设局疏通,由官钱局以现钱收回,除于新收项下将此项现钱划除外,理合登明。

一、收黄豆价银二千七百五十五两四钱一分七厘二毫。查前项系八年份实存黄豆二千七百五十五石四斗一升七合二勺,照市价每石银一两变价。理合登明。

一、收大米一百三石五斗。查前项系由局采办给发湖南镇筸镇官兵口粮所余。理合登明。

一、收小麦一千三十三石六斗七合八勺。

一、收杂粮五百五十七石。

一、收白面四千一百五十三斤。查前三项系由局采办接济苗练口粮批解所余。理合登明。

一、收三钱重银牌一百六十七面。查前项系由局打造,备赏官弁兵勇,未经动用。理合登明。

以上新收银八十八万九千九十两三钱八分八厘七毫,收钱八十一万九千三百八千九百五十二文,收宝钞五万一千六百七十一千一百文,收饷票二十四万六千六百五十九两,收大米一百三石五斗,收小麦一千三十三石六斗七合八勺,收杂粮五百五十七石,收白面四千一百五十三斤,收三钱重银牌一百六十七面。

以上管、收共银八十九万五百五十一两四钱八分二厘七毫一丝九忽五微、钱八十二万一千六千八百四十一文、官票三万一百七十八两、宝钞十一万五千七百三十四千五百文、饷票二十九万八千七百十四两、大米一百三石五斗、小麦二千六百四十三石二升、杂粮五百五十七石、白面四千一百五十三斤、三钱重银牌一百六十七面。

一、除解苗营口粮银一万两。查前项系奏明解济苗营口粮银两,由局批解督办军务云南提督傅振邦兑收转给。理合登明。

一、除采办苗练麦面、粮石等项银一万九千七百三十二两七钱八分二厘九忽、钱一万一千六百五十四千三百八十四文。查前项系查照奏案,采办接济。理合登明。

一、除运送苗练银两、麦面等项运脚银七千一百六十八两一钱一分三厘七毫二丝六忽三微。查前款运解银两、麦面等项,沿途地方并未额设车夫,均系雇用民车、民夫,照例按程支给车价银两。理合登明。

一、除发江西抚州府通判颜培高九年四月起至十年四月止养廉银五百十一两九钱三分八厘四毫六丝一忽四微。查该员系调军营办事,应得本任养廉,照例在于军需项下,除扣款外,全份支给。理合登明。

一、除十年四月十五日发委参领明顺借领购马银三百两。查该员系皖营差委来徐购买马匹,在徐借领,前项银两应归皖省粮台汇案造报。理合登明。

一、除十年四月二十日发吉林四起佟升借领银五百两。查该员奉调赴皖营防剿借领,前项银两应归皖省汇案造销。理合登明。

一、除发还谨丰典赵渭借项银二千九百四十三两四钱六分二厘四毫、钱五千四百七十千九百六十三文。查前款系于六年十月间，原借该典商银四千八百六十两、钱一万七千千文，前于六年份单内声明，因守城接济应用，随后发还在案。今除前数外仍欠银一千九百十六两五钱三分七厘六毫、钱一万一千五百二十九千三十七文，俟候军饷稍充再行发还。理合登明。

一、除兑钱银四十万一千两。查前款系按市价兑换制钱，已于单内列收钱六十三万二千五百十八千五百文，应将此款现银划除，以免重复。理合登明。

一、除收回宝钞钱六千六百八十五千文。查前款系以现钱收回已发宝钞，已于单内列收宝钞六千六百八十五千文，应将此款现钱划除，以免重复。理合登明。

以上除划除外，实计共收银四十四万八千三百九十五两一钱八分六厘一毫二丝二忽八微、钱七十九万七千一百九十六千四百九十四文、官票三万一百七十八两、宝钞十一万五千七百三十四千五百文、饷票二十九万八千七百十四两、大米一百三石五斗、小麦二千六百四十三石二升、杂粮五百五十七石、白面四千一百五十三斤、三钱重银牌一百六十七面。

开除：一、发袁甲三军营支发局银五千八百五十二两。

一、发袁甲三军营支发局钱四万六百八十五千文。

一、发袁甲三军营支发局官票一千两。

一、发袁甲三军营支发局宝钞一万七千三百千文。

一、找发袁甲三军营欠发官兵盐折、添造、军装、修筑等项银一万六千七百两。

一、找发袁甲三军营欠发各勇口粮、雇备等项钱二万四千八百千六百八十四文。

一、找发袁甲三军营欠发官兵宝钞一千七百千文。

一、找发袁甲三军营欠发官兵官票二百四十二两。

一、徐州镇总兵傅振邦、山西太原镇总兵田在田统带官兵剿匪盐粮、马干、驮折等项,共发过银一千一百三十三两一钱六厘六毫六丝六忽、官票二百六十八两。

一、吉林前四起官弁盐粮、马干、驮折等项,共发过银二万九千六百七十七两三钱七分六厘九毫一丝五忽一微、官票一千一百五十七两。

一、山东兖州镇标中、左二营官弁盐粮、马干、驮折等项,共发过银二百七两七分五厘六毫六丝一忽二微、官票十八两。

一、山东兖州镇标泰安营官弁盐粮、马干、驮折等项,共发过银九十两六钱七分二厘六毫六丝一忽二微。

一、山东曹州镇标东昌营官弁盐粮、马干、驮折等项,共发过银一百三十一两三分一厘六毫六丝一忽二微、官票四两。

一、山东曹州镇标高唐营官弁盐粮、马干、驮折等项,共发过银三十三两二钱七分四厘。

一、山东兖州镇标东安营官弁盐粮、马干、驮折等项,共发过银二十二两八厘。

一、山东曹州镇标临清、寿张二营官弁盐粮、马干、驮折等项,共发过银一百一两四钱二分二厘九毫九丝七忽四微。

一、留存宿州大营防剿山东兖、曹二镇官弁盐粮、马干、驮折等项,共发过银五百四十八两三钱四分。

一、留存徐郡防剿山东兖、曹二镇官弁盐粮、马干、驮折等项,共发过银三百二十二两七钱二分一厘九毫九丝六忽八微。

一、徐州镇标官弁盐粮、马干、驮折等项,共发过银一千十九两五钱三分四厘九毫九丝一忽七微、饷票二百五十四两九钱四分一厘六毫六丝四忽三微。

一、徐州镇标宿州营官弁盐粮、马干、驮折等项,共发过银一千一百五两五分一厘六毫四丝一忽六微、饷票二百七十六两四钱九分五厘六毫六丝四微。

一、盛京二起官弁盐粮、马干、驮折等项,共发过银二千三百二十三两六钱六分三厘七毫七丝四忽四微、官票二百九十两。

一、察哈尔官弁盐粮、马干、驮折等项,共发过银三十四两五钱五厘、官票八两。

一、湖南镇篁镇标五、七起并四川官弁盐菜、马干、驮折等项,共发过银六百九十两七分三厘四毫五丝三忽、官票二十八两。

一、吉林头起官弁盐粮、马干、驮折等项,共发过银四千七百九十七两四钱六分二厘四毫一丝六忽九微、官票二百二两。

一、黑龙江头起官弁盐粮、马干、驮折等项,共发过银三千六百三十三两五钱一分二厘六毫一丝九忽六微、官票二百六十三两。

一、黑龙江二起官弁盐粮、马干、驮折等项,共发过银四千三百五十三两四钱七分一毫七丝六忽二微、官票二百五十七两。

一、黑龙江三起官弁盐粮、马干、驮折等项,共发过银四千七百九十一两七钱八分九厘九毫四丝四忽二微、官票二百十四两。

一、黑龙江四起官弁盐粮、马干、驮折等项,共发过银四千八十三两八钱一分六厘六毫五丝四忽九微、官票二百二十六两。

一、由怀远调回黑龙江二起官弁盐粮、马干、驮折等项,共发过银九百八两八钱三分八厘九毫五丝九忽五微、官票一百四十九两。

一、察哈尔头起官弁盐粮、马干、驮折等项,共发过银二千九百六十五两六钱四分九厘九毫四丝一忽四微、官票二百五十一两。

一、察哈尔二起官弁盐粮、马干、驮折等项,共发过银一千一百四十两九钱一分五厘二毫八丝五微、官票一百八十一两。

一、察哈尔三起官弁盐粮、马干、驮折等项,共发过银八千二百十二两四钱二分九厘八毫七忽、官票五百六十五两。

一、察哈尔四起官弁盐粮、马干、驮折等项,共发过银六千二百四十九两七钱九分七厘五丝六忽五微、官票二百九十八两。

一、由怀远调回黑龙江四起官弁盐粮、马干、驮折等项,共发过银一千六百十三两六钱八分二毫四丝二忽二微、官票二百六十二两。

一、统领吉林等处马队协领关保随带官弁盐粮、马干、驮折等项,共发过银七百三十三两一钱一分四厘六毫四丝三忽六微、官票一百七两。

一、山东抚济三营官弁盐粮、马干、驮折等项,共发过银三百七十四两九钱四分六厘、饷票九十三两七钱三分一厘。

一、直隶正定镇标官弁盐粮、马干、驮折等项,共发过银一千一百二十四两二钱七分五厘三毫二丝一忽四微、饷票二百八十一两五分二厘。

一、直隶大名镇标官弁盐粮、马干、驮折等项,共发过银四百五十六两七钱四分七厘八毫、饷票一百十四两一钱八分二厘二毫。

一、直隶提标官弁盐粮、马干、驮折等项,共发过银六百五十八两六钱八分九厘九丝五忽五微、饷票一百六十四两六钱五分九厘九毫九丝九忽五微。

一、直隶通永镇标头、三、五起官弁盐粮、马干、驮折等项,共发过银一千五百三十三两九钱七分八厘五毫六丝三忽一微、饷票三百八十三两四钱七分八厘五丝八忽一微。

一、直隶山永协标头、二、五起官弁盐粮、马干、驮折等项,共发过银一千四两六钱七分九毫二忽六微、饷票二百五十一两一钱五分七厘六丝四微。

一、山东兖州镇标头、二起官弁盐粮、马干、驮折等项,共发过银八百九十两二钱一分五毫一丝四微、饷票二百二十二两五钱三分五厘一毫二丝九忽八微。

一、河南、河北镇标官弁盐粮、马干、驮折等项,共发过银一千三百四十二两八钱九分一厘六毫四丝七忽、饷票三百三十五两七钱九毫九丝七忽。

一、陕西靖远协标官弁盐粮、马干、驮折等项,共发过银四百两六钱七分七厘一毫八丝五忽六微、饷票一百两一钱六分七厘一毫三丝二微。

一、陕西汉中镇标官弁盐粮、马干、驮折等项,共发过银三百六十六两四钱六分二厘七毫八丝五忽六微、饷票九十一两六钱一分一厘五毫三丝二微。

一、陕西陕安镇标官弁盐粮、马干、驮折等项,共发过银二百五十六两八钱三分九厘一毫八丝五忽六微、饷票六十四两二钱七厘一毫三丝二微。

一、陕西延绥镇标官弁盐粮、马干、驮折等项,共发过银六百三十五两五钱六分三厘五毫八丝五忽六微、饷票一百五十八两八钱八分三厘七毫三丝二微。

一、山东兖州镇标泰安沂州营官弁盐粮、马干、驮折等项,共发过银二十两九钱七厘二毫,饷票五两二钱二分六厘八毫。

一、山西太原镇标官弁盐粮、马干、驮折等项,共发过银四十五两一钱八分七厘二毫,饷票十一两二钱九分六厘八毫。

一、军营办事及管带各营兵勇、随台差遣文武员弁盐粮、驮折等项,共发过银三万八千二百五两四钱五分六厘三毫九忽八微、官票一千十五两一钱二分。

一、吉林前四起甲兵盐粮、马干等项,共发过银四千二百二两五钱五分七毫一丝三忽五微、饷票四百四十五两六钱四分六厘五丝二微。

一、山东兖州镇标中、右二营兵丁盐粮、马干等项,共发过银一千三百九十四两六钱八分九厘八毫二丝五忽六微。

一、山东兖州镇标泰安营兵丁盐粮、马干等项,共发过银一百七十三两四钱六分四厘五毫一丝四忽九微。

一、山东曹州镇标东昌营兵丁盐粮、马干等项,共发过银二百五十三两七钱五分二厘二毫一丝三忽二微。

一、山东曹州镇标高唐营兵丁盐粮、马干等项,共发过银三百七十七两九钱三分七厘六毫一丝二忽七微。

一、山东兖州镇标安东营兵丁盐粮、马干等项,共发过银一百九两六钱六分四厘九毫六丝三忽六微。

一、山东兖州镇标沂州营兵丁盐粮、马干等项,共发过银一百四十两九钱九分二厘二毫九丝四微。

一、山东曹州镇标临清、寿张二营兵丁盐粮、马干等项,共发过银四百一两七钱八分九厘四毫三丝五忽二微。

一、留存宿州大营防剿山东兖、曹二镇兵丁盐粮、马干等项,共发过银二千七百十九两四钱九分三厘二毫六丝四忽一微。

一、留存徐郡防剿山东兖、曹二镇兵丁盐粮、马干等项,共发过银二千三百十四两三钱九厘七毫一丝八忽三微。

一、徐州镇标兵丁盐粮、马干等项,共发过银九千五百九十八两二分六厘八毫八丝二忽一微、饷票二千三百九十九两五钱五厘七毫五丝九忽九微。

一、徐州镇标宿州营兵丁盐粮、马干等项,共发过银一万八千七十六两二钱七厘五丝九忽一微、饷票二千七百十九两四分九厘五毫七丝一忽七微。

一、吉林头起披甲盐粮、马干等项,共发过银五千九百二十二两一钱三分一厘三毫九丝三忽三微、饷票四百二十八两四钱三分一厘一丝三忽七微。

一、黑龙江头起披甲盐粮、马干等项,共发过银五千八百六十六两七钱二分六毫七丝三忽八微、饷票一千四百五十九两八钱二厘三毫五丝六忽。

一、黑龙江二起披甲盐粮、马干等项,共发过银九千一百六十三两一钱一分三厘八毫八丝二忽五微、饷票二千二百七十六两六钱四分七厘七毫五丝三忽六微。

一、黑龙江三起披甲盐粮、马干等项,共发过银一万九百八十四两三钱六分一厘七毫七丝八忽八微、饷票二千七百四十六两九分四毫四丝四忽四微。

一、黑龙江四起披甲盐粮、马干等项,共发过银七千四百五十五两八钱九分三厘四毫六丝一忽、饷票一千八百六十三两九钱七分三厘三毫六丝五忽。

一、由怀远调回黑龙江二起披甲盐粮、马干等项,共发过银六百八十七两二钱一分六厘六毫二丝八微、饷票一百七十一两八钱四厘一毫五丝五忽。

一、察哈尔头起披甲盐粮、马干等项,共发过银六千九百三十两四钱二分二厘九毫四丝三忽二微、饷票一千七百三十二两五钱九分九厘七毫九丝五忽二微。

一、察哈尔二起披甲盐粮、马干等项,共发过银一千一百七十三两二钱三毫三丝二忽九微、饷票二百九十三两三钱八丝三忽一微。

一、察哈尔三起披甲盐粮、马干等项,共发过银一万四千七百三十一两一钱九分四厘四毫二丝三忽八微、饷票三千六百八十二两七钱九分五毫八丝一忽六微。

一、察哈尔四起披甲盐粮、马干等项,共发过银一万二千六百七十二两二分四厘一毫二丝一忽三微、饷票三千一百六十八两二丝二忽一微。

一、由怀远调回察哈尔头、四起披甲盐粮、马干等项,共发过银一千六百九十九两七钱二分三厘八毫九丝八微、饷票四百二十四两九钱三分九毫七丝二忽二微。

一、统领吉林等处马队协领关保随带披甲盐粮、马干等项,共发过银十三两五钱一分七厘三毫二丝九忽、饷票三两三钱七分六厘。

一、山东抚济三营兵丁盐粮、马干等项,共发过银三千一百九十两二钱二分一厘九毫五忽二微、饷票七百九十七两五钱五分八毫八丝五忽三微。

一、直隶正定镇标兵丁盐粮、马干等项,共发过银六千六百六十九两五钱八分五厘九毫九丝六忽、饷票一千六百六十七两三钱九分一厘六毫八丝八忽五微。

一、直隶大名镇标兵丁盐粮、马干等项,共发过银五千五百六十七两五钱三分五厘八丝七忽四微、饷票一千三百九十一两八钱八分四厘四毫七丝三忽七微。

一、直隶提标兵丁盐粮、马干等项，共发过银五千六百三两六钱七厘四毫三丝三忽三微、饷票一千三百九十九两八钱九分六厘七毫九丝五忽四微。

一、直隶通永镇标头、三、五起兵丁盐粮、马干等项，共发过银七千六百九十九两七钱二分六厘五毫八忽九微、饷票一千九百二十四两九钱二分三厘一毫八丝四忽五微。

一、直隶山永协标头、二、五起兵丁盐粮、马干等项，共发过银七千五百四十两一钱八分四厘二丝七忽七微、饷票一千八百八十五两三分三厘九毫三丝五微。

一、山东兖州镇标头、二起并补额兵丁盐粮、马干等项，共发过银五千五百二十九两二钱四分一厘五丝一忽九微、饷票一千三百八十二两三钱三厘二毫二丝一忽九微。

一、河南河北镇标兵丁盐粮、马干等项，共发过银三千八十六两五钱七分五厘七丝三忽九微、饷票七百七十一两六钱四分二毫五丝九忽九微。

一、陕西靖远协标兵丁盐粮、马干等项，共发过银八百四两七钱四分五厘五毫六丝九微、饷票二百一两一钱八分四厘五毫八丝九微。

一、陕西汉中镇标兵丁盐粮、马干等项，共发过银二千七百五十一两一钱七毫七丝七忽、饷票六百八十七两七钱七分二厘五毫一丝七忽八微。

一、陕西陕安镇标兵丁盐粮、马干等项，共发过银二千七百二十九两三钱八分六厘一毫七丝三忽五微、饷票六百八十二两三钱四分二厘一丝八忽八微。

吴棠集

一、陕西延绥镇标兵丁盐粮、马干等项,共发过银四千五百七十三两三钱五分七厘二毫八丝七忽四微、饷票一千一百四十三两三钱三分七厘三毫七忽七微。

一、山东兖州镇标泰安、沂州营兵丁盐粮、马干等项,共发过银一百二十一两八钱六分二毫三丝五忽五微、饷票三十两四钱六分五厘五丝八忽七微。

一、山西太原镇标兵丁盐粮、马干等项,共发过银三百五两一钱一分一厘二毫七丝三忽、饷票七十六两二钱七分七厘八毫一丝七忽七微。

一、炮勇口粮、马干共发过钱二万九千五百九十三千三百文、饷票三千六百九十八两。

一、突勇口粮、马干共发过钱二万二千七十五千六百文、饷票二千七百五十九两。

一、义勇步队口粮、马干共发过钱一万一千六千文、饷票一千三百七十五两。

一、义勇马队口粮、马干共发过钱一万九千二百文、饷票一千二百五十一两。

一、仁勇亲军马队口粮、马干共发过钱一万二百八十四千八十文、饷票一千二百八十五两。

一、捷勇口粮、马干共发过钱四万七千三百二十一千四百文、饷票五千九百十五两。

一、绰勇口粮、马干共发过钱四万三千十六千五百文、饷票五千三百七十六两。

一、克勇口粮、马干共发过钱三万三千九百三十八千七百文、饷票四千二百四十二两。

一、健勇口粮、马干共发过钱二万四百七十九千六百文、饷票二千五百五十九两。

一、托勇口粮、马干共发过钱三万四千七百五十八千三百文、饷票四千三百四十四两。

一、徐勇口粮、马干共发过钱六万三千八百五十一千三百文、饷票八千六百六两。

一、前敌左、右哨马勇口粮、马干共发过钱三万一千一百八十六千三百文、饷票三千八百九十八两。

一、水勇口粮共发过钱四千三百三十九千文、饷票五百四十二两。

一、山东登莱青马步勇口粮、马干共发过钱四万五千四百二十九千一百文、饷票五千六百七十八两。

一、山东曹州马步勇口粮、马干共发过钱九千五百九十九千八百文、饷票一千一百九十九两。

一、勤勇口粮、马干共发过钱二千十六千文、饷票二百五十二两。

一、选锋小队步勇口粮、马干共发过钱一千七百八十千四百文、饷票二百二十二两。

一、选锋大队步勇口粮、马干共发过钱三万一千七十四千四百八十文、饷票三千八百八十四两。

一、选锋八、九、十哨步勇口粮、马干共发过钱二万二千八百十二千四百四十文、饷票二千八百五十一两。

一、得胜勇口粮、马干共发过钱二千一百六十五千六百文、饷票二百七十两。

一、选锋头、三起马勇口粮、马干共发过钱二万八千四百一千八百六十文、饷票三千五百五十两。

一、选锋小队诚勇口粮、马干共发过钱八千九百九十三千六百文、饷票一千一百二十四两。

一、山东小队步勇口粮、马干共发过钱四百二十二千四百八十文、饷票五十二两。

一、报恩诚勇口粮、马干共发过钱九千七百六十二千一百八十文、饷票一千一百二十两。

一、孚胜左营马步勇口粮、马干共发过钱三万一千二百三十四千六百文、饷票三千九百四两。

一、孚胜右营马步勇口粮、马干共发过钱三万九千七百九十六千八百文、饷票四千九百七十四两。

一、颖胜营步勇口粮、马干共发过钱三万八千四百二十五千二百文、饷票四千八百三两。

一、长胜营马勇口粮、马干共发过钱一千五百一千文、饷票一百八十七两。

一、湖南楚勇口粮、马干共发过钱三百六十六千四百文、饷票四十五两。

一、采办马匹、铁锅、蜡杆、牛烛、芦席、白米、白面、药料、纸张等项,共发过银一万六千一百三十八两八钱四分三厘、钱二千六十四千文。

一、制造、帐房、旗帜、衣帽、长枪、腰刀、弓箭、喷筒、火箭、火罐、铅丸、火药、火绳、铁锹、铁锹、铁斧、灯笼等项,共发过银八万七千一百三十一两五钱五分六厘四毫六丝七微。

一、雇备随营长车、长夫,共发过钱九万六百二十七千一百二十文。

一、运解宿州支发局及袁甲三军营银钱、白面,共发过脚价银七千五百七十二两七钱七分八厘二毫三丝三忽七微。

一、阵亡及打仗受伤官弁兵勇共发过烧埋银七百三十八两,养伤钱二百十五千文。

一、挑筑营盘共发过银九千四百五十六两一钱四分六厘四毫。

一、勇号花红共发过银二百四十三两六钱、官票六十两。

一、造银牌共发过银五十两一钱。

一、医生、书匠口粮共发过银一百八十三两二钱二分九厘九毫九丝五忽六微。

以上通共支银四十四万三千七百七十九两五钱五分五厘六毫一丝二忽七微,支钱七十九万四千三十三千二十四文,支官票七千六十五两一钱二分,支饷票十二万一千六百二十八两。

实在:一、存银七千五百七十二厘四毫。

查前项正款内实存银四千六百十五两六钱三分五毫一丝一微,又扣收平余支剩银二千三百八十九两四钱四分一厘八毫八丝九忽九微,合计应存前数。理合登明。

一、存钱三千一百六十三千四百七十文。

一、存官票二万三千一百十二两八钱八分。

一、存宝钞九万六千七百三十四千五百文。

一、存饷票十万六千四百二十七两。

一、存大米一百三石五斗。

一、存小麦二千六百四十三石二升。

一、存杂粮五百五十七石。

一、存白面四千一百五十三斤。

一、存三钱重银牌一百六十七面。

吴棠集

以上实存各项归入下届旧管项下列收。理合登明。

一、存饷票七万六百五十九两。查前项系遵照奏案收捐截角解回豫省查销，经前管徐州分局王梦龄于交卸时移交汇支。理合登明。

一、附收扣存平余银三千六百九十六两五钱五分一厘一毫六丝四忽七微。查前款内运脚、阵亡烧埋、勇号花红、采办白米等项，共银一万四百一两四钱六分六厘二毫三丝三忽七微，又白面钱二千六十四千文作银一千二百九十两，又运解苗练粮石运脚银七千一百六十八两一钱一分三厘七毫二丝六忽三微，采办粮石银一万六千九百七十七两三钱六分四厘八毫九忽、钱一万一千六百五十四千三百八十四文作银七千二百八十三两九钱八分。

以上共用过银四万三千一百二十两九钱二分四厘七毫六丝九忽，遵照部章，核扣六分平余银二千五百八十七两二钱五分五厘四毫八丝六忽一微。再，采办马匹、铁锅、蜡杆、牛烛、芦席、药料、纸张、制造军装、打造银牌、修筑营盘，共用过银十一万九百二十九两五钱六分七厘八毫六丝七微，计扣平余银一千一百九两二钱九分五厘六毫七丝八忽六微。其军装内欠发银两，俟找发时再行核扣。理合登明。

一、支经贴各书纸张等项银八百三十八两二钱六分六厘六毫六丝五忽二微。查前款照例于扣存平余内支用，除动支前项外，计存平余银二千八百五十八两二钱八分四厘四毫九丝九忽五微，内除四、五、六、七等年不敷动用正款银四百六十八两八钱四分二厘六毫九忽六微拨还归款外，计仍存平余银二千三百八十九两四钱四分一厘八毫八丝九忽九微，已于正款内列存。理合登明。

议政王军机大臣奉旨：览。钦此。①

一〇七　呈咸丰九年正月至十年四月支发清单

同治元年十一月初五日(1862 年 12 月 25 日)

谨将自咸丰九年正月起至十年四月止支发过官弁兵勇领项数目，缮具清单，恭呈御览。

计开：一、发袁甲三军营支发局银五千八百五十二两。查前项八年解过银八万六百两，兹又解前数，共计银八万六千四百五十二两，除专案报销外，理合登明。

一、发袁甲三军营支发局钱四万六百八十五千文。查前项八年解过钱五万四千千文，兹又解前数，共计钱九万四千六百八十五千文，除专案报销外，理合登明。

一、发袁甲三军营支发局官票一千两。查前项八年解过官票一千五百两，兹又解前数，共计官票二千五百两，除专案报销外，理合登明。

一、发袁甲三军营支发局宝钞一万七千三百千文。查前项八年解过宝钞七万八千千文，兹又解前数，共计宝钞九万五千三百千文，除专案报销外，理合登明。

一、找发袁甲三军营欠发官兵盐折、添造、军装、修筑等项银一万六千七百两。

一、找发袁甲三军营欠发各勇口粮、雇备等项钱二万四千八百千六百八十四文。

---

① 中国第一历史档案馆藏：清单，档案编号：03-4791-016。

一、找发袁甲三军营欠发官兵宝钞一千七百千文。

一、找发袁甲三军营欠发官兵官票二百四十二两。查前四项系钦差袁甲三于九年正月三十日止欠发文武盐折、兵勇口粮、添造、军装、雇备、修筑等项,共计前数,后由徐局陆续找发清款。其前项官票内原前计四百两,内除该局委员缴回官票一百五十八两,实计找发前数。理合登明。

一、统带官兵出境剿匪绰克托巴图鲁徐州镇总兵傅振邦、山西太原镇总兵田在田,共支过盐粮、骑驮、马干等项及搭票补平银一千一百三十三两一钱六厘六毫六丝六忽,官票银二百六十八两。

一、吉林前四起带兵官额图浑巴图鲁正红旗蒙古副都统伊兴额等一百四十五员,共支过盐粮、骑驮、马干等项及搭票补平银二万九千六百七十七两三钱七分六厘九毫一丝五忽一微,官票银一千一百五十七两。查前项官弁盐折内,核计应搭官票三千八百三十六两,除发前项外,计欠发官票二千六百七十九两。理合登明。

一、山东兖州镇标中、右二营带兵官游击保德等七员,共支过盐粮、马干等项及搭票补平银二百七两七分五厘六毫六丝一忽二微、官票银十八两。查前项官弁于九年四月十八日撤回千总一员、外委二员,拨赴永城游击一员,计存把总一员、外委二员,拨宿州大营及徐郡防剿。理合登明。

一、山东兖州镇标泰安营带兵官千总杨逢春等三员,共支过盐粮、马干等项银九十两六钱七分二厘六毫六丝一忽二微。查前项官弁于九年四月十八日撤回千总一员、把总一员,计存把总一员,拨赴宿州大营防剿。理合登明。

一、山东曹州镇标东昌营带兵官守备李喜等四员,共支过盐粮、马干等项及搭票补平银一百三十一两三分一厘六毫六丝一忽二微、官票银四两。查前项官弁于九年四月十八日撤回千总一员，拨赴永城守备一员，计存把总一员、外委一员，派在徐郡防剿。理合登明。

一、山东曹州镇标高唐营带兵官把总周焕典，共支过盐粮、马干等项银三十三两二钱七分四厘。查前项官弁于九年四月十八日撤回。理合登明。

一、山东兖州镇标安东营带兵官署把总徐景和，共支过盐粮、马干等项银二十二两八厘。查前项官弁盐折于九年三月初六日归并留宿官弁内汇领。理合登明。

一、山东曹州镇标临清、寿张二营带兵官千总黑锦城等四员，共支过盐粮、马干等项银一百一两四钱二分二厘九毫九丝七忽四微。查前项官弁于九年四月十八日撤回外委一员，拨赴永城把总一员，分拨宿州大营及徐郡防剿。理合登明。

一、留存宿州大营防剿山东兖、曹二镇带兵官把总周尚清等六员，共支过盐粮、马干等项银五百四十八两三钱四分。

一、留存宿州大营防剿山东兖、曹二镇带兵官千总黑锦城等四员，共支过盐粮、马干等项银三百二十二两七钱二分一厘九毫九丝六忽八微。查前二项官弁，即前撤回山东兖、曹二镇官员内留存，派赴宿、徐防剿。理合登明。

一、徐州镇标带兵官游击龚耀伦等十员，共支过盐粮、马干等项银一千十九两五钱三分四厘九毫九丝一忽七微、饷票三百五十四两九钱四分一厘六毫六丝四忽三微。

一、徐州镇标宿州营带兵官游击恩临等十五员，共支过盐粮、马干等项银一千一百六两五分一厘六毫四丝一忽六微、饷票二百七十六两四钱九分五厘六毫六丝四微。查前二项官弁，因随营进

吴棠集

剿，盐折等项按照出境剿匪官弁给发。理合登明。

一、盛京二起带兵官营总常升等二十九员，共支过盐粮、骑驮、马干等项及搭票补平银二千三百二十三两六钱六分三厘七毫七丝四忽四微、官票银二百九十两。

一、察哈尔带兵官副都统约逊等二员，共支过盐粮、骑驮、马干等项及搭票补平银三十四两五钱五厘、官票银八两。查前二项官弁，系钦差袁甲三于九年二月初一日移交云南提督傅振邦接管。理合登明。

一、湖南镇箪镇标五、七起并四川带兵官游击陈泽等八员，共支过盐菜、马干等项及搭票补平银六百九十两七分三厘四毫五丝三忽、官票银二十八两。查前项官弁，系云南提督傅振邦由江南大营随带来徐，所有口粮由局照市价采买米石给发。理合登明。

一、吉林头起带兵官营总贵昌等二十五员，共支过盐粮、骑驮、马干等项及搭票补平银四千七百九十七两四钱六分二厘四毫一丝六忽九微、官票银二百二两。查前项官弁盐折内，核计应搭官票七百二两，除发前项外，计欠发官票银五百两。理合登明。

一、黑龙江头起带兵官营总巴彦珠尔克等二十八员，共支过盐粮、骑驮、马干等项及搭票补平银三千六百三十三两五钱一分二厘六毫一丝九忽六微、官票银二百六十三两。查前项官弁盐折，核计应搭官票五百六十三两，除发前项外，计欠发官票三百两。理合登明。

一、黑龙江二起带兵官营总都兴阿等三十三员，共支过盐粮、骑驮、马干等项及搭票补平银四千三百五十三两四钱七分二厘一毫七丝六忽二微、官票银二百五十七两。查前项官弁于九年四月二十一日调赴怀远营总一员、参领三员、防御四员、骁骑校三员、蓝

312

翎五员。其在徐所领盐折内核计应搭官票六百五十七两，除发前项外，计欠发官票四百两。理合登明。

一、黑龙江三起带兵官营总赛兴阿等二十四员，共支过盐粮、骑驮、马干等项及搭票补平银四千七百九十一两七钱八分九厘九毫四丝四忽二微、官票银二百十四两。查前项官弁于十年闰三月二十一日调赴河南防剿，其在徐所领盐折内核计应搭官票八百十四两，除发前项外计欠发官票六百两。理合登明。

一、黑龙江四起带兵官营总恒凌等二十员，共支过盐粮、骑驮、马干等项及搭票补平银四千八百十三两八钱一分六厘六毫五丝四忽九微、官票银二百二十六两。查前项官弁盐折内核计应搭官票七百二十六两，除发前项外，计欠发官票五百两。理合登明。

一、由怀远调回黑龙江二起带兵官希尔布苏特依巴图鲁营总郭兴阿等十员，共支过盐粮、骑驮、马干等项及搭票补平银九百八两八钱三分八厘九毫五丝九忽五微、官票银一百四十九两。查前项官弁于九年四月二十一日拨赴怀远防剿，十一月二十九日调回，又于十年闰三月二十一日调赴河南。理合登明。

一、察哈尔头起带兵官营总达尔玛济尔迪等三十员共支过盐粮、骑驮、马干等项及搭票补平银二千九百六十五两六钱四分九厘九毫四丝一忽四微、官票银二百五十一两。查前项官弁于九年三月二十日调赴怀远营总一员、参领四员、防御一员、骁骑校二员、蓝翎九员。其在徐所领盐折内核计应搭官票四百五十一两，除发前项外计欠发官票二百两。理合登明。

一、察哈尔二起带兵官参领齐莫特多尔济等十八员，共支过盐粮、骑驮、马干等项及搭票补平银一千一百四十两九钱一分五厘二毫八丝五微、官票银一百八十一两。

吴棠集

一、察哈尔三起带兵官总管那木济勒多尔济等十八员，共支过盐粮、骑驮、马干等项及搭票补平银八千二百十二两四钱二分九厘八毫七忽、官票银五百六十五两。查前项官弁盐折内核计应搭官票一千三百十七两，除发前项外，计欠发官票七百五十二两。理合登明。

一、察哈尔四起带兵官营总都勒玛色楞等二十九员，共支过盐粮、骑驮、马干等项及搭票补平银六千二百四十九两七钱九分七厘五丝六忽五微、官票银二百九十八两。查前项官弁于九年三月二十一日调赴怀远参领一员、防御二员、蓝翎二员。其在徐所领盐折内核计应搭官票九百八十二两，除发前项外计欠发官票六百八十四两。理合登明。

一、由怀远调回察哈尔四起带兵官参领阿拉普腾多尔济等十五员，共支过盐粮、骑驮、马干等项及搭票补平银一千六百十三两六钱八分二毫四丝二忽二微、官票银二百六十二两。查前项官弁系九年三月二十、二十二等日拨赴怀远，十一月二十九日调回。理合登明。

一、统领吉林等处马队带兵官年昌阿巴图鲁副都统衔协领关保等九员，共支过盐粮、骑驮、马干等项及搭票补平银七百三十三两一钱一分四厘六毫四丝三忽六微、官票银一百七两。查前项官弁于九年五月十一日调赴豫省。理合登明。

一、山东抚济三营带兵官副将王凤祥等四员，共支过盐粮、马干等项银三百七十四两九钱四分六厘、饷票九十三两七钱三分一厘。

一、直隶正定镇标带兵官都司噶尔萨等十员，共支过盐粮、马干等项银一千一百二十四两二钱七分五厘三毫三丝一忽四微、饷票二百八十一两五分二厘。

一、直隶大名镇标带兵官都司王斌等七员，共支过盐粮、马干等项银四百五十六两七钱四分七厘八毫、饷票一百十四两一钱八分二厘二毫。

一、直隶提标带兵官参将玉祥等十二员，共支过盐粮、马干等项银六百五十八两六钱八分九厘九毫九丝五忽五微、饷票一百六十四两六钱五分九厘九毫九丝九忽五微。查前四起官弁系钦差袁甲三于九年二月初一日移交云南提督傅振邦接管。理合登明。

一、直隶通永镇标头、三、五起带兵官都司刘国瑞等二十六员，共支过盐粮、马干等项银一千五百三十三两九钱七分八厘五毫六丝三忽一微、饷票三百八十三两四钱七分八厘五丝八忽一微。查前项官弁，头起官十一员、三起官七员，系钦差袁甲三于九年二月初一日移交云南提督傅振邦接管，二月初二日，又玉田营到防官五员，七月初三日，又五起到防官三员，合存前数。理合登明。

一、直隶山永协标头、二、五起带兵官都司王清泰等二十员，共支过盐粮、马干等项银一千四两六钱七分九毫二忽六微、饷票二百五十一两一钱五分七厘六丝四微。查前项官弁头起官七员、二起官二员，系钦差袁甲三于九年二月初一日移交云南提督傅振邦接管。二月初五日，又石门路到防官七员，七月二十六、七等日，五起到防官四员，合存前数。理合登明。

一、山东兖州镇标头、二起带兵官游击戴世熙等十五员，共支过盐粮、马干等项银八百九十两二钱一分五毫一丝四微、饷票二百二十二两五钱三分五厘一毫二丝九忽八微。查前项官弁头起官七员、二起官八员，系钦差袁甲三于九年二月初一日移交云南提督傅振邦接管。理合登明。

一、河南、河北镇标带兵官参将桂喜等二十四员,共支过盐粮、马干等项银一千三百四十二两八钱九分一厘六毫四丝七忽、饷票三百三十五两七钱九毫九丝七忽。

一、陕西靖远协标带兵官副将德克登额等四员,共支过盐粮、马干等项银四百两六钱七分七厘一毫八丝五忽六微、饷票一百两一钱六分七厘一毫三丝二微。

一、陕西汉中镇标带兵官千总杨连升等七员,共支过盐粮、马干等项银三百六十六两四钱六分二厘七毫八丝五忽六微、饷票九十一两六钱一分一厘五毫三丝二微。

一、陕西陕安镇标带兵官千总马进喜等六员,共支过盐粮、马干等项银二百五十六两八钱三分九厘一毫八丝五忽六微、饷票六十四两二钱七厘一毫三丝二微。

一、陕西延绥镇标带兵官都司张隆升等八员,共支过盐粮、马干等项银六百三十五两五钱六分三厘五毫八丝五忽六微、饷票一百五十八两八钱八分三厘七毫三丝二微。查前五起官弁,系钦差袁甲三于九年二月初一日移交云南提督傅振邦接管。理合登明。

一、山东兖州镇标泰安、沂州营带兵官外委杨清擢等二员,共支过盐粮、马干等项银二十两九钱七厘二毫、饷票五两二钱二分六厘八毫。

一、山西太原镇标带兵官把总王同文等二员,共支过盐粮、马干等项银四十五两一钱八分七厘二毫、饷票十一两二钱九分六厘八毫。查前项官弁系太原镇总兵田在田于九年十二月十五日随带来徐。理合登明。

一、军营办事及管带各营兵勇、随台差遣文武员弁一百四十三员,共支过盐粮、骑驮、马干等项及搭票补平银三万八千二百五十两四钱五分六厘三毫九忽八微、官票银一千十五两一钱二分。查前项文武官员系随时酌量委调、裁改，并非一律常年在差，起止月日长短不一，内核计应搭官票五千六百三十二两，除发前项外计欠发官票四千六百十六两八钱八分。理合登明。

一、吉林前四起甲兵七十四名，共支过盐粮、马干等项银四千二百二两五钱五分三厘七毫一丝三忽五微、饷票四百四十五两六钱四分六厘五丝二微。

一、山东兖州镇标中、右二营兵一百八十七名，共支过盐粮、马干等项银一千三百九十四两六钱八分九厘八毫二丝五忽六微。查前项兵丁于九年四月十八日撤回九十五名，拨赴永城七名，计存八十五名，分拨宿州大营及徐郡防剿。理合登明。

一、山东兖州镇标泰安营兵二十四名，共支过盐粮、马干等项银一百七十三两四钱六分四厘五毫一丝四忽九微。查前项兵丁于九年四月十八日撤回六名，计存十八名，分拨宿州大营及徐郡防剿。理合登明。

一、山东曹州镇标东昌营兵三十名，共支过盐粮、马干等项银二百五十三两七钱五分二厘二毫一丝三忽二微。查前项兵丁于九年四月十八日撤回十三名，拨赴永城七名，计存十名，分拨宿州大营及徐郡防剿。理合登明。

一、山东曹州镇标高唐营兵四十八名，共支过盐粮、马干等项银三百七十七两九钱三分七厘六毫一丝二忽七微。查前项兵丁于九年四月十八日撤回二十五名，计存二十三名，分拨宿州大营及徐郡防剿。理合登明。

一、山东兖州镇标安东营兵十三名，共支过盐粮、马干等项银一百九两六钱六分四厘九毫六丝三忽六微。查前项兵丁于九年四月十八日撤回四名,拨赴永城三名,计存六名,分拨宿州大营及徐郡防剿。理合登明。

一、山东兖州镇标沂州营兵十六名,共支过盐粮、马干等项银一百四十两九钱九分二厘二毫九丝四忽。查前项兵丁于九年四月十八日撤回八名,计存八名,分拨宿州大营及徐郡防剿。理合登明。

一、山东曹州镇标临清、寿张二营兵五十七名,共支过盐粮、马干等项银四百一两七钱八分九厘四毫三丝五忽二微。查前项兵丁于九年四月十八日撤回二十二名,拨赴永城一名,计存三十四名,分拨宿州大营及徐郡防剿。理合登明。

一、留存宿州大营防剿山东兖、曹二镇兵七十一名,共支过盐粮、马干等项银二千七百十九两四钱九分三厘二毫六丝四忽一微。

一、留存徐郡防剿山东兖、曹二镇兵一百十三名,共支过盐粮、马干等项银二千三百十四两三钱九厘七毫一丝八忽三微。查前二项兵丁,即前撤回山东兖、曹二镇兵丁内,分拨宿州大营及徐郡防剿。理合登明。

一、徐州镇标兵三百五十五名,共支过盐粮等项银九千五百九十八两二分六厘八毫八丝二忽一微、饷票二千三百九十九两五钱五厘七毫五丝九忽九微。

一、徐州镇标宿州营兵五百五十七名,共支过盐粮等项银一万八百七十六两二钱七厘五丝九忽一微、饷票二千七百十九两四分九厘五毫七丝一忽七微。查前二项兵丁,因随营进剿,盐粮等项按照出境剿匪兵丁给发。理合登明。

一、盛京二起披甲一百四十二名,共支过盐粮、马干等项银三千五百四十九两九钱六分八厘九毫一丝五忽七微、饷票八百八十七两四钱八分六厘四毫四丝四忽七微。

一、察哈尔披甲十三名，共支过盐粮、马干等项银三十二两九钱四分二厘四毫九丝三忽五微、饷票八两二钱三分五厘。查前二起披甲系钦差袁甲三于九年二月初一日移交云南提督傅振邦接管。理合登明。

一、湖南镇筸镇标五、七起并四川兵一百十五名，共支过盐粮、马干等项银一千八百五十二两九钱一分五厘一丝三忽七微。查前项兵丁，系云南提督傅振邦由江南大营随带来徐。所有口粮由局照市价采买米石给发。理合登明。

一、吉林头起披甲二百三十一名，共支过盐粮、马干等项银五千九百二十二两一钱三分一厘三毫九丝三忽三微、饷票四百二十八两四钱三分一厘一丝三忽七微。查前项披甲盐粮内，核计应搭饷票一千四百八十两五钱二分五厘五毫二丝七忽八微，除发前项外，计欠发饷票一千五十二两九分四厘五毫一丝四忽一微。理合登明。

一、黑龙江头起披甲二百二十八名，共支过盐粮、马干等项银五千八百六十六两七钱二分六毫七丝三忽八微、饷票一千四百五十九两八钱二厘三毫五丝六忽。

一、黑龙江二起披甲二百三十九名，共支过盐粮、马干等项银九千一百六十三两一钱一分三厘八毫八丝二忽五微、饷票二千二百七十六两六钱四分七厘七毫五丝三忽六微。查前项披甲于九年四月二十一日调赴怀远九十一名。理合登明。

一、黑龙江三起披甲二百三十二名，共支过盐粮、马干等项银一万九百八十四两三钱六分一厘七毫七丝八忽八微、饷票二千七百四十六两九分四毫四丝四忽四微。查前项披甲，于九年六月十三日调赴河南二百八名。理合登明。

一、黑龙江四起披甲二百三十六名,共支过盐粮、马干等项银七千四百五十五两八钱九分三厘四毫六丝一忽、饷票一千八百六十三两九钱七分三厘三毫六丝五忽。

一、由怀远调回黑龙江二起披甲三十二名,共支过盐粮、马干等项银六百八十七两二钱一分六厘六毫二丝八微、饷票一百七十一两八钱四厘一毫五丝五忽。查前项披甲系四月二十一日拨赴怀远防剿,十一月二十九日调回。理合登明。

一、察哈尔头起披甲二百四十八名,共支过盐粮、马干等项银六千九百三十两四钱二分二厘九毫四丝三忽二微、饷票一千七百三十二两五钱九分九厘七毫九丝五忽二微。查前项披甲于九年三月二十日调赴怀远一百四十一名。理合登明。

一、察哈尔二起披甲六十名,共支过盐粮、马干等项银一千一百七十三两二钱三毫三丝二忽九微、饷票二百九十三两三钱八丝三忽一微。

一、察哈尔三起披甲二百四十九名,共支过盐粮、马干等项银一万四千七百三十一两一钱九分四厘四毫二丝三忽八微、饷票三千六百八十二两七钱九分五毫八丝一忽六微。

一、察哈尔四起披甲二百五十名,共支过盐粮、马干等项银一万二千六百七十二两二分四厘一毫二丝一忽三微、饷票三千一百六十八两二丝二忽一微。查前项披甲于九年三月二十二日调赴怀远四十八名。理合登明。

一、由怀远调回察哈尔头、四起披甲七十七名,共支过盐粮、马干等项银一千六百九十九两七钱二分三厘八毫九丝八微、饷票四百二十四两九钱三分九毫七丝二忽二微。查前项披甲系九年三月

二十、二十二等日拨赴怀远，十一月二十九日调回。理合登明。

一、协领关保随带披甲三名，共支过盐粮、马干等项银十三两五钱一分七厘三毫二丝九忽、饷票三两三钱七分六厘。

一、山东抚济三营兵一百七十五名，共支过盐粮、马干等项银三千一百九十两二钱二分一厘九毫五忽二微、饷票七百九十七两五钱五分八毫八丝五忽三微。

一、直隶正定镇标兵二百六十一名，共支过盐粮、马干等项银六千六百六十九两五钱八分五厘九毫九丝六忽、饷票一千六百六十七两三钱九分一厘六毫八丝八忽五微。

一、直隶大名镇标兵二百七十名，共支过盐粮、马干等项银五千五百六十七两五钱三分五厘八丝七忽四微、饷票一千三百九十一两八钱八分四厘四毫七丝三忽七微。查前三起兵丁系钦差袁甲三于九年二月初一日移交云南提督傅振邦接管。理合登明。

一、直隶提标兵二百八十八名，共支过盐粮、马干等项银五千六百三两六钱七厘四毫三丝三忽三微、饷票一千三百九十九两八钱九分六厘七毫九丝五忽四微。查前起兵丁系钦差袁甲三于九年二月初一日移交云南提督傅振邦接管三十九名，二月十四日到防，补额兵二百四十九名，合存前数。理合登明。

一、直隶通永镇标头、三、五起兵四百七十六名，共支过盐粮、马干等项银七千六百九十九两七钱二分六厘五毫八忽九微、饷票一千九百二十四两九钱二分三厘一毫八丝四忽五微。查前项头起兵八十六名、三起兵三十九名，系钦差袁甲三于九年二月初一日移交云南提督傅振邦接管；二月初二日，又玉田营到防兵二百九十三名；七月初三日，又五起到防兵五十八名，合存前数。理合登明。

一、直隶山永协标头、二、五起兵五百四十九名，共支过盐粮、马干等项银七千五百四十两一钱八分四厘二丝七忽七微、饷票一千八百八十五两三分三厘九毫三丝五微。查前项头起兵八十一名、二起兵四十五名，系钦差袁甲三于九年二月初一日移交云南提督傅振邦接管；二月初五日，又石门路到防兵三百三名；七月二十六、七等日，又五起到防兵一百二十名，合存前数。理合登明。

一、山东兖州镇标头、二起并补额兵五百七十九名，共支过盐粮、马干等项银五千五百二十九两二钱四分一厘五丝一忽九微、饷票一千三百八十二两三钱三厘三毫二丝一忽九微。查前项头起兵一百五十二名、二起兵二百八十九名，系钦差袁甲三于九年二月初一日移交云南提督傅振邦接管；七月十三日，又台庄营到防补额兵三十二名；八月十三日，又沙沟营到防补额兵十八名；十月十一日，又头起到防补额兵四十二名，二起到防补额兵四十六名，合存前数。理合登明。

一、河南河北镇标兵一百七十一名，共支过盐粮、马干等项银三千八十六两五钱七分五厘七丝三忽九微、饷票七百七十一两六钱四分二毫五丝九忽九微。

一、陕西靖远协标兵四十名，共支过盐粮、马干等项银八百四两七钱四分五厘五毫六丝九微、饷票二百一两一钱八分五厘五毫六丝九微。

一、陕西汉中镇标兵一百五十名，共支过盐粮、马干等项银二千七百五十一两一钱七毫七丝七忽、饷票六百八十七两七钱七分二厘五毫一丝七忽八微。

一、陕西陕安镇标兵一百五十名，共支过盐粮、马干等项银二千七百二十九两三钱八分六厘一毫七丝三忽五微、饷票六百八十二两三钱四分二厘一丝八忽八微。

一、陕西延绥镇标兵二百九十九名，共支过盐粮、马干等项银四千五百七十三两三钱五分七厘二毫八丝七忽四微、饷票一千一百四十三两三钱三分七厘三毫七忽七微。查前五项兵丁系钦差袁甲三于九年二月初一日移交云南提督傅振邦接管。理合登明。

一、山东兖州镇标泰安、沂州营兵三十七名，共支过盐粮等项银一百二十一两八钱六分二毫三丝五忽五微、饷票三十两四钱六分五厘五丝八忽七微。

一、山西太原镇标兵三十二名，共支过盐粮、马干等项银三百五两一钱一分一厘二毫七丝三忽、饷票七十六两二钱七分七厘八毫一丝七忽七微。查前项兵丁系太原镇总兵田在田于九年十二月十五日随带来徐。理合登明。

一、炮勇三百四十七名，共支过口粮、马干钱二万九千五百九十三千三百文、饷票三千六百九十八两。

一、灾勇五百十名，共支过口粮、马干钱二万二千七十五千六百文、饷票二千七百五十九两。

一、义勇步队三百六名，共支过口粮、马干钱一万一千六千文、饷票一千三百七十五两。查前勇于十年正月二十四日裁撤。理合登明。

一、义勇马队一百二名，共支过口粮、马干钱一万零九千二百文、饷票一千二百五十一两。

一、仁勇亲军马队一百二名，共支过口粮、马干钱一万二千八百十四千八十文、饷票一千二百八十五两。

一、捷勇五百十名，共支过口粮、马干钱四万七千三百二十一千四百文、饷票五千九百十五两。

一、绰勇五百十名，共支过口粮、马干钱四万三千十六千五百文、饷票五千三百七十六两。查前勇于九年二月间经帮办副都统伊兴额挑验，改为河勇。理合登明。

一、克勇五百十名，共支过口粮、马干钱三万三千九百三十八千七百文、饷票四千二百四十二两。查前勇于九年二月间经帮办副都统伊兴额挑验，改为锐勇。理合登明。

一、捷勇三百六名，共支过口粮、马干钱二万四千七十九千六百文、饷票二千五百五十九两。查前勇于十年正月间调赴临淮。理合登明。

一、托勇五百十名，共支过口粮、马干钱三万四千七百五十八千三百文、饷票四千三百四十四两。查前勇于九年二月间经帮办副都统伊兴额挑验，改为胜勇。理合登明。

一、徐勇七百六十名，共支过口粮、马干钱六万三千八百五十一千三百文、饷票八千六百六两。

一、前敌左、右哨马勇二百名，共支过口粮、马干钱三万一千一百八十六千三百文、饷票三千八百九十八两。

一、水勇一百五十六名，共支过口粮、马干钱四千三百三十九千文、饷票五百四十二两。查前勇因粤捻窥伺东窜，于九年七月初一、初八等日先后招募，在于张家沟地方扼堵，每名每日发给口粮钱二百文，十年正月间，调赴临淮。理合登明。

一、原、续募山东登莱青马步勇一千一百六十五名，共支过口粮、马干钱四万五千四百二十九千一百文、饷票五千六百七十八两。查前勇系派员赴东招募，内四百四十九名九年九月初一日到徐，七百二十五名九月十八日到徐，每日发给口粮钱二百文。理合登明。

一、原、续募山东曹州马步勇五百三十六名，共支过口粮、马干钱九千五百九十九千八百文、饷票一千一百九十九两。查前勇系九年十二月间经帮办太原镇总兵田在田招募三百七十六名,十年三月间续募勇一百六十名,每名每日发给口粮钱二百文。理合登明。

一、勤勇一百二十名,共支过口粮、马干钱二千十六千文、饷票二百五十二两。查前勇系十年正月间招募,每名每日发给口粮钱二百文,三月内裁撤。理合登明。

一、选锋小队步勇四百十七名,共支过口粮、马干钱一千七百八十千四百文、饷票二百二十二两。查前勇系钦差袁甲三于九年二月初一日移交云南提督傅振邦点验裁改,计裁去二百四十四名,二月二十一日,拨赴豫省防剿。理合登明。

一、选锋大队步勇五百十二名,共支过口粮、马干钱三万一千七十四千四百八十文、饷票三千八百八十四两。查前勇系钦差袁甲三于九年二月初一日移交五百六十名,经云南提督傅振邦点验裁改,计裁去四十八名。其哨长、队长、散勇口粮,原发每名每日自二百六十文至三百文不等,七月初一日,一律改发钱二百文。理合登明。

一、选锋八、九、十哨步勇三百十名,共支过口粮、马干钱二万二千八百十二千四百四十文、饷票二千八百五十一两。查前勇系钦差袁甲三于九年二月初一日移交三百三十三名,经云南提督傅振邦点验裁改,计裁去二十三名。其哨长、队长、散勇口粮,原发每名每日自二百六十文至三百文不等,七月初一日,一律改发钱二百文。理合登明。

一、得胜勇五百十一名,共支过口粮、马干钱二千一百六十五千六百文、饷票二百七十两。查前勇系钦差袁甲三于九年二月初一日移交五百六十名,经云南提督傅振邦挑验裁改,计裁去四十九名,九年二月二十一日,拨赴豫省防剿。理合登明。

一、选锋头、三起马勇二百七十四名,共支过口粮、马干钱二万八千四百一千八百六十文、饷票三千五百五十两。查前勇系钦差袁甲三于九年二月初一日移交头、三起马步勇四百七名内,于二月初一日将二起一百三十三名拨赴亳州,计存头、三起二百七十四名,经云南提督傅振邦点验,分别挑改。其哨长、队长、马勇口粮,原发每名每日自二百六十文至三百文不等,七月初一日,一律改发钱二百文。理合登明。

一、选锋小队诚勇一百四十三名,共支过口粮、马干钱八千九百九十三千六百文、饷票一千一百二十四两。查前勇系钦差袁甲三于九年二月初一日移交云南提督傅振邦接管。其哨长、队长、马勇口粮,原发每名每日自二百六十文至三百文不等,七月初一日,一律改发钱二百文。理合登明。

一、山东小队步勇九十五名,共支过口粮、马干钱四百二十二千四百八十文、饷票五十二两。查前勇系钦差袁甲三于九年二月初一日移交四十二名,经云南提督傅振邦点验,添募五十三名,二月二十二日,裁去五十四名,又将裁存各勇归并报恩、诚勇队内。理合登明。

一、报恩、诚勇六十名,共支过口粮、马干钱九千七百六十二千一百八十文、饷票一千二百二十两。查前勇系钦差袁甲三于九年二月初一日移交云南提督傅振邦接管。其哨长、队长、马勇口粮,原发每名每日自二百六十文至三百文不等,七月初一日,一律改发钱二百文。理合登明。

一、孚胜左营马步勇三百九十七名,共支过口粮、马干钱三万一千二百三十四千文、饷票三千九百四两。查前勇系钦差袁甲三于九年二月初一日移交五百六名,经云南提督傅振邦点验裁改,计裁去一百九名。其哨长、队长、散勇口粮,原发每名每日自二百六十文至三百文不等,七月初一日,一律改发钱二百文。理合登明。

一、孚胜右营马步勇五百二十四名,共支过口粮、马干钱三万九千七百九十六千八百文、饷票四千九百七十四两。查前勇系钦差袁甲三于九年二月初一日移交五百六十名,经云南提督傅振邦点验裁改,计裁去三十六名。其哨长、队长、散勇口粮,原发每名每日自二百六十文至三百文不等,七月初一日,一律改发钱二百文。理合登明。

一、颖胜营马步勇五百九名,共支过口粮、马干钱三万八千四百二十五千二百文、饷票四千八百三两。查前勇系钦差袁甲三于九年二月初一日移交五百六十名,经云南提督傅振邦点验裁改,计裁去五十一名。其哨长、队长、散勇口粮,原发每名每日自二百六十文至三百文不等,七月初一日,一律改发钱二百文。理合登明。

一、长胜营马勇一百七名,共支过口粮、马干钱一千五百一千文、饷票一百八十七两。查前勇系十年三月初二、初六等日先后招募,每名每日发给口粮钱二百文。理合登明。

一、湖南楚勇四十二名,共支过口粮、马干钱三百六十六千四百文、饷票四十五两。查前勇系十年三月初九、闰三月初七等日先后招募,每名每日发给口粮钱二百文。理合登明。

以上共支过银三十二万二千二百六十五两三钱一厘五毫二丝二忽七微、钱七十万一千一百二十六千九百四文、官票七千五两一钱二分、钞一万九千千文、饷票十二万一千六百二十八两。

议政王军机大臣奉旨:览。钦此。①

---

① 中国第一历史档案馆藏:清单,档案编号:03-4791-017。

一〇八　呈咸丰九年正月至十年四月发过军需清单

同治元年十一月初五日(1862年12月25日)

谨将咸丰九年正月起至十年四月止发过各项军需数目缮具清单,恭呈御览。

计开:采办项下:一、办马匹共支过银一千六百二十两。

一、办铁锅共支过银一千四百五十七两五钱。

一、办蜡杆共支过银一千二百四十七两。

一、办牛烛共支过银五千四百九十六两。

一、办芦席共支过银一千八百四十七两七分八厘。

一、办白面共支过钱二千六十四千文。查前项系因袁甲三军营饷绌,由局陆续采办,解济兵勇口食,即于放饷时按照购价核扣,归于袁甲三军营专案报销。理合登明。

一、办药料共支过银一千一百三十二两二钱六分五厘。

一、办纸张共支过银二百九十七两。查前项采办各款均系查照江苏防夷成案,于例价外酌加三成。其例无定价者,均按市价核实办理。理合登明。

制造项下:一、造帐房共需银三万二千五百五十八两七分四厘四毫七丝七忽五微,内已支过银二万八千四百四十两一钱七分九厘六毫二丝六忽六微。

一、造旗帜共需银四千七十两八钱一分四厘九毫四丝八忽二微,内已支过银三千四百三十五两六钱八分九厘七毫一丝六忽五微。

一、造号衣、号帽共需银二万一千二百十八两一钱四分七厘一毫八丝四忽,内已支过银一万九千三百六十四两七钱五分三厘九毫四丝一忽六微。

一、造长枪、腰刀共需银二千三十二两九钱四分四厘一毫九丝九忽,内已支过银一千六百十八两九钱六分九厘二毫七丝六忽。

一、造弓箭共需银一千六百二十三两五钱九分三厘七毫九丝,内已支过银一千一百八十六两七钱八分六厘四毫九丝五忽二微。

一、造喷筒、火箭、火罐共需银一万七百九两五钱五分九厘二毫一丝,内已支过银八千八百二十六两七钱二分一厘二毫八丝六微。

一、造枪炮、铅丸共需银七千六百五十三两二钱九分八毫二丝一忽八微,内已支过银六千二百七两六钱一厘六毫九丝六忽八微。

一、造火药、火绳共需银一万九千六百六十一两七千六分九厘八毫五丝九忽二微,内已支过银一万七千九十七两九钱九分二厘四毫六丝六微。

一、造铁锹、铁锹、铁斧、铁丝、灯笼共需银一千三百八十九两六钱九分五厘一毫九丝,内已支过银一千五十二两八钱六分一厘九毫六丝六忽八微。查前项制造各款需用一切工料,均照防夷成案,于例价外酌加三成。惟火药一项为军营最要之需,必须制造精良。核之例价,不敷甚巨,系仿照原任福建提督陈阶平配造各法、查照成案奉准工料价值加工配制。

计制造前项军装共需银十万九百十七两八钱八分九厘六毫七丝九忽七微,内已支过银八万七千一百三十一两五钱五分六厘四毫六丝七微,计欠发银一万三千七百八十六两三钱三分三厘二毫一丝九忽,一俟徐州粮台饷项稍充,再行找发清款。理合登明。

雇备项下：一、随营长车共支过夫工、马料钱九千九百五十五千文。

一、随营长夫共支过口粮钱八万六百七十二千一百二十文。

运脚项下：一、运解袁甲三军营银共支过运脚银六钱七分五厘。

一、运解宿州支发局银共支过运脚银二十一两三分七厘五毫。查前项解袁甲三军营银五千八百余两，计装六鞘；宿州支发局银十八万六千余两，计装一百八十七鞘。均自徐城起，五十里至桃山驿，四十里至夹沟驿，六十里至宿州，共计旱程一百五十里，沿途地方并未额设车夫，均系雇用民车、民夫，照例旱程口内以一百里为一站，每银二鞘给车价银一钱五分。理合登明。

一、运解袁甲三军营钱共支过运脚银五百二十八两一钱一厘四毫七丝一忽二微。

一、运解袁甲三军营白面共支过运脚银二百二十三两二钱六分三毫。

一、运解宿州支发局钱共支过运脚银六千七百九十九两七钱三厘九毫六丝二忽五微。查前三项陆续运送钱文、白面，均自徐城起五十里至桃山驿，四十里至夹沟驿，六十里至宿州，共计旱程一百五十里，沿途地方并未额设车夫，均系雇用民车、民夫，照例旱程口内以一百里为一站，按一百三十斤每站给车脚银一钱五分。合并声明。

恤赏项下：一、阵亡官弁兵勇共支过烧埋银七百三十八两。

一、打仗受伤官弁兵勇共支过养伤钱二百十五千文。

修筑项下：一、挑筑营盘共支过银九千四百五十六两一钱四分六厘四毫。

杂支项下：一、勇号、花红共支过银二百四十三两六钱、官票六十两。

一、造银牌共支过银五十两一钱。

一、医生、书匠共支过口粮、工食银一百八十三两二钱二分九厘九毫九丝五忽六微。

以上共支过银十二万一千五百十四两二钱五分四厘九丝、钱九万二千九百六千一百二十文，官票六十两。

一、附支局书、贴写工食、纸张、笔墨、灯油银八百三十八两二钱六分六厘六毫六丝五忽二微。

议政王军机大臣奉旨：览。钦此。[①]

一〇九　审明韩富春等习教传徒各情议拟折

同治元年十一月初五日(1862年12月25日)

署漕运总督江宁布政使臣吴棠跪奏，为吃斋愚民韩富春等开拿投首，讯无习教传徒、敛钱惑众，分别议拟，恭折具奏，仰祈圣鉴事。

窃臣前准江宁将军臣都兴阿获解泰兴县习教之曹怀富等，并起获经卷、会单等件一案，当将查办讯供缘由先后奏报，并将经卷、会单各件咨送军机处代为进呈，一面严饬派委之道员王荫棠，会同运司乔松年，督饬该地方官严拿韩富春等解讯去后。兹据韩富春、朱太美、李世商先后投首，由两淮运司乔松年派弁押解前来。

---

① 中国第一历史档案馆藏：清单，档案编号：03-4792-067。此清单未署呈报者，呈递日期仅署"同治元年"。兹据内容推断，此清单属档案编号03-4791-014折之附件。

臣随即提同曹怀富、韩余春，逐加研讯，缘韩富春、朱太美即朱泰美、李世商即李世高、曹怀富、韩余春，均籍隶泰兴，或务农为业，或手艺营生。韩富春与韩余春系同族兄弟。曹怀富素患痰迷，时发时愈。韩富春因八岁丧母，遂主愿持斋报答亲恩。朱太美、李世商、曹怀富因闻江南被难情苦，各茹观音、斗老等斋，借免愆尤；并诵《华严》、《北斗》、《光明》等经，寓邀福祈寿，随时助人为善，并未拜师传徒。韩余春平日茹荤。同治元年二月六日，韩富春曾在净土庵设会礼忏，一时士民纷纷进香，并有闲人聚集观看。乡愚寡识，以讹传讹。经江宁将军臣都兴阿访闻，派员严拿。韩富春闻知惊惶，即带妻女投江。当有江边小船捞救，韩富春受惊患病，行至下河阜宁庄医治。曹怀富、韩余春均被拿获，并起获经卷、会单等件解营。嗣韩富春病痊，闻拿紧急，即与朱太美、李世商先后投首，实并无习教传徒、敛钱惑众情事；并据曹怀富坚供，董事李珠等亦无挟嫌指拿，前系畏刑妄供。隔别研鞫，供词不移。密访照查，亦无其事，自属可信。查韩富春等本系守业良民，其茹素念经，止图免灾邀福，随时劝人为善，亦未拜师传徒。即起获经卷，查系《华严》等经，并无违悖不法。至韩余春平素茹荤，更系误被拿获，均无不合。惟韩富春两次设会礼忏，以致人众讹传，究属非是。韩富春应照不应重律杖八十，系闻拿投首，应照例减一等，拟杖七十。曹怀富妄供滋累，亦有不合，请照不应轻律，笞四十。均发泰兴县折责发落，交保管束。董事李珠等讯无挟嫌指拿情事，应与朱太美、李世商、韩余春均毋庸议，即行递籍保释。案已讯明，未到人等免其提质。

再，查江北里下河一带，自臣与都兴阿出示严禁后，凡城市乡村持斋念佛者，均已悔悟开荤。其明白义理者，亦知黜邪崇正。臣受恩高厚,未报涓埃,嗣后惟仍随时整顿,以仰副皇上绥靖地方之至意。除将供招咨部核办外,所有查明议拟缘由,是否有当,理合恭折具奏,伏乞皇太后、皇上圣鉴训示。谨奏。十一月初五日。

同治元年十一月十二日,议政王军机大臣奉旨:刑部议奏。钦此。[①]

一一〇 奏报同知黄锜等员请留江苏补用片

同治元年十一月初五日(1862年12月25日)

再,臣前在徐州帮办军务,于上年十二月内会同田在田,将宿州蒙村各营并攻剿微山湖、黑山寨等处在事员弁开单奏奖。本年八月内接准部咨,内有核与例案不符各员,经部臣驳正具奏,奉旨:依议。钦此。行令知照,另行核实请奖,并分晰声覆各等因。除原奏声叙未明各员已由田在田查叙劳绩咨部核办外,查有湖南长沙府同知黄锜,原请开缺留于江苏以知府不论繁简补用,经部查明例案,仍应归于湖南原省,当经转饬祗遵。惟该员自提臣傅振邦奏调徐宿军营以来,留心地方,办事结实,于江省情形极为熟悉,不第为军营出色之员。当此需才孔亟,惟有破格乞恩,拟恳鸿慈仍准该员黄锜留于江苏以知府补用,俾资指臂,而收得人之效。

又,部行另核请奖各员内山东分缺先用知县张彭年,查系统带团练攻剿贼圩并节次打仗出力,拟请以知县不论繁简遇缺前即补。

---

① 中国第一历史档案馆藏:军机录副,档案编号:03-5076-028。

山西解饷委员分缺简用巡检茅富年,查系沿途履险,劳瘁不辞。分缺先选从九品周心圖,查系办理团练,随剿有功。均拟请按照章程,各俟补缺后以升阶用。厢白旗教习魏邦庆,查系由教习副贡带练攻剿,节次打仗出力,拟请以知县不论双单月,遇缺即选。又,部行声叙劳绩各员内孝廉方正杨绣荣,查系首先攻圩,拟请仍以县主簿遇缺选用。南河候补县丞赵佩蔓、从九品吴文佑,查系均督练击贼、打仗著绩,赵佩蔓拟请免补本班,留于江苏以沿河知县用;吴文佑业于未奉部文之先捐改江苏,拟仍请留于江苏以县丞用。理合附片陈恳,伏乞圣鉴训示。谨奏。

同治元年十一月十二日,议政王军机大臣奉旨:钦此。①

一一一　奏请饬下山西河东道库筹解军饷片

同治元年十一月初五日(1862年12月25日)

再,徐宿军饷支绌情形前经臣于八月间屡晰陈奏,并请饬下晋、豫两省抚臣分别筹解接济在案。乃迄今四月之久,仅据山西藩司解到银二万两,河东道按月应解盐课一万两丝毫未有续到,甫据具报解银一万两,尚未知何日到徐。至豫省应解月饷,则更置之不问,以致数月以来竭蹶之状,更难言语形容。现在黄开榜一军由徐州节节进击,剿抚兼施,甚为得手,节经臣将接仗及收抚各圩缘由附折上陈宸听。刻下已逼近孙疃老巢,正剿办吃紧之际,兵勇以饷为命,且值风雪严寒,使因缺食而贻误军机,实觉前功尽弃。

---

① 中国第一历史档案馆藏:军机录副,档案编号:03-4791-013。此片军机录副目录以奉旨日期作为具奏日期,未确。兹据同日奉旨之折件(03-5076-028)校正。

至该台支应饷数,现经裁汰老弱,撙节支销,并除由浦派往之队仍由清淮筹防局开支外,约尚需银三万数千两方能勉支,而本境钱粮、厘捐为数无几,非协饷按月拨到,即有哗溃之虞。相应沥情吁恳,仰乞天恩,俯赐谕饬山西抚臣将藩库每年协解银十万两并河东道库每年协解银十二万两,自十一月起按月务期解银一万两,不得再有愆期短少。其本年欠解之款,并请按批各搭解银一二万两,陆续清解。至豫省欠解银两,前请先行筹解银二三万两,仍恳饬下抚臣严饬藩司,速行筹拨。倘一时不能全解,即将该省饷票现行拨解十万两,俾资搭放,借维大局而济要需。感戴鸿慈,实无既极。谨附片沥陈,伏乞圣鉴。谨奏。

同治元年十一月十二日,议政王军机大臣奉旨:钦此。[1]

一一二　审明东台县团练与营勇械斗情形折

同治元年十一月二十日(1863年1月9日)

署漕运总督江宁布政使臣吴棠跪奏,为遵旨查办东台县械斗一案,谨将现讯大概情形先行覆奏,仰祈圣鉴事。

窃臣于十一月十四日承准议政王军机大臣字寄:同治元年十一月初八日,奉上谕:都兴阿另片奏,遵查东台团练与营勇械斗等因。钦此。遵旨寄信并抄原片前来。臣查此案先于本年六月间,访闻东台县地方有焦湖船户诈称大营兵勇,淫掠骚扰,百姓报仇互斗,烧毁船只及兵[船]米、杀伤人命情事,当委前淮扬道朱善张驰

---

① 中国第一历史档案馆藏:军机录副,档案编号:03-4791-015。此片军机录副目录以奉旨日期作为具奏日期,未确。兹据同日奉旨之折件(03-5076-028)校正。

335 •

往查办，并饬东台县先将兵米购备偿还。据泰州分司运判萧凤孙、东台县知县高凤清会禀：本年春间，时有焦湖船以采办为名，停泊上岸，非强赊硬欠，即肆恶逞凶，并硬闯关卡，又在三灶等庄及樑垛、安丰等处潜泊，滋事扰害，以致乡民人人切齿，禀县带勇赶逐。近又陆续驶至下坝之船六七十只，约有五六百人。因浅水难行，捉人当差，强将脚夫吊上桅杆鞭扑。脚夫喊救，两岸百姓劝解，船人斥其多事，辄开炮轰伤百姓十余人，旋即各持刀枪，登岸赶杀。众百姓鸣锣喊救，适值三灶等庄乡民各持农具奔至，互相格斗。县营驰往弹压，众称焦湖船上人勾同营混，在乡掠取器物，强奸妇〈女〉，伊等受毒已深，万难忍受。船上人施放火箭弹，烧及篷桅，延烧多船，两边互有杀伤及淹毙多人，当在毙匪身畔搜出"太平天国"船阜伪票及完课伪单多件。时有詹营采米船，近泊一处，出为帮护，亦被乡民误认，登时格毙。除查验伤毙人数并安抚居民外，甫先驰禀。并据两淮盐运使乔松年详称：有湖广船陆续驶至场下停泊，每船均有十余人，皆属军装服色，有带蓝顶、白顶，或云委员、兵丁。各船俱有火药、枪炮、器械等件，扬言奉委采买盐斤，兵役查阻不遵。此等匪船愈聚愈多，非特连桅结队，兴贩私盐，税课因之短绌，且扬境腹地一任匪船出入，难保无奸细溷迹、为害地方，请拨弁兵、炮船前往，将湖广船只全行驱逐出境各等情。

　　臣续派副将蔡觐贤带领兵勇，星赴东台等处，会同道府印委各员妥为弹压安抚，一面驱逐停泊各船出境。嗣据徐州镇总兵詹启纶禀称：札委游击李福兴等坐带炮船，前往东台催提军米，因兵丁尹三元买糕与萝行□大口角，被武举夏澄等借拿奸细，鸣锣聚众，杀害叔父詹以安及勇丁、水手二十余名，被烧炮船、米船三只，仍有各营兵勇、两湖商民船只，共计数百人同时被杀、被烧，禀请饬拿凶犯严办等情。复据泰州分州司运判萧凤孙、东台县知县高凤清续禀：据坝地保禀，在该处格毙尸身衣内查有粤逆伪巡天安龚伪谕、伪军师泰朗采办货物谕帖二张，查有伪印，与前获伪件一并附卷。又据前淮扬道朱善张等禀称：遵谕安巡百姓，督同东台县饬令差保打捞，捡齐烧杀各尸，招认无人，推以服色，为勘明本处衣服者四十四躯，外来衣服者一百二十四躯，被火烧毁不全并无衣服者二十五躯。逐一查验，多已腐烂，无从填格，饬埋义冢。又查得烧毁焦湖等船四十八只，兼据署六合县马鸣翔禀称，董事补用县丞蓝翎文生张砺全，与子张赟、董事五品军功黄桐校、跟丁陈老赴东台县领捐，散放贫户籽种，适焦湖船与东台民械斗，张砺全等四命均被杀毙，尸已认明领回。又查东台县卷，自五月初六日起至二十九日，有叶怀义、杨孙氏、常在忠、居名山、郭吉庆、马大智及金水、启民、二坊、三灶、墚垛、二乡、三乡，具报被焦湖船人恃强戳伤，强奸孀妇，搜抢猪只，调戏少妇，强拉车辆，抢夺妇女，拦夺衣饰等案十余起。并据前淮扬道朱善张等呈：东台县民孙贵等公呈十八纸，内称：外来湖船倚恃人众，强赊硬买，抢夺奸淫，地方官不及查拿，将将军都兴阿告示撕毁。饬据县差拿获吕酌泉、何坪松，讯系革勇，与焦湖船结帮滋事，曾买米济贼获利。有船头吴荣彪欲抢里下河财物，商令演戏纠人，雨后河通，约期起事。吴荣彪已被打死，伊等临时逃避等语。当将吕酌泉、何坪松就地正法各等情。并据会获高髻子、陆三小等及武举夏澄、夏芳等，先后申解到淮。

臣行提人卷，亲加研讯，据高髻子、陆三小供认杀伤人命，至鸣锣聚众，为首系在逃之江麻子，起意同殴系在逃之陈定实、陈得广等。诘其所杀何人，金称不能辨认。质之陈五、梁二小、花三，各供均未杀人。屡讯夏澄、夏芳等，坚不承招。饬拿江麻子等，尚未弋获。伏查进湖各船，著名凶暴。其东台冒充兵勇，骚扰地方，被控之案，不一而足。且据搜获逆匪伪照各件，并据吕酌泉等供认，与该船结帮买米济匪，又有船头吴荣彪纠约图抢种种不法。该处乡民被扰难堪，激成斗杀之案，实属事出有因。第詹启纶采米船只如何被焚，伊叔詹以安及丁勇、水手人等如何被杀，必须拿获首犯，究明实在起衅根由，方可核办。现在犯未全获，遽难折服军心。窃思兵以卫民，民以养兵，并关休戚。自应互相辑睦，共保乂安。当此南北逆氛逼近，全在抚绥得宜，静以镇动。

臣于此案，旦夕筹思，慎之又慎，务求军营、地方两得其平。前臣赴淮亲讯，因未办有端倪，是以未敢遽行入告；且现查东台县高凤清业经病故，已饬调署东台县典史沈秉权，并行提高凤清之门丁吴道英等来淮，确讯实情，一面勒拿逸犯江麻子等，提同已到各犯质审办理。惟夏澄等为詹启纶指拿逞凶要犯，屡讯坚不承认，难保非恃符狡展，相应请旨将武举夏澄、夏芳一并斥革，以便严行讯办，期成信谳。臣断不敢稍有回护徇庇，以仰副圣主立法持平之至意。臣现在营中极称安靖，民情前有惊疑，经臣叠派文武弹压拊循，并将焦湖船只驱逐出境，现已如常静谧。合并声明。谨将遵旨查办大略缘由先行恭折奏闻，伏乞皇太后、皇上圣鉴。谨奏。十一月二十日。

同治元年十一月二十五日，议政王军机大臣奉旨：钦此。[①]

【案】此折于同治元年十一月二十五日得清廷批示。《清实录》：

又谕：据吴棠奏，遵查械斗一案大概情形一折。此案焦湖

---

① 中国第一历史档案馆藏：军机录副，档案编号：03-4701-014。

各船屡在东台地方抢掠奸淫，百姓被扰难堪，激成斗杀之案，尚属事出有因。第詹以安采米，据奏仅因买糕与本地民人口角。船只何以被焚，詹以安及丁勇、水手人等何以被杀，其中有无别情，必须彻底根究，严行惩办，方能使军营、地方办理两得其平。着吴棠严饬所属，迅将逸犯江麻子等缉获，归案研讯。武举夏澄、夏芳系案内逞凶要犯，现经吴棠提讯，坚不承认，显系恃符狡展，着一并斥革，从严究办，以成信谳。

至拿获之革勇吕酌泉等，讯与焦湖船结帮滋事，并曾有买米济贼、约期起事之举，现虽讯明正法，尚恐党与未尽，倏去倏来。其湖广匪船冒充委员，连墙结队，兴贩私盐，虽经吴棠派兵驱逐出境，亦难保不去而复来，万一奸细溷迹，为害地方，所关非细。着都兴阿等严饬各营带兵员弁，实力巡查，有犯必获，消患未形，是为至要。詹启纶带兵素称得力，现在贼匪窥伺江北，防堵正形吃紧，着都兴阿等饬令该总兵恪遵前旨，奋勉图功，不得因此案稍存私见，以副委任。将此由五百里各谕令知之。①

【案】奉上谕：都兴阿另片奏……团练与营勇械斗：同治元年十一月初八日，江宁将军都兴阿奏曰：

再，于十月二十日承准议政王军机大臣字寄：同治元年十月十四日，奉上谕：六月内东台团练与营勇械斗数日之久，乡勇鸣锣聚众，兵勇相率报复，几至激成大变，至今尚未平复等语。兵勇出营滋事，大干例禁，着都兴阿严申军律，查明禁止后，如有私行贸易、凌辱商民、厘卡争闹等弊，即着该地方官捆送军

---

① 《穆宗毅皇帝实录（一）》，卷五十，同治元年十一月下，第1367—1368页。

营,讯明正法。该管官弁不能约束,并着从严参办,以肃营规而免骚扰。东台械斗一案是何情形,并即查明具奏。钦此。窃查六月初间,据东台县高凤清禀称:本年春间,时有焦湖船以采买为名,常向东台停泊,屡次上岸滋事,叠经民人指控,均一面驱逐,一面安抚。无如该船来往甚多,又在三灶等庄扰害乡民,以致人人切齿,纷纷禀控。正在查办间,本月初二日,该船复强拉民人当差、吊打等事,两岸百姓出为劝解,船上人辄行开炮轰击,复又登岸赶人厮杀。众百姓鸣锣喊救,适值三灶等庄乡民各持农器,与焦湖船互相格斗,船上人即施放火箭,旋因船中火药轰起,延烧多只;两边互有杀伤,烧毙淹毙多人,并有詹营买米船只亦被延烧等语。旋据徐州镇总兵詹启纶禀称:前派军功胡玉林随带银两、护照,前赴东台产米地方采办军米,并令伊叔詹以安督船前往,以资约束。讵于初六、初七两日先后逃回水手二名,询问系跟胡玉林赴东台买米,不料于初二日该处湘勇团练鸣锣聚众,声言查拿奸细,用柴先烧船只,杀毙勇丁、水手后,又烧红船两只,其余邻船多被牵连烧毁,并询悉詹以安亦被杀害。现有东台县武生吴鸾奔营禀称:生在东台吴玉大杂货行,是日,焦湖船与百姓械斗,起衅之时,有武举夏澄、夏芳、夏定邦、夏宏、夏沄等率领土棍杨凤翔、乡勇花三、铁匠梁二小、陈六等,鸣锣聚众,口称在生行内提拿奸细,以致阖县百姓闻声,各执刀矛、器械,蜂拥而来,不问皂白,将生行铺门劈开,有躲避生行水手五人,被夏芳搜出杀毙等语。窃思本职因兵勇需米孔亟,派员赴东台采买,如果在外不安本分,尽可解营,按照军法从事,何致鸣锣聚众,任意杀害,烧毁船只? 情实不甘! 禀请查办前来。复据詹启纶来营哭诉:自军营随剿以来,叠受深恩,涓埃未报，惟有剿贼立功，安分守己，听候调遣，从不敢稍纵兵勇出营滋事，附近居民无不知者。兹因营中乏米，派员持照赴东采办，乃营勇、水手被杀，伊叔詹以安无辜受害，情实难堪，无颜对此众勇，只求施恩作主等语。查詹启纶所诉，其理甚正，其词甚哀。奴才再三开导晓谕，令其静候地方官秉公查办，当经札饬扬州府朱忻、泰州县知县许道身、泰州分司杜文澜速往该县确查起衅情形，一面安抚百姓，严禁焦湖船只，不准再来贸易，并饬运司乔松年督同各员，一体查办去后。兹复经吴棠将全案提淮讯办。数日以来，詹启纶所带各营亦极安静，并无相率报复情事。昨于十月二十三日，又据詹启纶禀称：以营前蒙札饬委员讯办后，兹准扬州府将联衔通禀稿咨送前来。据批反复阅看，委员只顾地方官之考成，多方徇庇，并不秉公研讯，其中虚诬可指之处甚多。即如所称焦湖船与百姓互相格斗一节，查其时被害者大半两湖客商，该处民人谓焦湖人常在东台滋事，以致结冤成仇，两湖客船何辜竟遭烧杀之惨！焦湖船与两湖船样式迥别，口音更属悬殊，何得混将两湖商船一并烧毁？又称湖北人吕酌泉、何松坪二人，有代发逆买粮，约期掳掠，于审明后就地正法等语。查此事访得东台百姓佥称烧船杀人后，有詹营水手二名隐匿东台县属，经扬州府查讯，将二人搜出全杀之说。今阅委员等禀，谓为奸细吕酌泉等二人，与此语符合。显系有心妄杀，恐留此二人为将来置辩，致死灭口，可想而知。再，武举夏澄等胆敢鸣锣聚众，持刀杀人至数百名之多，烧毁船只七十余号，案关重大。虽蒙各宪提讯，不过敷衍了案，未将首犯明正典刑，非特不足慰两湖商民冤，且本职叔父冤沉海底，不得稍伸，伏乞鉴核查办等情。查此案已延至数月之久，尚未结案。

而地方官与营员各执一词,其中有无回护徇庇等情,必须彻底讯办,方足以昭公允,相应请旨敕令吴棠迅将案内要犯赶紧提齐,秉公研讯,即行奏办。至兵勇私行贸易,出营滋事,久经出示严禁,通饬各营整顿约束,并饬令各地方官认真查办在案,合并陈明。所有遵旨查明东台县械斗情形,谨附片奏闻,伏乞圣鉴训示。谨奏。同治元年十一月初八日,议政王军机大臣奉旨:钦此。①

【案】军机大臣字寄:同治元年十一月初八日:此廷寄《清实录》载曰:

又谕:谭廷襄奏,通筹东省大局,请饬吴棠派兵会剿兰、郯幅匪一折。东省教、幅、棍匪麇集于沂、兖两属,若令其互相勾结,联成一片,则凶焰愈张,剿办更无从着手。兰、郯一路接境邳州,现在该州边境业已肃清,即着吴棠就近派拨劲兵,驰赴兰山,与东省兰、费两路之兵实力夹击,使该逆四面受制,自不能与教匪勾结披猖,庶可迅奏肤功。兰、郯一带唇齿相依,幅匪除则边境亦获安堵,该署漕督务当无分畛域,迅速派拨,以全大局。江南逆匪因官军逼城筑垒,日思北窜,以图牵掣,现在会合九洑洲之贼七八万众,已至江浦、浦口一带扎营。贼势披猖,殊堪发指。李世忠一军扼守江浦、浦口两城,进攻九洑洲是其专责。李世忠虽与都兴阿素有龃龉,惟现当用人之际,江北地方关系紧要,若使此军稍有松劲,大局深虞掣动。都兴阿等务当以国事为重,于李世忠一军加意笼络,使其严扼江防,进取九洑

---

① 中国第一历史档案馆藏:军机录副,档案编号:03-4701-011,朱批奏片,档案编号:04-01-03-0205-016。

洲以牵贼势，毋得豫存成见。傥江浦、浦口情形危急，并着都兴阿等派拨劲兵，前往援应，以免疏虞。救援李世忠一军，正自己保全之计，不准胸存芥蒂、稍分畛域。其水陆分防各军及通、泰各处隘口，并着都兴阿、吴棠分饬在事各员，实力严防，毋稍疏懈。江浦、浦口及九洑洲、七里洲等处形势，并着都兴阿绘图贴说呈览。都兴阿另片奏，遵查东台团练与营勇械斗情形。此案东台团练与焦湖船械斗，何以辄将别项船只肆行焚毁，并杀人至数百名之多，焚毁船只七十余号，实属骇人听闻！吴棠既将全案提淮讯办，何以迟至数月尚未清结？即着吴棠迅将案内要犯赶紧提集，秉公研讯，即行奏办，毋得任听地方官一面之词，以成信谳。都兴阿原片着钞给吴棠阅看。至詹启纶所禀各情，既经讯办，自无难水落石出，着都兴阿等饬令该总兵严束所部，静俟办理。詹启纶在扬州军营向称得力，现在贼已渡江，堵剿正形吃紧，都兴阿等尤当饬令该总兵奋勇立功，不可因此案稍存私见，以副委任。将此由六百里各谕令知之。[①]

一一三　奏报袁甲三徐宿军营收用徐台拨款折

同治元年十一月二十日（1863年1月9日）

署漕运总督江宁布政使臣吴棠跪奏，为查明前漕臣袁甲三前在徐宿军营收用徐台拨解各款，恭折奏祈圣鉴事。

窃照前漕臣袁甲三前于太仆寺卿任内奉命督办三省剿匪事宜，

---

① 《穆宗毅皇帝实录（一）》，卷四十八，同治元年十一月上，第1309—1310页。

驻师徐宿。其行营军需由徐州粮台派员赴宿,随营支应。迨袁甲三遵旨入都,经副都统伊兴额以委员弊窦多端奏参,嗣经大臣胜保等遵旨查讯,并无前项情弊,议结覆奏各在案。所有该局收支各款,虽经胜保等查明,并由徐台作为拨款列支,仍应专案造报。旋经承办委员东河同知赵佩兰等查明案据,造册详报。经前署漕臣王梦龄核有舛误,驳饬另造,又经该委员等复算准确具详,兹据报销局核覆相符,另造清单,详请具奏前来。

臣逐加查核,计该行营共收徐州粮台拨发银八万六千四百五十二两、官票二千五百两、现钱九万四千六百八十五千、宝钞九万五千三百千,共支银四万一百九十四两零、官票二千三百四十二两、现钱十六万三千四百八十五千、宝钞九万五千三百千,欠发银一万六千七百两、官票四百两、现钱二万四千八百千零、宝钞一千七百千,均系援引例案,核实造销,核与胜保等原奏查明收支欠发各款,均属相符。除饬分别造具细册详候题销外,理合恭折具奏,并缮清单,敬呈御览,伏乞皇太后、皇上圣鉴。谨奏。十一月二十日。

同治元年十一月二十六日,议政王军机大臣奉旨:户部核议具奏,单三件并发。钦此。①

一一四 呈袁营咸丰八年七月
至九年正月收支清单

同治元年十一月二十日(1863年1月9日)

谨将袁甲三前在徐宿军营自咸丰八年七月起至九年正月止收

---

① 中国第一历史档案馆藏:军机录副,档案编号:03-4791-036。

放简明四柱,缮具清单,恭呈御览。

计开:旧管:无。

新收:一、收徐州粮台拨解银八万六千四百五十二两。

一、收徐州粮台拨解钱九万四千六百八十五千文。

一、收徐州粮台拨解官票二千五百两。

一、收徐州粮台拨解宝钞钱九万五千三百千文。

一、收银换钱六万八千八百千文。查前项系以收款内现银照市价兑换,并非另项收款。除于新收项下将此项现银划除外,理合登明。

以上新收银八万六千四百五十二两,收钱十六万三千四百八十五千文,收官票银二千五百两,收宝钞钱九万五千三百千文。

一、除兑钱银四万六千二百两。查前项系按市价兑换制钱,已于单内列收钱六万八千八百千文,应将此款现银划除,以免重复。理合登明。

以上除划除外,实计共收银四万二百五十二两、钱十六万三千四百八十五千文、官票二千五百两、宝钞九万五千三百千文。

一、收徐州粮台拨解白面八十万四千斤。查前项因各勇口粮缺乏,由徐州粮台陆续采办白面解济,经该局于放饷时按照徐台原购每斤十六文,核数扣除。理合登明。

开除:一、太仆寺卿袁甲三统带官兵盐粮、马干、驮折等项,共发过银七百四十五两一钱五分九厘九毫三丝六忽二微、官票一百八十二两。

一、副将德克登额管带陕西固提等镇官兵盐粮、马干、驮折等项,共发过银一百六十九两一钱一分六厘、官票三十八两。

一、参将玉禄管带直隶各镇官兵盐粮、马干、驮折等项,共发过银四十二两六钱九分七厘、官票十两。

一、山东抚济三营官弁盐粮、马干、驮折等项，共发过银五百十一两九钱四分三厘三毫三丝一忽四微、官票九十五两。

一、河南河北镇标官弁盐粮、马干、驮折等项，共发过银八百五两四钱二厘三毫二丝、官票三十二两。

一、山东兖州镇标头起官弁盐粮、马干、驮折等项，共发过银三百七十四两七钱九分五厘六毫六丝二忽八微、官票二十八两。

一、山东兖州镇标二起官弁盐粮、马干、驮折等项，共发过银四百四十七两五钱五分九厘三毫一丝九忽八微、官票七两。

一、山西大同镇标官弁盐粮、马干、驮折等项，共发过银五十三两五钱六分八厘、官票十六两。

一、陕西固提、西宁等营官弁盐粮、马干、驮折等项，共发过银二百七十八两八钱六分四厘、官票六十四两。

一、陕西延绥镇标官弁盐粮、马干、驮折等项，共发过银二百八十八两四钱六分九厘三毫三丝二忽四微、官票十六两。

一、陕西陕安镇标官弁盐粮、马干、驮折等项，共发过银一百十八两二分五厘三毫三丝二忽四微。

一、陕西汉中镇标官弁盐粮、马干、驮折等项，共发过银二百六两九分三厘三毫三丝二忽四微。

一、陕西靖远协标官弁盐粮、马干、驮折等项，共发过银一百四两四钱一分三厘三毫三丝二忽四微。

一、直隶提标官弁盐粮、马干、驮折等项，共发过银三百十七两五钱九分八厘六毫六丝二忽八微、官票二十八两。

一、直隶通永镇标头起官弁盐粮、马干、驮折等项，共发过银五百三十一两一分八厘六毫六丝四忽八微、官票六两。

一、直隶正定镇标头起官弁盐粮、马干、驮折等项，共发过银三百六十两三钱二厘六毫六丝四忽四微、官票八两。

一、直隶正定镇标三起官弁盐粮、马干、驮折等项，共发过银六十六两三钱五分六厘、官票二两。

一、直隶山永协标头起官弁盐粮、马干、驮折等项，共发过银三百九十五两二钱四分五厘九毫九丝四忽二微。

一、直隶山永协标二起官弁盐粮、马干、驮折等项，共发过银一百四十二两五分三厘、官票十三两。

一、直隶通永镇标三起官弁盐粮、马干、驮折等项，共发过银二百九两八钱七分五厘、官票十一两。

一、直隶大名镇标官弁盐粮、马干、驮折等项，共发过银六十两九钱四厘、官票一两。

一、盛京二起官弁盐粮、马干、驮折等项，共发过银一千三百四十九两七钱二分五厘三毫三丝四忽七微、官票二百七十二两。

一、察哈尔官弁盐粮、马干、驮折等项，共发过银四百十六两八钱九分八厘三毫三丝一忽四微、官票九十两。

一、绥远城官弁盐粮、马干、驮折等项，共发过银三百七十八两二钱四厘六毫四丝六忽六微、官票九十一两。

一、徐州镇标宿州营官弁盐粮、马干、驮折等项，共发过银二百六十九两七钱四分八厘九毫九丝八忽八微、官票一两。

一、军营办事文员盐粮、驮折等项，共发过银二千一百七十八两六钱六分三厘六毫五丝九忽六微、官票四百六十四两。

一、山东抚济三营兵丁盐粮、马干等项，共发过银一千三百六两九钱六厘三毫七丝六忽七微。

一、河南河北镇标兵丁盐粮、马干等项，共发过银一千五百八十三两一钱九分八厘四毫七丝二忽九微。

一、山东兖州镇标头起兵丁盐粮、马干等项,共发过银一千一百八十二两四钱二分四厘四毫三忽二微。

一、山东兖州镇标二起兵丁盐粮、马干等项,共发过银二千四百十九两一分六厘九毫六丝九忽一微。

一、山西大同镇标兵丁盐粮、马干等项,共发过银四百一两五钱三分一厘三毫九丝三忽、官票五十三两。

一、陕西固提、西宁等营兵丁盐粮、马干等项,共发过银五百五十六两八钱六厘八毫七丝七忽二微、官票七十七两。

一、陕西延绥镇标兵丁盐粮、马干等项,共发过银一千九百三十四两三钱四分二厘八毫六忽九微。

一、陕西陕安镇标兵丁盐粮、马干等项,共发过银九百十九两一钱七分九厘九毫一丝六忽。

一、陕西汉中镇标兵丁盐粮、马干等项,共发过银一千三十八两三钱五分七毫九忽五微。

一、陕西靖远协标兵丁盐粮、马干等项,共发过银四百九十一两一钱一分一厘五毫一丝五忽五微。

一、直隶提标兵丁盐粮、马干等项,共发过银五百三十四两五钱五分一厘一毫八忽四微。

一、直隶通永镇标头起兵丁盐粮、马干等项,共发过银七百八十六两二钱八分六厘九丝七忽五微。

一、直隶正定镇标头起并补额兵丁盐粮、马干等项,共发过银九百九十六两三钱八分五厘九毫三丝八忽四微。

一、直隶正定镇标三起兵丁盐粮、马干等项,共发过银三百五十二两八钱六分三厘一毫一忽四微。

一、直隶山永协标头起兵丁盐粮、马干等项,共发过银七百二十两一钱七分九厘一毫七丝四忽三微。

一、直隶山永协标二起兵丁盐粮、马干等项,共发过银六百三两二钱四分五厘二毫二丝八忽四微。

一、直隶通永、山永协标三起兵丁盐粮、马干等项,共发过银五百四两六钱一分四厘四毫七丝五忽八微。

一、直隶大名镇标兵丁盐粮、马干等项,共发过银六百九十七两三钱四分三厘六丝六忽九微。

一、盛京二起马甲盐粮、马干等项,共发过银三千六百一十一两五钱一分七厘四丝八忽六微。

一、察哈尔披甲盐粮、马干等项,共发过银五百四十七两五钱五分五厘六忽八微。

一、绥远城马甲盐粮、马干等项,共发过银二千二百六十六两三钱二分三厘三丝六忽七微、官票二百四十五两。

一、徐州镇标宿州营兵丁盐粮、马干等项,共发过银一千五百三十八两三钱一分三厘一毫二丝九忽六微、官票四百十二两。

一、选锋小队步勇口粮、马干,共发过钱二万二千九百七十九千四百七十二文、宝钞一万七千五千四百文、白面十四万九千七十八斤。

一、选锋大队步勇口粮、马干,共发过钱一万六千七百三十四千四百文、白面十一万六百斤。

一、选锋八、九、十哨步勇口粮、马干,共发过钱九千四百三十一千八百八十文、宝钞五千二百五十七千七百六十文、白面九千六百斤。

一、选锋头、二、三起马勇口粮、马干,共发过钱二万五千二百七十千六百八十文、宝钞一万九百八十一千六百四十文、白面十一万七千斤。

一、得胜勇口粮、马干，共发过钱一万八百六十七千六百四十文、宝钞九千三十八千一百八十文、白面十一万六千斤。

一、山东小队勇口粮、马干，共发过钱一千四百七十三千三百六十文、宝钞七百四十三千九百二十文、白面五千二百斤。

一、诚勇步队口粮、马干，共发过钱三百二十七千六百二十四文、宝钞八十三千文、白面一百八十六斤。

一、陕勇步队口粮、马干，共发过钱三千六十二千二百八十文、宝钞二千六百二十七千四百文、白面五千五百二十斤。

一、亲军勇口粮、马干，共发过钱一千四百三十五千八十文、宝钞一千四百四十七千文、白面四千一百二十斤。

一、兴勇步队口粮、马干，共发过钱二千一百三十一千二百文、宝钞二千六十五千文、白面六千八百斤。

一、庆勇步队口粮、马干，共发过钱一千二百十七千九百六十文、宝钞一千九十二千四百四十文、白面二千五百斤。

一、孚胜左营步勇口粮、马干，共发过钱一万二千四百三十千三百六十文、宝钞八千六百二十八千六百八十文、白面十一万六千斤。

一、孚胜右营步勇口粮、马干，共发过钱一万二千八百五十二千一百四十文、宝钞六千九百七十三千九百四十文、白面九千五百斤。

一、选锋诚勇步队口粮、马干，共发过钱一千八百四十七千三百文、宝钞一千八千五百文、白面四千六百斤。

一、报恩勇口粮、马干，共发过钱一千三百六十四千八百八十文、宝钞一千八十三千四百八十文、白面二千八百斤。

一、选锋炮勇口粮、马干，共发过钱五百六十八千二百四文、宝钞三百五千六百六十文、白面二百九十六斤。

一、颖胜营步勇口粮、马干，共发过钱一万八千四百五十九千五百二十文、宝钞一万一千八百十七千六百文、白面四万四千二百斤。

一、采办牛烛、芦席、纸张、蒲包、麻绳、公案桌、耳箭等项，共发过银一千二百四十七两八钱四分四厘四毫三丝四微。

一、添造旗帜、大皮葫芦、九龙袋、火箭、火罐、铁锹、铁锹、铁斧、大皮鼓、铜锣、号筒、灯笼、添补收拾帐房，共发过银九百二两三钱四分二厘一毫一丝六忽三微。

一、雇备随营长车、长夫，共发过钱二万一千三十一千三百四十文。

一、运解固镇行营现钱、白面，共发过脚价银六百七十三两二钱四分二厘三毫。

一、挑筑营盘，共发过银一千一百八十五两五钱四分八厘。

一、勇号、花红，共发过银三百二十四两八钱，官票八十两。

一、医生、书匠口粮，共发过银四十六两二钱四分五厘三毫二丝九忽六微。

以上通共支银四万一百九十四两七钱六分九厘八毫八丝六忽二微，支钱十六万三千四百八十五千文，支官票二千三百四十二两，支宝钞九万五千三百千文。

实在：一、存银五十七两二钱三分一毫一丝三忽八微。查前项全数动支局书纸、饭各项，实计无存。理合登明。

一、存官票一百五十八两。查前项业已呈缴徐州粮台查收，找发官兵旧欠。理合登明。

一、附收扣存平余银一百九两五钱六分九厘八毫八丝三忽四微。查前款内运脚、花红银九百九十八两四分二厘三毫，遵照部章核扣六分平余银五十九两八钱八分二厘五毫三丝八忽。又，采办及添造军装、挑筑营盘，连欠发共银四千九百六十八两七钱三分四厘五毫四丝六忽七微。计扣平余银四十九两六钱八分七厘三毫四丝五忽四微。理合登明。

一、支白面八十万四千斤。

一、支经贴各书纸、饭等项银一百六十六两七钱九分九厘九毫九丝七忽二微。查前款照例于扣存平余内支用。除动支前项外，不敷银五十七两二钱三分一毫一丝三忽八微，已将正款实存银两全数动用支给，合计清款。理合登明。

欠款项下：一、欠发河南河北镇标带兵官银五百二十五两。

一、欠发盛京二起带兵官银八百九十六两。

一、欠发军营办事文员盐粮银二千六百九十二两、官票四百两。

一、欠发山东抚济三营兵丁银一千八十两。

一、欠发河北镇标兵丁银九百五十二两。

一、欠发山东兖州镇标头起兵丁银八百五十二两。

一、欠发山东兖州镇标二起兵丁银一千一百七十二两。

一、欠发陕西延绥镇标兵丁银一千一百九十八两。

一、欠发陕西陕安镇标兵丁银五百九十七两。

一、欠发陕西汉中镇标兵丁银四百九十五两。

一、欠发直隶通永镇标兵丁银四百七十一两。

一、欠发直隶正定镇标头起并补额兵丁银八百二十九两。

一、欠发直隶山永协标头起兵丁银三百六十两。

一、欠发直隶大名镇标兵丁银三百九十六两。

一、欠发盛京二起马甲银一千九百九十二两。

一、欠发徐州镇标宿州营兵丁银五百六十两。

一、欠发选锋小队步勇钱三千五百五十七千文。

一、欠发选锋大队步勇钱三千六百千文。

一、欠发选锋八、九、十哨步勇钱千六百五十千文。

一、欠发选锋头、二、三起马勇钱三千五百八十四千文、宝钞一千七百千文。

一、欠发得胜勇钱一千六百五十千文。

一、欠发孚胜左营步勇钱二千六百八十千文。

一、欠发孚胜右营步勇钱二千五百三十二千文。

一、欠发颖胜营步勇钱二千九百六十千文。

一、欠发添造军装共银七百六十八两。

一、欠发随营长车钱九百六十二千六十文。

一、欠发随营长夫钱一千六百二十五千六百二十四文。

一、欠发修筑营盘银八百六十五两。

以上欠发共银一万六千七百两、钱二万四千八百千六百八十四文、官票四百两、宝钞一千七百千文。查前项欠发银、钱、官票、宝钞，均由徐州粮台陆续找发清款。理合登明。

议政王军机大臣奉旨：览。钦此。[1]

一一五　呈袁营咸丰八年七月至九年正月支发领项清单

同治元年十一月二十日(1863年1月9日)

谨将袁甲三前在徐宿军营自咸丰八年七月起至九年正月止支

---

① 中国第一历史档案馆藏：清单，档案编号：03-4790-030。此清单未署具呈者，具呈日期亦未确。兹据内容判定其为档案编号 03-4791-036 折之附件。

发过官弁兵勇领项数目,缮具清单,恭呈御览。

计开:一、统带官兵剿匪太仆寺卿袁甲三,共支过盐粮、骑驮、马干等项及搭票补平银七百四十五两一钱五分九厘九毫三丝六忽二微、官票银一百八十二两。

一、管带陕西固提等镇官兵副将德克登额,共支过盐粮、骑驮、马干等项及搭票补平银一百六十九两一钱一分六厘、官票银三十八两。

一、管带直隶各镇官兵参将玉禄,共支过盐粮、骑驮、马干等项及搭票补平银四十二两六钱九分七厘、官票银十两。

一、山东抚济三营带兵官副将王凤祥等七员,共支过盐粮、骑驮、马干等项及搭票补平银五百十一两九钱四分三厘三毫三丝一忽四微、官票银九十五两。

一、河南河北镇标带兵官千总武恪铭等二十三员,共支过盐粮、骑驮、马干等项及搭票补平银八百五两四钱二厘三毫二丝、官票银三十二两。查前项官弁盐折核计应发银一千三百三十两四钱二厘三毫二丝,除发前项外,计欠银五百二十五两。理合登明。

一、山东兖州镇标头起带兵官游击戴世熙等七员,共支过盐粮、骑驮、马干等项及搭票补平银三百七十四两七钱九分五厘六毫六丝二忽八微、官票二十八两。

一、山东兖州镇标二起带兵官守备杨万山等九员,共支过盐粮、骑驮、马干等项及搭票补平银四百四十七两五钱五分九厘三毫一丝九忽八微、官票银七两。

一、山西大同镇标带兵官都司常国兴等三员,共支过盐粮、骑驮、马干等项及搭票补平银五十三两五钱六分八厘、官票银十六两。查前项官弁撤防时,酌发一个月盐折,均系全给官票。理合登明。

一、陕甘固提、西宁等营带兵官参将吕元等五员，共支过盐粮、骑驮、马干等项及搭票补平银二百七十八两八钱六分四厘、官票银六十四两。查前项官弁撤防时，酌发十六日盐折，均系全给官票。理合登明。

一、陕西延绥镇标带兵官都司王玫等七员，共支过盐粮、骑驮、马干等项及搭票补平银二百八十八两四千六分九厘三毫三丝二忽四微、官票银十六两。

一、陕西陕安镇标带兵官千总马进喜等三员，共支过盐粮、骑驮、马干等项银一百十八两二分五厘三毫三丝二忽四微。

一、陕西汉中镇标带兵官千总杨连升等六员，共支过盐粮、骑驮、马干等项银二百六两九分三厘三毫三丝二忽四微。

一、陕西靖远协标带兵官千总邢建业等三员，共支过盐粮、骑驮、马干等项银一百四两四钱一分三厘三毫三丝二忽四微。

一、直隶提标带兵官游击富勒贺等七员，共支过盐粮、骑驮、马干等项及搭票补平银三百十七两五钱九分八厘六毫六丝二忽八微、官票银二十八两。

一、直隶通永镇标头起带兵官千总李大鹏等十二员，共支过盐粮、骑驮、马干等项及搭票补平银五百三十一两一分八厘六毫六丝四忽八微、官票银六两。

一、直隶正定镇标头起带兵官把总殷朋龄等十三员，共支过盐粮、骑驮、马干等项及搭票补平银三百六十两三钱二厘六毫六丝四忽四微、官票银八两。

一、直隶正定镇标三起带兵官把总程世德，共支过盐粮、骑驮、马干等项及搭票补平银六十六两三钱五分六厘、官票银二两。

一、直隶山永协标头起带兵官千总张连英等九员，共支过盐粮、骑驮、马干等项银三百九十五两二钱四分五厘九毫九丝四忽二微。

一、直隶山永协标二起带兵官守备王清泰等三员,共支过盐粮、骑驮、马干等项及搭票补平银一百四十二两五分三厘、官票银十三两。

一、直隶通永、山永协标三起带兵官守备刘国瑞等五员,共支过盐粮、骑驮、马干等项及搭票补平银二百九两八钱七分五厘、官票银十一两。

一、直隶大名镇标带兵官都司林方等六员,共[1]

一、□□□□带兵官□□等二员,共支过盐粮、骑驮、马干等项及搭票补平银四百十六两八钱九分八厘三毫三丝一忽四微、官票银九十两。

一、绥远城带兵官佐领图蒙额等十员,共支过盐粮、骑驮、马干等项及搭票补平银三百七十八两二钱四厘六毫四丝六忽六微、官票九十一两。查前项官弁撤防时,酌发七日盐折,均系全给官票。理合登明。

一、徐州镇标宿州营带兵官守备方豫功等八员,共支过盐粮、骑驮、马干等项及搭票补平银二百六十九两七钱四分八厘九毫九丝八忽八微、官票银一两。

一、军营办事文员二十二员,共支过盐粮、骑驮、马干等项及搭票补平银二千一百七十八两六钱六分三厘六毫五丝九忽六微、官票银四百六十四两。查前项文员盐折,核计应发银四千八百七十两六钱六分三厘六毫五丝九忽六微、官票银八百六十四两。除发前项银两、官票外,计欠发银二千六百九十二两、官票银四百两。理合登明。

一、山东抚济三营兵一百七十三名,共支过盐粮、马干等项银

---

① 因清单漫漶,以下缺。

一千三百六两九钱六厘三毫七丝六忽七微。查前项兵丁核计应发银二千三百八十六两九钱六厘三毫七丝六忽七微，除发前项银两外，计欠发银一千八十两。理合登明。

一、河南河北镇标兵一百七十二名，共支过盐粮、马干等项银一千五百八十三两一钱九分八厘四毫七丝二忽九微。查前项兵丁合计应发银二千五百三十五两一钱九分八厘四毫七丝二忽九微，除发前项银两外，计欠发银九百五十二两。理合登明。

一、山东兖州镇标头起兵一百五十二名，共支过盐粮、马干等项银一千一百八十二两四钱二分四厘四毫三忽二微。查前项兵丁合计应发银二千三十四两四钱二分四厘四毫三忽二微，除发前项银两外，计欠发银八百五十二两。理合登明。

一、山东兖州镇标二起兵二百八十九名，共支过盐粮、马干等项银二千四百十九两一分六厘九毫六丝九忽一微。查前项兵丁合计应发银三千五百九十一两一分六厘九毫六丝九忽一微，除发前项银两外，计欠发银一千一百七十二两。理合登明。

一、山西大同镇标兵五十名，共支过盐粮、马干等项及搭票补平银四百十两五钱三分一厘三毫九丝三忽、官票银五十三两。查前项兵丁撤防时，酌发二十三日盐粮，均系全给官票。理合登明。

一、陕西固提、西宁等营兵八十五名，共支过盐粮、马干等项及搭票补平银五百五十六两八钱六厘八毫七丝七忽二微、官票银七十七两。查前项兵丁撤防时，酌发二十六日盐粮，均系全给官票。理合登明。

一、山西延绥镇标兵三百名，共支过盐粮、马干等项银一千九百三十四两三钱四分二厘八毫六忽九微。查前项兵丁核计应发银三千一百三十二两三钱四分二厘八毫六忽九微，除发前项银两外，计欠发银一千一百九十八两。理合登明。

一、陕西陕安镇标兵一百五十名，共支过盐粮、马干等项银九百十九两一钱七分九厘九毫一丝六忽。查前项兵丁核计应发银一千五百十六两一钱七分九厘九毫一丝六忽，除发前项银两外，计欠发银五百九十七两。理合登明。

一、陕西汉中镇标兵一百五十名，共支过盐粮、马干等项银一千三十八两三钱五分七毫九忽五微。查前项兵丁核计应发银一千五百三十三两三钱五分七毫九忽五微，除发前项银两外，计欠发银四百九十五两。理合登明。

一、陕西景远协标兵四十名，共支过盐粮、马干等项银四百九十一两一钱一分一厘五毫一丝五忽五微。

一、直隶提标兵三十九名，共支过盐粮、马干等项银五百三十四两五钱五分一厘一毫八忽四微。

一、直隶通永镇标头起兵八十七名，共支过盐粮、马干等项银七百八十六两二钱八分六厘九丝七忽五微。查前项兵丁核计应发银一千二百五十七两二钱八分六厘九丝七忽五微，除发前项银两外，计欠发银四百七十一两。理合登明。

一、直隶正定镇标头起并补额兵二百三十三名，共支过盐粮、马干等项银九百九十六两三钱八分五厘九毫三丝八忽四微。查前项兵丁核计应发银一千八百二十五两三钱八分五厘九毫三丝八忽四微，除发前项银两外，计欠发银八百二十九两。理合登明。

一、直隶正定镇标三起兵二十八名，共支过盐粮、马干等项银三百五十二两八钱六分三厘一毫一忽四微。

一、直隶山永协标头起兵八十二名，共支过盐粮、马干等项银七百二十两一钱七分九厘一毫七丝四忽三微。查前项兵丁核计应发银一千八十两一钱七分九厘一毫七丝四忽三微,除发前项银两外,计欠发银三百六十两。理合登明。

一、直隶山永协标二起兵四十五名,共支过盐粮、马干等项银六百三两二钱四分五厘二毫二丝八忽四微。

一、直隶通永、山永协标三起兵三十九名,共支过盐粮、马干等项银五百四两六钱一分四厘四毫七丝五忽八微。

一、直隶大名镇标兵二百七十一名,共支过盐粮、马干等项银六百九十七两三钱四分三厘六丝六忽九微。查前项兵丁核计应发银一千九十三两三钱四分三厘六丝六忽九微,除发前项银两外,计欠发银三百九十六两。理合登明。

一、盛京二起马甲一百五十四名,共支过盐粮、马干等项银三千六百十一两五钱一分七厘四丝八忽六微。查前项马甲核计应发银五千六百三两五钱一分七厘四丝八忽六微,除发前项银两外,计欠发银一千九百九十二两。理合登明。

一、察哈尔披甲二十名,共支过盐粮、马干等项银五百四十七两五钱五分五厘六忽八微。

一、绥远城马甲一百七十一名,共支过盐粮、马干等项及搭票补平银二千二百六十六两三钱二分三厘三丝六忽七微、官票银二百四十五两。查前项马甲撤防时,酌发七日盐粮,均系全给官票。理合登明。

一、徐州镇标宿州营兵三百四名,共支过盐粮、马干等项及搭票补平银一千五百三十八两三钱一分三厘一毫二丝九忽六微、官票银四百十二两。查前项兵丁核计应发银二千四百八十五两五钱九分三厘一毫二丝九忽六微,除发前项银两及官票作抵银一千九百二十五两五钱九分三厘一毫二丝九忽六微外,计仍欠发银五百六十两。理合登明。

一、选锋小队步勇八百七十一名,共支过口粮、马干钱二万二千九百七十九千四百七十二文。查前勇核计应发钱二万八千九百二十一千七百二十文,内扣搭发白面十四万九千七十八斤,合钱二千三百八十五千二百四十八文,实应发钱二万六千五百二十六千四百七十二文。除发前项外,计欠发钱三千五百五十七千文,由徐州粮台找发。再,各勇口粮本系搭放二成宝钞,嗣因各勇催索紧迫,自八年十二月十一日起至九年正月三十日止,计五十日,均系全给宝钞。理合登明。

一、选锋大队步勇五百七十五名,共支过口粮、马干钱一万六千七百三十四千八十文、宝钞钱一万五千一百四十千四百文。查前勇核计应发钱二万二千一百三千六百八十文,内扣搭发白面十一万六百斤,合钱一千七百六十九千六百文,实应发钱二万三百三十四千八十文。除发前项外,计欠发钱三千六百千文,由徐州粮台找发。再,各勇口粮本系搭放二成宝钞,嗣因各勇催索紧迫,自八年十二月十一日起至九年正月三十日止,计五十日,均系全给宝钞。理合登明。

一、选锋八、九十哨步勇三百三十三名,共发过口粮、马干钱九千四百三十一千八百八十文、宝钞钱五千二百五十七千七百六十文。查前勇核计应发钱一万一千二百三十五千四百八十文,内扣搭发白面九千六百斤,合钱一百五十三千六百文,实应发钱一万一千八十一千八百八十文。除发前项外,计欠发钱一千六百五十千文,由徐州粮台找发。再,各勇口粮本系搭放二成宝钞,嗣因各勇催索紧迫,自九年正月初三日起至三十日止,计二十八日,均系全给宝钞。理合登明。

一、选锋头、二、三起马勇六百三十二名,共发过口粮、马干钱二万五千二百七十千六百八十文、宝钞钱一万九百八十一千六百四十文。查前勇核计应发钱三万七百二十六千六百八十文,内扣搭发白面十一万七千斤,合钱一千八百七十二千文,实应发钱二万八千八百五十四千六百八十文。除发前项外,计欠发钱三千五百八十四千文。再,各勇口粮本系搭放二成宝钞,嗣因各勇催索紧迫,自八年十二月二十七日起至九年正月三十日止,计三十四日,均系全给宝钞,共应发宝钞一万二千六百八十一千六百四十文。除发前项外,计欠发宝钞一千七百千文。以上所欠现钱、宝钞均由徐州粮台照发。理合登明。

一、得胜勇三百八十九名,共发过口粮、马干钱一万八百六十七千六百四十文、宝钞钱九千三十八千一百八十文。查前勇核计应发钱一万四千三百七十三千六百四十文,内扣搭发白面十一万六千斤,合钱一千八百五十六千文,实应发钱一万二千五百十七千六百四十文。除发前项外,计欠发钱一千六百五十千文,由徐州粮台找发。再,各勇口粮本系搭放二成宝钞,嗣因各勇催索紧迫,自八年十二月二十四日起至九年正月三十日止,计三十七日,均系全给宝钞。理合登明。

一、山东小队勇四十二名,共发过口粮、马干钱一千四百七十三千三百六十文、宝钞钱七百四十三千九百二十文。查前项核计应发钱一千五百五十六千五百六十文,内扣搭发白面五千二百斤、合钱八十三千二百文外,实发前数。再,各勇口粮本系搭放二成宝钞,嗣因各勇催索紧迫,自八年十二月二十九日起至九年正月三十日止,计三十二日,均系全给宝钞。理合登明。

一、诚勇步队一百四十三名,共发过口粮、马干钱三百二十七千六百二十四文。查前勇核计应发钱四百十三千六百文,内搭二成宝钞钱八十三千文,计应发钱三百三十千六百文,内扣搭发白面一百八十六斤、合钱二千九百七十六文外,实发前数。理合登明。

一、陕勇步队一百六十三名,共发过口粮、马干钱三千六十二千二百八十文、宝钞钱二千六百二十七千四百文。查前勇核计应发钱三千一百五十千六百文,内扣搭发白面五千五百二十斤、合钱八十八千三百二十文外,实发前数。再,各勇口粮本系搭放二成宝钞,嗣因各勇催索紧迫,自八年十一月二十五日至九年正月初七日止,计四十三日,均系全给宝钞。理合登明。

一、亲军勇一百二十名,共发过口粮、马干钱一千四百三十五千八十文、宝钞钱一千四百四十七千文。查前勇核计应发钱一千五百一千文,内扣搭发白面四千一百二十斤、合钱六十五千九百二十文外,实发前数。再,各勇口粮本系搭放二成宝钞,嗣因各勇催索紧迫,八年十一月十一日起至十二月二十六日止,计四十日,均系全给宝钞。理合登明。

一、兴勇步队一百三十三名,共发过口粮、马干钱二千一百三十一千二百文、宝钞钱二千六十五千文。查前勇核计应发钱二千二百四十千文,内扣搭发白面六千八百斤、合钱一百八十千八百文外,实发前数。再,各勇口粮本系搭放二成宝钞,嗣因各勇催索紧迫,于八年十一月二十五日起至九年正月初七日止,计四十三日,均系全给宝钞。理合登明。

一、庆勇步队六十九名,共发过口粮、马干钱一千二百十七千九百六十文、宝钞钱一千九十二千四百四十文。查前勇核计应发钱一千二百五十七千九百六十文,内扣搭发白面二千五百斤、合钱四十千文外,实发前数。再,各勇口粮本系搭放二成宝钞,嗣因各勇催索紧迫,于八年十一月二十五日起至九年正月初七日止,计四十三日,均系全给宝钞。理合登明。

一、孚胜左营步队二百八十八名,共发过口粮、马干钱一万二千四百三十千三百六十文、宝钞钱八千六百二十八千六百八十文。查前勇核计应发钱一万六千九百六十六千三百六十文,内扣搭发白面十一万六千斤,合钱一千八百五十六千文,实发钱一万五千一百十千三百六十文。除发前项外,计欠发钱二千六百八十千文,由徐州粮台找发。再,各勇口粮本系搭放二成宝钞,嗣因各勇催索紧迫,于八年十二月二十八日起至九年正月三十日止,计三十三日,均系全给宝钞。理合登明。

一、孚胜右营步勇二百八十八名,共发过口粮、马干钱一万二千八百五十二千一百四十文、宝钞钱六千九百七十三千九百四十文。查前勇核计应发钱一万五千五百三十六千一百四十文,内扣搭发白面九千五百斤、合钱一百五十二千文外,实发钱一万五千三百八十四千一百四十文。除发前项外,计欠发钱二千五百三十二千文,由徐州粮台找发。再,各勇口粮本系搭放二成宝钞,嗣因各勇催索紧迫,于九年正月初十日起至三十日止,计二十一日,均系全给宝钞。理合登明。

一、选锋诚勇步队五十七名,共发过口粮、马干钱一千八百四十七千三百文、宝钞钱一千八千五百文。查前勇核计应发钱一千九百二十千九百文,内扣搭发白面四千六百斤、合钱七十三千六百文外,实发前数。再,各勇口粮本系搭放二成宝钞,嗣因各勇催索紧迫,于八年十二月二十六日起至九年正月三十日止,计三十五日,均系全给宝钞。理合登明。

一、报恩勇六十名,共发过口粮、马干钱一千三百六十四千八百八十文、宝钞钱一千八十三千四百八十文。查前勇核计应发钱一千四百九十六百八十文,内扣搭发白面二千八百斤、合钱四十四千八百文外,实发前数。再,各勇口粮本系搭放二成宝钞,嗣因各勇催索紧迫,于八年十二月二十五日起至九年正月三十日止,计四十六日,均系全给宝钞。理合登明。

一、选锋炮勇六十三名,共发过口粮、马干钱五百六十八千二百四十文、宝钞钱三百五十五千六百六十文。查前勇核计应发钱五百七十二千九百四十文,内扣搭发白面二百九十六斤、合钱四千七百三十六文外,实发前数。再,各勇口粮本系搭放二成宝钞,嗣因欠发多日,随时酌发宝钞接济,共计发过前数。理合登明。

一、颖勇营步勇六百七十二名,共发过口粮、马干钱一万八千四百五十九千五百二十文、宝钞钱一万一千八百一十七千六百文。查前勇核计应发钱二万三千七百二十六千七百二十文,内扣搭发白面十四万四千二百斤,合钱二千三百七千二百文,实发钱二万一千四百十九千五百二十文。除发前项外,计欠发钱二千九百六十千文,由徐州粮台找发。再,各勇口粮本系搭放二成宝钞,嗣因各勇催索紧迫,于八年十二月二十一日起至九年正月三十日止,计四十日,均系全给宝钞。理合登明。

以上共支发过银三万五千八百十四两七钱四分七厘七毫九忽九微、钱十四万二千四百五十三千六百六十文、官票二千二百六十二两、宝钞九万五千三百千文。又,搭发白面八十万四千斤。

议政王军机大臣奉旨:览。钦此。[1]

---

① 中国第一历史档案馆藏:清单,档案编号:03-4790-031。此清单未署具呈者,具呈日期亦未确。兹据内容判定其为档案编号 03-4791-036 折之附件。

一一六　呈袁营咸丰八年七月至
九年正月发过军需清单

同治元年十一月二十日(1863年1月9日)

谨将袁甲三前在徐宿军营自咸丰八年七月起至九年正月止发过各项军需数目缮具清单,恭呈御览。

计开:采办项下:一、办牛烛共支过银七百十六两。

一、办芦席共支过银四百八两七钱二分。

一、办纸张共支过银七十二两九钱八分。

一、办蒲包、麻绳共支过银四十五两七钱八厘。

一、办公案桌、耳箭共支过银四两四钱三分六厘四毫三丝四微。查前项采办各款均系查照江苏防夷成案,于例价外酌加三成。其例无定价者,均照市价核实办理。理合登明。

添造军装项下:一、添造旗帜共需银二百三十七两六钱八分三厘四毫二丝一忽三微,内已支过银一百五十五两六钱八分三厘四毫二丝一忽三微。

一、添造盛火药大皮葫芦、九龙袋、火箭、火罐共需银六百七十两二钱八分,内已支过银二百六十两二钱八分。

一、添造铁锹、铁锹、铁斧共需银二百四十二两四钱八分七厘二毫四丝五忽,内已支过银一百五十三两四钱八分七厘二毫四丝五忽。

一、添造大皮鼓、铜锣、号筒、灯笼共支过银六十八两七钱二分七厘一毫。

一、添补收拾帐房共需银四百五十一两一钱六分四厘三毫五丝,内已支过银二百六十四两一钱六分四厘三毫五丝。查前项添造军装需用一切工料,均照防夷成案,于例价外酌加三成,共需银一千六百七十两三钱四分二厘一毫一丝六忽三微,内已支过银九百二两三钱四分二厘一毫一丝六忽三微,计欠发银七百六十八两,由徐州粮台找发。理合登明。

雇备项下:一、随营长车共支过夫工、马料钱一千七百五十二千三百四十文。查前项共应发钱二千七百十四千四百文,除发前项外,计欠发钱九百六十二千六十文,由徐州粮台找发。理合登明。

一、随营长夫共支过口粮钱一百九千二百七十九千文。查前项共应发钱二万九百四千六百二十四文,除发前项外,计欠发钱一千六百二十五千六百二十四文,由徐州粮台找发。理合登明。

运脚项下:一、运解固镇行营现钱、白面,共支过脚价银六百七十三两二钱四分二厘三毫。查前项现钱、白面,自宿州起五十里至大店驿,七十里至固镇行营,共计旱程一百二十里,沿途地方并未额设车夫,均系雇用民车、民夫,照例旱程口内以一百里为一站,按一百三十斤每站给车脚银一钱五分支给。理合登明。

一、挑筑营盘共支过银一千一百八十五两五钱四分八厘。查前项共应发银二千五十两五钱四分八厘,除发前项外,计欠发银八百六十五两,由徐州粮台找发。理合登明。

杂支项下:一、勇号、花红共支过银三百二十四两八钱、官票八十两。

一、医生、书匠共支过口粮、工食银四十六两二钱四分五厘三毫二丝九忽六微。

以上共支过银四千三百八十两二分二厘一毫七丝六忽三微、

钱二万一千三十一千三百四十文、官票八十两。

一、附支局书、贴写工食、纸张、笔墨、灯油银一百六十六两七钱九分九厘九毫九丝七忽二微。

议政王军机大臣奉旨：览。钦此。①

一一七　奏报审拟何三锡等隐捐卖放一案片

同治元年十一月二十六日（1863年1月15日）

再，臣前查有厘捐委员何三锡纵容幕友、卡勇隐捐卖放情事，当经奏参请旨革职，并勒令将卡勇洪喜、严标交审在案。随将已到人证先发淮安府讯办，一面勒据何三锡将在逃之卡勇洪喜、严标交案归审。兹据淮安府知府顾思尧讯明具详前来。缘已革知县何三锡向在孔家涵办理厘捐，因常有营弁执持护照，讨捐滋事，知赵学曾曾经在营与各营员弁兵大都认识，延令在卡辨认护照，劝遵输将，并因公事繁多，邀冒安荣帮同书写，均未经手捐输钱文。洪喜、严标系属卡勇，专司守卡。该处上游有马棚湾、六闸等处厘局，下游有扬关、分巡、北台、三江营等处捐卡，各有经办之员，遇事牵制。孔家涵地当适中，一卡报捐，上下各卡，互相稽核，是以客商均系据实缴厘，无从隐漏，在捐人等亦无勒索卖放情弊。惟卡勇洪喜、严标均系籍隶六合，每遇同乡熟船过卡，因地段绵长，何三锡稽查难周，各瞒本官，得受茶酒钱一二十文。又于本年五月初五日，有六合营弁陶姓过卡，因素常认识，上船道喜，得受茶钱五十文一次。

---

① 中国第一历史档案馆藏：清单，档案编号：03-4790-032。此清单未署具呈者，具呈日期亦未确。兹据内容判定其为档案编号03-4791-036折之附件。

前在泰州供明,后经粮台道员许道身拟以枷杖,尚未发落。因奉提至清江覆审,诚恐到浦加罪,于州差押交何三锡收营之时,乘间脱逃。旋经何三锡找寻交案,尚非情虚畏罪。何三锡并无知情纵容、串同弊混情事。反复推鞫,矢口不移。

臣复加密查,案无遁饰,应即拟结。此案已革同知衔知县何三锡办理孔家涵厘捐,因地段绵长,未能周察,致卡勇私向经过熟船讨赏茶酒钱文,以致传言有隐捐卖放情弊,虽讯无纵容幕友、勇丁之处,究难辞咎,未便遽请开复原官,拟请旨以主簿、巡检降补,以观后效。赵学曾、冒安荣均未经手捐输,并无通同作弊,应毋庸议。卡勇洪喜、严标偶遇同乡熟船,得受茶酒钱文,虽非舞弊需索,已有应得之罪,且辄于押发收营之时,乘间脱逃,更属不合,应照不应重律杖八十,从重枷号两个月,满日折责发落,俾示惩儆而肃厘务。是否有当,谨附片具陈,伏乞圣鉴。谨奏。

同治元年十一月二十六日,议政王军机大臣奉旨:钦此。①

【案】此片于是年十一月二十六日得允行:

同治元年十一月二十六日,内阁奉上谕:前因吴棠奏参委办厘局候补知县何三锡有纵容幕友、卡勇隐捐卖放情事,当经降旨将何三锡即行革职,交吴棠提同赵学曾、冒安荣等,一并严审究办。兹据奏称:讯明何三锡办理孔家涵厘捐,因常有营弁执持护照,讨捐滋事,曾邀与各营员弁认识之赵学曾辨认护照,并邀冒安荣帮同书写,均未经手捐输钱文。该处上下游各有经办厘局卡员。孔家涵地当适中一卡,遇有客商缴厘,上下

---

① 中国第一历史档案馆藏:军机录副,档案编号:03-5063-030。

游互相稽核，无从隐漏，并在卡人亦无勒索卖放情弊。惟卡勇洪喜、严标专司守卡，均籍隶六合，每遇同乡熟船，各瞒本官，讨赏茶酒钱文，且于押发时乘间脱逃，经何三锡拿获交案各等语。已革知县何三锡委办厘捐，虽讯无知情纵容幕友、勇丁舞弊之处，惟不能察禁勇丁索讨钱文，究难辞咎。何三锡着开复革职处分，以主簿、巡检降补。余着照所议办理。钦此。①

一一八　请饬候补知县长康回江北清理片

同治元年十一月二十六日(1863 年 1 月 15 日)

再，江苏候补知县长康系正黄旗内务府汉军松龄佐领下人，前于秋间出差东省，适该员之母李氏在该员之兄兰山县知县长赓任所病故，该员见丧丁忧。经沂州府具报，请咨扶柩回籍守制在案。兹据粮台详称，该旗员在台当差有年，有经手未完事件，详请咨调回台清理前来。相应附片陈请，伏乞圣鉴。谨奏。

同治元年十一月二十六日，议政王军机大臣奉旨：钦此。②

一一九　奏报拿获盗犯杨维等审明正法折

同治元年十二月二十一日(1863 年 2 月 8 日)

署漕运总督江宁布政使臣吴棠跪奏，为城内被劫，获犯讯明，就地正法，恭折具奏，仰祈圣鉴事。

---

① 中国第一历史档案馆编：《咸丰同治两朝上谕档》，第 12 册，第 668 页；《穆宗毅皇帝实录(一)》，卷五十，同治元年十一月下，第 1366—1367 页。

② 中国第一历史档案馆藏：军机录副，档案编号：03-4603-200。

窃前于十一月间,北路捻氛图窜淮海一带,臣在浦调兵防剿。时值淮安府城开考,各属文武生童纷纷赴试,诚恐有奸匪溷迹,当饬该管文武员弁督同练董,严诘巡防。是月二十八日,传闻淮城王肇庆典铺被劫,正在饬查间,据署淮安府知府顾思尧、署山阳县知县李振簧禀报:十一月二十七日三更后,闻得南门内王肇庆典铺被匪行劫。其时顾思尧在垣阅卷,李振簧正赴北门巡查,随即会营,督带兵勇往拿,匪已携赃缒城而逸。当派干练兵役开城跟追,一面会勘该典铺被劫情形,验明典伙黄天寿等伤痕,绘图填单,讯供勒缉;并饬典商王肇庆查明失赃,补送估报,照例赔偿等情。经臣批饬严缉并将山阳县知县李振簧、典史蒋祖镛、护城守营守备右营把总杨天彪、署旧城正汛外委孙忠科、南门外圩署千总胡永祥、巡查委员候补从九品曹渊等,分别摘顶撤委,记过责惩。一面悬立重赏,购觅眼线,通饬各县营一体协拿去后。

旋据山阳县禀报:选派兵役跟踪追缉,于十二月初三、初四等日,缉至江都县城南破屋及二郎庙、东关外等处,先后会获盗犯林长、陈有、杨维即杨赋、张洪四名,起出金银、官钱、元宝等件。并据署江都县知县于实之具禀:会督各县营丁役兵目,拿获首伙盗犯杨维、张洪、林长、陈有,起同原赃,讯供行劫王肇庆典铺属实,移解归案审办。续据山阳县将起获首饰、元宝等件传主认明,均系被失原赃。并据事主以失赃繁多,俟查清再行造报各等情,具禀前来。臣随行提各犯到浦,严加研鞫。

缘杨维即杨赋、张洪、林长、陈有分隶广东揭阳、朝阳等县,均系江南军营革勇,先未为匪犯案。同治元年十一月十七日,杨维、张洪、林长、陈有与素识未获之陈阿四、老吴、蔡喜、李姓、胡姓,遇道贫难。杨维稔知淮城南门内王肇庆典铺殷实,起意行劫,张洪等允从。杨维复纠在逃之卢洪、陈东林、叶姓及不识姓名之人入伙，即于是月二十三日，共伙十五人，由扬州分座汪三、席五两船。二十七日，行抵淮城南门外河岸停泊。杨维留汪三、席五在船看守，自与张洪等登岸。时值淮城开考，杨维、张洪、林长、陈有、陈阿四、老吴、蔡喜、李姓冒充外县武童，陆续溷进城内，均在旷地会商。胡姓、卢洪、陈东林、董姓及不识姓名之人，因见城门盘诘严密，虑恐败露，不敢进城，守至是夜三更时分，携带竹梯、火器、刀械，由东门外爬城进内，与杨维等会齐，偕至王肇庆典铺门首。杨维即令老吴、蔡喜用梯爬进典内，开出典门，一齐拥进。典伙王天寿、黄五被捆拒伤。杨维等分赴首饰房、帐房，搜劫金银首饰、元宝等件，装于口袋，即经府县闻信会拿，杨维等携赃缒城而出，下船开行，摇之僻处，查赃俵分，各自逃逸。金供不讳，诘无另犯窃伙抢劫不法别案。赃经主认领，正盗无疑。

查律载：强盗已行得财者，不分首从皆斩等语。此案杨维纠同张洪等行劫王肇庆典铺，业已得财，应按律问拟。杨维即杨赋、张洪、林长、陈有均合依强盗已行得财者不分首从皆斩律，拟斩立决。该犯等由昼溷入城内，于行劫后越城而出，实属藐法；复敢拒伤事主，尤属无可宽贷，亟应明正典刑，以昭炯戒。臣即于讯明后恭请王命，将该犯等就地正法，仍照例枭首示众。余讯无同居亲属知情分赃、牌保得款包庇情事。各犯在外为匪，原籍牌保无从觉察，均毋庸议。起赃给主，未起追赔。盗械供弃免追，逸犯陈阿四等饬缉，获日另结。所有拿获邻境盗犯四名之署江都县知县于实之，应请照例送部引见，以示鼓励。

至此案盗犯首伙十五人，业已拿获四人，兼获首犯，该管文武员弁尚知奋勉。现仍饬缉余犯，应俟限满有无弋获，再行分别办理。除将全案供招同勘图赃册咨送刑部核办外,合将城内被劫、获犯讯明、就地正法缘由,会同督臣曾国藩、抚臣李鸿章,恭折具奏,伏乞皇上圣鉴。谨奏。十二月二十一日。

同治元年十二月二十七日,议政王军机大臣奉旨:知道了。钦此。①

一二〇　奏请照旧饬派牙捐以济军饷片

同治元年十二月二十一日（1863年2月8日）

再,江北自咸丰三年军兴以后,司库钱粮全解粮台充饷。江属各标营常年坐饷,虽有外省协济之款,而解到寥寥。前署藩司联英任内详请咨催,旋准部咨:各省自顾不遑,由司自行筹放。迨咸丰十年间,江南大营失利,其时江宁藩库稍有存款,全为上海行营提充军饷,遂更悉索一空,而各营时奉征调,请饷纷纷。前署兼漕臣王梦龄于藩司任内百般筹画,查有各属牙行均系殷实之户,且皆领有司帖,按册可稽,派捐不致扰累。除江宁、徐、海三府州外,其余各属牙行每户饬捐银四两。嗣海属捻匪肃清,亦饬一体照捐。

两年以来,虽未能按额扫解,而江北各标营坐饷得以凑放两月,深赖牙捐接济。瞬届同治二年,虽经照例详咨协拨,而有无实款解到,殊难预定。所有此项牙捐惟有照旧接办,俾坐饷不致毫无指望,借安兵心。除俟饷源稍充即行停止外,理合附片具奏,伏乞圣鉴。谨奏。

---

①　中国第一历史档案馆藏:军机录副,档案编号:03-5039-043。

同治元年十二月二十七日，议政王军机大臣奉旨：知道了。钦此。①

一二一　奏报查办湖滩大概片

同治元年十二月二十一日(1863年2月8日)

再，臣查前河臣庚长任内奏请开垦河滩地亩、酌收租息济饷一案，经部臣议覆，饬令另委贤员覆勘。如有以多报少、接涨吃涨各情，立即逐一剔清，仍俟咨部定案后，将岁征租息除划出高地升科外，其余准分春秋两季，以租备支军需。俟撤防后存为挑浚引河、加培堤工之用，仍确切履勘，将来河归故道，蓄水济运，是否不致有碍；并饬将该前河臣另片奏拨营田、学田成案查明，分晰造报。奏奉谕旨：依议。钦此。行令遵照在案。前河臣庚长任内未经查竣，至十年春间，西捻窜扰清江，案卷残缺不全，垦户迁徙逃散。迨前署漕臣王梦龄兼署后，饬委督董逐细核查，情形已大变迁，一时无从查办，仅将归来复种各户查明，责令完租。其以前所欠租钱既无从查考，且值兵燹之余势不能不暂行缓催。是年湖水复涨，滩地被淹者较广。嗣后陆续来归，而又遭今春西匪之扰。此迟延未经查竣之原委也。

秋冬以来，臣督委详查，并于淮安府衙内钞录奉行案据，始得渐有眉目。现除归种各户应仍其旧外，其抛荒之地，方招新佃垦种。惟历年积欠在原种者值流离失所之处，势不能再行带征新佃，更难代缴。恭逢皇上御极之初，凡在编氓同邀德泽，惟有恳恩一律

---

① 中国第一历史档案馆藏：军机录副，档案编号：03-4792-056。此片具奏日期未确，兹据同批折件(档案编号：03-5039-043)校正。

酌免,以纾民困而广皇仁。至该滩就地之高下,分别上、中、下则,即原滩并非膏腴之地,且将来河道归故,仍须蓄水济运,势不能复赋升科,有妨湖河济运大局,只有仍照收租办理。其营田、学田旧案,自清江被兵以后,已无原案可查。惟因现办屯田,业将前河臣庚长原奏拨给河营养马滩五十顷收回,又查有从前剔除复涸地二十余顷,亦饬带种。

其余奉部饬查各案,除逐一查明将按年租息酌量核定原属滩数,分别划清,暨历年实征、欠缴各款详晰造册报部外,所有现在查办湖滩大概情形,谨附片具陈,伏乞圣鉴。谨奏。

同治元年十二月二十七日,议政王军机大臣奉旨:钦此。①

【案】庚内任内奏请……酌收租息济饷一案:咸丰六年十一月初六日,南河总督庚长具折曰:

江南河道总督臣庚长跪奏,为清江饷需无出,设法试办海口淤滩,冀资接济,恭折仰祈圣鉴事。窃照清江地方为南北要道,水陆冲途,南距瓜洲仅三百余里,运河一水可通,且东路由里下河、西路由蒋坝,均有间道可达,非于各要隘设险,不足以杜伏莽之窥伺。溯自咸丰三年设防以来,因密迩贼氛,征兵练勇,分投堵御,北路视为屏蔽。即三年冬间、本年春间,扬营两次溃散,亦幸清江后路有备,逆匪不敢长驱,兵勇得以截回。是以所练河兵壮勇虽叠因节费裁减,总未敢遽议撤防。惟所需经费先奉部拨济用,自四年四月裁并粮台后,前河臣杨以增

---

① 中国第一历史档案馆藏:军机录副,档案编号:03-4955-075。此片具奏日期未确,兹据同批折件(档案编号:03-5039-043)校正。

钦遵谕旨,设法筹办捐输、捐厘,以及鼓铸、借贷各事,竭力摒挡,已属万分支绌。臣履任以来,复将各项经费核实裁减,尚存兵勇一千数百名,计口授食,连制造、军火等项,每月需用仍属不赀。而本年夏秋异常亢旱,收成歉薄,商贾不通,以致捐输、捐厘日见其少,所入实不敷所出。臣与局员日夜愁思,迄无良法。为今之计,惟有推行宝钞可以补银钱之不足,然宝钞非可徒行,必先筹本乃可经久。因查得黄河海口两岸淤滩,由沮洳而至斥卤,由斥卤而生茸草,渐有可种之地,自应及时试办,以裕经费,似未便以天地自然之利开愚民私垦之端。且该处海滩广远,港汊纷歧,人烟既少,每易藏奸,前年王大老虎等匪即其明证。若于此时设法开垦,分别招领□变,既可以裕经费,更可以明绝逋逃,实属一举两得。惟邻近民田荡地,犬牙相错,必须清查界址,方杜争端。除遴委妥员前往勘查试办,俟有端倪,再行参酌成案随时奏办外,所有试办海口淤滩、筹备钞本以裕饷需缘由,合先恭折具陈,伏乞皇上圣鉴训示。再,江境丰北、萧南两厅以下河身及堤内河滩旷土既多,占种不免,现在委员会同各该厅员,实力清查,随宜播种,合并陈明。谨奏。十一月初六日。咸丰六年十一月十五日,奉朱批:钦此。①

【附】此案于是月得允行。《清实录》:

己巳,又谕:庚长奏,请试办开垦海口淤滩一折。黄河海口两岸淤滩均系旷土,可资耕种。该河督请设法招垦,以裕经费,尚属可行。着遴派妥员前往查勘,所有该处附近民田荡地,务须分清界址,毋许侵占,以杜流弊,俟试办有效,再行酌

---

① 中国第一历史档案馆藏:军机录副,档案编号:03-4279-014。

议章程具奏。其丰北、萧南二厅以下河滩隙地,亦着委员清查,一体酌办。①

【附】同日,庚长又具折曰:

江南河道总督臣庚长跪奏,为开垦湖滩地亩,酌收租息,以济军需,恭折具陈,仰祈圣鉴事。窃查洪湖滩地,经前河臣杨以增奏明一律归公,遴选河营兵丁耕种,稍裨经费,未及勘办竣事。臣抵任后,正值边防吃紧,筹饷维艰,因念河营兵丁本有修守事宜,不谙耕作;上年试垦之时,兵民互种,以致争控抢割,积欠荒芜。且完租有限,余地尚多,急应彻底清厘,尽数勘丈,一律招民领垦,方足以收实效而济军需。随即派委候补知州李会文、清河县知县黄寿豹,督同马头司巡检谈寿龄、高宝营千总夏谦等,又经该州、委拣派绅董八名,随同分段勘丈,并派臣标中营副将联昌弹压稽查。其委办员弁等概令自备资斧,至搭盖棚厂,雇募人夫、书吏饭食、纸张等费,饬董劝导筹捐,不准动用正项钱粮;并饬令于投领之时,按顷报效军需十数千文不等。该县、委等随即督饬该董前赴湖滩,派分段落,逐细清丈,勘得湖滩地坐落清河县境黄河南岸黄河大堤之南、高堰石工之西,其形如黄水小则全滩涸露,水大则一片巨浸。向例高堰志桩存水二丈,始行启坝宣泄。本年存水八尺八寸,即自堤根起至现存水口止,编列"人、寿、年、丰、时、和、世、泰"八号,尽地施箄丈量,至十月二十二日丈竣。其滩地二十余万亩,业户一千余户。据县、委等开单禀报,详情核办前来。臣伏查洪湖滩地,形势如箕,常年夏秋之间,每遇淮泗山水涨发

---

① 《文宗显皇帝实录(四)》,卷二百一十二,咸丰六年十一月中,第342页。

汇归，湖田滩地即有漫水，不堪种植。近因引河疏通，又兼礼字河泄水较□，涸滩愈广，若听其抛荒占垦，无裨国计，有害民生。惟黄流归故之时，蓄清济运，则地亩必至被淹；若即复赋升科，诚恐输粮执业者每当水涨之时，各卫田畴，筑堰决堤，于涨蓄事宜转有窒碍。再三筹酌，拟请仿照骆马湖滩地收租成案，变通办理，即将所有可耕滩地以及蒲芦草地全数归公，招民领种樵采，分别地之高下，酌收租息，稍济军需。除留护堤地亩不准开领，并另片请拨学地九十顷、营地一百顷由各该学、营自行经理外，其开领民垦及草地计有十八万余亩。据查"人、寿、年、丰"四字计二十八号，系属原滩，地势间有低洼，内分上则、中则、下则三等。其"时、和、世、泰"四字号，系原尾滩，地势洼下，逐细区别，分为下上、下中、下下三则。又草地二万余亩，紧靠湖滨，本有积水，只能蓄草，不堪垦种。访询农佃，该滩系积淤而成。咸丰元、二年，洪湖盛涨，屡被清水刷涤，高者尽属沙薄，不甚宜麦，惟豆秫加以培植，可望有收；低者多属撤淤，不独湖涨可虑，即雨水稍大，亦恐被淹。酌中定则，每亩岁征租钱二百五十文，以次递减至草地四十文不等，共计岁征租钱一万五千余千文。即从咸丰七年为始，分麦秋两季征收，各限三个月收清，按数缴储河库，备支军需用项。俟撤防后，存为挑浚引河、加培堤工之用。遇有水旱成灾，饬一体勘豁，以纾民力。现在责成县、委等查明领垦顷亩数目，划清弓口界址，造具花名、亩数清册，通详立案，给照执业。如有迁移，仍听报明地方官，随时更替，换给印照，不准私相买卖。倘有迟限抗租，该地方官即勒令退地，另招租户，按季折报查考，统俟于年终造送臣衙门察核。如有惰征侵收、捏完作欠情弊，察出分别参处。其余一切未尽事宜,容臣随时体察情形,造册分别咨部办理。所有臣现办开垦湖滩、筹备军需缘由,理合恭折具奏,伏乞皇上圣鉴训示。谨奏。十一月初六日。咸丰六年十一月十五日,奉朱批:该部议奏,片并发。钦此。①

【案】前河臣另片奏拨营田、学田成案:咸丰六年十一月初六日,河臣庚长附片曰:

再,学田、营田由前河臣杨以增奏请一律归公。此次臣请垦全滩,检查旧卷,臣标中营、河营以及清河县学田,均属有案可稽。惟频年湖水涨消无常,界址早经迷失,无从辨认。若拘定原地,则各存私见,徒取争端。除例留护堤等地外,现拟酌拨中营、河营养马滩地各五十顷,即于此次查丈地内划出,归各该营自行招领取租,作为觅地牧马之用。惟不准牲畜蹂躏、兵民杂处,庶可日久相安。至学田事关雅养,未便办涉两歧,亦拟请于可垦地内酌拨九十顷,所收租则以三十顷为修理学宫经费,三十顷为贫生膏火之需,三十顷为乡、会试川资之用,均归该学自行经理,随时禀候批准动支,另立碑志,用重久远。臣为学、标营伍起见,谨附片陈明,伏乞圣鉴。谨奏。咸丰六年十一月十五日,奉朱批:览。钦此。②

一二二　奏请将候补千总孟广铺从优议恤片

同治元年十二月二十八日(1863 年 2 月 15 日)

再,据黄开榜报称:查九月初九日进剿宿西二铺捻匪,有五品

---

①　中国第一历史档案馆藏:军机录副,档案编号:03-4402-035。
②　中国第一历史档案馆藏:军机录副,档案编号:03-4402-033。

蓝翎候补千总孟广铺,首先突阵,受伤十一处阵亡。该千总于咸丰七年擒斩捻首孟广辉等案内奉旨以蓝翎千总归徐州镇标宿州营补用,随营剿匪,屡有斩擒,遽而捐躯,殊堪悯恻。恳请奏恤前来。相应请旨饬部将五品蓝翎千总孟广铺从优议恤,以慰忠魂,伏乞圣鉴。谨附片具奏。

　　同治元年十二月二十八日,议政王军机大臣奉旨:孟广铺着交部从优议恤。钦此。①

　　①　中国第一历史档案馆藏:军机录副,档案编号:03-166-8374-26。此片具奏日期未确,因缺军机处随手登记档,无从查考,兹以奉旨日期暂代。

同治二年(1863)

○○一 奏报覆查在籍藩司王藻收支捐输折

同治二年正月十三日(1863年3月2日)

署漕运总督江宁布政使臣吴棠跪奏,为覆查通州在籍藩司王藻经手捐输,实无干没情事,谨将收支各款缮具清单,恭折奏祈圣鉴事。

窃臣前将查明王藻经手捐款并无干没缘由陈奏,钦奉谕旨:户部查议具奏。钦此。嗣经户部以劝捐项下止有开支之数,并无收捐之数,其开支数内又未指明解往何处军营,但笼统奏称解过军饷银若干两、钱若干串;其已经请奖捐生若干名,未经请奖若干名,亦未分晰声叙。请照奏拨各情查明,详细奏报,并将该员应交银三十万两内欠缴之项,督饬赶紧措缴等因。奏奉谕旨:依议。钦此。行令遵照到臣。遵经转饬两淮运司乔松年钦奉详细覆查去后。兹据该运司转据该管通州详称:王藻在籍共劝捐银八万九千七十两,内先捐之三万九千七十两,已请加广学额。续捐之五万两,现亦详奏加广永远学额。又,捐钱二万六千九百一十八千八百八十文,各捐户不愿邀奖,是以未曾请办。又,该员自行筹解钱七千六百千文,未经请奖。以上捐输银钱均系批解军营及粮台等处，掣有批回存卷。其团练项下自三年正月起至十年九月初十日止，共收捐钱三十万三千四百八十六千一百九十二文，共用过钱三十三万三千九百八十千一百七十九文。计该员尚有措垫钱三万四百九十三千九百八十七文，亦属针孔相符，并无多捐少用情事。

至该员奉旨应交之款，连钱合银共缴过十二万七千三百二十七两四钱九分六厘，俱系变抵所出，实已田产一空。除团练一项由外另办外，将奉查劝捐项下收解数目及已、未请奖缘由开折详请具奏前来。

臣详加覆核，在籍藩司王藻经手劝捐及批解数目均有册案及批回可查，所捐团练经费亦属针孔相符，且有垫用之款，委无干没情事。谨将所捐收解数目、日期分缮清单，恭呈御览，仰祈饬下部臣覆核。至该员应交之项，银钱合计已据缴过银十二万七千三百余两，据称变抵呈缴，业已田产一空。

臣密访确查，亦属实在情形，可否仰恳皇上天恩，俯念该员在籍团练尚有微劳，其劝捐并无弊混，量予矜施之处，出自逾格鸿慈。谨缮折具陈，伏乞皇太后、皇上圣鉴训示。谨奏。同治二年正月十三日。①

同治二年正月十八日，议政王军机大臣奉旨：户部议奏，单二件并发。钦此。②

---

① 军机录副误录为"元年正月十三日"，兹据前后折件及奉旨日期校正。

② 中国第一历史档案馆藏：军机录副，档案编号：03-4793-023。此折随呈清单，军机录副署有二件，然查遍两岸故宫，仅止一件。因无其他材料可资佐证，暂存疑。

○○二　呈王藻收捐批解未奖钱数清单

同治二年正月十三日(1863年3月2日)

谨将查明在籍藩司王藻劝捐项下收捐批解未奖钱数,缮具清单,恭呈御览。

计开:共收捐钱二万六千九百十八千八百八十文,内咸丰三年三月十二日,解协济泰州团练钱一千六百文,赴泰州交纳,掣有回照。

咸丰三年七月十五日,解协济泰州团练钱六百千文,给宜陵董事陈鸿恩等具领,领状附卷。

咸丰四年四月十六日,批解礼字河坝工钱三千千文,赴淮扬道交纳,掣有回照。

咸丰五年正月起至九月止,共解泰州捐局亩捐钱二万七百六十二千文,均掣有回照。

咸丰九年二月十三日,解协济泰州团练钱五百千文,赴泰州交纳,掣有回照。

咸丰九年十一月初十日,解袁甲三军营棉衣钱五百千文,掣有批回。

以上共解钱二万六千九百六十二千文,内尚有长垫钱四十三千一百二十文,均未经请奖。理合登明。

又,筹解钱七千六百千文,内咸丰七年五月初八日,批解江北粮台米价钱八百千文,计米二百石,掣有批回。

咸丰十年四月二十八日,批解江北粮台钱四千八百千文,掣有批回。

咸丰十年七月初九日，批解上海军营二千千文，掣有批回。

以上由王藻自行筹解，未经请奖。理合登明。

议政王军机大臣奉旨：览。钦此。①

○○三　　酌核谢增条陈涧河善后章程折

同治二年正月十三日(1863年3月2日)

署漕运总督江宁布政使臣吴棠跪奏，为恭折覆陈，仰祈圣鉴事。

窃照给事中谢增②奏拟涧河善后章程，钦奉寄谕：近来捻患频仍，淮扬一带叠被窜扰。其清江浦南北两岸已由吴棠筑起砖土各圩，可资捍御等因。钦此。仰见皇上垂廑东南，奠安黎庶，下怀钦感，莫可言宣。伏查涧河长圩，山、盐两邑赖以保障，兼为里下河紧要门户。前因在籍前直隶清河道鲍桂生籍隶淮安，深知该处情形，指陈险要，从其请而劝谕赶办，乡民欣然乐赴，匝月告成。初议由淮安东门外至张公堤止，迨工竣后查自张公堤至芦荡口尚有三十余里，必须筑挑，方期周密。复经札饬盐城县勘定形势，谕董照办，亦已一律葳事。袤延百有余里，不特御侮有资，即舟楫、农田无不共沾其利。第善后必求其至善，安居要使其久安，则防守章程更为不可稍缓之事。臣前已饬令署淮安府知府顾思尧妥为筹议。

---

①　中国第一历史档案馆藏：清单，档案编号：03-4793-024。

②　谢增(1813—1880)，字普斋，号梦渔，江苏仪征人。道光三十年(1850)，中式进士(探花)，授翰林院编修。咸丰元年(1851)，充顺天乡试同考官。六年(1856)，补江西道监察御史。同年，授会试同考官。八年(1858)，充顺天乡试外帘监试御史。十一年(1861)，升吏科给事中。同治六年(1867)，调补查仓给事中。十年(1871)，迁兵科掌印给事中。后转户科掌印给事中。

兹查该给事中所奏,均为有备无患、事期经久起见。而惟以厘捐作经费一条,就本地之资办本地之事,原属情理兼备。但此时筑圩防守,不独涧河,窃恐援请纷纷,转致商民扰累。今议田获沾圩利者出资备理,似觉众擎易举。其余七条均可行之无弊。此外尚有应行增议之处,统计汇定十条,一并缮刊清单,恭呈御览。除分咨遵办外,臣仍随时查察,不任宕延故事,仰副宸怀。所有钦遵酌核缘由,理合恭折覆陈,伏乞皇太后、皇上圣鉴训示。谨奏。正月十三日。

同治二年正月十八日,议政王军机大臣奉旨:知道了。钦此。①

【案】钦奉寄谕:近来捻患频仍……可资捍御:此上谕《清实录》载曰:

又谕:给事中谢增奏,江北涧河筑立长圩,敬拟善后章程一折。近来捻患频仍,淮、扬一带叠被窜扰。其清江浦南北两岸已由吴棠筑建砖土各圩,可资捍御。复于涧河筑立长圩一道,更可屏蔽江北,用意极为周密。惟工程既竣,其应行续办事宜,必须定立章程,以期经久无弊。该给事中所陈八条有无窒碍,着吴棠悉心酌核,倘有可采,即着按照原奏,派委贤员,会同本地公正绅士实力办理,庶几防守悉臻稳固,可以有备无患。原折着钞给阅看。将此谕令知之。②

① 中国第一历史档案馆藏:军机录副,档案编号:03-4967-002。
② 《穆宗毅皇帝实录(一)》,卷四十一,同治元年闰八月下,第1101页。

○○四　呈核议涧河善后章程清单

同治二年正月十三日(1863年3月2日)

谨将核议涧河善后章程缮具清单，恭呈御览。

一、原奏工段宜认真看守一条。查此项长圩兴办非易，自应妥为保护。现饬该圩乡地及靠近居民，各按地段看守，不任翻越作践，以致破坏。

一、原奏圩工宜随时修补一条。查土圩工程必须随时修补，除翻越作践以致损坏者应由各该乡地居民随时修整外，其因风雨剥落塌卸工段，拟责成同沾圩利者出资公修，即按照筑圩夫数册，每出夫一名者出钱一百二十文，由殷实绅董收存，遇有应修之处，核实动支具报。余钱留为置备器械之用，俟一二年后圩工坚固，再行另议。

一、原奏防守宜有定章一条。查防守章程，必须定有地段。本年春间捻警，时曾分段设局、派董驻防有案。嗣办挑工，亦系各分段落。现即议定章程分守，以筑圩之夫为防河之勇，督工之董为带勇之人。声势既联，守望相助，不准临时推诿。

一、原奏桥梁宜先拆断一条。查涧河随处有桥，既筑长圩，自应改设活板，遇警撤去。现在分饬董事，妥为劝办。

一、原奏船只急宜稽查一条。查里下河为财赋之区，捻匪垂涎已久，来往船只深虑藏奸，现饬地方官严督乡地船埠，随时巡查，遇有警报，即将船只泊驻南岸，或全出荡，以免抢渡。

一、原奏董事必须选择一条。查长圩修守董事即于前派挑河各董内遴选给谕，专司其事。

一、原奏民船急宜鼓励一条。查团练打仗出力以及阵亡、伤亡,与效命疆场之将士无异,自应分别恳恩奖恤。前经臣于请奖、请恤案内查明办理,并由臣酌给军功、顶戴,以资鼓励。嗣后自当遵照查办,以固人心。至此项筑圩守圩之绅董,固系自卫梓桑,而保全完善之功,亦不可没,容随时察看,如果实有功效,并当酌恳恩施。

一、现议粮食宜运入圩一条。查贼匪志在掳掠,且不能裹粮而行。现议凡有圩外粮食一有警报,即行先期运入圩内,不准颗粒留遗资盗,使匪徒无从觅食,不战自困。

一、现议军装宜先置备一条。查军火、器械为防堵要需,必须先事绸缪,现饬守圩之户将旗帜、器械各自筹备。其枪炮、火药需费较大者,由大户捐置,预为储备,免致临时短缺。

一、现议荡口宜禁垫埂一条。查挑河筑圩固与防务、农田两有裨益,即舟楫往来亦资其利。惟每有不法之徒于荡口垫淤筑埂,使重载起剥,任意需索,非惟有碍行舟,且恐贼匪抢埂偷渡。现饬该地方官严行禁止,并令随时查察,有犯即惩。

议政王军机大臣奉旨:览。钦此。[1]

【案】此清单于同治二年正月十八日获批覆。《清实录》:

寻增议章程十条奏上:一、长圩宜妥为保护。现饬附近居民分段看守,毋令翻越损坏。一、圩工或因风雨剥蚀,责成各乡居民出资修补。一、每遇寇警,即以守圩之夫分段防守,以期声势联络。一、涧河桥梁一律改设活板,遇警即行

---

[1] 中国第一历史档案馆藏:清单,档案编号:03-4967-024。

撤去。一、严饬船埠，遇有警报，将船尽泊南岸以防抢渡。一、长圩修守事宜，即派前次挑河各董事专司其事。一、守圩绅董如果实有劳绩，随时酌予保奖。一、圩外粮食闻警尽行运入圩内，使贼无所掠。一、军装、器械由富户捐资豫为筹备。一、严禁居民于荡口垫淤筑埂，以便行舟来往，即以慎重河防。报闻。①

○○五　奏请补用道许厚如留于江北差委片

同治二年正月十三日(1863 年 3 月 2 日)

再，臣驻扎清江，兼顾徐宿，现又派兵出境，会剿东境棍、幅各匪，军务甚为繁剧，必得熟悉情形之员，借资差遣。查有军功出力留于江苏补用道许厚如，久在皖省军营，精明稳练，现经前钦差大臣袁甲三给咨到江，查该道系未经引见之员，例应给咨赴部。惟现值军书旁午，差委需人。该员久列戎行，熟谙军务，可否仰恳天恩，俯准先将该道许厚如留于江北差委，一俟军务稍松，即行饬令北上，俾资指臂，出自鸿慈。谨附片具陈，伏乞圣鉴。谨奏。

同治二年正月十八日，议政王军机大臣奉旨：着照所请，该部知道。钦此。②

---

① 《穆宗毅皇帝实录(一)》，卷四十一，同治元年闰八月下，第 1101—1102 页。
② 中国第一历史档案馆藏：军机录副，档案编号：03-4711-065。

○○六　遵旨查参黄开榜追剿捻匪退缩贻误片

同治二年正月十三日(1863年3月2日)

再,臣前奉寄谕:饬将追剿李成股匪黄开榜退缩贻误情形等因。钦遵严饬黄开榜明白禀覆,一面先行附陈,钦奉谕旨:是否张得魁等抢回宿营,抑系黄开榜无故调回等因。钦此。跪聆之余,益增愧悚!兹催据黄开榜转据副将张得魁等禀称:十一月十八日,随同富和在睢宁枣沟地方剿贼获胜后,追杀三十余里,本拟再行跟追,维时天已昏黑,且兵勇竭一日之力,尚未一餐,饥疲已极,而沿途又无可觅食,遂就近至睢宁县,令兵勇餐饭。副将姚广武时因受伤甚重,即在该处调养。张得魁等复于次日拔队,公商与富和分道追剿。张得魁等追至东境之台庄,探知捻逆李成等败匪已先由该处附近过河,因兵力较单,且未裹带干粮,复又折至皂河窑湾一带,与富和公同商酌,均以渡河跟追业已不及,富和回至临涣,张得魁等亦即带队回宿等情。

臣查该将等奉派大队,当枣沟获胜之后,仅只溃败,余捻亟应乘胜穷追,以期迅殄贼氛,不留余孽。乃计不出此,辄因就食睢宁,耽延一宿,致余贼得以跟跄过河,虽系因跟追不及,由台庄折回皂河窑湾以后,仍与富和商同撤队,并非侦知东匪猖獗畏缩不前,而其迟误迁延之咎,实无可有。

查黄开榜所派队内以副将张得魁官职较大,当属调度无方,相应据实奏参,请旨将张得魁革职留营,以观后效。黄开榜系在宿州攻剿捻圩,并未督队东来,应恳天恩免其置议。合将遵旨查参缘由据实附片具陈,不敢稍涉瞻徇,伏乞圣鉴。谨奏。

同治二年正月十八日,议政王军机大臣奉旨:钦此。①

【案】前奉寄谕:饬将……贻误情形:此上谕《清实录》
载曰:

又谕:僧格林沁等奏,遵覆并无拨队赴直追剿贼匪及现在
捻匪情形一折。据称张逆等现欲窜向东北,与李城合伙,或往
汝宁一带,与陈大憙合伙南窜等语。现在李城一股已窜入东
境,如张落刑前往勾合,势必由徐宿一带经行。着唐训方、吴棠
选派得力将弁,确探贼踪,迎头截击,毋令窜越。汝宁踞匪,剿
办正当得手,着张之万、毛昶熙严饬在事各军,豫防张逆南窜与
之勾合,加意侦探截剿,庶陈大憙匪众可期迅速殄灭,毋得稍涉
大意,贻误事机。僧格林沁现在督队进攻韩楼,计可克期攻毁,
仍着激励马步兵勇,将涡河迤北贼圩次第扫荡,以期直捣老巢,
殄除巨憝。营总富和带领马队跟追窜捻,会合黄开榜,毙匪二
千余名,余匪凫水过河。黄开榜因东岸棍、教各匪猖獗,辄将马
勇撤回;富和遂亦撤队回扎永城,退缩不前,均堪痛恨!富和现
经僧格林沁等奏参革职,责令戴罪自效,若再不知奋勉,即着从
严参办。带领马勇追剿李城股匪者是否确系黄开榜,抑系黄国
瑞追剿吃紧之际急将马勇撤回,何以未据吴棠参奏,实属不知
振作!着吴棠将黄开榜退缩贻误情形据实严参,毋稍瞻徇。清
淮各营本归僧格林沁节制,嗣后如再有畏葸偾事员弁,着该大
臣随时参办,以肃军令。将此由六百里各谕令知之。②

---

① 中国第一历史档案馆藏:军机录副,档案编号:03-166-8374-29。
② 《穆宗毅皇帝实录(一)》,卷五十一,同治元年十二月上,第1411页。

○○七　覆陈江北厘务情形并酌裁留折

同治二年正月二十五日（1863 年 3 月 14 日）

署漕运总督江宁布政使臣吴棠跪奏，为覆陈江北厘务情形，恭折仰祈圣鉴事。

窃臣前准部咨：钦奉上谕：御史丁绍周[①]奏，各省抽厘劝捐，请裁革委员，专归地方官经理一折等因。钦此。又准部行：御史曾协均[②]奏，各省抽厘扰累，请饬酌量裁撤。经部臣议覆，除通省巨镇准其酌留数处以济军饷外，其余小卡一概即行裁撤，将应留应撤处所及现办厘捐各员据实奏报，并详细造册报部；一面随时稽查，如仍有私行设卡抽厘之处，严参惩办。奏奉谕旨：依议。钦此。先后行令遵照到臣。遵经分别咨行钦遵，一面体察情形，悉心核计。

除单捐一款另由都兴阿查明覆奏外，伏思军兴以来，费用繁巨，抽厘助饷实属万不得已之举。如各委员实心任事，何致啧有烦言，商民嗟怨！有如该御史所陈者，节经严密访查，并将北台及清淮各

---

① 丁绍周（1821—1873），字濂甫，号亦溪、召南，江苏丹徒人。道光晚期，充内阁中书。三十年（1850），中式进士，改庶吉士，散馆，授编修。咸丰六年（1856），充广西乡试副考官，旋补左中允。八年（1858），授顺天乡试同考官。次年，任翰林院编修。同治元年（1862），升湖广道监察御史，旋转京畿道监察御史、内阁侍读学士，迁太仆寺少卿。四年（1865），任福建乡试正考官。九年（1870），授四川乡试正考官。是年，擢浙江学政。十一年（1872），补授光禄寺卿。著有《蜀游草》、《清画家诗史》和《浮玉山房试帖》。

② 曾协均（1821—?），字舜臣，号笙巢，江西南城人。道光二十三年（1843），中式举人。咸丰三年（1853），充内阁中书。次年，补军机章京。七年（1857），补内阁典籍。八年（1858），授内阁侍读。同治元年（1862），补河南道监察御史。二年（1863），充帮办巡城御史。同年，迁掌广西道监察御史。三年（1864），保广西道员。五年（1866），补授广西广远府知府。

厘捐分饬裁并。嗣又专派委员稽查根票，兼于清江厘局，凡有南来之客贩到局报捐，饬将沿途经过所捐厘票悉数呈验，借寓抽查之意，实已层层钤束。其中或办理稍不得力，或舆论偶有未孚，均即立即撤差，并参奏有案。兹御史丁绍周所请裁革委员，全归地方官查办，实为整顿厘务起见。惟查各厘卡均设于水陆要隘、商贾往来之区，相离县治远近不一，地方官公事殷繁，目不暇给，断不能躬亲驻局，势必委诸幕友、家丁；甚至奸猾吏胥，逞衙门积习，蠹蚀侵渔，本官耳目难周，流弊较委员尤甚。是以向来派员经办，借以专其责成。至厘捐设立处所，陆路因有绕越之虞，水路亦多港汊，不能不择要分卡，以杜旁趋，均系照定章程，正局收捐则分卡验放，分卡收捐则正局验放。故局卡虽非一处，而抽厘仅此一次，并无一局一卡而征至数次者。惟有仙女庙地方、扬关及扬州筹防兼北台、清淮各局，同驻一镇，虽系各归各捐，而商贾未免烦琐。第捐项攸关防饷，势难多裁，惟有仿照现办米捐章程，并为一局，统收分解，既可体恤商情，于饷款亦不致见绌，且可稍节经费。现即派委道员用知府刘咸①会同扬州府知府孙恩寿妥为办理，以免纷扰。至于抽捐数目，各于局门张挂告示，商民无不晓谕。如系已裁之局私行复设，及捐则本少而抽数加增，不能掩人耳目，商民亦断不肯遵捐。其肩挑贸易小本营生，不在抽捐之列，亦属共闻共见。此江北抽厘之大概情形也。

惟立法虽已极周，而积久难免生弊。除钦遵谕旨严饬江北台局将所有厘卡再行详加酌核，何处可裁、何处应留，造具委员衔名

---

① 刘咸(1818—?)，江西萍乡人，监生。道光二十七年(1847)，报捐南河同知，委署桃北同知。旋加捐知县，分发浙江。咸丰十一年(1861)，保知府，晋道员。同治四年(1865)，加按察使衔。五年(1866)，署淮扬道篆务。七年(1868)，授淮扬河务兵备道。九年(1870)，加布政使衔。十二年(1873)，护理漕运总督。光绪三年(1877)，革职。

清册,并将所设局卡绘图贴说,由臣核明恭呈御览外,所有委员抽厘之处,廉谨者留,贪冒者去,应请仍循旧章,免致责成印官转假胥吏、家丁之手;仍饬令各该地方道府州县随时访察,如查有丝毫弊窦,即行据实禀揭,以昭严察。至现在清淮各局均系详加遴选,拣委诚实可靠之员,并未以虚衔顶戴及武弁等辈滥行充委。北台各局亦叠次严饬道员许道身认真遴选,剔厘锢习,以资实用。

臣仍不时访察,如实有侵渔扰害确据,定即从严惩办,以副皇太后、皇上轸念民生之至意。再,部颁空白执照原发河督、藩司两衙门收存者,臣任内并未发给委员劝捐。合并声明。为此恭折覆陈,伏乞皇太后、皇上圣鉴。谨奏。正月二十五日。

同治二年二月初二日,议政王军机大臣奉旨:知道了。钦此。①

【案】御史丁绍周奏:同治元年九月初三日,御史丁绍周奏曰:

湖广道监察御史臣丁绍周跪奏,为各省抽厘劝捐,请裁革委员,专归地方官经理,以专责成而便稽核,恭折仰祈圣鉴事。窃自频年用兵,司农告匮,不得已而捐输、抽厘,借资民力。乃推行日久,百弊丛生,历经大学士倭仁、礼部尚书祁寯藻、前任顺天府尹蒋琦龄、刑部主事王柏心等先后剀切指陈。其各省详细情形,早已上邀圣鉴,叠蒙特颁谕旨,告诫疆吏,并饬部严定捐厘章程,凡所以爱惜民力者,实已至详且切。惟省事不如省官,革弊必先革吏。今之抽厘、劝捐,大半于地方官之外另行派员经理,谓之委员。所委之员不必实缺、候补也,凡有虚

---

① 中国第一历史档案馆藏:军机录副,档案编号:03-4889-002。

衔、顶戴者皆可充；其任委员之人不必督抚、司道也，凡各营将
弁皆可操其权。服官有回避之条，委员则至亲至戚，无所引
嫌；官额有一定之籍，委员则或减或增，莫可深考。大吏以之
为市恩之具，僚属以之为营利之途。即有正己率属之上司不
肯任用匪人，而委员繁多，其中必有良有莠。臣籍隶江苏，
以江苏一省而论，完善地方商民乐业者，仅松、太、扬、通等
属数州县耳，而各项委员不下数百人，大率皆纨绔无赖，罔
知政体，一奉札委即与现任州县无异，幕友、仆从随行数十
人，甚至节礼门包，悉视卡局之肥瘠，以为馈送。此抽厘、劝
捐所以徒资中饱、民怨沸腾也。一省如此，各省可知。臣愚
以为应令各省督抚、大吏，亟将捐厘委员裁革净尽，专责地
方官经理其事，所有捐厘各款实数，由该地方官按月申报该
管督抚，由督抚按照例限报部。其勤惰贪廉与催科一同考
绩，庶几考察易周，遴选易慎，而局员薪水等费亦多节省。
如谓通都大邑，捐输事繁，州县官未能肆应，则有道、府、同、
通，均可分头办理。总之，官少则弊少，地方官果贤，何虞废
厥事？地方官果不肖，社稷、民人均不可托，固不独抽厘、劝
捐也。至抽厘之法，部臣奏令照章抽收，刊刻告示，命意已
属周密，犹恐告示之文意略烦，小民不解；章程之条款太琐，
商贾不知。应令督抚酌定简明条款，某项应抽厘，某项不抽
厘，一面奏明立案，一面饬各属榜诸通衢，庶众目昭彰，而猾
吏奸胥无所施其技矣。又，劝捐空照，近闻有遭兵燹而遗失
者，难保非劝捐委员借端隐匿，应令各省确遵户部初定章
程，劝捐各官止发给空白，实收由藩库换给执照，似亦杜侵
冒而重名器之一端也。臣愚昧之见，是否有当，伏乞皇上圣

鉴。谨奏。同治元年九月初三日。①

【案】钦奉上谕：御史……一折：此上谕《清实录》载曰：

又谕：御史丁绍周奏，各省抽厘劝捐，请裁革委员专归地方官经理一折。据称江苏省份，其完善地方仅松、太、扬、通等属数州县，而厘捐各项委员不下数百，一经札委，亲随仆从，实繁有徒，甚至节礼门包，悉视卡局之肥瘠，以为馈送，徒资中饱，民怨沸腾。一省如此，各省可知。请饬责成地方官经理等语。各直省劝捐抽厘，借充军饷，叠经明谕告诫，严禁扰累，至再至三。惟地方大吏派员经理，往往不得其人，凡有顶带虚衔皆可充任，良莠既属不齐，增减无从深考，以致营私蕴利，流弊滋多，实堪痛恨。嗣后着各该督抚于捐厘委员概行裁革，统归地方官经理，并按月申报捐厘各款实数，由该管督抚按照例限报部。其通都大邑，捐厘事繁，州县未能肆应，着派令该地方道府等官分投办理，毋得以不肖委员充数。至抽厘之法，并着各督抚按照部定章程，酌定简明条款，分晰开载，榜示通衢，俾商民一望而知，不至使猾吏奸胥从中舞弊。另片奏，江苏扬州府属设立草捐，请饬停止等语。着该督抚查明有无此项名目，其收捐之项作何支应，即行奏明停止，以杜滋扰。②

【案】御史曾协均奏：同治元年闰八月十六日，河南道监察御史曾协均奏曰：

河南道监察御史臣曾协均跪奏，为中外积弊病民，请旨严切革除，仰祈圣鉴事。臣窃见两宫皇太后听政以来，勤求民隐，

---

① 中国第一历史档案馆藏：军机录副，档案编号：03-4888-044。
② 《穆宗毅皇帝实录（一）》，卷四十二，同治元年九月上，第1133页。

· 394 ·

凡不便于民者，无不明降谕旨，立予厘剔，而臣工奉行不力，往往视为具文，故恩旨屡颁，可以垂光史册，而小民或有不被其泽者。就臣所闻，其积弊锢习已深、大为民病者，略举数端，为皇太后、皇上陈之。一、各省抽厘本属不得已之举，而扰累商贾实甚，往往数里之内连设数卡，抽收厘金。目今道途不靖，商人贩运货物，绕越折回，事所恒有，有一卡而征至数次者，往往厘金之所纳倍于原买之价，百物安得不腾贵，是商困而民益因之以困矣。去冬，奉旨量为裁撤，闻各省多置若罔闻，即有大吏札令裁撤者，而不肖官吏仍然私设，照常抽收，以为利薮。小民咨怨，莫此为甚！相应请旨再为严谕，令各省督抚筹度，于通省巨镇酌留数处，其余小卡，悉令裁撤。傥有于已经裁撤之后私行抽收，一经查出，立予重谴，并责成该管道府随时查察，如有前项情弊，即行禀劾。傥知情徇庇，即同其罪，以苏民困。一、贼匪所破州县，往往挟富、绅、生、监，逼授伪职，以为号召乡民之举。该富、绅、生、监等或有父兄被执不得已而受伪职者，或有牵顾身家已受伪职仰药已死者，或因得伪职悉知彼中情形、暗约官兵为内应攻克城池者，当其受职之始，原有一线可原，与甘心从逆者有间。屡奉明旨，谕以胁从罔治，所以示宽大之典，亦以安反侧之心。乃各府州县多有团练公局，或善后公局，往往于克城后即指此等曾受伪职之人为从贼，将其家产尽没充公，复轮替向其家讹索。本人已故，讹及子孙，求餍其欲，直无穷期，因之弃家远奔，老死不敢还乡里者，比比皆是。夫果系从贼之人，国宪俱在，岂能任其私贿了结！且田产变价亦未闻充公，不过私相瓜分肥己而已。故公局之中，趋之若鹜，一投身其间，即得优奖，且致多金，诚名利兼资一大捷径也。臣籍隶江西，稔知情形如是,恐他省在所不免。是绝人自新之路,驱令从贼也!应请旨重申胁从罔治之令,如有前项讹诈、干没之弊,许本人呈控追田产给领,以靖民生。一、户部额设牙帖,向由直省藩司给领,本有定数,自咸丰十一年该部议准御史博桂之奏,试办牙行纳税,准商人赴部纳课领帖。讵领帖之后,百弊丛生,现在经该部查出,奏请停止。而已在该部领帖之牙行,未令销除。该牙行等仍借部帖为名,需索商贾,竟有持隔年废帖冒充者。即如天津匪棍李育文、柴国梁,率领多人,私立卡局,持械拦截,过往船只,每粮一石,索钱五十文,如不给者,将船扣留,以悬有天津县告示为据。本年七月间,有成兴文粮石船三只,行至三岔河被阻,串通县役房姓等将船扣留,经众铺户喊告,始行放行。而余船以索费被留者,不一而足,以致粮石船只不能北来,几至罢市。夫京师米粮缺少,前曾奉旨免税招商,该牙行等竟敢行凶勒索,致商贾裹足不前,实属目无法纪,应请旨严饬该地方官按名拿获究办。其本年已经领帖之牙行,应如何一律销除之处,并请饬部妥筹办理,以免扰害。一、洋药收税本为近今之弊政,无益于国用,而有损于国体。近来市肆开设铺面尤多,几于无处无之。闻有土棍十人为首,在正阳门外北孝顺胡同聚义,并招集多人,私立公局。凡诸铺户及居家贩卖者,皆往听命,限以价值,且勾通崇文门税局之人,每年包揽偷漏不下巨万,以致课税寥寥。查得洋药收税,本为俯顺洋人而设,今虽未能禁绝,然至于聚众把持,恐日久势张,浸成内患,且沿街广列洋药铺,亦非首善之地所宜,应请饬令该部将如何量予裁治之处,妥议章程,并饬将首从土棍访拿究办,以存国体。夫弊不剔,则利不兴;莠不除,则良不植。就臣所闻,目今中外积弊,其最足病民者无逾此数端,用敢剀切直陈,伏祈皇太后、皇上乾断施行。谨奏。同治元年闰八月十六日。[①]

○○八 请饬晋省按月筹解江北粮台月饷片

同治二年正月二十五日(1863年3月14日)

再,徐宿军饷异常竭蹶,前经臣于上年十一月内沥情具奏,恳恩请饬山西抚臣将藩库、河东道库银两自十一月起按月务必解银一万两,并将上年欠解之款按批搭解,暨请饬河南抚臣将欠解银两先筹二三万两,又据解饷票十万两,仰荷圣恩允准,寄谕各该抚臣遵照。迄今仅准河南解到饷票十万两,此外并无丝毫现银解到。现在总兵黄开榜督攻孙瞳老巢,收抚浍北各圩,正将士用命、待饷万紧之际,徐属钱粮厘款所收者不敷十之一二,向以协饷为养命之源。今各该省如此情形,必致饥军哗溃,且昨准山西抚臣英桂来咨,业已奏请将徐州江北协饷暂行停止等语。

臣思该省防务吃紧,需费浩繁,原属实情。兵勇以饷为胆,本地既无可筹,若协饷再无指望,实有不堪设想之势。查该省究属完善之区,设法较易,从前奏定山西藩库每年解银十万两,上年仅解过八万两;河东道库每年解银十二万两,上年仅解过银三万两。当此时势维艰,臣断不敢再以前数渎请,拟恳天恩饬下山西抚臣将前解徐饷无论司库、道库,每月共筹拨银一万两,按月接济,庶几徐宿一军尚可稍资接济。此实系减而又减,舍此则断难搘拄矣。

---

① 中国第一历史档案馆藏:军机录副,档案编号:03-5085-017。

至江北粮台协饷,现止有晋省一处,如再少此一款,则专恃扬道偏隅之地以供大军,亦属万分棘手,并恳逾格鸿慈,一并饬下该抚臣照旧批解,以维大局,不胜迫切待命之至。谨附片具陈,伏乞圣鉴。谨奏。

同治二年二月初二日,议政王军机大臣奉旨:户部速议具奏。钦此。①

○○九　特参办理粮台道员许道身片

同治二年正月二十五日(1863年3月14日)

再,臣前因江南粮台归并江北,一切规模应于甫经手之际,早为整顿经理,当与上年十二月初九日札饬道员许道身,将遵办南台情形及裁汰归并委员各衔名开折报查。本年正月间,又迭次札饬许道身将裁汰南北粮台各委员及厘卡坐落处所,限日绘图禀覆,并派弁守提南北粮台委员衔名清册。乃许道身于奉文后将届两月,并未遵明禀覆前来,实属不知缓急。若不即行奏参,何以重厘务而示惩警!相应请旨将办理南北粮台道员许道身先行摘去顶戴,以示薄惩;仍督饬该员将台务实力整顿,剔除积弊,以重军□。若该员仍前泄玩,再由臣据实严参。是否有当,伏候圣鉴训示。谨附片具奏。

同治二年二月初二日,议政王军机大臣奉旨:钦此。②

---

①　中国第一历史档案馆藏:军机录副,档案编号:03-4793-039。此片具奏日期未确,兹据同日奉旨之折件(档案编号:03-4889-002)校正。

②　中国第一历史档案馆藏:军机录副,档案编号:03-4608-011。此片具奏日期未确,兹据同日奉旨之折件(档案编号:03-4889-002)校正。